读史
有学问

上册

冷成金 ◎ 著

中共党史出版社

图书在版编目（CIP）数据

毛泽东读史有学问 / 冷成金著 . —北京：中共
党史出版社，2024.1（2025.6 重印）
ISBN 978-7-5098-6406-7

Ⅰ . ①毛… Ⅱ . ①冷… Ⅲ . ①毛泽东（1893-1976）
- 治学方法　Ⅳ . ① A752

中国国家版本馆 CIP 数据核字（2023）第 204144 号

书　　名：毛泽东读史有学问
作　　者：冷成金

出版发行：中共党史出版社
责任编辑：王鸽子　王林育（特约）
地　　址：北京市海淀区芙蓉里南街 6 号院 1 号楼　邮编：100080
网　　址：www.dscbs.com
经　　销：新华书店
印　　刷：天津旭非印刷有限公司
开　　本：710mm×1000mm　1/16
字　　数：460 千字
印　　张：30.25
版　　本：2024 年 1 月第 1 版
印　　次：2025 年 6 月第 2 次印刷
书　　号：ISBN 978-7-5098-6406-7
定　　价：98.00 元（全二册）

前言

毛主席说："历史的经验值得注意。"毛泽东爱读史，也最善于读史，他在历史中读出了大学问，读出了大智慧，更读出了中国革命，读出了豪情壮志。毛泽东说：

人猿相揖别。只几个石头磨过，小儿时节。

铜铁炉中翻火焰，为问何时猜得，不过几千寒热。

人世难逢开口笑，上疆场彼此弯弓月。

流遍了，郊原血。

一篇读罢头飞雪，但记得斑斑点点，几行陈迹。

五帝三皇神圣事，骗了无涯过客。

有多少风流人物？

盗跖庄蹻流誉后，更陈王奋起挥黄钺。

歌未竟，东方白。

——毛泽东《贺新郎·读史》

这是以伟大的无产阶级革命家的眼光来读史，以思想家的深邃来考问历史，以卓越智者的智慧来透析历史，当然也是以诗人的激情来感受历史。

"人猿相揖别。只几个石头磨过，小儿时节。"这是石器时代的古人类，是人类历史的初级阶段，毛泽东将其称为人类的"小儿时节"；"铜铁炉中翻火焰，为问何时猜得，不过几千寒热。"说的是人类的铁器时代，也是人类从自觉开始至今的时代，在这一时代，"人世难逢开口笑，上疆场彼此弯弓月"成为人类历史的主流，而"流遍了，郊原血"则是对这段历史的精当的概括和总结。在这里，毛泽东充满了对不合理的历史的愤慨、对人民群众的悲悯以及改造历史的强烈愿望，充分表现了一位前无古人的伟大革命家的宏伟气魄。

"一篇读罢头飞雪，但记得斑斑点点，几行陈迹。"纸上得来终觉浅，历史是需要用生命来体味的，当一个人的生命能够和历史相印证的时候，也就到了鬓发飞雪的年龄了。此时，毛泽东已经进入了"不惑"的状态，不仅对历史充满了感慨，也终于把握了历史，所谓"但记得斑斑点点，几行陈迹"，已是从历史中走出，不再是历史的奴隶了！

"五帝三皇神圣事，骗了无涯过客。"历史的"陈迹"必须扫除，应该让劳动人民走上历史的舞台；"有多少风流人物？盗跖庄蹻流誉后，更陈王奋起挥黄钺。"盗跖庄蹻、陈胜吴广，这些所谓的"乱臣贼子"才是真正的英雄，人民群众才是历史上真正的"风流人物"！

让我们为新的思想、新的时代高歌吧！"歌未竟，东方白。"新时代的黎明就在这歌声中到来了！

在一篇短短的词中，毛泽东追溯了人类的历史，俯瞰了兴亡成败，获得了经验教训，表现了革命理想，这就是毛泽东对历史、对革命、对人生的总结！这就是毛泽东读史的大智慧，大学问！

"江山如此多娇，引无数英雄竞折腰。惜秦皇汉武，略输文采；唐宗宋祖，稍逊风骚。一代天骄，成吉思汗，只识弯弓射大雕。俱往矣，数风流人物，还看今朝。"（《沁园春·雪》）谁是历史的后来者，谁是今朝的风流人物？也许，只有那些善于从历史中吸取经验教训的人才能获得真正的成功！

目录

中国的权谋之术十分发达，是世界上任何一个国家都无法比拟的，在古代军事学方面出现了军事巨著《孙子兵法》等。就是《老子》一书，据说也可当作权谋之书来读，更不用说其他政治、历史著作里面融会的一些权谋思想和权谋事例了。毛泽东说："我看老子比较老实，他说'将欲取之，必固予之'，要打倒你，先把你抬起来，搞阴谋，写在了书上。"

但应该看到的是，权谋只能起一时的作用，并没有根本的、永久的效果。真正起根本的决定作用的还是治国安邦的大道。即人心的向背。离开了这一点，越是取巧，越是奸诈，就越容易引起反感和敌视，那更是自取灭亡之道。

"年轻人打倒老年人，学问少的人打倒学问多的人，这种例子多得很。战国时候秦国有个甘罗，大概是甘茂的孙子，他12岁当丞相，还是个少先队员，红领巾。"

毛泽东似乎特别器重甘罗这个少年英才，认为他12岁就当了丞相，而吕不韦这个大政治家有的时候都不如他。那么，毛泽东所说的这段历史是怎样的呢？

也许是天妒奇才的缘故吧，甘罗未能长寿。但甘罗的事迹却给后人留下了许多思考。毛泽东就拿他作为例子来说明年轻人是可以胜过年长的人的，并以此来反对经验主义，反对论资排辈，这些无疑都十分正确。但有时也要注意，年轻人毕竟经验少，容易冒进，而甘罗的例子也并不具有普遍性。所以，当我们借鉴这一历史经验时，就应该十分慎重。

3 "历代政治家有成就的，在封建社会前期有建树的，都是法家"

"劝君少骂秦始皇，焚坑事业要商量。祖龙魂死秦犹在，孔学名高实秕糠。百代都行秦政法，十批不是好文章。熟读唐人封建论，莫从子厚返文王。"

毛泽东历来喜欢法家，尤其在"文化大革命"时期，更是如此。后来甚至发动了"评法批儒"运动。毛泽东1973年8月5日同江青谈话，令其记下七言诗一首，题为《读〈封建论〉呈郭老》。

在数千年漫长的历史上，儒家的虚伪与僵硬已经使我们吃尽了苦头，但我们应该看到的是，那是封建政治意识形态化了的儒家，与文化意义上的儒家是不同的，就像清泉流经工厂被污染了一样，我们不能说源头就是污水。也许，有人会说能被污染的泉水就不是好泉水，但谁又能为我们提供不会被污染的泉水呢？是法家吗？恐怕也不是。这是一个值得我们深思的问题。

4 "读了秋水篇，好，你不会再做河伯了"

1963 年，毛泽东在给女儿李讷的信中说："干部子弟（翘尾巴的）吃不开了，尾巴翘不成了，痛苦来了，改变态度也就来了，这就好了。读了秋水篇，好，你不会再做河伯了……"。

毛泽东借这一则故事来告诫人们不可做井底之蛙，不可故步自封，不可骄傲。

《庄子》的寓言至今都有强大的生命力，毛泽东极其善于从历史中汲取智慧和力量，因此，喜欢《庄子》是必然的，至于喜欢《庄子·逍遥游》，其根本原因在于文章有着无比的气魄和超凡的想象力。

5 "那时打仗，形势那么紧张，谁还管得什么孙子兵法"

毛泽东常说，红军、八路军、人民解放军的将领，绝大多数没有上过什么学校，没读过多少深奥的兵书，但仍然是经常打胜仗，最后打败了蒋介石的庞大军队。1935 年 1 月长征途中召开的遵义会议上，凯丰曾提出毛泽东迷信《孙子兵法》来贬低毛泽东的军事指挥才能。凯丰质问毛泽东，"你懂得什么马列主义？你顶多是看了些《孙子兵法》！"硬说毛泽东的军事战略都是从《孙子兵法》学来的，现在用不上了。毛泽东反问道："你读过《孙子兵法》没有？你知道《孙子兵法》一共有几章？既然你也没有读过，又怎么知道我是靠《孙子兵法》打仗的呢？"凯丰被问得哑口无言。

运用之妙，存乎一心，是毛泽东军事思想的活的灵魂。不是不读兵书，而是不死读兵书。即使满腹诗书，如果不能运用之妙，存乎一心，那也只能有害无益！

6 "谁叫他是毛泽东的儿子呢？"

"谁叫他是毛泽东的儿子呢？革命战争，总是要付出代价的！"望子成龙，望女成凤，是中国人的普遍心理，但在具体的方法上却大相径庭。贫寒人家即使想娇惯自己的子女也没有条件，所以有"穷人的孩子早当家"的说法，而富贵人家则不同，他们也想子女志向高远，勇猛顽强，但因方法不当，其结果往往是三代而下，便由龙种蜕变为跳蚤。

真正地爱护子女，就不能只看眼前的安逸，应当"为之计深远"，这是大家都明白的道理，但要想让人按照这一道理去做，却不是容易的事。触龙说赵太后的故事，为我们提供了一个典范。1967 年，在一次中央会议上，毛泽东推荐大家读《触龙说赵太后》。

7 "我赞成秦始皇，不赞成孔夫子"

"中国历来分两派，一派讲秦始皇好，一派讲秦始皇坏。我赞成秦始皇，不赞成孔夫子。因为秦始皇是第一个统一中国、统一文字，修筑宽广的道路，不搞国中有国，而用集权制，由中央政府派人去各地方，几年一换，不用世袭制度。""我赞成郭老的历史分期，奴隶制以春秋战国之间为界。但是不能大骂秦始皇。""秦始皇作为一个历史人物评论，要一分为二。"

总的看来，毛泽东对待秦始皇的基本态度是"秦始皇作为一个历史人物评论，要一分为二"，这种态度无疑是正确的。

8 "人没有压力是不会进步的"

"你们看苏秦对张仪是好意还是恶意？我们之间进行批评帮助都是好意。就是明明知道某些批评是恶意也要听下去，不要紧张，人就是要压的，像榨油一样，你不压是出不了油的。"

将压力变为动力，历来是毛泽东性格中的基本特点。实际上，不但是个人包括国家也是一样的，"人没有压力是不会进步的"，这有助于将压力转化为动力，不断克服困难，个人、国家和民族才能进步。那么，毛泽东为什么选了这么一则故事给在场的人讲呢？

9 "青山处处埋忠骨，何必马革裹尸还"

当他的长子毛岸英不幸牺牲在抗美援朝前线，儿媳刘松林请求将岸英的遗体迁回安葬，毛泽东摇摇头说："青山处处埋忠骨，何必马革裹尸还。不是还有千千万万志愿军烈士安葬在朝鲜吗？"

早在1910年秋，17岁的毛泽东在离家求学的前夕，就将改写的一首诗夹在他父亲的账簿里，题目就叫《呈父亲》："孩儿立志出乡关，学不成名誓不还。埋骨何须桑梓地，人生无处不青山。"事隔40年后，毛岸英实践了他父亲当年出乡关时许下的豪迈誓言。

"马革裹尸"，说的是东汉时马援的故事。

10 "一个阶级革命要胜利，没有知识分子是不可能的"

"一个阶级革命要胜利，没有知识分子是不可能的。你们看过《三国演义》《水浒传》，魏、蜀、吴三个国家，每个国家都有每个国家的知识分子，有高级的知识分子，有普通的知识分子，那个穿八卦衣拿鹅毛扇子的就是知识分子。"

说来也奇怪，秦国历史上的每一次重大发展全是由"外国"人直接促成的，秦国本土的人士，却名不见经传。秦国由一个地不过几十里的无名小卒而至统一中国，应该说"外国"人才起了决定性的作用。秦国的历史经验，真是十分值得注意的。

"一个阶级革命要胜利，没有知识分子是不可能的。"时至今日，历史虽然发生了巨大的变化，但知识分子的作用却是一如既往的，毛泽东的话，有其深刻的道理。

11 "孔学名高实秕糠"

"儒俗者万千，而贤者不一，不如过去法家之犹讲一些真话。儒非徒柔也，尤为伪者骗也。"

毛泽东认为，法家是讲真话的，而"儒术伪耳"，即使历代统治阶级口口声声说是用儒教治国，或者像梁武帝那样，以佛教为招牌，其实都是骗人的，行的仍是法家那一套，用的还是申不害、韩非子的思想。因此，在读史中，他对历史上的暴君(如商纣王、秦始皇)并不反感，而对竭力主张或实行法家路线的人物(如商鞅、曹操)却非常欣赏。孔子说，"仁者爱人"，并教人实行仁政。孔子的思想虽然是我们的民族文化之本，是我们的民族灵魂之根，但纵观整个历史，"爱人"的封建帝王有几个？"仁政"又曾现了几回？

12 "其实也没有坑光，叔孙通就没被杀么"

"中国过去的封建君主还没有第二个人可以超过他的。可是他被人骂了几千年，骂他就是两条：杀多了人，杀了460个知识分子；烧了一些书。"

应该说，叔孙通果然很"通"，即使没有他，同样也会有别人来为统治者制定这样一套礼仪。这里要说的是，治世需要书生，尤其需要书生来建立政治制度与文化秩序。因此，书生大可不必为自己不能生逢乱世成为英雄而慨叹，毕竟，在人类历史上，治世多而乱世少！

13 "陈胜、吴广、刘邦、项羽这些文化不高的人，带头造反了"

这些秀才有个通病：一是说得多，做得少，向来是君子动口不动手；二是秀才谁也看不起谁，文人相轻嘛。秦始皇怕秀才造反，就'焚书坑儒'，以为烧了书，杀了秀才，就可以天下太平，一劳永逸了，可以二世、三世传下去，天下永远姓秦，结果是"坑灰未冷山东乱，刘项原来不读书"。是陈胜、吴广、刘邦、项羽这些文化不高的人，带头造反了。

在传统社会中，开国帝王绝大多数起于草莽，他们开始并不懂得文治的道理，往往是在经过了一段时间后才明白了文治的重要性。

秦朝一统天下，又短命而亡，原因何在？消灭文化、消灭思想。思想和文化不是导致灭亡的原因，消灭思想和文化才是覆亡的根本。其实前人早已替我们总结出来了。

14 "对他们的革命意志总是一种锻炼"

"司马迁讲的这些事情，除左丘失明一例以外，都是指当时上级领导者对他们作了错误处理的。我们过去也错误地处理过一些干部，对这些人不论是全部处理错了的，或者是部分处理错了的，都应当按照具体情况，加以甄别和平反。"

毛泽东本人也经历了革命的大风大浪，最后以超人的智慧和坚强的毅力取得了胜利，所以，毛泽东对司马迁所提到的那些历史人物有着极大的兴趣，是完全自然的。其实，历史上许多著名的人物都是在逆境中成长起来的，毛泽东让革命干部要不畏曲折，甚至将挫折当成是锻炼自己的机会，是符合历史发展规律的。

优秀的作品是"有才气的人在政治上不得志的境遇中编写的"，这样的论断可谓抓住了中国古代优秀作品产生的根本条件，也给那些身处逆境的人以巨大的鼓励。

15 "攻魏救赵，因败魏军，千古高手"

"如果敌在根据地内久踞不去，我可以倒置地使用上述方法，即以一部留在根据地内围困该敌，而用主力进攻敌所从来之一带地方，在那里大肆活动，引致久踞之敌撤退出去打我主力；这就是'围魏救赵'的办法。"

在抗日战争中，围魏救赵的方法发挥了巨大的作用，创造了很多成功的战例。这与毛泽东善于古为今用是分不开的。因此，毛泽东评论："攻魏救赵，因败魏军，千古高手"。

16 什么是"蠢猪式的仁义道德"

对于历史上的是非成败，毛泽东可以说是洞若观火。在论述战争时，他曾经这样说："我们不是宋襄公，不要那种蠢猪式的仁义道德。"那么，宋襄公是谁，宋襄公究竟做了什么事，会被毛泽东称为"蠢猪"和"蠢猪式的仁义道德"呢？

但像宋襄公一样的人也不是没有，直至今日，脱离实际的空头口号主义仍不绝如缕，甚至时有泛滥，是否也跟宋襄公大搞"仁义"之师有类似之处呢？

宋襄公贪欲深重，已经不仁了，还要这样搞外交，这样指挥战争，岂不是"蠢猪式的仁义道德"！

楚汉相争是中国历史上的著名事件，刘邦终定汉鼎，项羽乌江自刎为后人留下了无尽的遐思。对于刘邦和项羽，后人可谓述说不休。毛泽东更是对此作出了众多的论述，也为我们留下了许多宝贵的思想。他说："项王非政治家。汉王则为一位高明的政治家。""刘邦能够打败项羽，是因为刘邦和贵族出身的项羽不同，比较熟悉社会生活，了解人民心理。"

毛泽东所说的刘邦出身下层，懂得实际情况，决策符合事实，用人得当，的确是用朴素的语言说出了刘邦胜利的根本。而项羽逞一己之勇，决策不符合历史发展的规律和要求，再加上刚愎自用，不能明辨贤愚，因此最终成为悲剧式的英雄人物，而不是成功的政治家。应该说，毛泽东对于刘邦和项羽的评价是十分深刻和准确的，对于我们的现实工作，也应该具有深刻的指导意义。

"从前有个项羽，叫做西楚霸王，他就不爱听别人的不同意见。他那里有个范增，给他出过些主意，可是项羽不听范增的话。"毛泽东一生很注意从项羽的失败中吸取教训。1949 年，大军渡江解放南京，他写下了"宜将剩勇追穷寇，不可沽名学霸王"著名的诗句。1963 年 1 月 3 日，他将新标点出的《史记》中的《项羽本纪》"送各同志一阅"；过了 4 天，他在一次谈话中讲："项羽有三个错误，一个是鸿门宴不听范增的话，放跑了刘邦；一个是楚汉订立了鸿沟协定，项羽却认真了，而刘邦却不以为然，不久就违反协定东进攻楚；再一个就是他建都徐州，位置没有选好。"今天，当我们重温毛泽东读史的学问与救国的智慧时，对历史是不是又多了一种更深刻的思考和体会呢？

108

3 "能干的皇帝大多是老粗出身"

"老粗出人物。""自古以来，能干的皇帝大多是老粗出身。汉朝的刘邦是封建皇帝里边最厉害的一个。"

毛泽东历来重视底层人民，对待历史人物也是这样。在历代的帝王中，毛泽东最佩服的主要有刘邦、朱元璋等人，主要原因是他们出身底层。的确，历代起义者基本上来自下层，而刘邦、朱元璋是其中的成功者，是其中的代表性人物。

在道德上，司马迁并没有肯定刘邦，他认为刘邦治人治国不是依德，仅仅靠术，是不足取的。其实，术到极处也往往是德。

116

4 "东汉两头均无意思，只有光武可以读"

"西汉高、文、景、武、昭等读起来较有兴味，东汉两头均无意思，只有光武可以读。"

毛泽东在很多地方谈到了刘秀的军事才能。他说："敢以数万敌百万，有刘秀、周瑜之风。"

这里是拿刘秀作楷模。显然，刘秀敢于以少胜多，与毛泽东的性格和军事才能均为相似，也与革命战争年代的要求相适应，所以，毛泽东自然会成为刘秀的隔代知音。然而，刘秀的为人和他的"干部政策"更是引起了毛泽东的极大兴趣。

5 "中国有两部大书，一曰《史记》；一曰《资治通鉴》"

毛泽东说："中国有两部大书，一曰《史记》；一曰《资治通鉴》，都是有才气的人在政治上不得志的境遇中编写的。看来，人受点打击，遇点困难，未尝不是好事。当然，这是指那些有才气，又有志向的人说的。没有这两条，打击一来，不是消沉，便是胡来，甚至去自杀，那便是另当别论。"

毛泽东非常重视《史记》。1944年，他在著名的《为人民服务》中说："人总是要死的，但死的意义有不同。"后来他又说："司马迁说过：'文王拘而演周易，仲尼厄而作春秋。屈原放逐，乃赋离骚。左丘失明，厥有国语。孙子膑脚，兵法修列。不韦迁蜀，世传吕览。韩非囚秦，说难孤愤。诗三百篇，大抵贤圣发愤之所为作也。'"

6 将《李固传》"送刘、周、邓、彭一阅"，"送陈毅同志一阅"

1965年，毛泽东读《后汉书》的《黄琼传》《李固传》，认为值得一读，亲手批示："送刘、周、邓、彭一阅"，"送陈毅同志一阅"。李固多次上书顺帝，规劝他慎重选用官员，协助他整顿朝纲，为天下树立榜样。他说："夫表曲者景必邪，源清者流必洁，犹叩树本，百枝皆动也"。李固是汉顺帝时人，因反对外戚梁冀专权被杀。可以这样讲，李固是反对外戚专权的英雄，是传统意义上的知识分子的代表，在历史上是备受尊崇的。毛泽东特别挑出李固来给一些中央的高级领导看，也许是别有深意的！

7 五斗米道"开了我们人民公社公共食堂的先河"

"这里所说的群众性医疗运动，有点像我们人民公社免费医疗的味道，不过那时是神道的，也好，那时只好用神道。道路上饭铺里吃饭不要钱，最有意思，开了我们人民公社公共食堂的先河。大约有一千七百年的时间了。"

像毛泽东这样的伟大领袖，做任何重大的决定都不会不经过深思熟虑，他决定大办人民公社，并不仅仅是由于他的心血来潮，这跟他一贯的思想和理想是完全一致的。而当时的历史背景和他当年正在阅读《三国志》这部史书则成了直接的诱因。

8 "世界是青年的，长江后浪催前浪"

自古以来，大学问家、发明家，开头都是年轻人，被人看不起的人，受压迫的人，或者学问比较少的人。甘罗、贾谊、刘项、韩信、释迦、颜子、红娘、荀灌娘……杨振宁、李政道、郝建秀、聂耳、哪吒、兰陵王。

所谓长江后浪催前浪，世上新人换旧人。历史总是在不断发展的，谁也不可能永远占据着一定的位置而不变动。"世界是你们的，也是我们的，但是归根结底是你们的。"这一著名的论断，被广为传诵，也被我们铭记在心，因为它是符合唯物辩证法和历史发展规律的。

9 "现在研究王莽，要拿很公平诚恳的态度来研究的"

"盖因王莽代表农民利益，不得地主阶级拥护。刘秀则代表地主阶级之利益，故能得最后之胜利。"

王莽到底是书生，是政治家，还是阴谋家？看来很难说清楚了。问题是按照成者为王、败者为寇的逻辑，王莽肯定是阴谋家。但如果按照辩证唯物主义的方法来研究王莽，那就会出现另一种不同的情景。毛泽东用阶级分析的观点来看待王莽，认为王莽"注意农民问题了。因为农民问题最重要者其唯土地，而他先节制田地"，这是极有意义的发现，但王莽是一个"理想主义"者，他的政策使得"地主阶级见王莽所行的政策，诸多不利于己，欲寻一代表本身利益之人，起而代之"，这时，刘秀应运而生了，"刘秀则代表地主阶级之利益"，以"人心思汉"为号召，"以迷惑一般人之目耳"，结果成功了。毛泽东的分析可谓抓住了要害，在我们面前开辟出一片新的天地。

10 蜀汉之败，"其始误于隆中对"

"其始误于隆中对，千里之遥而二分兵力。其终则关羽、刘备、诸葛三分兵力，安得不败。"

一般认为，诸葛亮身居茅庐就对天下大势了如指掌，刘备一问之下，他就能以三分天下的策略相对，历来被传为美谈，也被历代的有志之士敬仰和倾慕。甚至有人说诸葛亮还是一位伟大的历史预言家。然而，毛泽东却不这样认为。他说："其始误于隆中对，千里之遥而二分兵力。其终则关羽、刘备、诸葛三分兵力，安得不败。"

这真是一语而翻千古定案。毛泽东不愧是伟大的战略家，可以说，他将诸葛亮"三分天下"的缺点和局限给一语道破了。我们还是先来看看诸葛亮的《隆中对》。

11 赵充国"很能坚持真理"

毛泽东和历史学家周谷城在中南海游泳，出水后休息时，毛泽东手里拿着一本线装的《汉书》，翻到《赵充国传》时说："赵充国主张在西北边疆屯田，这个人很能坚持真理，坚持正确的主张。他的主张在开始时赞成的人不过十之一二，反对的人达十之八九；但到后来，逐渐被人接受了，赞成的人达十之八九反对的却只十之一二。真理要人接受，总要有一个过程。无论在过去历史上，还是现在。"此后，毛泽东也多次提到这一历史事例。

毛泽东借此来说明正确的主张往往要有一个被人认识的过程。那么，被毛泽东大加赞扬的赵充国又是个什么样的人呢？

12 "诸葛一生惟谨慎，吕端大事不糊涂"

"诸葛一生惟谨慎，吕端大事不糊涂"这句话对诸葛亮和吕端的概括实在是太深刻准确了。有人小事聪明，大事糊涂，这样的人也只能过一种不太坏的小日子而已，但如果想治国治民，那就要大事不糊涂了。诸葛亮会处理民族关系，他的民族政策比较好，获得了少数民族的拥护。

我们的民族政策是十分成功的，这已经得到了历史的证明。那么，这种民族政策的制定与诸葛亮、吕端等历史人物的影响有没有关系呢？看完下面的文章我们自然会对毛泽东灵活运用历史的智慧佩服至深。

13 郭嘉"这个人很有名"

"三国时候，曹操一个有名的谋士，叫郭嘉，27岁到曹操那里当参谋，38岁就死了，赤壁之战时，曹操想他，说这个人在，不会使我处于这种困难境地。许多好主意就是他出的。"

毛泽东多次讲到郭嘉，在党的八届七中全会上以及当年7月召开的庐山会议期间，在私下或公开场合讲话，都曾举到郭嘉的例子。毛泽东一再谈及郭嘉，主要是为了启发党的高级领导干部要在碰到困难、不知如何做出决定的时候要多动脑子，要多谋善断，在看似困难的情况下开拓工作的新局面。

167

14 "挥泪斩马谡，这是万不得已的事情"

诸葛亮流着眼泪说："孙武之所以能克敌制胜，是因为军法严明。"对此，毛泽东评论道："非杀不可。挥泪斩马谡，这是万不得已的事情。"我们在看"诸葛亮挥泪斩马谡"一节的时候，往往只看到诸葛亮执法如山而又极重情义的一面，更为他自贬三级的自责精神所感动，却很少想到他是不是可以不杀马谡，马谡初犯是不是本来就不应该斩，是不是可以让马谡戴罪立功，是不是有可能将马谡培养成具有实际战争经验的大将。对于马谡和诸葛亮，毛泽东的态度是辩证的，从"初战亮宜自临阵"，到"自街亭败后，每出，亮必在军"，再到"非杀不可。挥泪斩马谡，这是万不得已的事情"，可以看到毛泽东的科学全面的态度。

169

15 高级军官不可不读《吕蒙传》

"吕蒙是行伍出身，没有文化，很感不便。后来孙权劝他读书，他接受了劝告，勤读苦读，以后当了东吴的统帅。"

主席说："最初陆逊是吕蒙手下的一个中级军官，以后继吕蒙当了统帅。""关羽攻曹军手上的樊城，吕蒙用计骗关羽把全军开到前方，然后轻骑疾趋南郡（现在的宜昌），南郡太守麋芳投降。关羽将士家眷留在南郡，吕蒙进城办法很好，对他们不但不加损害，还特加照顾，对年老的慰问，对疾病的给医药，对饥寒的给衣服粮食，对关羽的财产丝毫不动。对关羽派来的人很优待，使他和将士家属相会，结果起了很大作用。关羽的将士知道了，军心涣散，士无斗志，使得关羽不得不败走麦城。"

16 "古时候可以破格用人，我们为什么不可以大胆提拔"

"赤壁之战，程普四十多岁，周瑜二十多岁，程普虽是老将，但不如周瑜能干。大敌当前，谁人挂帅？还是后起之秀周瑜挂了大都督的帅印。孔明二十七岁成名，也未当过支部书记、区委书记嘛，也是个新干部嘛！赤壁之战以前无名义，这之后才当军师、中郎将。"

陆逊在老将军们蔑视小看他、不听指挥的困难情况下，忠厚待人、忍辱负重，不以统帅自居，以谦让得人情，以才智服人心，实在是难得的将领。他对东吴的贡献，不比周瑜小。从以上的点评中，我们不仅能够清晰地看到毛泽东识人、用人的智慧和眼光，更对我们以后如何鉴别人才大有帮助。

17 "曹操的文章诗词，极为本色，直抒胸臆，豁达通脱，应当学习"

"北戴河、秦皇岛、山海关一带是曹孟德（操）到过的地方。他不仅是政治家，也是诗人。他的碣石诗是有名的，妈妈那里有古诗选本，可请妈妈教你们读。"

毛泽东之所以喜欢曹操的诗，恐怕不仅仅在于曹操是"改造文章的祖师"，也不仅仅是因为"曹操的文章、诗词、极为本色，直抒胸臆、豁达通脱"，主要还是因为曹操"不仅是政治家，也是诗人"。这与毛泽东的情调极为吻合。对于历史，对于统一，曹操有大功劳，因此，与之相比，他的文学成就就显得微不足道了。

18 曹操的"这个案要翻"

"说曹操是白脸奸臣，书上这么写，剧里这么演，老百姓也这么说，那是封建正统观念制造的冤案，还有那些反动士族，他们是封建文化的垄断者，他们写东西就是维护封建正统。"

但令人感到不解的是，曹操既然无德，其手下怎能谋臣如林，猛将如云呢？一个寡恩薄义之人反能收天下英雄于其麾下，天下英雄岂不是不可理喻了吗？说到底，不是曹操无德，而是我们不喜欢曹操之"术"而已！因此，曹操之奸，并非真奸，你硬要说他奸，那也是"奸"之有道，"奸"之有术，"奸"之有方。忠奸之间。并没有绝对的界限。何为忠奸，前人说了也并不一定就是定论。许多东西还是要自己重新考虑的。

19 "主观指导的正确与否"与"优势劣势和主动被动的变化"

"袁曹官渡之战，吴魏赤壁之战……都是以少击众，以劣势对优势而获胜。都是先以自己局部的优势和主动，向着敌人局部的劣势和被动，一战而胜，再及其余，各个击破，全局因而转成了优势，转成了主动。"

天下事有真必有假，虚夸古亦有之。赤壁之战，曹营号称八十三万人马，其实只有二三十万，又不熟水性，败在孙权手下，不单是因为孔明借东风。

虚夸就容易引发傲慢的心理，傲慢则不能谨慎，不能谨慎就必然不能作出正确的决定。这种不正确的主观态度就会使优势转化为劣势。

20 "孙权是个能干的人"

"孙权劝曹操当皇帝，曹操说，孙权是要把我放在炉火上烤。我劝你们不要把我当曹操，你们也不要做孙权。"

在魏、蜀的夹击之间，孙权能够继父兄之业而自保，已经很不容易了。没有一定的才能是无法做到。而在其众多的才能中，知人善任应该是最重要的。

在三国史上，人们一般都只重视曹操和刘备，很少有人论及孙权。但毛泽东读史独具慧眼，多次提到孙权，并认为"孙权是个能干的人"。

194　21　刘备是如何"建立了一个很好的根据地"的？

"看这本书，不但要看战争，看外交，而且要看组织。你们北方人——刘备、关羽、张飞、赵云、诸葛亮，组织了一个班子南下，到了四川，同'地方干部'一起建立了一个很好的根据地。"

团结地方干部，依靠地方干部，正是靠着这些政策和策略，刘备才迅速在四川站稳了脚跟；相反，如果采取打击一大片的方针，他很可能会被赶出四川去，即使勉强呆在四川，也会日夜不得安宁。

197　22　"刘备这个人会用人、能团结人，终成大事"

"有些人是书生，最大的缺点是多谋寡断。刘备、孙权、袁绍都有这个缺点，曹操就多谋善断。"

显然，这里的刘备已不是多谋寡断，而是刚愎自用了，毛泽东对其可谓极不赞成。但是，上述的这些都是说的刘备性格的一些侧面，刘备性格的主要方面是什么呢？毛泽东说："尽管刘备比曹操所见略逊，但刘备这个人会用人、能团结人，终成大事。"

刘备用理想的道德规范来处理和维系人际关系，并取得了极大的成效，正如"庞统献策取西川"时他自我总结的那样："今与吾水火相敌者，曹操也。操以急，吾

以宽；操以暴，吾以仁；操以谲，吾以忠：每与操相反，
事乃可成……"

23 "曹刘是主要矛盾，孙刘是次要矛盾"

"三国时期，荆州失守，蜀军进攻东吴，被东吴将领
陆逊火烧连营七百里，打得大败，其原因就在于刘备没
有区分与处理好主要矛盾与次要矛盾的关系，在谋略中
没有抓住主要矛盾。"

毛泽东思想中的最光辉的精华之一就是处理问题要
抓住主要矛盾。毛泽东正是运用了这一基本思想，正确
地分析了中国革命的基本问题，不仅在革命战争年代抓
住了主要矛盾，领导中国革命从胜利走向胜利，就是在
处理具体问题时，也十分善于把握主要矛盾，体现出了
极为高超的领导艺术。

24 司马懿"多谋略，善权变""此司马懿敌孔明之智也。"

"此司马懿敌孔明之智也。"

诸葛亮与司马懿的对阵往来是十分有意思的，从反
面可以证明诸葛亮事必躬亲但拙于用人的性格特点。诸
葛亮曾称赞司马懿"大有才能"，对他忌惮三分，但谋略
智识毕竟远出司马懿之上，诸葛亮是不会怕他的，只是
诸葛亮为人十分谨慎，对他预先加以提防而已。最有意
思的是司马懿这一方，他可谓"知彼知己"，深知自己不
如诸葛亮，所以处处小心谨慎，虽然没有打败诸葛亮，
自己也不至于被诸葛亮打得一塌糊涂。司马懿与诸葛亮
真可谓是一对敌国"知己"。

25 "有些人是书生，最大的缺点是多谋寡断"

"有些人是书生，最大的缺点是多谋寡断。刘备、孙权、袁绍都有这个缺点，曹操就多谋善断。要反对多端寡要，没有要点，言不及义。要一下子看到问题所在。曹操批评袁绍，'志大而智小，色厉而胆薄'，没有头脑。还批评袁绍有其他缺点，兵多而分工不明，将骄而政令不一，地虽广，粮虽多，完全可为我所用。"

在这段话里，他说刘备、孙权、袁绍都有书生气，但根据全文的意思可知，毛泽东说的主要是袁绍，并且拿曹操作对比。那么，毛泽东所引用的曹操对袁绍的批评是不是符合历史事实呢？我们且来看看历史曾经发生过的一些事情和曾经有过的评论。

26 淝水之战是"弱者先让一步，后发制人"的范例

"楚汉成皋之战、新汉昆阳之战、袁曹官渡之战、吴魏赤壁之战、吴蜀彝陵之战、秦晋淝水之战等等有名的大战，都是双方强弱不同，弱者先让一步，后发制人，因而战胜的。"

东晋将领的"示弱"、"让一步"是以"进一步"的形式表现出来的。利用敌人骄傲自大和求战心切的心理，以"让一步"的姿态请求敌人让出一条路来，然后寻找有利的时机来瓦解敌人，歼灭敌人。应该说，东晋将领谢玄将"让一步"的精髓发挥到了极致。

第一篇

毛泽东读先秦史的学问

竹帛烟销帝业虚，关河空锁祖龙居。

坑灰未冷山东乱，刘项原来不读书。

【唐】章碣《焚书坑》

1

老子"搞阴谋，写在了书上"

> 我看老子比较老实，他说"将欲取之，必固予之"，要打倒你，先把你抬起来，搞阴谋，写在了书上。

中国的权谋之术十分发达，是世界上任何一个国家都无法比拟的，在古代军事学方面出现了军事巨著《孙子兵法》等。就是《老子》一书，据说也可当作权谋之书来读，更不用说其他政治、历史著作里面融会的一些权谋思想和权谋事例了。毛泽东说："我看老子比较老实，他说'将欲取之，必固予之'，要打倒你，先把你抬起来，搞阴谋，写在了书上。"[1]

《老子》第三十六章写道："将欲歙之，必固张之；将欲弱之，必固强之；将欲废之，必固（兴）之；将欲取之，必固予之。是谓微明。柔弱胜刚强。鱼不可脱于渊，国之利器不可以示人。"老子将这个道理上升到了"国之利器"的高度。

毛泽东在学生时代就读过《老子》。据他的同学萧子升在《我和毛泽东的一段曲折经历》中回忆说，他与毛泽东在"游学"过程中与拜访刘翰林和山寺方丈时都谈及了孔子和老子，可见毛泽东早年对老子著作就有很深的研究。在毛泽东的读书笔记《讲堂录》中便记有"《老子》：天下莫柔弱于水，而攻坚强者莫之能先。"[2]在读鲍尔生的《伦理学

---

[1] 陈晋主编：《毛泽东读书笔记解析》上册，广东人民出版社1996年版，第622页。

[2] 中共中央文献研究室、中共湖南省委《毛泽东早期文稿》编辑组编：《毛泽东早期文稿（1912—1920）》，湖南人民出版社2013年版，第537页。

原理》时，毛泽东批注道："是故老庄绝圣弃智、老死不相往来之社会，徒为理想之社会而已。"①这样一种主张，和青年毛泽东立志改造社会、学习西方的文明，强调人的主观意志和积极力量的主张显然相差较远。

新中国成立以后，毛泽东还常读《老子》一书，他在外出时，曾指名带上《老子》。毛泽东最感兴趣的是其中的辩证法。春秋战国时代，社会、政局经常处于巨大变革之中，老子从"社稷无常奉，君臣无常位"的现实中，认识到运动与变化是世界的永恒主题。这种变化的一个重要原因，是宇宙间万事万物都存在着相互矛盾的两个对立面。

1957年，毛泽东在《关于正确处理人民内部矛盾的问题》中说："我们必须学会全面地看问题，不但要看到事物的正面，也要看到它的反面。在一定的条件下，坏的东西可以引出好的结果，好的东西也可以引出坏的结果。老子在二千多年以前就说过：'祸兮福所倚，福兮祸所伏。'日本打到中国，日本人叫胜利。中国大片土地被侵占，中国人叫失败。但是在中国的失败里面包含着胜利，在日本的胜利里面包含着失败。历史难道不是这样证明了吗？"②

在这里，毛泽东教导人们要全面地看问题。所谓全面地看问题，就是对一件事情不光要看到它有利的一面，还要看到它不利的一面，以增强危机感，保持头脑清醒。同样，既要看到不利的一面，也要看到有利的一面，以增强信心，鼓舞斗志。毛泽东在这里引用老子的"祸兮福所倚，福兮祸所伏"的话，来证明这一点。毛泽东发表这个讲话时，国内曾发生过一部分群众闹事，国际上也发生了匈牙利事件。这两件事都不是好事，但毛泽东却认为坏事可以变好事。

1936年12月，毛泽东在《中国革命战争的战略问题》中，谈到战略退却时写道："关于丧失土地的问题，常有这样的情形，就是只有丧失才能不丧失，这是'将欲取之必先与之'的原则。如果我们丧失的是土地，而取得的是战胜敌人，加恢复土地，再加扩

---

① 中共中央文献研究室、中共湖南省委《毛泽东早期文稿》编辑组编：《毛泽东早期文稿（1912—1920）》，湖南人民出版社2013年版，第163页。

② 《毛泽东文集》第7卷，人民出版社1999年版，第238页。

大土地,这是赚钱生意。"①

这里,毛泽东就是运用了老子"将欲取之,必先与之"的策略。丧失是为了取得,退却是为了前进,毛泽东对老子辩证法的运用已臻于化境。

1945 年,毛泽东在为党的七大作总结时谈到面临的困难和应付的方针时说:"我曾经同国民党的联络参谋讲过,我们的原则是三条:第一条不打第一枪,《老子》上讲'不为天下先',我们不先发制人,而是后发制人。"②这里的意思也就是先弃后取、先退后进、先让后争,采取有理、有利、有节的斗争策略。实践证明这个战略决策是非常富有远见的。

解放战争初期著名的"延安保卫战"也充分运用了这一思想。

当时进攻延安的胡宗南 23 万大军已对延安形成三面夹击之势,毛泽东认为,将欲取之,必先与之,如果跟处于优势的敌人硬拼,我们肯定要吃亏,于是果断决定撤离延安,然后在迂回运动中寻找机会,歼灭敌人,终于取得了保卫战的全胜。

1964 年 8 月,毛泽东在一次谈话中说:"我看老子比较老实,他说'将欲取之,必先予之'要打倒你,先把你抬起来,搞阴谋,写在了书上。当然,阴谋也是智谋。"③

1949 年 8 月,毛泽东在《别了,司徒雷登》一文中,针对当时美国企图对刚诞生的新中国搞封锁,义正词严地说:"多少一点困难怕什么。封锁吧,封锁十年八年,中国的一切问题都解决了。中国人死都不怕,还怕困难吗?老子说过:'民不畏死,奈何以死惧之。'……而且实行叫我们死。"过去三年内,"杀死了数百万中国人。现在这种情况已近尾声了,他们打了败仗了,不是他们杀过来而是我们杀过去了,他们快要完蛋了。留给我们多少一点困难……但是比起过去三年来已经松了一口气了。过去三年的一关也闯过了,难道不能克服现在这点困难吗?"④

说明矛盾着事物的两端是可以转化的,不利的一面也可以经过努力,促进它转化为

---

① 《毛泽东选集》第 1 卷,人民出版社 1991 年版,第 211 页。

② 《毛泽东选集》第 3 卷,人民出版社 1996 年版,第 389 页。

③ 陈晋主编:《毛泽东读书笔记解析》上册,广东人民出版社 1996 年版,第 22 页。

④ 《毛泽东选集》第 4 卷,人民出版社 1991 年版,第 1496 页。

有利的一面。

毛泽东在 1949 年 3 月《党委会的工作方法》一文中，引用老子的话说明互通情报的重要：" '互通情报'。就是说，党委各委员之间要把彼此知道的情况互相通知、互相交流。这对于取得共同的语言是很重要的。有些人不是这样做，而是像老子说的'鸡犬之声相闻，老死不相往来'，结果彼此之间就缺乏共同的语言。"[①]

下面再看看古人是怎样运用老子的智慧的：

在春秋战国群雄逐鹿、战乱频繁的时期，运用老子"将欲取之，必先与之"这一思想来获取成功的例子是非常多的。有些十分隐晦巧妙，有些则十分直露俗浅，著名的"宫之奇谏假道"的故事就属于后者。

公元前 655 年，晋献公为了向北扩展土地，就让大夫荀息带上厚礼，去北边的近邻虞国去见虞公，送他一匹极其难得的千里马，还有一只极其名贵的玉璧，条件是借一条行军的道路。荀息对虞公说："虢国（又名北虢，在今山西省平陆县，三门峡附近）总爱跟我们闹别扭，希望能借贵国一条路，我们开过大军去教训教训他。"这在当时看来是不情之请，对虞国来说是极其危险的，因为让别国军队通过自己的国家无异于开门揖盗、引狼入室，况且虞国又是小国，军事力量比晋国弱得多，谨慎自保尚应接不暇，哪敢再有丝毫的懈怠疏忽。但虞公实在太爱这两件宝贝了，一边玩着玉璧，一边看着马说："可以借，可以借。"虞国的大夫宫之奇是一个很有见识、很有胆略的人，他一听虞公答应借道，十分惊慌，赶紧跑去对虞公说："这万万不可以，虞国和虢国是近邻，就好像嘴唇和牙齿一样。俗语说得好，'唇亡齿寒'，我们两个小国原是互相帮助，互相依存，万一虢国被晋国吞掉了，虞国是无法独存的。"

谁知虞公财迷心窍，居然能编出一番道理来。他对宫之奇说："晋国给咱们送来了这两件无价之宝，那是看得起咱们，想跟咱们结交，难道连借一条道都不肯？况且晋国比虢国强大得多，如果能攀上晋国这么个朋友，失掉虢国又有什么可惜呢？"宫之奇听后觉得虞公越加糊涂，还想净谏，但被好友百里奚拉住了。

---

① 《毛泽东选集》第 4 卷，人民出版社 1991 年版，第 1441 页。

百里奚是虞国的大夫，出身穷苦，后来撇下妻子儿女出来寻求出路，多年未尝夙愿，后被蹇叔介绍给宫之奇，又由宫之奇推荐给虞公做大夫。百里奚为人精明，他见虞公正像当年蹇叔说过的一样，爱占小便宜，不可理喻，就拉住宫之奇不让他再谏。宫之奇出来后埋怨百里奚说："你不劝虞公倒也罢了，为什么反要阻止我呢？"百里奚道："跟糊涂的人说正经道理就好像把明珠扔到路上一样。虞公既如此，就随他去吧，我们跟着他也就是了。"宫之奇可没有百里奚那么忠心，他知道虞国要亡，就带着家小逃往他方避难去了。

晋献公派大将里克带兵灭了虢国，回来的路上，住在虞国的都城里。夜里，虞公还在睡梦当中，就做了晋军的俘虏。就这样，晋国不费吹灰之力就顺手把虞国灭了。千里马和玉璧当然完璧归赵，又回到晋献公的手中。

晋献公对虞公说："我是不能白借你的道的，不过你虞国的道不值这匹千里马和这块玉璧，我就另送你一些东西吧！"献公送了一所房子给虞公居住，又另外送了一部车马和玉璧给虞公玩。

虞公觉得委屈极了，埋怨百里奚说："当初你为什么不阻拦我呢？"百里奚直率地说："您连宫之奇大夫的话都不听，难道会听我的话吗？我当初不说什么，就是为了今天能跟着您，好让您知道我对您的忠诚。"

这是一个令人悲悯而又令人发笑的故事。晋国"将欲取之，必固与之"，而虞公终因贪图小利而亡国。

不过，春秋战国时期在这方面也有许多高明而又成功的范例，"烛之武退秦师"就是其中的代表之一。

晋文公重耳在外流浪避难，曾经受到郑国的冷遇，这次郑国又要同楚国结盟，晋文公感到十分生气。晋文公即位以后，凡是曾经厚待过他的国家，他都有所报答，凡是冷遇或是刁难迫害过他的国家，他也进行了报复，唯有郑国，尚未来得及。所以，晋文公约定秦穆公一起攻打郑国。晋国的军队到了郑国，秦穆公也率领百里奚、孟明视等人从西侧包围郑国，郑国的军事力量本敌不上其中的任何一个国家，怎能禁得起两家合围。郑文公惊慌失措，倒是大夫叔詹很镇定，他推荐烛之武去做说客，想法劝退秦国人，如果秦兵退走，只剩下晋国人就好办多了，郑文公抱着试试看的态度请来了烛之武，没想到烛之武是个十分衰老的驼背老翁。烛之武说："我年轻的时候尚且不能为国家效力，如今已是风烛残年，能为国家做什么呢？"郑文公一听话里有话，就立即道歉说："像您这样有才能的人我都没有听说，没能起用，实在是我的过失。希望您能宽宏大量。在国家危难的关头出一把力，如能保存郑国，您就建下了不世之功。"烛之武本就爱国，又见郑文公态度诚恳，就答应去试一试。

当天夜里，烛之武就让士兵把他放在筐里，用绳子吊出城外，径直往秦营走去，但秦人不准他见秦穆公，烛之武就在外面痛哭，哭声惊动了秦穆公，就派人把他叫进来问一问。烛之武说："我在这儿既为郑国哭泣，因为郑国就要灭亡了；同时也为秦国哭泣，因为秦国不久也要灭亡了。"秦穆公十分惊讶，就请烛之武详细谈一谈。

烛之武说："秦、晋两个大国联合攻打郑国，郑国当然很快就要灭亡。可是，您想到没有，郑国在晋国的东边，秦国离郑国差不多有一千里路，秦国怎样才能占有郑国呢？毫无疑问，郑国灭亡后，国土一定全部归晋国，您这不是做了'亡郑倍邻'的傻事吗？现在秦国和晋国的国土差不多大小，力量也相差无几，一旦郑国被晋国吞并，晋国的势力可就比秦国强大多了。您如果回顾一下晋国对待秦国的态度，您就会看得更清楚。当初您送晋惠公回国做国君，又在荒年借粮食给他，真是有存亡续生之恩，可晋国每次都是以怨报德。再说，当年晋国灭虞的事您也记得，虞国帮助晋国灭了虢国，晋国不但不图报答，反顺手把虞国也灭了。现在您帮助晋国打郑国，如果晋国强大了，反过头来进攻秦国，您又怎么办呢？像您这么英明的人，我只要提一下就够了，用不着多费唇舌。"

烛之武的这番话使秦穆公听出一身冷汗，特别是"亡郑倍邻"的说法，更使秦穆公佩服。秦穆公越想越对。烛之武看到秦穆公已被说动，就接着说："如果秦国能撤兵，郑国愿投降秦国，将来秦国有什么事要从这里经过，郑国一定尽力招待帮助，郑国就算作您在东道上的一个仓库或是基地，郑国愿给您当'东道主'"。

秦穆公听后便下了决心，答应了烛之武的请求，并留下杞子、逢孙、杨孙三位副将带领两千人马帮郑国守城，自己率大军离开了郑国。就这样，通过艰苦的外交，郑国总算免除了这场灾难。秦穆公不贪小利，终于成为春秋时代霸主。

但应该看到的是，权谋只能起一时的作用，并没有根本的、永久的效果。晋国虽然看准了虞公爱占小便宜的弱点诱其上钩，不费吹灰之力灭了虞国，但这并不能挽救自己最终被秦国吞灭的命运。郑国虽有烛之武的洞悉世事、巧言善辩，也只能暂免于难，终不能持国久远。由此看来，权谋之术的作用也是有限的，只能在具体的战术之中发挥作用。真正起根本的决定作用的还是治国安邦的大道，即人心的向背。离开了这一点，越是取巧，越是奸诈，就越容易引起反感和敌视，那更是自取灭亡之道。

2

"年轻人打倒老年人"的"例子多得很"

> "年轻人打倒老年人，学问少的人打倒学问多的人，这种例子多得很。战国
> 时候秦国有个甘罗，大概是甘茂的孙子，他12岁当丞相，还是个少先队员，红
> 领巾。"

毛泽东十分重视青年人的作用，从来都是鼓励青年人，反对压制青年人的政策和做法。他从历史中找到了一些青年人成功的例子，用以说明青年人是可以成功的。他说："年轻人打倒老年人，学问少的人打倒学问多的人，这种例子多得很。战国时候秦国有个甘罗，大概是甘茂的孙子，他12岁当丞相，还是个少先队员，红领巾。"[①] 当时吕不韦是个大政治家，但没有主意，甘罗却有主意，他到赵国解决了一个问题。

毛泽东似乎特别器重甘罗这个少年英才，认为他12岁就当了丞相，而吕不韦这个大政治家有的时候都不如他。那么，毛泽东所说的这段历史是怎样的呢？

秦国的甘罗是一位少年英才，他12岁就出使他国，凭着他杰出的才能，为秦国争得了很大的利益。

秦国的宰相文信侯吕不韦想派张唐出使燕国，希望与燕国合攻赵国，以扩充秦国在黄河流域一带的领土。

张唐对吕不韦说："我曾经帮秦昭王攻打赵国，赵国是非常恨我的，赵国曾悬赏抓

---

① 李锐：《"大跃进"亲历记》上卷，南方出版社1999年版，第325页。

我，说'抓到张唐的人赏百里的土地。'如果要我到燕国，一定得经过赵国，我恐怕去不了燕国。"

吕不韦很生气，但并未勉强张唐。

甘罗见了，就问道："君侯为什么这么生气呢？"

吕不韦说："我亲自请张唐出使燕国，他却不肯去，真是不像话。"

当时甘罗才 12 岁，说："让我试一试，我可以要他去。"吕不韦斥责他说："滚吧！我亲自去请他都不肯，你一个乳臭未干的小孩子，会有什么好办法让他去？"

甘罗说："当年孔子曾拜一位 7 岁的孩童为老师，而我现在已经 12 岁了，君侯不妨让我去劝他呀！您何必发这么大的脾气呢？"

吕不韦同意了，甘罗找到张唐，对他说："您的功劳比起武安君（秦国大将白起的封号），哪一个人更大？"

张唐说："武安君曾经挫败了南方强大的楚国，威震北方的燕国，屡战屡胜，攻城略地，攻下的城池不计其数，功劳当然比我大，我怎么能跟他相比呢？"

甘罗说："那依您看来，应侯（秦国的故相范雎）在秦国的权力，比起文信侯，哪一位更专权？"

张唐说："应侯当然比不上。"

甘罗说："先生明明知道应侯不如文信侯专权，应该也知道当初应侯想攻打赵国，武安君不同意他的意见，结果一离开咸阳，还不到七里路，就被迫死在杜邮，这件事您总该知道吧？现在，文信侯亲自请您去燕国，您却不去，据我看来，您将不得好死。"

张唐听了甘罗的话，如梦初醒，说："多亏您的提醒，我听您的，我这就去。"

张唐出发几天之后，甘罗对吕不韦说："借我 5 辆车，让我先到赵国为张唐作一下铺垫。"

吕不韦晋见了秦始皇，征得了秦始皇的同意后，派甘罗到赵国。赵襄王到郊外亲自迎接甘罗。甘罗说："大王知不知道燕国太子丹被送到秦国当人质的事？知不知道张唐到燕国的目的？"赵王说："我知道了。"甘罗说："燕国太子丹到秦国当人质，表明燕国不敢欺骗秦国，张唐到燕国，表明秦国不敢欺骗燕国。秦、燕一旦合作，是想攻打赵国，以扩充黄河流域的领土，大王不如先给我5座城，用其扩充秦国在黄河流域的领土。然后，秦国把燕国的太子送回，再与赵国一起攻打燕国。"

赵王听从了甘罗的话，立刻把5座城送给了秦国，秦国也把燕国的太子送回燕国。赵国于是攻击燕国，攻占了上谷一带的30座城，让给秦国十分之一。

甘罗回到秦国，秦始皇就封他为上卿，又将当年甘茂所有的旧地、房舍赏给了甘罗。

正所谓有志不在年高，甘罗12岁出使赵国并获得巨大成功的事在中国历史上是十分著名的。但他无论是说服张唐还是说服赵王，所用的谋略无非是讲清利害关系。可见，只要运用得当，晓以利害永远是处理国际关系的一着妙棋。

也许是天妒奇才的缘故吧，甘罗未能长寿。但甘罗的事迹却给后人留下了许多思考。毛泽东就拿他作为例子来说明年轻人是可以胜过年长的人的，并以此来反对经验主义，反对论资排辈，这些无疑都十分正确。但有时也要注意，年轻人毕竟经验少，容易冒进，而甘罗的例子也并不具有普遍性。所以，当我们借鉴这一历史经验时，就应该十分慎重。

3

"历代政治家有成就的，在封建社会前期
有建树的，都是法家"

> "劝君少骂秦始皇，焚坑事业要商量。祖龙魂死秦犹在，孔学名高实秕糠。
> 百代都行秦政法，十批不是好文章。熟读唐人封建论，莫从子厚返文王。"

毛泽东历来喜欢法家，尤其在"文化大革命"时期，更是如此。后来甚至发动了评法批儒运动。毛泽东 1973 年 8 月 5 日同江青谈话，令其记下七言诗一首，题为《七律·读〈封建论〉呈郭老》："劝君少骂秦始皇，焚坑事业要商量。祖龙魂死秦犹在，孔学名高实秕糠。百代都行秦政法，十批不是好文章。熟读唐人封建论，莫从子厚返文王。"①并说，历代政治家有成就的，在封建社会前期有建树的，都是法家。

依法治国乃至依法立国是我们十分向往的事情。然而，中国古代的法家思想尽管极为发达，看一看下面这则故事也许对我们理解这个问题会有一些帮助。

有一次，秦襄王病了，有些百姓听说后，便祈祷神灵，想让襄王早些恢复健康，这确实是百姓对国君敬爱的表现。后来，他们知道了秦襄王病愈，就又杀牛宰羊，祭祀神灵，表示感谢。

秦国的郎中阎遏、公孙衍外出，见百姓杀牛祭祀，非常奇怪，就问："现在既不是社日，也不是腊日，你们为何杀牛祭神？"

---

① 《毛泽东年谱》第 9 卷，中央文献出版社 2023 年版，第 491 页。

百姓们说："听说国君病了，我们为他祈祷，如今国君病好了，我们杀牛感谢神灵保佑。"

阎遏、公孙衍听说后，既吃惊又高兴，想向秦王邀上一功。于是，他俩赶紧回到宫里，向秦襄王道贺，说："恭喜大王，您在国中的德行应该是超过古代贤君尧舜了。"秦襄王不解地问："此话何意？"阎遏、公孙衍说："尧、舜之时，也从未听说有百姓为他们的健康长寿而祈祷的。如今，您有病而百姓为您祈祷，您病愈百姓为之杀牛祭祀，感谢神灵，这是自古未有的事。所以，我们认为您的功德高于尧舜。"

秦襄王听了这番话，想了一想，便问是什么地方的百姓这么干的，二人还以为国君要感谢那些百姓，便详细地说明了情况。当他问明以后，便对那里的地方官及百姓进行了责罚。阎遏、公孙衍见此，虽然觉得莫名其妙，也吓得不敢多问。

几个月以后，在一次宴会上，阎遏、公孙衍见秦襄王高兴，才敢趁机问道："臣下前些日子认为大王德超尧舜，并非阿谀奉承之言，尧舜病，未见民为之祈祷。如今大王有病，民为您杀牛祈祷。可您听说后，不但不喜，反而对百姓进行责罚，这是为什么呢？"

秦襄王说："你们应该知道这其中的缘故。老百姓之所以为我所用，不是因为我爱他们，而是因为他们惧怕我的权势，是因为我使用权势让他们服从我。如今，他们因我病而为我杀牛祈祷，说明我已经放弃了权势而与他们讲仁爱了，其实这样很危险，如果真是这样的话，一旦我对他们不爱了，他们就会不被我所用了。所以我要责罚他们，以绝爱民之道，立法势的权威。"

真乃一语道破天机。原来，中国古代的法治思想更在意于建立君主的绝对权威，所以，尽管中国古代的法家思想已经发展到了无所不用其极的地步，就是无法建立法制的国家。

不过，"坑灰未冷山东乱，刘项原来不读书"，秦国最终也是因为使用严刑峻法而迅速地亡国。如果把法家和儒家作为单一的治国思想都存在缺陷。

4

"读了秋水篇，好，你不会再做河伯了"

"干部子弟（翘尾巴的）吃不开了，尾巴翘不成了，痛苦来了，改变态度也就来了，这就好了。读了秋水篇，好，你不会再做河伯了……"

《庄子》是中国古代最重要的典籍之一，它不仅是老庄学派的重要代表著作，还被道教奉为《南华经》，视为道教的无上经典。《庄子》不仅教我们修身养性，无为而治，有时也涉及经世济时的道理。

《庄子》的作者是庄子。庄子（约公元前369年—公元前286年），名周，战国时期宋国蒙（今河南商丘县东北）人，曾经为蒙漆园吏。庄子的思想实质是反对人的异化。在当时，人的异化主要表现在人们对外在的权势、富贵、名誉乃至自然生命的追求，超过了对人自身的朴素的本性、本真情感的追求，庄子的哲学就是要对这种异化进行矫正。表现在对宇宙的认识上，他提倡无限、大同等观念，主张齐一万物，齐一是非；在对个体的人格修养上，他主张无欲、无待，提倡"心如死灰""形如槁木"，进而建立"至大无外"的人格，以达到"逍遥游"的境界；在社会政治问题上，他主张"无为""无仁"，否弃仁义道德，主张顺其自然，建立没有约束的极乐世界。庄子对后世的影响主要在于他追求超越的情感体验、玄学思辨以及对社会的批判等方面。

毛泽东在学生时代就熟读了《庄子》。1917年在《体育之研究》里，毛泽东借庄子在《养生篇》里写的庖丁解牛的故事，说明"养生之道"，认为体育锻炼"皆先精究生理，详于官体之构造，脉络之运行，何方发达为早，何部较有偏缺"。[1] 同年，他为同学萧子升的《一切入一》读书笔记写的序言中，毛泽东开篇就说："予维庄生有言：吾生也有涯，而智也无涯，今世学问之涂愈益加辟……势有不可究诘者。惟文化进矣，人之知慧亦随而进，则所以究诘之者，仍自有道也。"[2]

1943 年，抗战形势明显好转，针对蒋介石不打日本、消灭边区的企图，毛泽东在《质问国民党》一文中，说："假如你们也没有什么对付日本人的'蒙汗药'、'定身法'，又没有和日本人订立默契，那就让我们正式告诉你们吧：你们不应该打边区，你们不可以打边区。'鹬蚌相争，渔人得利'，'螳螂捕蝉，黄雀在后'，这两个故事，是有道理的。"[3] 这后一个故事，就引自《庄子·山木》，这个典故的引用，把当时抗战的形势和三方面的利害关系分析得再透彻不过了。

1963 年，毛泽东在给女儿李讷的信中说："干部子弟（翘尾巴的）吃不开了，尾巴翘不成了，痛苦来了，改变态度也就来了，这就好了。读了秋水篇，好，你不会再做河伯了……"。[4] 庄子在《秋水篇》中叙述了一个妄自尊大的河伯——黄河水神——的故事：

河伯满以为百川归己，十分自负，发洪水时，两岸看不到边，觉得自己是世界上最大的水神了。等他顺流东行，见大海无涯，方知道自己是这样的渺小，只能望洋兴叹。

毛泽东借这一则故事来告诫人们不可做井底之蛙，不可故步自封，不可骄傲。

毛泽东经常提到《庄子·逍遥游》。在他的读书笔记《讲堂录》中，还有读《庄子·逍遥游》等篇章的笔记：夫小大虽殊，而放于自得之场，则物任其性，事称其能，各当其分。又何厝心于其间哉。夫大鸟一去，半岁至天池而息；小鸟一飞，半朝抢榆枋而止。此比所能，则有间矣，其于适性一也。[5]

---

① 中共中央文献研究室、中共湖南省委《毛泽东早期文稿》编辑组编：《毛泽东早期文稿（1912—1920）》，湖南人民出版社 2013 年版，第 57 页。

② 同上，第 70 页。

③《毛泽东选集》第 3 卷，人民出版社 1991 年版，第 905 页。

④《毛泽东年谱》第 8 卷，中央文献出版社 2023 年版，第 180 页。

⑤ 中共中央文献研究室、中共湖南省委《毛泽东早期文稿》编辑组编：《毛泽东早期文稿（1912—1920）》，湖南人民出版社 2013 年版，第 546 页。

《庄子·逍遥游》的故事是这样的：

北海有一种鱼，它的名字叫作鲲。鲲的大，不知它有几千里，变化成鸟，它的名字叫做鹏，鹏的背，不知它有几千里长。鼓动翅膀而飞，它的翅膀就好像垂挂在天上的云彩。这只鸟将要在大海翻腾时迁徙到南海去，南海这个地方，是天然的大池。《齐谐》这本书，是专门记载怪异的事物的。《齐谐》上说："大鹏迁往南海时，翅膀击起的水有三千里，拍附着旋风向上飞到九万里的高处，它飞去的时候是靠着六月的大风。"蒸腾的游气呀，灰尘呀，都是靠着生物的气息相吹而飞动的。天空深蓝深蓝的，莫非是它的本来的颜色么？莫非它高远得没有尽头么？鹏（从九万里的天上）向下看，也就像这样罢了。

再说，水积得不深，哪能负载大船？因为它没有力量。倒一杯水在堂上的低洼之处，那就只能叫小草当它的船，放上一个杯子就会粘着地，这是因为水浅而没有力量的缘故呀！风积得不厚，那么它负载大翅膀就没有力量，所以大鹏飞到九万里的高处，那么风就在大鹏的翅膀之下了，然后乘风飞去，背负着青天没有什么阻拦它了，然后才打算向南飞。

蜩和学鸠嘲笑大鹏说："我一下子就飞起来了，直奔榆树而下来，有时还飞不到，掉到地上也就算了，干什么要飞到九万里的高空，还要再向南飞呢？"到郊外去的人，当天就可以返回，肚子仍然是鼓鼓的样子，去百里远的人，要用一夜的时间舂米备粮，去千里远的人，要用 3 个月的时间聚集粮食。蜩和学鸠两个小虫又知道什么？

小智赶不上大智，寿命短的赶不上寿命长的。根据什么知道是这样的呢？朝菌不知道白天和夜晚，蟪蛄不知道春天和秋天，这就是短寿命啊。楚国的南边有一种长寿的灵龟，把五百年当作一个春天，五百年当作一个秋天，上古时有一种大椿树把八千年当作一个春天，八千年当作一个秋天，这就是长寿命啊。彭祖如今仍以长寿而特别著名，一般人要与他相比，不也是很可悲吗？

这就是小和大的区别呀。

所以才智能胜任一官之职的人，品行切合一乡人的心意的人，道德能投合一位国君的喜好的人，才能取信于全国的人，他自己看自己，也像学鸠一样浅薄啊！然而宋荣子对此只一笑而已。并且全世界的人称赞他，他也不会更努力，全世界的人都批评他，他也不会更加沮丧。他分清了荣辱的界限，知道不过如此而已。宋荣子在世上，并没有急切地追求什么，不过，他还有尚未达到的最高境界。

列子驾着风行走，那轻妙的样子是何等好啊！他周游天下。15 天之后他就回来。列子对于求福的事，并没有急切地追求，然而，他御风而行虽然能免于步行，但还是有依赖的。如果顺天地万物的本性，乘阴阳之气的变化，遨游在浩渺的世界里，那他还需要凭借什么呢？所以说：品德最高的圣人能够顺应外物忘掉自己，神人不求任何功绩，圣人不求任何功名。

庄子认为，世俗之人都是"有所待"的，是不自由的，不能达至"逍遥游"的境界。而实际上，他（它）们没有本质的差别，只有大小，长短，高低，没有贵贱之分，本质上都得"有所待"。只有所谓能"乘天地之正，御六气之辩，以游无穷者"才称"逍遥游"。而且只有圣人、神圣的人才能达到这种境界。

《庄子》的寓言至今都有强大的生命力，毛泽东极其善于从历史中汲取智慧和力量，因此，喜欢《庄子》是必然的，至于喜欢《庄子·逍遥游》，其根本原因在于文章有着无比的气魄和超凡的想象力。

念奴娇·鸟儿问答

1965 年秋

鲲鹏展翅，

九万里，

翻动扶摇羊角。

背负青天朝下看，

都是人间城郭。

炮火连天，

弹痕遍地，

吓倒蓬间雀。

怎么得了，

哎呀我要飞跃。

借问君去何方，

雀儿答道：

有仙山琼阁。

不见前年秋月朗，

订了三家条约。

还有吃的，

土豆烧熟了，

再加牛肉。

不须放屁！

试看天地翻覆。

5

"那时打仗，形势那么紧张，谁还管得什么孙子兵法"

"打仗的时候要估计敌我形势，很快作出决策，哪个还去记起那些书呢？"

在长征期间，有人说毛泽东打仗就是靠一本《三国演义》和一本《孙子兵法》，毛泽东对此反驳过。在后来的各个历史阶段，毛泽东都一贯反对本本主义、教条主义。在读史的各种批语中，毛泽东都流露出对死读兵书不以为然的态度。这种态度不是他读史时偶发的感慨，而是他指导革命战争实践经验的深刻总结。毛泽东常说，红军、八路军、人民解放军的将领，绝大多数没有上过什么学校，没读过多少深奥的兵书，但仍然是经常打胜仗，最后打败了蒋介石的庞大军队。1961 年 3 月 23 日，在广州召开的中央工作会议上的讲话中，毛泽东曾这样回忆过去打仗时的感受："那时打仗，形势那么紧张，谁还管得什么孙子兵法，什么战斗条令，统统都忘记了的。打仗的时候要估计敌我形势，很快作出决策，哪个还去记起那些书呢？你们有些人不是学过四大教程吗？每次打仗都是用四大教程吗？如果那样就完全是教条主义嘛！我不是反对理论，马克思主义的原理原则非有不可……"①

1965 年 12 月 21 日，在杭州的一次讲话中，毛泽东也说：国民党的军官，陆军大学毕业的，都不能打仗。黄埔军校只学几个月，出来的人就能打仗。我们的元帅、将军，

---

① 《毛泽东文集》第 8 卷，人民出版社 1999 年版，第 263 页。

没有几个大学毕业的。我本来也没有读过军事书。读过《左传》、《资治通鉴》，还有《三国演义》。这些书上都讲过打仗；可是打起仗来，一点印象也没有了。我们打仗，一本书也不带，只是分析敌我斗争形势，分析具体情况。①

其实，毛泽东并不是不读兵书，当环境条件允许时，他自己还是读了不少兵书的。1936年10月22日，他在写给叶剑英、刘鼎两人的信中就曾请两人买有关战役指挥与战略的军事书，而且点名要一部《孙子兵法》。新中国成立后，毛泽东同英国元帅蒙哥马利谈话时问他："你没有看过两千年以前我国的《孙子兵法》吧？里面很有些好东西。"蒙哥马利问《孙子兵法》中是不是提到了更多的军事原则，毛泽东说："一些很好的军事原则，一共有十三篇。"②1960年，毛泽东在同部分亲属和身边工作人员谈话时也说："后来到陕北，我看了八本书，看了《孙子兵法》，看了克劳塞维茨的书，日本人写的军事操典也看了，还看了苏联人写的论战略、几种兵种配合作战的书等等。那时看这些，是为了写《中国革命战争的战略问题》，是为了总结中国革命战争的经验。"③可见，毛泽东不仅看兵书，还看了不少兵书，他所反对的，其实是教条主义。

下面我们来看一下毛泽东是如何看待和运用《孙子兵法》的。

《孙子兵法》诞生于中国历史上一个战乱频繁、文化异彩纷呈的年代。这一时代有多种兵书问世，而《孙子兵法》却如后代兵家所云："前孙子者，孙子不遗；后孙子者，不能遗孙子。"是中外兵书中最古老而又最富有生命力的一部。《孙子兵法》总结了中国古代战争的经验，揭示了许多具有普遍意义的战争规律，具有朴素的唯物论和辩证法思想。它被历代军事家奉为经典，堪称兵家之鼻祖。《孙子兵法》作为古代最著名的军事理论著作，享有古今中外公认的巨大荣誉，并成为当代军事、政治、经济、文化等众多领域取之不尽、用之不竭的宝贵资源。

毛泽东，集军事统帅和军事理论家于一身，这个伟大的军事家与《孙子兵法》的血

① 陈晋主编：《毛泽东读书笔记解析》上册，广东人民出版社1996年版，第496-497页。
② 《毛泽东文集》第8卷，人民出版社1999年版，第184页。
③ 《毛泽东年谱》第7卷，中央文献出版社2023年版，第504页。

脉联系是很自然的。毛泽东的军事思想，既是马列主义关于革命战争的理论同中国革命战争的实际相结合的结晶，也是对中国古代优秀的军事文化遗产，尤其是《孙子兵法》的运用和发展，继承和创新。从这部"中国古代第一兵书"里，毛泽东不仅汲取了丰富的军事理论营养，同时也获取了丰富的唯物辩证法哲学思想的养料。

博学多才的毛泽东早在学生时代就接触过《孙子兵法》，对它有所了解。在他的读书笔记《讲堂录》里，便有好几处前人记述和发挥《孙子兵法》的内容：如"孙武越羁旅臣耳，越不能尽行其说，故功成不受官""杀人以生人""恩生于害、害生于恩""……世有诸强以灭人之国为事，灭国则害矣，然强者灭人之国为己国，而殖其民，己之民则恩矣，故害生于恩也。"又如："孙武子以兵为不得已，以久战多杀非理，以赫赫之功为耻，岂徒谈兵之祖，抑庶几立言君子矣。"[①]……1936年，"左"倾教条主义者说毛泽东靠《孙子兵法》打仗，激发他要认真研读《孙子兵法》的想法，为此致函当时在西安做统战工作的叶剑英和刘鼎，嘱其购买一批书籍，特别"要买一部《孙子兵法》来"。从这时候起，毛泽东为了总结土地革命战争时期的正反两方面的经验教训，为了写作《中国革命战争的战略问题》，认真研读了《孙子兵法》和其他一些军事著作。如果说，在此之前毛泽东军事指挥艺术对《孙子兵法》的原则的运用还处于不自觉的阶段，更多的是马列主义革命斗争理论在军事斗争中的运用，是中国革命战争实践的经验总结和创造性发展，其战略思想与《孙子兵法》却有着惊人的不谋而合，那么从此以后，毛泽东对《孙子兵法》的理解就更透彻、更深刻，运用手法就更高超，更为自觉了。

1936年，毛泽东在他写的《中国革命战争的战略问题》中，便多处引用《孙子兵法》的理论来总结中国革命战争经验。如《军争篇》的"以佚待劳，以饱待饥""避其锐气，击其惰归"；《始计篇》的"攻其不备，出其不意"；《谋攻篇》的"知己知彼，百战不殆"。毛泽东深刻地领会这些军事基本原则，与中国革命战争的实践有机地结合起来，从而使这些古代兵家的军事理论升华到一个更新的高度。

---

① 中共中央文献研究室、中共湖南省委《毛泽东早期文稿》编辑组编：《毛泽东早期文稿（1912—1920）》，湖南人民出版社2013年版，第537页。

1939年8月，毛泽东曾对他身边的高参郭化若说，要为了发扬中华民族的历史遗产去读孙子的书，要精滤《孙子兵法》中卓越的战略思想，批判地接受其战争指导的法则与原理，并以新的内容去充实它。还说，应深刻研究孙子所处时代的社会政治经济情况，哲学思想，以及孙子以前的兵学思想，然后对《孙子兵法》本身作研究，才能深刻地理解《孙子兵法》。毛泽东本人正是这样身体力行的。他在指挥中国革命战争的过程中，充分借鉴和汲取了《孙子兵法》的思想精华，继承和发展了这一古代兵学圣典，使其闪烁的辩证法光辉发出更加耀眼的光芒。

（一）知彼知己，百战不殆

此语出自《孙子·谋攻篇》。毛泽东在他的军事著作中，曾三次引用这一千古不朽的军事格言，并给予很高的评价，并从辩证唯物主义的高度，进一步赋予这个命题以新的更深刻的含义。

首先，毛泽东认为孙武这一战争规律可知论的"知"是建立在朴素唯物论的基础上的，他反对有神论，反对用占卜等迷信方式去预断战争的凶吉和胜负，明确提出"胜可知"的思想，认为战争的胜负是可以预知的。"先知者，不可取于鬼神，不可象于事，不可验于度，必取于人，知敌之情者也。"对此，毛泽东赞誉说："我们承认战争现象是较之任何别的社会现象更难捉摸，更少确实性，即更带所谓'盖然性'。但战争不是神物，仍是世间的一种必然运动，因此，孙子的规律'知彼知己，百战不殆'，仍是科学的真理。"[①]毛泽东科学地阐明战争规律的客观性和可知性。进而把这古老的命题，奠定在马克思主义认识论的基础上。进而，毛泽东又把孙子的"不可取之鬼神"的关于战争规律的"战可知""胜可为"的可知论，概括为是包括认识和使用两个阶段即包括认识客观规律并依此决定行动制胜敌人这两个过程。关键在于事先要充分了解和研究敌我双方的一切情况，找出客观规律，制订行动方案，并在实践中根据双方情况的变化，及时加以修正。因此，"百战不殆"是建立在"知彼知己"基础之上的，也就是对交战双方的所有情况要有深刻而全面的认识。如果只了解一方，明于知己而暗于知彼，或暗于知己而明于知彼，

---

① 《毛泽东选集》第2卷，人民出版社1991年版，第490页。

这两种人都"不能解决战争的规律的学习和使用问题"。

毛泽东一再反对军事指挥中的形而上学片面性，在马克思主义哲学的基础上，对"知彼知己，百战不殆"中蕴含的丰富的朴素唯物主义可知论和辩证法作了科学的解释与发挥，使孙子这一朴素的军事原则成为举世公认的最重要的军事原则。孙子在论述"知彼知己，百战不殆"思想的过程中，他想出"践墨随敌，以决战事""知兵者，动而不迷，举而不穷"等等，从战争领域初步解决了中国哲学史上长期争论不休的知行关系问题，具有重要的认识的意义。毛泽东指出："中国古代大军事家孙武子书上'知彼知己，百战不殆'这句话，是包括学习和使用两个阶段而说的，包括从认识客观实际中的发展规律，并按照这些规律去决定自己行动克服当前敌人而说的；我们不要看轻这句话。"[1]我们不许可任何一个红军指挥员变成胡撞乱碰的鲁莽家；我们必须提倡每个红军指挥员变成勇敢而明智的英雄，不但有压倒一切的勇气，而且有驾驭整个战争变化发展的能力。毛泽东赞扬了孙武"知战结合"的可贵思想，联系战争实践，把"知彼知己，百战不殆"看作是一个完整的战争认识过程，把这个命题经过深化，发展成为马克思主义战争认识论的重要原理，从而丰富和发展了马克思主义的认识论。

（二）避其锐气，击其惰归

这是毛泽东在《中国革命战争的战略问题》中重点阐述和发挥的又一重要军事原则。

《孙子·虚实篇》中说："夫兵形象水，水之形，避高而趋下，兵之形，避实而击虚。"《孙子·军争篇》中说："避其锐气，击其惰归。"毛泽东把孙武的上述思想引申到改变敌我力量强弱对比的问题上，联系积极的战略防御方针，作了进一步的发挥。

他指出："弱军对于强军作战的再一个必要条件，就是拣弱的打。"[2]他在总结红军三次反"围剿"均取得胜利的经验时认为，在数量上和强度上都超过我军甚远的敌军面前，决不能正面出击。所谓"御敌于国门之外"，就是要采取"避实击虚"的原则，避开敌人的锐气，通过战略退却，打运动战，诱敌深入，在"牵着敌人鼻子走"的过程中一方面

---

[1] 《毛泽东选集》第1卷，人民出版社1991年版，第182页。
[2] 《毛泽东选集》第1卷，人民出版社1991年版，第208页。

把敌军拖得精疲力竭、士气沮丧，一方面使敌军逐渐暴露出他们的弱点，然后针对其弱旅或孤立无援之敌，集中兵力，一举全歼。在敌强我弱的情况下，不可能迅速取胜，决不能盲目前进，或死打硬拼，必须避其锐气以保存军事实力，以待机破敌。这是积极防御战略的实施。这种为了实施有效的攻击而事先采取的战略退却，或战略转移，是非常必要的。毛泽东在阐述这一战略思想时，还援引了历史上许多著名战例：齐鲁长勺之战、楚汉成皋之战、新汉昆阳之战、袁曹官渡之战、吴魏赤壁之战、吴蜀彝陵之战、秦晋淝水之战等，都是双方强弱不同，弱者先让一步，后发制人而取得胜利。

毛泽东叹道："中国战史中合此原则而取胜的实例是非常之多的。"[①]而实际上，在中国军事史上对这一原则理解最为透彻，运用最为高超的还是毛泽东自己。从游击战中的"敌进我退，敌驻我扰，敌疲我打，敌退我追"十六字诀，到"诱敌深入"战略方针的提出，到抗日战争时期的《论持久战》，毛泽东这一积极防御的战略思想已经成型，并通过成功的实践、验证而不断发展。纵观毛泽东戎马生涯，除解放战争后期外，他统领的军队与敌人相比一直处于弱势，有时是很大的弱势，似乎已不堪一击；然而，曾几何时，人民军队便由弱转强，成为一支攻无不克、战无不胜的强大军队，很快便取得了扭转乾坤的伟大胜利，其中一个很重要的因素，就是这一战略思想的灵活运用，贯彻始终。

（三）先胜而后求战

《孙子·形篇》中指出："胜兵先胜而后求战，败兵先战而后求胜。"意即打胜仗的军队是创造必胜的条件而后交战；而打败仗的军队则恰恰相反，先盲目作战，然后企图侥幸取胜。

毛泽东认为："'凡事预则立，不预则废'，没有事先的计划和准备，就不能获得战争的胜利。"[②]在红军时期，他就要求"慎重初战"，在条件不成熟时宁可持重待机，力求不打则已，打则必胜；在抗战期间，他强调必须有利决战，避免不利决战。在解放战争时

---

① 《毛泽东选集》第1卷，人民出版社1991年版，第204页。
② 《毛泽东选集》第2卷，人民出版社1991年版，第495页。

期，他把这一原则列为"十大军事原则"之二，提出："不打无准备之仗，不打无把握之仗，每战都应力求有准备，力求在敌我条件对比下有胜利的把握。"①

（四）示形，动敌

孙武在论述发挥将帅才能，造成和利用有利态势时，强调要通过"示形"以"动敌"；"善动敌者，形之，敌必从之；予之，敌必取之。以利动之，以卒待之。"《孙子·势篇》又说："兵者，诡道也。故能而示之不能，用而示之不用，近而示之远，远而示之近。"意即作战前要善于用"诡道"（所谓"诡计多端"）设法隐蔽自己的企图，迷惑、引诱和调动敌人，以便"攻其不意，出其不备"地给敌人以突然的致命打击。

毛泽东在总结土地革命战争时期战略退却经验时说："退却的最后一个要求，是造成和发现敌人的过失。须知任何高明的敌军指挥员，在相当长时间中，要不发生一点过失，是不可能的。因此我们乘敌之隙的可能性，总是存在的。……而且我们可以人工地造成敌军的过失，例如孙子所谓'示形'之类（示形于东而击于西，即所谓声东击西）。"② 著名的"四渡赤水"就是用示形以动敌的策略，不断制造假象以迷惑和调动敌人，进而声东击西，以打击敌人，达到胜利突围的目的。"四渡赤水"是毛泽东"示形动敌"的得意之作。尾随而至的敌军"只拣到红军的几双破草鞋，而望洋兴叹"。③

（五）我专而敌分

《孙子·虚实篇》中说："故形人而我无形，则我专而敌分；我专为一，敌分为十，是以十攻其一也，则我众而敌寡；能以众击寡者，则吾之所与战者，约矣。"专，即集中兵力；分，即分散兵力。意思是说，要采取"示形"等手段调动敌军，使之兵力分散，然后集中优势兵力，各个击破。

毛泽东鉴于中国革命战争中敌我力量长期悬殊的情况，十分重视集中兵力的原则："我们的战略是'以一当十'，我们的战术是'以十当一'，这是我们制胜敌人的根本法则

---

① 《毛泽东选集》第 4 卷，人民出版社 1991 年版，第 1247 页。
② 《毛泽东选集》第 1 卷，人民出版社 1991 年版，第 209 页。
③ 苟君厉主编：《毛泽东与孙子兵法》，中国档案出版社 2008 年版，第 91 页。

之一。"又说:"我们是以少胜多的——我们向整个中国统治者这样说。我们又是以多胜少的——我们向战场上作战的各个局部的敌人这样说。"他在总结红军十年战争经验时指出:"中国红军以弱小者的姿态出现于内战的战场,其迭挫强敌震惊世界的战绩,依赖于兵力集中使用者甚大。""从战略防御中争取胜利,基本上靠了集中兵力的一着。"① 在解放战争初期,毛泽东为中央军委起草的"集中优势兵力,各个歼灭敌人"的作战指示,指出:"这是战胜蒋介石进攻的主要方法。实行这种方法,就会胜利。违背这种方法,就会失败。"②

毛泽东关于"集中优势兵力、各个歼灭敌人"的原则,极大地丰富和发展了孙武"我专而敌分"的思想,并将这一作战原则广泛运用于中国革命战争的实践——即使在解放战争后期,我军总兵力已强于敌军时,仍然坚持运用,直到最后胜利。

(六)因敌而制胜

孙武主张作战指挥上的灵活性,反对生搬硬套,一成不变。他论述说:"水因地而制流,兵因敌而制胜。故兵无常势,水无常形;能因敌变化而取胜者,谓之神。"他提出,"将在外,君命有所不受";"利而诱之,乱而取之";"十而围之,五而攻之";"战胜不复,而应形于无穷";"动而不速,举而无穷",灵活机动地决定作战方针。毛泽东联系岳飞的"运用之妙,存乎一心"的用兵之道,对指挥作战的灵活性,指出:"这个'妙',我们叫做灵活性……灵活,是聪明的指挥员,基于客观情况,'审时度势'而采取及时的和恰当的处置方法的一种才能,即是所谓'运用之妙'。基于这种运用之妙,外线的速决的进攻战就能较多地取得胜利,就能转变敌我优劣形势,就能实现我对于敌的主动权,就能压倒敌人而击破之,而最后胜利就属于我们了。"③

毛泽东指挥的四渡赤水、莱芜战役、淮海战役、抗美援朝第一战役等许多著名战役,都是不断根据敌情变化,适时改变作战部署,始终保持先机制敌,终于取得战役胜利的

---

① 《毛泽东选集》第1卷,人民出版社1991年版,第224、225、228页。
② 《毛泽东选集》第4卷,人民出版社1991年版,第1198-1199页。
③ 《毛泽东选集》第2卷,人民出版社1991年版,第494-495页。

典型战例。

毛泽东关于因敌而异、灵活决定作战方针、使用兵力的理论和实践，大大丰富了孙武"因敌而制胜"的军事原则。

对于毛泽东的某些批注，不能片面地理解，不能简单地理解为读一切兵书都无益，而应看到毛泽东强调的军事实践的重要性。尤其是当时革命实践的情况极其复杂，如果不能具体问题具体分析，那读兵书就是极其有害的了。

运用之妙，存乎一心，是毛泽东军事思想的活的灵魂。不是不读兵书，而是不死读兵书。即使满腹诗书，如果不能运用之妙，存乎一心，那也只能有害无益！

6

"谁叫他是毛泽东的儿子呢？"

"谁叫他是毛泽东的儿子呢？革命战争，总是要付出代价的！"

望子成龙，望女成凤，是中国人的普遍心理，但在具体的方法上却大相径庭。贫寒人家即使想娇惯自己的子女也没有条件，所以有"穷人的孩子早当家"的说法，而富贵人家则不同，他们也想子女志向高远，勇猛顽强，但因方法不当，其结果往往是三代而下，便由龙种蜕变为跳蚤。

真正地爱护子女，就不能只看眼前的安逸，应当"为之计深远"，这是大家都明白的道理，但要想让人按照这一道理去做，却不是容易的事。触龙说赵太后的故事，为我们提供了一个典范。1967年，在一次中央会议上，毛泽东推荐大家读《触龙说赵太后》。

毛泽东说："这篇文章，反映了封建制代替奴隶制的初期，地主阶级内部财产和权力的再分配。这种再分配是不断地进行的，所谓'君子之泽，五世而斩'，就是这个意思。我们不是代表剥削阶级，而是代表无产阶级和劳动人民，但如果我们不注意严格要求我们的子女，他们也会变质，可能搞资本主义复辟，无产阶级的财产和权力就会被资产阶级夺回去。"①

如何做到真心关心下一代的成长，尤其是如何防止领导层的子弟因养尊处优而蜕化变质，这是古往今来都十分关注的大问题。触龙对此问题可以说了解得很透彻，抓住

---

① 《毛泽东年谱》第9卷，中央文献出版2023年版，第73页。

了主要矛盾，因此他提出的忠告是很有见地、很有价值的。触龙说赵太后的故事是这样的。

赵太后刚刚执掌赵国的政权不久，秦国就发兵攻打赵国，赵国向齐国求援，齐国说："赵国必须用长安君作人质，我们方能出兵援赵。"长安君是赵太后最宠爱的儿子，所以，赵太后不愿意这样做，大臣们都极力劝谏，太后明白地告诉左右说："如果再有人来劝说让长安君到齐国做人质，我一定要当面唾他。"此时，左师触龙说想见太后，赵太后很生气地等待着。触龙慢慢地走进去，到太后面前自己请罪说："我的脚有毛病，走不快，以致好久没有来拜望太后您了。我在私下里宽恕自己，但又担心太后的身体也不太好，所以很想来拜见太后。"太后说："我现在是靠车辇走路。"触龙说："您每天的饮食没有减少吗？"赵太后说："我只是喝粥而已。"触龙说："我近来食欲不振，于是，就去散步，每天行走三四里路，饭量就稍有增加，身体也就舒服一些。"太后说："我已不能这样做了。"这时，太后的面容稍微有了好转，怒气也消了一些。左师触龙说："我有一个不肖的儿子叫舒祺，他年纪尚轻，没有什么本领。但是我已经老了，很爱怜他，我希望让他来做一名宫廷卫士来保卫王宫，我冒着死来向太后说明我的这个意思。"赵太后说："好啊，有多大岁数了？"触龙说："十五岁了，年龄虽然小，但我希望在我未死以前，能把他托付给太后。"太后说："您也疼爱自己的儿子吗？"触龙说："疼爱之情胜过太后您。"太后说："我也是非常疼爱自己的儿子的。"触龙说："我私下里以为您爱燕后超过爱长安君。"太后说："您完全错了，我爱燕后远不如爱长安君。"触龙说："做父母的疼爱自己的子女，要为他们作长远的打算，当燕后初嫁时，您老人家跟着她，为她远行而悲伤。到后来她出嫁了，您也十分思念她。但到祭祀的时候则祝福她说：'千万别让她回来'，因为您希望她的国家不要灭亡。这就是为她作长远的打算啊！您希望她的子孙能继承王位。"太后说："很对。"触龙说："现在追溯到三代以前，到赵国开国时赵烈侯的子孙被封侯的，今天还有人存在吗？"太后说："没有了。"触龙说："不单是赵国没有了，其他国家子孙封侯的，到今天还有继续存在的吗？"太后说："也没有了。"触龙说："所以说，近者灾祸就降临到这些人的本身，远者则降临到他们的子孙。难道国君的子孙一定都是坏的吗？不是的，原因是他们位高而无功，俸禄丰厚而无所事事，所拥有的资财又太多了。现在，您老人家一再提高长安君的爵位，把丰腴的土地都封给他，又把国家的许多重宝送给他，如果现在不让他为国立功，有一天您老人家去世之后，那长安君又怎能自己在赵国立足呢？我认为您没有为长安君作长远的打算，所以我说您爱长安君不如爱燕后。"

太后说："您说得真是有道理啊！就听凭您安排使用他吧。"于是为长安君准备了百辆车子，到齐国去做了人质，接着齐国发兵救赵。赵国贤士子义听到了这一消息后说："国君的儿子是至亲骨肉，同样也不能依靠无功的尊位和先人的俸禄而守住财宝，更何况做人臣的呢？"

我们且不说触龙说赵太后的意义，单是触龙的进谏艺术，就足以让千古效法。触龙面对的是一个特殊的对象，既是因亲，又是执掌赵国大权的太后；并且已经有许多人劝谏过了，且太后要对劝谏的人"唾其面"，对触龙也是"盛气而胥之"。所以，触龙如果要想用一般的方法去说服太后是不可能的。触龙说赵太后的过程可分为三步：一是使太后减少了对触龙的抵触情绪；二是要把自己的小儿子送到太后的身边当侍卫，表明自己爱护子女的态度；三是由此引出太后爱长安君不如爱燕后的看法，引太后入彀，自然而然地引出了"父母爱子女当为之计深远"的结论，使太后心悦诚服地接受了触龙的观点，送长安君去齐国做人质。触龙所用的循序渐进的劝谏方法，即使在今天看来也是十分高明的。至于后一则，记述的过程虽然没有前者详细，但道理是一样的。人之爱子女，要为之计深远，这恐怕就是大爱和小爱的区别了。

关于下一代子女的安排和教育问题，关系到革命事业是否后继有人。如果不重视，不关心，方法不当，上述的危险性是存在的。毛泽东不仅借古喻今，郑重提出了下一代的教育问题，他本人还身体力行，在下一代的教育和对他们从严要求方面，为全党，尤其是为党的领导干部作出表率。毛泽东对子女的教育是极严格的。毛泽东和杨开慧很注意从小就培养毛岸英勇敢顽强的性格，教育岸英兄弟珍惜劳动果实。

1942 年 2 月，当毛岸英从莫斯科大学毕业回到延安时，毛泽东郑重而严肃地对他说："你在苏联的大学毕业了，但学的只是书本上的知识，只是知识的一半，这是不完全的。你还需要上另一个大学，这个大学中国过去没有，这就是'劳动大学'。在这个大学里可以学到许多书本上学不到的知识，送你去好吗？"① 不几天，岸英就背着被子到吴家枣园上"劳动大学"了。在农村，他按照父亲的要求，拜农民为师，刻苦锻炼自己。

抗美援朝一开始，毛泽东就安排岸英参加志愿军上了朝鲜前线。当他得知岸英不幸牺牲，强忍着老年丧子的巨大悲痛，发自内心地说："谁叫他是毛泽东的儿子呢？革命战争，总是要付出代价的！""为了国际共产主义事业，反抗侵略者，中国人民志愿军的英雄儿女，前仆后继，牺牲了成千上万的优秀战士。岸英就是属于牺牲了的成千上万革命战士中的一个。一个普通的战士，不要因为是我的儿子，就当成大事。不能因为是我，党的主席的儿子，就不应该为中朝两国人民共同的事业而牺牲，哪有这样的道理呀……"②

三年困难时期，毛泽东的幼女李讷回家探亲，做父亲的含泪看着心爱的女儿因长期饥饿，吃起饭来狼吞虎咽，但却断然拒绝工作人员为她增粮的建议。毛泽东说："我是国家干部，国家按规定给我一定待遇。她是学生，按规定不该享受就不能享受。""还是那句话。谁叫她是毛泽东的女儿呢！"③

毛泽东对自己的亲戚要求也十分严格。新中国成立初期，毛泽东的两个亲戚——毛泽连和李轲赴京看望他，并住了很长一段时间。他们想在京或请毛主席介绍回湘找个工作。毛泽东语重心长地说："革命牺牲了成千上万的先烈，我们活下来的人才会有今天，想事，办事都要对得起先烈才是。你们都是种田人，过不惯城市生活，还是回老家种田、种菜、喂猪稳当些。回去把生产搞好，把生活搞好。今后大家会有好日子过的。"他又说："我现在当了中华人民共和国主席，这是革命的需要，是为人民服务，替人民办事。不能和封建社会一样，一当上皇帝，亲戚朋友都跟着沾光，都来享受，这些人骑在人民头上耀武扬威，作威作福。我们是共产党人，是革命者，革命的目的就是要解放工农劳

① 中共陕西省委党史研究室编：《毛泽东在陕北》，陕西人民出版社1993年版，第107页。
② 成林：《毛泽东的智源》，海南出版社2001年版，第69页。
③ 孙宝义、刘春增、邹桂兰编：《毛泽东是如何教育子女的》，中国民主法制出版社2020年版，第174页。

苦大众，要为大多数人谋福利，而不是为少数人谋福利。"①

　　毛泽东的伟大品格和远见卓识是建立在对革命和历史深刻认识的基础上的，只有将革命和历史结合起来，才能使历史具有新的意义，也才能使革命具有坚实的基础。这些，都是值得我们好好学习的！

① 赵云献主编：《毛泽东建党学说论》上册，人民出版社 2003 年版，第 611 页。

7

"我赞成秦始皇，不赞成孔夫子"

> "中国历来分两派，一派讲秦始皇好，一派讲秦始皇坏。我赞成秦始皇，不赞成孔夫子。"

　　毛泽东是赞成秦始皇的，他对秦始皇有很多的论述，尤其是在"文化大革命"期间，论述就更多了。如："如果说，秦以前的一个时代是诸侯割据称雄的封建国家，那末，自秦始皇统一中国以后，就建立了专制主义的中央集权的封建国家；同时，在某种程度上仍旧保留着封建割据的状态。在封建国家中，皇帝有至高无上的权力，在各地方分设官职以掌兵、刑、钱、谷等事，并依靠地主绅士作为全部封建统治的基础。"[1] "中国历来分两派，一派讲秦始皇好，一派讲秦始皇坏。我赞成秦始皇，不赞成孔夫子。因为秦始皇是第一个统一中国、统一文字，修筑宽广的道路，不搞国中有国，而用集权制，由中央政府派人去各地方，几年一换，不用世袭制度。"[2] "我赞成郭老的历史分期，奴隶制以春秋战国之间为界。但是不能大骂秦始皇。"[3] "秦始皇作为一个历史人物评论，要一分为二。秦始皇在历史发展过程中的进步作用要肯定，但他在统一六国以后，丧失了进取的方面，志得意满，耽于佚乐，求神仙，修宫室，残酷地压迫人民，到处游走，消磨岁月，无聊

---

① 《毛泽东选集》第2卷，人民出版社1991年版，第624页。
② 中共中央文献研究室编：《毛泽东著作专题摘编》，中央文献出版社2003年版，第2282页。
③ 马齐彬、陈文斌等编：《中国共产党执政四十年》，中共党史资料出版社1989年版，第363页。

得很。"①

总的看来，毛泽东对待秦始皇的基本态度是"秦始皇作为一个历史人物评论，要一分为二"，这种态度无疑是正确的。历史上对待秦始皇的评价太低，而毛泽东作为伟大无产阶级革命家，十分喜欢翻历史的旧案，说秦始皇的好话是可以理解的。更重要的是，毛泽东以一种实事求是的态度肯定了秦始皇的历史功绩，这是我们应该学习的。

对秦始皇的功过，毛泽东已经说得十分清楚和全面了，但对于秦始皇是怎样一个人，我们也许还不太熟悉，下面就简要说一下他的幼年至成为国君的经历。

战国末期，秦、赵两国屡起争端。先是秦国屡次攻打赵国，但赵国有大将廉颇等人拼力苦守，秦国虽攻下几座城池，总无大的成效。后来就索性同赵国交好，想采用外交的方式来逐步征服赵国，并可赢得时间去攻打别的国家。于是，在公元前279年，秦国邀请赵国到渑池开会，订立和约。为了取得信任，按照当时的习惯，互换国君的亲属作为人质。秦昭襄王就把自己的孙子异人送到了赵国，作为人质。

但是，秦国统一六国的大政方针已定，决不会因为一个人质在赵国就不去攻打，在渑池会见以后不久，秦国就派兵攻打赵国，尤其在公元前260年，秦将白起竟把赵国降卒四十多万人一次活埋，引起了赵国及其他诸侯国的极大愤慨。在其后的两年，秦国又相继派遣王龁、郑安平等将领围攻赵国的都城邯郸，企图一举灭掉赵国。当时，赵国岌岌可危，城中断粮，以至杀人为食，幸亏魏国公子信陵君带领十万军队援助，才算打退了秦军，暂时保全了赵国。

异人就是在这种情况下做人质的，他的处境也是可以想象的。赵孝成王因为屡受秦国欺侮，早就想杀掉异人以泄其愤，平原君劝说道："秦昭襄王有那么多子孙，秦太子安国君也有二十几个儿子，杀了异人，对安国君、对秦王都不会有什么损害，更何况异人是他们的子孙中最不重要的一个呢？不如暂且留下他，往后也许还能用得着，有个退路。"赵王听了平原君的劝说，才没杀他。

但自此以后，赵王就不再理会异人，异人不仅出门无车马，生活无侍从，就连日常

---

① 杨建业：《在毛主席身边读书——访北京大学中文系讲师芦荻》，《光明日报》1978年12月29日。

的吃穿用度也都成了大问题。更有甚者，他还要遭受赵国官员的随意训斥，就是寻常百姓，他也要逊让三分。异人在敌国做人质，又兼秦国确实残暴异常，贪得无厌，这就使异人无论在物质生活上还是在精神上都抬不起头来，只能任人欺辱。

一位名叫吕不韦的商人发现了这一情况，立刻感到兴奋不已。他原是阳翟人（在今河南省），这次来邯郸做生意，却无意之中得此奇遇。他平素就寻找机会以求大举，一直苦无着落，这次遇见异人，觉得绝对是一个天赐良机，他马上构想了一个宏伟的计划，准备实施。若能成功，他就等于买下了整个国家，即使不成功，对他也没有多大的损害，多少也会有些回报。

吕不韦认定异人是"奇货可居"，就开始实施他的投资方案。首先是结纳异人，这对吕不韦来讲，是十分容易的事，因为异人穷困潦倒，无人理睬，吕不韦稍加留意，异人立刻上钩。然后，就是说服异人，为他回国争宠做前期准备工作。

有一次，吕不韦对异人说："秦王年纪已长，千秋之后，即位的就是您的父亲安国君，您的父亲一旦即了位，就要立太子，您父亲最宠爱的华阳夫人又没有亲生的儿子，这么一来，您的二十几位兄弟全成了候选的太子。您如果能够好好地孝敬华阳夫人，说不定会立您为太子呢！"

异人听后十分感伤地说："我现在哪里还敢有这样的念头，如果不死在异国他乡，能够回到秦国去，已经心满意足了。"吕不韦见时机已到，就对异人说："我倒有个办法。现在我拿出几千两金子来，派人去到秦国活动，让华阳夫人来接你。不过一切都得听我安排。"异人听了，简直是喜从天降，哪里还有不同意，连忙给吕不韦跪下，说道："如果能这样，我会铭记您的大恩大德，没齿不忘。"他请吕不韦立刻去见华阳夫人。

吕不韦极有心计，他到咸阳后，他知道时机不到。冒昧去见华阳夫人，反倒引人起疑。他先拜见了华阳夫人的姐姐，送了她一笔厚礼，又拿了一些玉璧、黄金，托她转交给华阳夫人，当然，这些都是以异人的名义送出的。

华阳夫人的姐姐没想到异人在赵国不仅没被杀掉，居然还有财力送礼，就奇怪地问道："异人在赵国的情况怎样呢？"吕不韦答道："赵王因为秦国屡次攻打赵国，现在又围住赵都邯郸，早就要杀掉异人，亏得赵国的卿大夫们一再保护他，才幸免于难！"华阳夫人的姐姐就更觉得奇怪了，问道："难道是因为赵国惧秦国吗？"吕不韦连忙说："哪里哪里，如果赵国惧怕秦国，也就不会拼死抗秦了。只是因为异人学问好，人缘好，又是个孝子，大家才不忍心他被杀害，都说秦、赵两国交兵，实在与异人无关。每逢太子和夫人生日那天，异人总是去烧香磕头，总拜朝西方祝祷，替太子和夫人拜寿。赵国人见他是个孝子，都说杀之不祥。还有，异人喜欢结纳天下豪杰，各国诸侯多少都跟他有点交情，他们也都劝说赵王不要杀他。如果换个人，有一百条命也早丢完了！"

华阳夫人的姐姐听了这番话，真是又惊又喜，惊的是异人竟有这般才干，喜的是又这么孝顺。吕不韦见她脸有喜色，接着又说："令妹华阳夫人专宠于秦王，那是再无他求了。只是没有亲生儿子，日后年长，谁能靠得住呢？不知您有什么打算。"

华阳夫人的姐姐连忙向吕不韦问计，吕不韦说："在太子的这么多儿子当中，又有谁比异人更合适呢，他德才兼备，又有质赵之功，最重要的是对太子和夫人的一片孝心。夫人如果能收异人做儿子，自己也就有了儿子，异人也就有了母亲，华阳夫人日后就不用发愁了。"

这番话说得华阳夫人的姐姐在心里直点头。她倒不一定为异人着想，对于妹妹的未来，她却不能不考虑。妹妹无子，将来就很难做太后，即使做了，也不稳固，尤其是立一个生母还在的儿子做太子，那就更危险了。异人的生母已去世，如果能认异人为子，再立他为太子，那是再好不过的事了，况且异人又有如此的孝心呢？她当即表示同意，愿意前去说服妹妹。

她见到华阳夫人，送上吕不韦带来的礼物，又前前后后地说了一遍，申述利害，再动之以情，华阳夫人也觉得别无好法，就同意了。华阳夫人软缠硬磨，逼着太子安国君去接回异人。安国君认为能把异人接回秦国，也是好事，就派吕不韦想法接回异人。

华阳夫人私下里告诉吕不韦，安国君已答应把异人立为嫡子，只是先别声张，以免异人的其他兄弟和赵国知道后再生事端。太子给了吕不韦三百斤金子，夫人为表示诚意，又加了一百斤。吕不韦就带着这些金子回到了赵国。

吕不韦回到赵国告诉了异人将被立为嫡子的消息，异人真有死而复生之感，他从此活跃起来。由于华阳夫人是楚国人，异人从此改名为子楚。诸事俱备，子楚也就准备结婚了。

当然仍由吕不韦张罗这件事。在聘人之前，吕不韦请子楚到自己家里吃了一次酒。席间有一女子，名叫赵姬，是大户人家的女儿，不仅美貌绝伦，而且能歌善舞，口齿便捷，子楚果然一见倾心。回到家后，就托人索要。吕不韦开始佯怒，继而虚与委蛇了一番，最后当然答应了。就这样，子楚娶了赵姬，不到一年，就生了个儿子，因为生在赵国，取名赵政。他就是后来统一中国的秦始皇。

秦国围困邯郸日久，眼见即破，吕不韦恐怕赵王杀掉子楚，就加紧密谋逃跑。他用三百斤金子买通了一位把守邯郸南门的将军，告诉他说："我是阳翟人，来邯郸做生意，全家都被困在城里，如果出不了城，不仅本钱蚀光，性命恐怕也保不住了。"就这样，吕不韦带着子楚、赵姬和两岁的赵政，逃出了邯郸。

当时秦昭襄王正在赵国督战，他们先见了秦王，秦王很高兴，把他们送回了咸阳。吕不韦让他们穿上楚国的服装去见华阳夫人，华阳夫人一见，十分奇怪地问道："你们先在赵国，现又回到秦国，怎么穿楚国的服装呢？"子楚立刻按吕不韦事先教会的话说："儿子不孝，不能亲自侍奉二老，但天天想着母亲，知道母亲是楚国人，就经常穿楚国的服装。"这使华阳夫人非常感动。

安国君赏赐了吕不韦，子楚住在华阳夫人的宫里，下一件事就是等待被立为太子了。

子楚归国后不久，秦昭襄王病死，安国君即位，是为秦孝文王，立子楚为太子。秦孝文王不久病死，其子秦庄襄王相继病逝，十三岁的赵政即位当了秦王。

吕不韦也随之权倾一国，他当初的设想完全实现了，但是，他的地位也越来越危险了。随着年龄的增长，秦王赵政越来越懂事，他跟赵政的母亲私通的事，在秦国早已不是秘密，有朝一日传到赵政的耳朵里，即使当时不便发作，迟早总会算账。看来，吕不韦的买卖还是没有做到家。

但要想抽身也不容易，躲开赵政容易，躲开太后可就难了。为了满足太后的需要，吕不韦必须找到一个替身，经过一段艰难的努力，终于找到了一个叫嫪毐的人。这个人也和吕不韦一样，既有野心，又有心计，还愿意冒险。于是，吕不韦把他扮作太监，帮他混进宫去。

按照原来的礼义，男子在进宫之前，必须把生殖器用毒药腐蚀掉或是切割掉，成为太监，才能出入宫禁，以免和妃子、宫女私通，乱了龙种。

吕不韦为了给太后送个面首，是不能切掉生殖器的。他用重贿买通了主管宫刑的官吏，假造了证明，让嫪毐拔去胡须，拔去眉毛，涂上脂粉，扮成太监，送给了太后。

嫪毐十分善于奉迎太后，不久就同太后打得火热，因太后执政，大权也就渐渐地落到了嫪毐的手里。时间长了，情义暗生，太后与嫪毐竟似结发夫妻，居然忘了赵政也是太后的亲生儿子。他们看着自己生的两个儿子，越想越为他们的前途命运担心。

嫪毐与太后情浓之际，也顾不了许多，准备在一定的时机，废了赵政，立他的太子做国君。谁知这些密谋竟因嫪毐的一时疏忽而被查出。一次，嫪毐酒醉之后与人发生猛烈的争执，他气愤不过，竟然大呼："我是国君的假父。谁敢与我争执！"这证实了早已传得沸沸扬扬的宫廷绯闻。那个与嫪毐争执的人立刻跑去向赵政报告。当时，赵政已是21岁的青年了，按古礼已是"弱冠"之年，可以亲理朝政了，于是，他就严令官吏调查。结果，查出嫪毐并非宦官，并经常与太后私通，还生有两个儿子。因为当时还是太后专权，赵政一时无法处置这件事。

不久，赵政按秦国的习惯在雍地举行加冕典礼，加冕之后，太后就必须还政给国君。嫪毐看到，如果赵政一旦回到咸阳，他就绝无生望，于是，他趁赵政不在咸阳之机，盗用秦王和太后的印玺，发兵攻打赵政。赵政事先做好准备，故轻而易举地平定了这场叛乱。嫪毐因兵败被杀，其余12名叛乱首犯也被车裂示众。

赵政还把他的母亲迁出咸阳，放逐到雍地去居住。最亏本的应算吕不韦了，他心机算尽，还是难逃这一天，叛乱平定后，他的所作所为也无法隐瞒，因而被罢相免官，不久就自杀身亡了。

公元前221年，秦王政完全兼并了六国，使中国在经历了长期分裂割据的局面以后复归于统一。统一之后面临的第一个问题，就是如何管理这个大一统的国家。丞相王绾首先提出，全国地方太大，难以管理，应像周代那样，分封诸子，裂土而治。在召集群臣讨论这件事时，博士淳于越向秦始皇上书说："殷周所以能有千年的天下，其原因就在于把天下分封给了子弟和功臣。现在天下如此之大，宗室子弟没有封地，同于百姓，万一发生了像齐国的田常、晋国的六卿那样的叛乱，又有谁来相救呢？凡是不以古为师而能长久的，从来没有听说过。"唯有李斯坚持置郡设县，遣官治理。他认为，天下所以战乱频仍，全在于周朝分封以来，诸侯各自为政，相互仇视，周天子也无力制止。如今天下一统，如果再立许多国家，等于再次分裂，不利用中央集权管理。出于对当时情况的考虑，也出于个人生活经历，秦始皇接纳了李斯的建议把全国分为三十六郡，郡下置县。秦始皇为中国封建社会建立成熟的统治形式，作出了积极的贡献。

元人张养浩在《潼关怀古》中这样写道：

峰峦如聚，波涛如怒，山河表里潼关路。望西都，意踌躇。伤心秦汉经行处，宫阙万间都做了土。兴，百姓苦；亡，百姓苦。

秦朝是一个对中国历史作出了贡献的朝代，但也是一个残酷的朝代。这种历史的纠结，谁又能分得清呢？

8

"人没有压力是不会进步的"

"你们看苏秦对张仪是好意还是恶意？我们之间进行批评帮助都是好意。就
是明明知道某些批评是恶意也要听下去，不要紧张人就是要压的，像榨油一样，
你不压是出不了油的。人没有压力是不会进步的。"

毛泽东往往从历史故事中看到常人看不到的问题。例如 1960 年 12 月 25 日，即毛泽
东诞辰 67 周年前夕，毛泽东召集了十多个人聚餐庆祝。在俭朴的宴席上，毛泽东兴致勃
勃地向在场的亲属以及身边的工作人员讲了苏秦、张仪的故事。毛泽东接着说："从前有
张仪和苏秦两个人，都是鬼谷先生的学生。鬼谷是个地方，出了一个先生，所以叫鬼谷
先生。后来苏秦在赵国当了宰相，就在邯郸这个地方，你们到过没有？张仪在楚国做个
小官。楚相丢了一块宝玉，怀疑是张仪偷的，把他狠狠打了一顿！满嘴的牙都打掉了。
那个时候大概还不会安假牙吧！张仪回到家里，叫老婆看看他嘴里的舌子还在不在。他老
婆说：舌子还在。他说：那就不要紧了。他跑到邯郸找苏秦，一去就住进'招待所'，大
概是'北京饭店'之类的住所，好几天没有见到苏秦的面。后来苏秦请他吃饭。张仪到
了苏秦的衙门，看到摆了酒席，排场大得很，苏秦坐在高处当中，请了各国'使节'，也
有'契尔沃年科'。席面当然比我们今天吃的丰盛得多。但是却把张仪安排坐在下面角
上，盛了点仆人吃的饭食给他吃。这下子张仪的气可就大了，无非是破口大骂苏秦，你
这个王八蛋等等。回到'北京饭店'，满肚子的气。'北京饭店'的'经理'看他这个样
子，就问他：张先生脸色不痛快，有什么生气的事吧？他说：当然有气！就把当年和苏秦

是同学，今天苏秦如此这般对待他说了一番，并且骂苏秦此人简直是无情无义，是王八蛋。这位'经理'说：这样看来，你在赵国呆不住了。张仪说：当然呆不下去了，马上就走。'经理'问他：你到哪里去呀？他说：这倒还没想好，不管他，走了再说。'经理'说：看来只有到秦国去。张仪一想也对，就此动身。'经理'陪他走到秦国，一路花费大概相当于现在的三四十万人民币吧！到了秦国，他们为了见秦王，就走走门路，行些贿赂和送些衣服，一共又花了四五十万人民币。以后，张仪当上了秦国的宰相，'北京饭店'的'经理'就向他告辞回国，并问他今后怎样打算。张仪一提苏秦还是咬牙切齿，并说，过两年一定要出兵攻打赵国。'经理'见他这样说，就告诉他，赵国宰相苏秦是个好人，当时苏秦之所以要气他，是故意的，怕他在赵国安居下来，不想上进，做不了大事。苏秦知道张仪是个人才，能做大事，如果在赵国依靠苏秦，他也只是当个'科长'什么的就算到顶了。策划张仪到秦国来，和给他一切花销，都是苏秦支使的。张仪一听，这才恍然大悟。'经理'又说：苏秦只希望你当了秦国宰相，十五年内不要出兵攻打赵国。张仪听后表示：只要苏秦活着，我就绝不出兵打赵国。"[1]

"你们看苏秦对张仪是好意还是恶意？我们之间进行批评帮助都是好意。就是明明知道某些批评是恶意也要听下去，不要紧张，人就是要压的，像榨油一样，你不压是出不了油的。人没有压力是不会进步的。"[2]毛泽东所讲的是《史记·张仪列传》中的故事，他从中得出的结论是"人没有压力是不会进步的"。这既是他自己在漫长的革命历史实践中得出的结论，也是从别人的鼓励中得出的。

实际上，张仪和苏秦是当时也是整个中国历史上最大的纵横家。如果纵观战国后期的那段历史，就会发现，其国际关系差不多完全是由两个智谋之人、舌辩之士左右的。先是苏秦的"合纵"，后是张仪的"连横"，这两个人把战国七雄当作一盘任由他们拨弄的棋，玩弄于股掌之上。但他们不论"连横"还是"合纵"，都是唯利唯官是图。他们既不像同时代的庄子那样清高，也不像要教魏王、齐王实行"仁政"的孟子那样为理想奋

---

[1] 曲琪玉、高凤主编：《忠诚——在毛泽东身边的日子》，中央文献出版社2015年版，第81-82页。
[2] 曲琪玉、高凤主编：《忠诚——在毛泽东身边的日子》，中央文献出版社2015年版，第83页。

斗不已，他们所有的信念就是权和钱，除此之外，看不到他们有什么崇高的理想和高贵的品德。相反，在他们身上体现出的是欺骗、狡诈、残忍、无耻的行为方式和一切以权势为标准的价值观念。

我们来具体看看苏秦和张仪的"事迹"。

苏秦的家庭有一定的社会地位和经济实力，但苏秦不满足于丰衣足食的小康生活，他想出人头地，被人羡慕、被人畏惧。于是，他根据当时的形势，努力学习各种权谋之术，分析当时各国的关系，准备去游说秦王，以获取很高的职位。

他穿上貂皮制的华贵的衣服，带了一百斤黄金，来到了秦国，上书给秦惠王说："大王您的国家，西边有巴、蜀、汉中的丰富的物产供您使用，北边有胡、代地出产的马匹，向南则有巫山、黔中作为屏障，东边有崤山、函谷关等险阻。秦国真是田地肥沃、人民富足。有万辆战车，有百万雄师。沃野千里，地势险要便利，储藏丰富，这是天府之国，也是可以称雄天下的国家。以大王您的贤能，以秦国众多的人口，以那么多的战车以及纪律严明的军队，足可以并吞诸侯，据有天下，自称皇帝，统治四海。希望大王您能听听我的意见。"

苏秦讲了这么一通大道理，秦惠王的回答却是客气而又冷淡，其主要原因大概是由于他刚刚杀了卫鞅，不太喜欢外国人，又加上时机还不太成熟，或是苏秦只讲一些大而无用的道理，却无具体方法。秦惠王回信说："我倒听说过，毛羽如果不丰满，就不能飞得很远；礼乐制度不成，不能够随便惩罚别人；道德修养不够深厚，也不能教导役使别人；政治法令没有理顺，也不能随便去烦扰大臣。现在先生您不远千里来到秦廷上教导我，还是等秦国具备了条件再听您的意见吧！"就这样，苏秦被秦王赶了出来。

苏秦接连上了十多次书，在秦国住了一年还多，秦王始终没被说动，看着带的盘缠已花完了，身上的貂皮裘衣也穿破了，没有办法，只好回去。一路上风尘仆仆，回到家时，只穿着草鞋，用皮绑缠着，背着书，担着行囊，形容枯槁，面目黧黑，满面羞愧。等回到家里，家人知他求职失败，都不理他。妻子看他回来，连织布机都不下，嫂子也不替他做饭，父母连话都不跟他说。苏秦所受的冷遇也可谓令人伤心的了。

苏秦受了极大的刺激，他叹息说："妻子不拿我当丈夫看，嫂子不拿我当小叔看，父母不拿我当儿子看，这都是秦王造成的啊！我一定要想法报此被辱之仇。"于是，当夜就把书都找了出来，在屋子里陈列了几十种，其中有一种是姜太公的兵法《阴符》，专讲权谋之术。苏秦如获至宝，连夜背诵揣摩。就这样，苏秦发愤读书，把头发吊在梁上，若打瞌睡，绳子就会把头发拉疼，如果还不能解困，就拿起锥子刺自己的大腿，有时血一直流到脚上，并告诫自己说："哪里有游说国君而不能获得锦衣玉食，不能据有卿相之位的呢？"经过一年的苦读和潜心的分析揣摩，苏秦各方面的水平都有了很大的提高，他终于充满信心地说："这回确实可以游说国君了！"

苏秦为了向兄弟求得路费，就跟苏代、苏厉谈论《太公兵法》上的道理，苏秦的精彩分析说服了苏代、苏厉，他们不仅拿出许多钱送给苏秦，自己也开始研究起这些问题，后来也成了有名的说客。

苏秦这回决心合纵抗秦。他先来到赵国，想结交赵肃侯的兄弟秦阳君，没料到开始就碰了个钉子。他并不灰心，继续北上，来到燕国。在燕国等了一年多，也未见到燕文公，钱已用光了，只好借了掌柜的一百个小钱度日。一天，燕文公出来，苏秦就趴在地上求见。燕文公听说他就是曾经游说过秦王的苏秦，就把他带回宫里。在那里，苏秦对燕王讲了一通道理。苏秦说："燕国在列国之中并不是个大国家，论土地，只有二千五百里，论军事力量，也只有六百辆兵车，六千名骑兵，十几万步兵。南面的齐国和西面的赵国都比燕国强大得多，却连年战乱不断，只有燕国得保平安。为什么呢？就是因为西面有赵国挡住了强秦，使秦国不能越过赵国来打燕国。如果赵国一旦投降秦国，那么，秦国马上就会进攻燕国。您现在不同赵国交好，却去同秦国结成联盟，这实在是不正确的策略。况且如果惹怒了赵国，赵国的兵马朝发夕至，您又怎么能抵挡呢？正确的策略应该是同秦国绝交，大家联合起来一起对付秦国。这样，各国才能自保。"

燕文公很同意苏秦的看法，只是怕各国人心不齐，苏秦就主动要求去联合各国，燕文公当然很高兴，就给了他许多车马黄金和从人，苏秦来到了赵国。

赵肃侯很热情地接待了他，苏秦对赵肃侯说："中原最强的国家是赵国，而赵国又与韩、魏接壤，秦国要想向中原发展，就必须先攻下赵国。现在秦国不敢来攻赵，是因为有韩、魏做挡箭牌。但如果秦国奋力攻打韩、魏，韩、魏并无高山大河做险阻，是很容易被打下来的。到了那时，赵国可就首当其冲了。现在是各国都同秦国交好，纷纷割让土地，可秦国贪得无厌，非把你的土地吞完不可，这是什么策略呢？中原各国再加上楚国如果能联合起来，地方比秦国大五倍、兵力比秦国多十倍，还怕秦国什么呢？我希望能大会诸侯，订立盟约，六国一起抗秦。"

赵肃侯当时十分年轻，正是一个血气方刚的青年，听到苏秦有合纵抗秦的办法，自然十分高兴。他立刻给苏秦一百辆马车、一千斤金子、一百双玉璧、一千匹绸缎，请他去约会各国的诸侯。正在这时，秦国打败了魏国，魏献出十座城求和，赵肃侯听了很焦急，害怕秦国接着攻打赵国，就忙请苏秦商量。苏秦一面忙着备战，一面用激将法利用张仪，让张仪在秦国当上了客卿，说服秦国，使它不来攻打赵国。苏秦安定了赵国后，就开始游说其他诸侯国。

由于当时的情势所迫，韩、魏、齐、楚等国都十分同意合纵抗秦，苏秦的游说既进行得很顺利，又取得了很大的成功，他自己也做了六个诸侯国的宰相，挂了六国相印。

他从楚国返回赵国，一路上前呼后拥，威风凛凛，真是史无前例的场面。苏秦当然不会"三过家门而不入"，他正要显示一下自己的威风。在路过洛阳时，他的父母亲自来到路旁迎接，他的嫂子扫地三十里，趴在地下不敢抬头，至于苏秦的妻子，只能远远地躲在一边，侧目而视，正眼都不敢瞧一下，只是竖起耳朵偷听。苏秦问他的嫂子说："嫂嫂为什么先前对我十分倨傲，而现在对我十分恭敬呢？"苏秦的嫂子说："因为叔叔您权大位尊而又有很多很多的钱啊！"苏秦感慨万分地说："唉！贫穷的时候连父母都不认你作儿子，富贵以后则亲戚也感到畏惧。人生在世，势力权位以及富贵难道是可以忽视的吗？"

公元前 333 年，燕、韩、齐、魏、楚、赵六国会于赵国的洹水，歃血为盟，结为兄弟，互相支持帮助，共同抗秦，并推苏秦为"纵约长"，挂六国相印，专门办理合纵事宜。

应当说苏秦在一定时间内、一定范围内、一定程度上减少战乱还是有一定的客观功劳的。《战国策》就曾这样评价苏秦发起的这次合纵运动："不费斗粮，未烦一兵，未战一士，未绝一弦，未折一矢，诸侯相亲，贤于兄弟。"但千万不可忘记，苏秦倡导合纵的动机仅是为了能有官做，六国合纵也只是为了自身的利益来缔结暂时的军事同盟。

苏秦的事业不可谓不"辉煌"，其独特的外交成就也是绝无仅有的，不过，他的结局却并非完满，其实这也是由他所从事的事情及其行为方式决定的。

秦王听说六国合纵，十分震惊。大臣公孙衍主张先打赵国，因为赵国是合纵的发起人。张仪连忙反对，认为六国刚刚合纵，不宜力取，若是去其一国，五国支援，那就不好办了，不如先拉拢其中的几个国家，慢慢地拆散盟约。可以先把魏国割让的城池退回几座，魏国一定感激，其他盟国一定猜忌，然后再把大王的小女儿嫁到燕国，同燕国结亲。这样，他们合纵的盟约就会被拆散。张仪出这样的计策，一方面确实有效，能够取得秦王的信任，一方面又遵守了不让秦国进攻赵国的诺言。

秦王依照张仪的计策去办，燕、魏果然同秦国交好。赵王很着急，立刻派苏秦去责问燕国，没想到燕王又向他诉苦，说是齐国夺去了燕国的十座城池，要求苏秦替他想想办法，苏秦又被迫来到齐国。苏秦对齐王说："您如果能退还那十座城池，燕国会很感激，燕王也会信任您。这样，您就有可能号令天下，建立霸业。"齐王本来雄心勃勃，没有做上纵约长委屈得很，苏秦这么一说，正中下怀，就归还了燕国的城池。

燕王虽然十分高兴，但因苏秦跟自己的母亲有私情，所以并不看重他。苏秦心里也明白，六国合纵的首要问题是势力均衡，否则，合纵是决不会长久的。他见燕王对他冷淡，就对燕王说："我现在对燕国已无多大的用处了，不如到齐国去，明里做臣下，暗里为燕国打算。"燕王正巴不得他离开，就派他去了。

齐宣王声色犬马无所不好，苏秦就迎合他的毛病，替他广搜美人，大造宫殿，为他父亲大办丧事。齐宣王虽然糊涂，但他的臣下田文等人却看得明白，这是消耗齐国的财力，要弄乱齐国的政治，弄垮齐国。田文等人就背地里派人去刺杀苏秦。刺客把匕首扎进苏秦的腹部就跑掉了。苏秦一时未死，挣扎着去见齐王，小声对齐王说："我死之后，请把我的头挂在街上悬赏，就说我私通外国，有知道秘密的人快来揭发，就能抓住刺杀我的人。"齐王照着苏秦的话去做，果然抓到了刺客。

苏秦死后，合纵之约更加迅速瓦解，尤其是苏秦替燕国破坏齐国的消息传出以后，齐、燕之间的矛盾更加激化。这样，散纵连横就成为秦国近期的外交目标了。

秦惠文王立即拜张仪为相国，让他办理连横事宜。张仪本是穷苦出身，据说曾同苏秦一起读过书，跟苏秦一样，张仪也是一个十分热衷于功名利禄的人。在未仕之前，他也曾经过了艰苦的漫游过程。他曾做过楚国的下等客卿，一次，楚令尹昭阳家传观和氏璧时，因忽来大雨，大家在纷乱中把和氏璧丢失，昭阳的家人见张仪衣衫褴褛，一口咬定为他所偷，把他打得皮开肉绽，几乎死去。后来听一个叫贾舍人的商人说苏秦在赵国做了相国，就前去拜见，没想到苏秦对他极为傲慢，这使张仪极受刺激，发誓要闯出一条路来。在张仪衣食无着、山穷水尽的时候，又是贾舍人帮他来到秦国，并替他花了大量钱财，打点公门，使他当上了秦国的客卿。张仪对贾舍人万分感激，但贾舍人临走之前说："这一切都是苏相国一手安排的，连我自己也是苏相国的门客。相国怕您在赵国得到了一官半职就满足了，况且相国认为自己的才能不如您，不宜在一国为官。所以才特意激励您的志气，把您安排到秦国来，希望您以后劝说秦王不要攻打赵国。"张仪听了，既感动，又佩服，从此再也不认为自己比苏秦更有才能了。这次他被秦王任命为相国，楚怀王很害怕，怕他要报和氏璧受辱之仇，就赶紧先下手为强，依照苏秦的想法，会盟六国，一起出兵进攻秦国。但他一连发动了两次进攻，都因各国军队军心不齐、战斗力不强而以惨败告终。

秦惠文王虽打败了六国军队，但齐、楚仍很强大，要想进攻齐国，就必须破除齐、楚联盟。于是，秦王派张仪带了许多礼物来到楚国，张仪先用重金买通了楚王的宠臣靳尚，又把六百里商于之地许给楚国，再加上花言巧语，昏聩贪婪的楚王竟然同意了张仪的要求，派人前去辱骂齐王，同齐国绝交，同秦国建交。但派去接受商于之地的人一年后才回来，终于弄清张仪的话全是欺骗。楚王大怒，发兵十万攻打秦国，结果在秦、齐两大军事强国的夹击下一败涂地，从此元气大伤。后来楚怀王曾用黔中之地换得张仪，但又经不起张仪蛊惑有术，又把张仪放回了秦国。楚怀王总是受骗，最后死于从秦国逃回的途中。

张仪功劳很大，秦王封他为武信君，并让他带足钱财，周游列国，实行"连横"计划。张仪首先来到齐国，他对齐宣王说："楚王已同秦王成了儿女亲家，韩、赵、魏、燕四国都送土地给秦国，相结为好，独有您孤立无援。如果六国一起围攻您，您打算怎么办呢？"到了赵国，又对赵武灵王说了这一通话，并拿齐国当幌子，号召诸侯。赵武灵王虽有雄才大略，但毕竟为情势所迫，也只好求和。到了燕国，燕国的新君愿把五座城池奉献给秦国。

张仪可以说满载而归，外交使命完成得非常漂亮，但回秦国时秦惠文王已死，秦武王即位，武王平时很讨厌张仪，张仪就不得不设法脱身。他对武王说："齐王知道我骗了他，恨我入骨，我如果到魏国去，齐国肯定会攻打魏国。在齐、魏交战时，秦国就可趁机攻下韩国，您也就可以到周天子的都城去看看了，周朝的天下说不定就是大王的。"武王听得心花怒放，就派张仪去了魏国。

魏王拜张仪为相国，齐王知道后立刻派田文通知各国，重新结盟攻打魏国，并以十座城池的赏格捉拿张仪这个骗子。魏王十分着急，但张仪却自有主张。他派心腹冯喜假装成楚人去对齐宣王说："大王既恨张仪，就不该成全他。我从秦都来，听说张仪离秦赴魏乃是一计。大王如果攻魏，秦国就会打下韩国，占有成周。您如今果真攻魏，不是正中圈套吗？"齐王恍然大悟，撤回了军队。

魏王当然更加信任张仪。张仪也最终完成了连横计划。公元前309年，张仪病死。纵横家的全盛时期也过去了。

那么，毛泽东为什么选了这么一则故事给在场的人讲呢？在讲那段故事的时候，毛泽东还有一段开场白，大意是说，像今天我们在一起吃饭一样，大家团结得很好，这就好。你们整风，检查一下，批评一下，大家还是团结在一块。这就叫作从团结的愿望出发，经过批评或者斗争，使问题得到解决，在新的基础上达到新的团结。批评就是帮助，对人是有好处的。因此，我们推测，可能毛泽东身边工作的人员在开民主生活会时出现了此问题，毛泽东想借这个机会开导一下他们，这应该是毛泽东讲这段故事的直接原因。至于引申出"人没有压力是不会进步的"这样一个更深刻的道理，恐怕不仅仅是针对在场的人而言，更是跟当时国际国内的严峻形势有关的。时值三年困难时期，我国在国际舞台上较为孤立无援，党内也有不同的意见。

作为一个革命家，毛泽东当时不可能不面对这一现实，他借这则故事实际上也表达了他自己不怕压力的思想。将压力变为动力，历来是毛泽东性格中的基本特点。实际上，不但是个人包括国家也是一样的，"没有压力是不会进步的"，这有助于将压力转化为动力，不断克服困难，个人、国家和民族才能进步。

9

"青山处处埋忠骨，何必马革裹尸还"

> "男儿立志出乡关，学不成名誓不还。埋骨何须桑梓地，人生无处不青山。"

当他的长子毛岸英不幸牺牲在抗美援朝前线，儿媳刘思齐请求将岸英的遗体迁回安葬，毛泽东摇摇头说："青山处处埋忠骨，何必马革裹尸还。不是还有千千万万志愿军烈士安葬在朝鲜吗？"[1]

早在 1910 年秋，17 岁的毛泽东在离家求学的前夕，就将改写的一首诗夹在他父亲的账簿里，题目就叫《呈父亲》："孩儿立志出乡关，学不成名誓不还。埋骨何须桑梓地，人生无处不青山。"[2]

"马革裹尸"，说的是东汉时马援的故事。

汉光武帝靠武力夺取了天下，他手下有批出身豪强地主的大将谋臣，都是帮光武帝立过功的，其中功劳最大的有 28 个。汉光武帝死后，汉明帝把 28 人的肖像画在南宫的云台上，称为"云台二十八将"。但还有一名大将，在历史上却很有名气，他就是老当益壮的马援。

马援做过扶风郡的督邮。有一次，他送犯人到长安。半路上，他看犯人哭得挺伤心，就把他们放走了，自己逃到北地郡躲起来。后来在那边搞起畜牧业和农业来。不到几年

---

① 赵云献主编:《毛泽东建党学说论》上册，人民出版社 2003 年版，第 614 页。
② 《毛泽东年谱》第 1 卷，中央文献出版社 2023 年版，第 8 页。

工夫，马援有了牛羊几千头，几万斛粮食。但是他并不想一直留在那里过富裕生活。他把自己积贮的财产牛羊，分送给他的兄弟朋友。他说："一个人做个守财奴，太没有出息了。"他还说：男子汉大丈夫，应该"穷且益坚，老当益壮"。王莽失败后，马援投奔汉光武帝，立了很多战功。

公元 44 年秋，马援远征凯旋，已是一个白发苍苍的老头了。大家劝他说：你已经够辛苦的了。还是在家里休养休养吧。马援豪迈地说："不行啊！现在匈奴和乌桓还在北方骚乱，我正要请求皇帝派我去保卫北方。男子汉大丈夫，死应该死在边疆，死在战场，让别人用马革裹着尸首送回来埋葬，怎么能老待在家里，跟妻子儿女过日子呢？"光武帝壮其言，先派他到北方打败了匈奴和乌桓，后又到南方五溪一带（湘、黔交界处），平定了五溪部族的叛乱。因为不适应那儿的湿热气候，很多军士都中暑生病，马援自己也生了病，死于军中，也实现了自己的誓言。

1949 年 10 月 1 日，毛泽东在北京天安门向全世界庄严宣告："中华人民共和国中央人民政府今天成立了！"[1]然而，为了革命的胜利，成千上万的烈士在我们的前头，英勇地牺牲了。毛泽东也同样，送走了他一个又一个亲人：杨开慧，毛泽民（弟），毛泽覃（三弟），毛泽建（堂妹），毛楚雄（侄儿）……

1950 年 10 月 19 日黄昏，中国人民志愿军"雄赳赳，气昂昂，跨过鸭绿江"，揭开了抗美援朝战争的序幕。毛泽东的儿子也到了朝鲜前线。对于是否要岸英赴朝参战，毛泽东的决心不可动摇。他说："谁叫他是毛泽东的儿子，他不去谁还去？"[2]毛岸英告别新婚刚一年的妻子刘思齐，到志愿军总部当俄语翻译兼机要秘书。

11 月 25 日，志愿军打响第二次战役的第一天，志愿军总部遭到美机轰炸，毛岸英不幸倒在凝固汽油弹的熊熊火焰之中，献出了他年青的生命。

毛泽东听到岸英牺牲的噩耗，沉默，抽烟，叹息："革命战争，总是要付出代价的。岸英是一名普通战士，为国际共产主义事业献出了年轻的生命，他尽了一个共产党员应

---

① 《中国共产党简史》，人民出版社、中共党史出版社 2021 年版，第 145 页。
② 赵云献主编：《毛泽东建党学说论》上册，人民出版社 2003 年版，第 319 页。

该尽的责任，不能因为他是我的儿子，就不应该为中朝两国人民共同事业而牺牲。世上哪有这样的道理呀！哪个战士的血肉之躯不是父母所生？""唉，谁叫他是毛泽东的儿子呢……""这个不要急着告诉思齐了。"①

1950年，他坚决请求参加中国人民志愿军，于1950年11月25日在抗美援朝战争中英勇牺牲。同普通的志愿军战士一样，毛岸英的忠骨被安葬在朝鲜平安南道桧仓郡中国人民志愿军烈士陵园，跟他在一起安息的还有134名中华儿女。毛岸英的墓在最前排的正中间。墓前石碑上刻着："毛岸英同志之墓。"背面刻着："毛岸英同志原籍湖南省湘潭县韶山冲，是中国人民领袖毛泽东同志的长子。"②

毛泽东尊崇历史上的英雄人物，不仅对自己严格要求，对自己的家人也是一样。这种无私的精神，是值得我们永远学习的。

---

① 李银桥：《在毛泽东身边十五年》，河北人民出版社1991年版，第160、161页。
② 新华月报编：《永远的丰碑（一）》，人民出版社2005年版，第67页。

• **10** •

"一个阶级革命要胜利，没有知识分子是
不可能的"

> "一个阶级革命要胜利，没有知识分子是不可能的。你们看过《三国演义》、
> 《水浒传》，魏、蜀、吴三个国家，每个国家都有每个国家的知识分子，有高级的
> 知识分子，有普通的知识分子，那个穿八卦衣拿鹅毛扇子的就是知识分子。"

毛泽东在很多场合批评知识分子的软弱性，是根据具体的历史情况而发的，并不是对知识分子一概否定，毛泽东实际上还是十分重视知识分子的作用的，有一次他借《三国演义》、《水浒传》等古典名著说明知识分子的重要性：

"一个阶级革命要胜利，没有知识分子是不可能的。你们看过《三国演义》、《水浒传》，魏、蜀、吴三个国家，每个国家都有每个国家的知识分子，有高级的知识分子，有普通的知识分子，那个穿八卦衣拿鹅毛扇子的就是知识分子；梁山泊没有公孙胜、吴用、萧让这些人就不行，当然没有别人也不行。"[①]

毛泽东所举的例子我们都很熟悉了。其实，任何时代都一样，没有知识分子，没有人才，是不可能成功的。

其实，中国历史上早就有争夺人才的传统。就从春秋战国时期说起吧，那时诸侯争霸，都想保住自己的国家，胜人一等，乃至称霸诸侯，当然，如能吞并别的诸侯那就达

---

① 《毛泽东文集》第3卷，人民出版社1996年版，第342页。

到了终极目的。争来争去争了许多年，有些明白的诸侯忽然醒悟过来，要想争霸，先争人才。这下子热闹了，楚材可以晋用，齐材可以秦用，在整个中国古代史中，恐怕没有任何一个时期能同春秋战国时期的"人才市场"相比。

在当时，得一人才而富国强兵的例子真是数不胜数。燕昭王高筑黄金招贤台，得了魏国来的乐毅，终于攻下了齐国七十多座城池，差一点灭亡了齐国，为燕国报了遭受齐国侵略侮辱的仇恨。伍子胥从楚国投奔了吴国，终于带领吴国军队打败了强大的楚国，并把楚王掘墓鞭尸，既报了私仇，又使吴国强大起来。齐桓公因为尽释前嫌，把国家委托给一个曾经向自己射过一箭的管仲，才能"九合诸侯，一匡天下"，成为"春秋五霸"之首。

但真正能够借助其他诸侯国的人才来为自己服务的，当数秦国。

秦国本是个边陲小国，起初连名号都没有，只是因为曾出兵几百人帮助周平王赶走西戎，才受到周天子的重视，答应秦国可以在一定的范围内向四周开拓土地，秦国此时才开始在诸侯中知名。但它仍然很小，绝无力量同郑国、齐国这样的东方大国比肩。秦国的国君非常明白，要想发展，就必须对外开放，大力引进"外国"的人才。

秦穆公可以说是秦国人才政策的奠基者。在他执政期间，极力搜罗人才，用五张羊皮换回了虞国人百里奚，又礼聘了晋国人蹇叔，重用了西乞术、白乙丙和公孙枝等人，使秦国的政治和军事日渐强盛，这些文臣和武将，虽然来自其他诸侯国，但都能为秦国死心塌地地效力，使秦国在政治、军事、经济和文化等方面都上了一个台阶。大约过了近三百年的样子，秦国还是处于一个很难迅速发展的时期，它虽然很强大了，但要想统一诸侯，却感到很困难。

这时，从卫国来了一个叫卫鞅的人，秦孝公见他很有才能，就充分信任他，让他实行变法。通过卫鞅（商鞅）的变法，秦国果然走上了"法治"的道路，迅速强盛起来。在统一六国的过程中，秦国时时觉得打了这国，顾不了那国，刚攻下的土地，又不得不放弃，打了许多年，吃了许多苦，成效却不大。秦昭襄王重用从魏国来的范雎做相国，范雎就给秦昭襄王出了一个主意，叫作"远交近攻"，意思是对远方的诸侯国要搞好外交关系，而对近邻却要采取攻占的策略。这样一来，秦国攻取一寸土地，就牢牢地占有了一寸土地，再也不用为得而复失发愁了，况且还有远方友好国家的同情和支持。范雎的这一外交政策果然大见成效，终于为秦始皇统一中国奠定了坚实的基础。在秦始皇统一中国的时候，又出了一个著名的宰相李斯，他是荀子的高足，楚国人，他不仅帮助秦始皇灭掉了楚、齐两国，在建立郡县制这一重大的历史举措上，他也具有首倡和促成之功。

我们具体看看秦穆公是如何招聚人才的。

秦国在西周时期原是一个很小的地区，连侯也称不上，根本是无名小辈，只是到了西周末年，因勤王有功，才被周天子特许称侯，以后经过数代君主的努力，逐步地发展起来。秦穆公是一个贤明有为的君主，他一生都在时刻注意网罗人才，使用人才。

百里奚原是一个穷苦农民，后因家境贫困才想出来寻找机会，干一番事业，但流浪多年也无机会做官，弄得妻子儿女都不知跑到哪里去了。后来经朋友推荐，在虞国做了大夫。不久，虞公因借道给晋国而被晋国灭亡，百里奚就跟着虞公一起到晋国做了俘虏。晋君知他有本领，想让他做官，百里奚却死活不肯，就这样在晋国住了下来。后来秦穆公派公子絷去秦国求婚，百里奚就被当作陪嫁送往秦国。百里奚不愿去秦国，半路上偷偷地跑了，一直来到楚国，楚人开始以为他是奸细，后来见他年老，就让他看牛。他看的牛长得又快又好，竟然出了名，连楚成王也知道了。

公子絷以为跑了一个老奴，并不在意，也没有认真寻找。有一天，他在晋国的土地上看见一个人长相奇特，力大无比，用一把大锄头锄地，锄得又深又快，他以为是奇人，就把他带到了秦国，这人就是后来的名将公孙枝。秦穆公看见名单上少了百里奚，就问公孙枝，公孙枝说他是个有本领的人，只是英雄无用武之地。秦穆公立即派人四处打听，竟在楚国找到了他。秦穆公要用仪仗车马去迎接他，公孙枝说："千万使不得，如此去迎接一个奴隶，必引起楚人的怀疑，那他们就不会放百里奚了。"秦穆公依照公孙枝的主意，用五张羊皮换回了百里奚，后来就有了"百里奚、五羊皮"的说法。

秦穆公见百里奚是个七十岁的白发老人，显得不高兴。百里奚说："您如果让我去打虎，我当然老了，如果让我谈国家大事，那还比姜太公小十岁。"秦穆公觉得有理，就同他谈国家大事，没想到越谈越投机，一连谈了三天，就要拜他为相国，百里奚说自己不行，连忙推荐了蹇叔。公子絷好不容易请来了蹇叔，连他的两个儿子西乞术、白乙丙也一同请来了。秦穆公与蹇叔论当今世事，竟然乐得忘了吃饭。过了几天，他就拜蹇叔为右相，百里奚为左相，西乞术、白乙丙为大夫，就这样，秦穆公一下就得到了五位贤能之士。在后来的岁月里，这五个人为秦国的强大立下了汗马功劳。

秦穆公是春秋五霸之一，秦国在他的手里得到了迅速的发展，为秦国日后统一全国奠定了基础。

说来也奇怪，秦国历史上的每一次重大发展全是由"外国"人直接促成的，秦国本土的人士，却名不见经传。秦国由一个地不过几十里的无名小卒而至统一中国，应该说"外国"人才起了决定性的作用。秦国的历史经验，真是十分值得注意的。

"一个阶级革命要胜利，没有知识分子是不可能的。"① 时至今日，历史虽然发生了巨大的变化，但知识分子的作用却是一如既往的，毛泽东的话，有其深刻的道理。

但毛泽东对知识分子的看法并不是一味的赞扬，他也看到知识分子的缺点。例如他说，张昭读书多，关键时候动摇。

张昭（公元 156—236 年）活了 80 多岁，《三国志》卷五十二有他的传记。他于汉末大乱中，辅佐孙策于江南创业，很受孙策器重和信任；孙策死后，又继为孙权的左右手，所谓"内事问张昭"。此人"博览群书"，很有学问，而且威严不苟，人皆敬畏。但在建安十三年（公元 208 年）赤壁之战的前夕，东吴政权受到曹操亲率大军压境的威胁，张昭惧怕曹军的势力，力主投降，是主和派的代表人物。《资治通鉴》卷六十五对此有翔实记载。1959 年底至 1960 年初，毛泽东有一次对人谈起了张昭在赤壁之战中的表现："三国时吴国的张昭，是一个经学家，在吴国是一个读书多、有学问的人，可是在曹操打到面前的时候，就动摇，就主和。周瑜读书比他少，吕蒙是老粗，这些人就主战。鲁肃是个读书人，当时也主战。可见，光是从读书不读书、有没有文化来判断问题，是不行的。"②

同为"知识分子"，张昭和鲁肃不一样，"光是从读书不读书、有没有文化来判断问题，是不行的"。毛泽东的这些分析可谓是十分全面的，对于我们认识知识分子有着很好的指导作用。

---

① 《毛泽东文集》第 3 卷，人民出版社 1996 年版，第 342 页。
② 《毛泽东年谱》第 7 卷，中央文献出版社 2023 年版，第 266 页。

● **11** ●

"孔学名高实秕糠"

> "儒俗者万千，而贤者不一，不如过去法家之犹讲一些真话。儒非徒柔也，
> 尤为伪者骗也。"

在政治方面，毛泽东是历来强调法家比儒家好的，越是到晚年越是如此。他读清人王夫之（公元 1619—1692 年）所著的《读通鉴论》，讨论历代政治得失，比较明确地表达了他的基本观点。在此书卷十五《宋明帝》节内，毛泽东旁批："申韩未必皆贼杀，如曹操、刘备、诸葛。"又在卷十七《梁武帝》节内有两处批语："儒俗者万千，而贤者不一，不如过去法家之犹讲一些真话。儒非徒柔也，尤为伪者骗也。""其教孔孟者，其法亦必申韩。"[①] 他认为，法家是讲真话的，而"儒术伪耳"，即使历代统治阶级口口声声说是用儒教治国，或者像梁武帝那样，以佛教为招牌，其实都是骗人的，行的仍是法家那一套，用的还是申不害、韩非子的思想。因此，在读史中，他对历史上的暴君（如商纣王、秦始皇）并不反感，而对竭力主张或实行法家路线的人物（如商鞅、曹操）却非常欣赏。在毛泽东的晚年，这种尊法反儒的思想倾向变得更加强烈。林彪事件发生以后，毛泽东在全国范围发动了一场批儒评法运动。他认为秦始皇比孔子要伟大得多。针对郭沫若的《十批判书》中尊儒反法的观点，毛泽东还写过两首诗。二诗如下：

[①]《毛泽东读文史古籍批语集》，中央文献出版社 1993 年版，第 343-344 页。

其一：呈郭老

"郭老从柳退，不及柳宗元。名曰共产党，崇拜孔二先。"①

其二：读《封建论》呈郭老

"劝君少骂秦始皇，焚坑事业要商量。祖龙魂死秦犹在，孔学名高实秕糠。百代都行秦政法，《十批》不是好文章。熟读唐人《封建论》，莫从子厚返文王。"②

毛泽东的这两首诗是说，秦始皇统一中国是最大的功绩，"焚书坑儒"没有什么大的错，历来的否定性的评论要"商量"；中唐时柳宗元写过一篇《封建论》，就坚持统一的"郡县制"比割据的"封建制"（即贵族领主制度）要优越得多，是正确的观点，毛泽东是赞成的。他不赞同郭沫若在《十批判书》中赞扬孔夫子、大骂秦始皇的学术观点，认为郭沫若竟不如柳宗元有眼光，最好改变自己的立场，修正自己的旧作为是。

那么，历史上的法家与儒家究竟是怎样的呢？

我们先来看看法家。

首先，《韩非子》就从人性的角度来论述实行"法制"的必要性他说："凡治天下，必因人情。人情者，有好恶，故赏罚可用，赏罚可用，则禁令可立而治道具矣。""民者固服于势，寡能怀于义。……民者固服于势，势诚易以服人。"这是从根本上来论述法家智谋的适应社会需要的：《韩非子》和《商君书》还从实用的角度来论述实行"法制"的必要性，《韩非子》中说："人臣之于其君，非有骨肉之亲也，缚于势而不得不事也。……万乘之主，千乘之君，后妃夫人、适子为太子者，或有欲其君之蚤死者。"《商君书》中说："怯民使之以刑，则勇；勇民使之以赏，则死。""仁者能仁于人，而不能使人仁；义者能爱于人，而不能使人爱。""赏多威严，民见战赏之多则忘死，见不战之辱则苦生。"

由此可见，法家是从人的本性与社会功用两个方面来建立自己的基础的。这是法家之法的法源、法理和法用。

---

① 陈晋主编：《毛泽东读书笔记解析》下册，广东人民出版社 1996 年版，第 1154 页。

② 陈晋主编：《毛泽东读书笔记解析》下册，广东人民出版社 1996 年版，第 1155 页。

然而，法家之法与今天意义上的法律是有本质区别的。法家之法作为人君王牧天下的手段，法、术、势都是建立在非正义、非公正、非道德的基础上的。在法家那里，没有平等和正义可言，"法"的实质是强力控制，"势"的实质是强权威慑，"术"的实质是权术阴谋。这些法律都是直接为维护封建王权服务的，法之为法，就在于它"公之于官府，著之于宪令"，而不在于是否符合道义，更不管是否符合人民的权益。而今天的法律，它的目的在于保护人民的权益，限制特权的存在和发展，并进而培养全民奉公守法的精神。总之，法家之法与现代之法为本质区别。

法家之法的根源在于封建集权制，因此，它就特别强调"势"，在法家的代表人物中，首先倡导"势"的是慎到。"势"就是绝对的权威，是不必经过任何询问和论证就必须承认和服从的绝对的权威。关于这一点，首先在理论和观念上确立，但更重要的是要在实际上君主确实掌握绝对的权威。如果做不到这一点，就会出现主帅无谋，大权旁落的局面，最终就会导致政权被颠覆，所以，"势"是"法"的保障。当然，二者还是相辅相成的关系，有"法"无"势"，"法"不得行，有"势"无"法"，君主不安。"法"是可以制订的，但如何才能保证"势"的绝对性，保证"势"不受到削弱呢？这就需要"术"。在法家的代表人物中，申不害是最强调"术"的，在他看来，"术"这一手段，时机上是比"势"这一目的还重要的。"术"就是统治、防备、监督和刺探臣下以及百姓的隐秘的具体的权术和方法。这些"术"有的已经公开化、制度化，那么，在这个意义上，它也是"法"的一部分。"术"的意义是十分明显的，没有"术"就没命没有"法"，但没有"术"又无法保证"术"，所以，归根到底，"术"还是十分重要的。中国的"法制"最发达的地方就在于"法"与"术"联手创造的御臣、牧民的法术系统。

在这样的基础上，《管子》提出了用臣"八策"：（1）"予而夺之"，（2）"使而辍之"，（3）"徒以而富之"，（4）"父去而伏之"，（5）"予虚爵而骄之"，（6）"收其春秋之时而消之"，（7）"有集礼义以居之"，（8）"时举其强者而誉之，强而可使服事"。韩非的"结智五法"是：（1）"一听而公会"，（2）"自取一，则毋道堕壑之累"，（3）"使之讽，讽定而不怒"，（4）"言陈之日，必有策籍"。

根据《韩非子》，可以总结出三大御臣的策略：（1）独断独揽，（2）深藏不露，

（3）参验考察。独揽是指人君权柄独揽，决不允许有任何分权的现象。臣下可以向君进谏，但没有任何作出决定的权利。君主一旦作出决定，臣下就必须无条件地执行。独断独揽是法家强调的"势"的核心，具体内容包括制定法律必须独断，刑赏之决必须独断，政令之决之发必须独断，设谋定计必须独断。深藏不露也十分重要，它是关涉君王权势、塞奸、听言等诸多方面的实现的可能问题。要求人主将自己的看法、喜怒深藏起来，使臣下完全不知君心，人主要尽可能藏形，其日常生活、饮食起居完全与臣下隔绝，这样一来，臣下就无法琢磨君主的心理，就不能使奸，只能竭忠尽智。参验考查术也是很有用处的，具体说来就是通过各种方法来调查、考察臣下的过去和现在的表现，分析其性格特征和心理，预测其未来。而这些往往是在秘密状态下进行的，臣下也必须无条件地配合。《韩非子》中所列出的考察术就有十四项之多，这里就不全介绍了。

禁奸与备内也是法家法术的重要组成部分。禁奸就是如何来禁止臣下的奸行，根据汉代刘向《说苑》分类，可以分为六类，是一门十分有效的禁止奸臣出现和作恶的"学问"；如果说禁奸是备外的话，还有一门专门的学问是来禁止后宫和亲戚干预国政、分散君权的，叫作备内，其论述之周到深刻，实在令人惊叹不已。

法家之法术实有令人举不胜举之感。《韩非子》认为统治国家在于刑、德之"二柄"，其实，纵观法家之法术，又何尝有半点德的影子。

法家的直接简洁的现实社会效用使各国的君主对之青睐有加，尤其是蓄谋统一中国的秦国，更是如此。当秦王嬴政读到《韩非子》时，曾经十分感叹地说："若是能见到此人就好了！"足见他对法家之术的向往。秦国也确实是靠"法制"而逐步强大并最后统一全国的。然而其兴也快，其亡也速，法之一维，是不足以长久立国的。

法家坚决地主张封建集权制，甚至主张暴君政治，这在政治和文化上都是对自由的、富有新鲜活力的思想和行动的残酷的压制。在数千年的封建社会中，许多帝王标榜自己愿意做尧舜之君，但实际情况是，上焉者尚且王霸杂之，中焉者外儒内法，下焉者就不堪闻问了。

当然，法家智谋也曾对维系民族的稳定起到了一定的作用，确实有值得借鉴的地方。

关于儒家的智慧，因为与儒家的王道理想相联系，所以是一个非常深奥复杂的问题，但我们这里所要讲的，只是选取其智谋性的一面，即王道理想是如何转化为智谋和儒家智谋仁术治国的智谋特点。

孔子曾经说过："听讼，吾犹人也，必也使无讼。"他的意思是说，处理诉讼案件，我和一般的人一样，也要按照法律办事的；但我和一般的人不同的地方在于我要首先实行礼乐教化，从根本上杜绝诉讼案件的发生。这是孔子以礼乐治国思想的基本表述，如果能和司马迁的另一句话相参照，也许会对孔子的这段话有更深刻的认识。司马迁说："礼禁未然之前，法施已然之后。"这就是说，礼乐教化对于治国治民来讲是更根本的，而法律往往只是起个"马后炮"的作用。

总的说来，中国有关治国治民的智谋基本可以分为两大类：治标和治本。显然，儒家是"治本"的代表学派，而法家是治标的代表学派。

简要地说，儒家的王道理想所考虑的不是个体的利益，而是整个社会的利益，在人与社会的关系上，王道理想要首先指向社会的利益，但社会的利益又必须是牺牲个体的利益换来的。这样一来，在王道理想的实际运作过程中，个体的人与社会的关系实际上是一种利害关系。因此，儒家的王道理想在考虑具体的策略时必然要想方设法地趋利避害，实际上也就转化成了智谋。

如果从价值观念这个角度来看，也是这样。中国人没有超越外在的价值观念，王道理想的价值观念的出发点就在于现实社会，通俗一点说，在儒家看来，一个人实现了多少现实功业，就是实现了多少人生价值。由于儒家个人的价值自足定位在现实的世俗功利之中，所以，无论儒家怎样高唱道德的神圣和超越，它最终还是把这些道德神圣还原为世俗的现实功利，而这些道德神圣和现实功利从根本上来讲是没有区别的，因为他们所向往的都是利，在形态上的区别则是大利和小利。由于大小利益的悬殊太大，人们往往看不到道德的功利色彩，往往把它误认为是超功利的。

如此一来，儒家所着重强调的义利之辨，实际上就变成了道德的神圣和现实利害如何转化的问题。这种高明就在于儒家智谋是一种非智谋的大智谋，它运谋的方法不是谋智，而是谋圣，即从征服人心着手，使人主动地提高自己的道德修养，以一种审美的态度来为王道理想献身。

　　如果用今天的现实来阐释当年儒家的智谋的话，那就是儒家并不首先向人们宣扬法律的尊严和权威，不要求人们被迫执行，而是非常注重做"政治思想工作"，首先为人们描绘一幅美好的蓝图，并百折不挠地到处宣传这种理想，直到人们心悦诚服，把儒家的价值观念内化到自己的灵魂之中。由于儒家的王道理想是最富有人情味、最温情脉脉的，所以它也就最富有感动人的力量。即使有人明智地认识到自己是在被别人所谋，被一种观念在谋，也是心甘情愿的。但这已经不是儒家谋略的高明，更不是儒家谋略比别的学派的谋略狡诈，在这里，它已经上升到了人性、人道的范畴，这说明儒家的智谋在其最深处是符合人性和人道的基本原则的。这就是儒家智谋的合理性之所在，也是其成为真正的大智谋的根本原因。

　　儒家智谋的具体表现形式是仁术，仁术的具体表现形式就是我们常说的修身、齐家、治国、平天下。仁术的核心当然在于以仁治国治民，但如何才能实现治国治民呢？法家和兵家用强力来压服人心，通过改变社会来改变社会中的每一个人，儒家则主张用个人的人格修养来影响别人，并进而影响到整个社会，通过改变社会中的每一个人来改变整个社会。二者的出发点和走向都恰恰相反。这样，儒家就把个人的修养看成是实现王道理想的基本出发点。所以，在修、齐、治、平四项当中，修是放在第一位的。以修身为中心，逐渐向更大的社会范围衍射，从理论上讲，衍射的幅度也就是一个人所取得的现实功业的大小——完全是由个人的修养水平所决定的。在这里，儒家描绘了一幅无比诱人的蓝图：没有等级的差别，没有门第的限制，没有权力的干扰，总之，一切外在的束缚统统被取消了，只有人的内在世界才是真实的，只要肯加强自己的修养，世界上没有做不到的事情。的确，儒家学说为人的发展在理论上提供了无限广阔的天地和美好的发展前景。

　　在具体的治国治民的策略上，儒家首先讲究的是使人心服。下面引述几段先贤的话，有助于说明这个问题。

　　为政以德，譬如北辰，居其所而众星共之。（《论语·为政》）

　　以力服人者，非心服也，力不赡也；以德服人者，中心悦而诚服也。（《孟子·公孙

丑上》）

　　桀纣之失天下也，失其民也；失其民者，失其心也。得天下有道：得其民，斯得天下矣；得其民有道，得其心，斯得民矣。（《孟子·离娄上》）

　　使人心服的具体方法是很多的，儒家在运作这种智谋的过程中，积累了丰富的经验，有着很完备的理论系统和实践经验，在这里无法一一尽述，但总的说来，官吏要设身处地地为百姓的利益着想，为大局着想，为道义着想，在必要的时候，甚至要舍己为人，直至牺牲个人的生命。

　　在后来的儒学大师中，有许多人在为帝王出谋划策时直言不讳地大谈儒家思想对治国、牧民、驯臣、王天下的重大利害，虽然他们已经明确地把儒学当作智谋来对待了，但其中一以贯之的合理因素并没有完全消失，就是在今天，这种智谋恐怕也不是完全过时的。

12

"其实也没有坑光，叔孙通就没杀么"

"中国过去的封建君主还没有第二个人可以超过他的。可是他被人骂了几千年，骂他就是两条：杀多了人，杀了四百六十个知识分子；烧了一些书。"

对于秦始皇，毛泽东否定的少，肯定的多。尤其到了"文化大革命"时期，就更是赞扬有加了。对于历史上一致否定的焚书坑儒，毛泽东也没有完全否定。他说："秦始皇是个好皇帝，焚书坑儒，实际上坑了 460 人，是孟夫子那一派的。其实也没有坑光，叔孙通就没被杀么。"①

秦始皇是第一个把中国统一的人物。他不但政治上统一了中国，而且统一了中国的文字、中国的各种制度如度量衡等，有些制度后来一直沿用下来。中国过去的封建君主还没有第二个人可以超过他的。可是他被人骂了几千年，骂他就是两条：杀多了人，杀了 460 个知识分子；烧了一些书。②

秦始皇是怎样焚书坑儒的呢？

公元前 221 年，秦王政完全兼并了六国，秦始皇接纳了李斯的建议把全国分为 36 郡，郡下置县。淳于越坚持实行分封制，激怒了秦始皇，秦始皇遂把他交给李斯处理，而李斯审查的结果，却是非常奇怪：他认为淳于越泥古不化、厚古薄今、以古非今等罪

---

① 陈晋：《毛泽东之魂》，中央文献出版社 1997 年版，第 287 页。
② 《毛泽东年谱》第 8 卷，中央文献出版社 2023 年版，第 366 页。

状全是由于读书尤其是读古书的缘故，竟建议秦始皇下令焚书。按照李斯的规定，凡秦记以外的史书，凡是博士收藏的诗、书、百家语等都要统统烧掉，只准留下医药、卜筮、种树之书。此后，如果有人再敢谈论诗书，就在闹市区处死，并暴尸街头；有敢以古非今的人，全族处死；官吏知道而不检举者，与之同罪；下令 30 日仍不烧书者，面上刺字，并征发修筑长城。毫无疑问这是对中国文化的一次大摧残。

在焚书的第二年，即公元前 212 年，秦始皇对书生进行了一次更大的迫害。他竟下令将咸阳的儒生 460 多人活埋，即为"坑儒"事件。

"焚书坑儒"是中国历史上的重大事件，给中国文化造成了极大的损失。这个事件，固然与秦始皇的暴政主张分不开，但李斯的借题发挥乃至无中生有也确实起了推波助澜的作用。在今天看来，李斯之所以这样做，一方面是为了迎合秦始皇的心理，把秦始皇所要做的事情推向极端；另一方面恐怕也是为了从精神到物质上彻底消灭自己的竞争对手，使天下有才之士望秦却步，李斯也就可以独行秦廷了。李斯的目的应该说是达到了，但作为学者出身的李斯，竟能这样背叛文化，残害文化，他自己的下场也是悲惨的。

上面所说的叔孙通，不管是孟夫子一派的还是别的什么派的，只要是儒生，就还是希望建立礼乐制度的，尽管这种礼乐制度并不完全合理。

我们看看那个没有被坑杀的叔孙通都做了些什么。秦朝末年，天下大乱，农民起义风起云涌，当时著名的大学者叔孙通跑去投靠了刘邦，得到了刘邦的重视，跟随的学生弟子有一百多人，然而他一个也没有向汉王举荐，专门把过去的一群盗贼和精壮的汉子推荐给汉王。

这样一来，他的学生就对他有意见了。弟子们都说："跟随先生好几年，幸而得以跟随您投降了汉军，现在您不推荐我们这些人，专门举荐那些很奸滑的人，为什么？"叔孙通于是就对他们说："汉王正在顶着箭镞和滚石去争夺天下，你们这些读书人能去打仗吗？所以首先去推荐那些能斩杀对方将领的脑袋和拔去敌方旗子的人。学生们姑且等待着我，我不会忘记的。"

汉王让叔孙通当了博士，封号为稷嗣君。

汉王兼并天下以后，诸侯们在定陶一同把汉王推尊为皇帝，叔孙通完成了汉朝的仪式和号令，但他没有立即实行。汉高祖把秦朝的仪式和法令全部去掉，变得简便易行。大臣们喝着酒争论功劳，有的喝醉后胡喊乱叫，拔出剑来往柱子上砍。

叔孙通知道皇上越来越讨厌这种事，劝皇上说："读书人不能领兵打仗取得天下，但可以守住已成就的天下。如果没有礼仪，您将来怎样治理天下呢？我愿意征召鲁地的那些读书人，与我的弟子们一起搞出朝中的仪式。"

汉高祖听了他的这一番话，觉得十分有道理，说："做到它很困难吗？"叔孙通说："五帝音乐不同，三王礼制不同。礼制这个东西，是根据时代和世上人情而制定的，以约束人们的行为。所以夏朝、商朝、周朝的礼制内容有所增加删减也就可以理解了，这就是不相重复。我愿意采用古代的礼制和秦朝的仪式掺杂起来而制成新的礼仪。"汉高祖又说："你可以试着干，让它容易掌握，揣摩着我能够施行并做到它。"

于是叔孙通被派去征召鲁地的读书人30多个。鲁地有两个读书人不肯来，说："你给十个主子干事了，都是当面阿谀奉承而得以亲近尊贵起来。现今天下刚刚平定，死的人还没有埋葬呢，受伤的人也没有养好起床，又想要兴起礼制音乐。礼制音乐的生成，是需要百年的积累德政而后才能兴起的。我们不忍心去干您所干的事，您所干的不符合古代的做法，我不去。您走吧，别弄脏了我！"

叔孙通笑着说："你真是个鄙陋的儒生，不知道时代已经变化了。"

于是便和征召来的30个人往西边进了函谷关，与皇上左右近臣和素有学问的人，以及叔孙通的弟子一百多人在野外用茅草做人竖立在地上，作尊卑的区分，练习了一个多月，叔孙通说："皇上可以去看看。"

皇上让他们施行礼仪，说："我能做到这套礼仪。"于是便颁令大臣们学习，这时恰巧是十月朝会之时。

汉高祖七年（公元前200年），长乐宫建成，诸侯们和大臣们进行十月朝拜岁首的礼节。

叔孙通制定的新的礼仪是：在天没亮之前，朝拜的人施礼，被人引导依次进入殿门，宫廷中排列着车马骑兵和守卫的士兵军官，设置兵器，插上旗帜，传声说"快走"。皇上听政的大殿下郎中们夹阶而站，每阶都有几百个人。有功之臣、诸侯们、将军们、军官依官阶大小依次站在西边，面向东；文官丞相以下的官员站在东面，面向西。接待宾客的官吏大行安排九卿的位置，上下传话顺序。于是皇帝坐着专用小车从房里出来，众官员们传声唱警，带领诸侯王以下到六百石的官员依次顺序向皇帝祝贺。从诸侯王以下的官员没有不感到震惊恐怖肃然起敬的。到礼仪结束后，都趴在地上，摆上礼仪用的酒品。那些在大殿上朝拜的人都趴下身子低着头，以位置尊卑为序一个一个起来向皇上祝寿。礼仪酒喝过九杯，掌管宾客的谒者说"停止喝酒"。御史前去执行法令，凡不按仪式规定做的就给带走治罪。整个朝会过程都摆设有酒，没有敢喧哗失礼的人。

汉高祖在亲身经历了这套仪式以后，说了这样一句千古有名的话："吾今知天子之贵矣！"

于是，他让叔孙通当了奉常，赏赐给他500斤金子。

叔孙通趁机推荐说："我的那些弟子儒生跟随我很长时间了，和我一同做的这套礼仪，希望陛下赏他们做官。"汉高祖让他们都做了郎中。叔孙通出宫后，把500斤金子全赏给了他的弟子。那些书生们于是便高兴地说："叔孙通先生是个圣人，懂得现在这个世界的事情。"

叔孙通果真是一位通权达变的"圣人"了。

叔孙通为刘邦如此制定礼仪，历来颇遭非议，因为他毕竟是完全为当时的政治统治着想的。在叔孙通那里，礼仪到底是什么呢？刘邦以为礼仪这东西不合时宜，鲁地的儒生也认为礼仪要几百年才能建立起来，他们才是真正懂得礼仪的人。礼仪是古人用来教化人的一种文化仪式，是要人懂得怎样做人，怎样才能与别的动物区别开来。用今天的话说，就是人要有人的精神价值，不能与其他动物混为一体。所以，刘邦认为礼仪不合时宜，而鲁地的儒生认为礼仪是要经过一个漫长的历史阶段才能建立起来的。的确，如果按照礼仪的本意来理解，他们是对的。但为什么叔孙通反而成功了呢？道理十分简单，那就是他把礼仪当作了维护封建统治等级秩序的工具，去掉了它内在的文化价值和积极的东西，使之成为像军队纪律一样的东西，只是表面上似乎不加强制而已。所以，礼仪在叔孙通的手里变得既合时宜，又能够迅速实现了。

应该说，叔孙通果然很"通"，即使没有他，同样也会有别人来为统治者制定这样一套礼仪。这里要说的是，治世需要书生，尤其需要书生来建立政治制度与文化秩序。因此，书生大可不必为自己不能生逢乱世成为英雄而慨叹，毕竟，在人类历史上，治世多而乱世少！

13

"陈胜、吴广、刘邦、项羽这些文化不高的人，
带头造反了"

> "秦始皇怕秀才造反，就'焚书坑儒'，以为烧了书，杀了秀才，就可以天下太平，一劳永逸了，可以二世、三世传下去，天下永远姓秦，结果是'坑灰未冷山东乱，刘项原来不读书'。"

毛泽东在对待焚书坑儒的问题上，曾说道："这些秀才有个通病：一是说得多，做得少，向来是君子动口不动手；二是秀才谁也看不起谁，文人相轻嘛。秦始皇怕秀才造反，就'焚书坑儒'，以为烧了书，杀了秀才，就可以天下太平，一劳永逸了，可以二世、三世传下去，天下永远姓秦，结果是'坑灰未冷山东乱，刘项原来不读书'。是陈胜、吴广、刘邦、项羽这些文化不高的人，带头造反了。"[1]

在这段话里，毛泽东一方面批评了部分知识分子的软弱性，一方面又看到"陈胜、吴广、刘邦、项羽这些文化不高的人，带头造反了"，应该说还是比较客观的态度。

在传统社会中，开国帝王绝大多数起于草莽，他们开始并不懂得文治的道理，往往是在经过了一段时间后才明白了文治的重要性。

秦朝一统天下，又短命而亡，原因何在？消灭文化、消灭思想，在社会上只能引起暴力反抗，在宫廷内部，则只能导致绝对的专权，使封建统治集团内部听取别人所谓

---

① 郭金荣：《晚年时期的毛泽东》，《南方周末》1992 年 5 月 8 日。

"民主生活"也完全丧失了。那么，其必然的结果就是皇帝丧失"群众基础"，极易出现大臣一人专权或是叛乱的情况，具体表现在秦王朝的宫廷上，就是两次宫廷政变，由秦始皇这个"龙种"退化到秦二世这只"跳蚤"。还是要记取秦朝的教训吧！思想和文化不是导致灭亡的原因，消灭思想和文化才是覆亡的根本。其实前人早已替我们总结出来了："坑灰未冷山东乱，刘项原来不读书。"

汉朝建立初年陆贾劝说刘邦实行文治的例子就很有典型意义。

陆贾劝说刘邦实行文治，可谓是冒了杀头的风险的，因为这位流氓皇帝不仅不尊重儒生，甚至经常侮辱乃至迫害儒生，他就曾经当面往儒生的帽子里撒尿。陆贾在皇帝面前时常谈论《诗经》《尚书》等儒家经典，刘邦听到这些，很不高兴，对他大骂说："你老子的天下是靠骑在马上打出来的，哪里用得着《诗经》《尚书》这些东西！"陆贾回答说："您在马上取得天下，难道您也可以在马上治理天下吗？商汤和周武王都是以武力征服天下，然而，他们都顺应形势，以文治天下，文治武功并用，这才是使国家长治久安的最好办法啊！从前，吴王夫差、晋国的智伯都是因过分炫耀武功而使国家灭亡；秦王朝也是一味使用严酷刑罚而不知文治的功效，最后导致了自己的灭亡。如果秦朝统一天下之后，实行仁义之道，效法先圣，重视文治，那么，您又怎么能取得天下呢？"刘邦听完之后，十分不快，但脸上露出了惭愧的颜色，对陆贾说："那就请您试着总结一下秦朝失去天下的教训，我们得到天下原因，看看问题究竟在哪里，并探究古代各个朝代成功和失败的原因所在。"

这样，陆贾就奉旨著述，论述古代国家兴亡成败的经验教训，一共写了十二篇，这部书称为《新语》。

陆贾在中国历史上所以名垂青史，倒不是因为他有多大的学问和建树，而是因为他曾经劝说过汉高祖刘邦，让他实行文治，并写下阐述这一宗旨的著述《新语》十二篇，对中国历史的发展起到了积极的作用。

秦始皇是中国历史上的第一个封建皇帝，他统一了中国，也想统一"思想"，因而"焚书坑儒"，"以吏为师"，任用酷吏，施行血腥的法律，企图把人民置于武力的统治之下。其实，读书并非亡秦的根源，不让人读书才是使秦国灭亡的根本。

秦始皇企图让人们整齐划一，都按绝对的规矩尺寸去生活，表面上好像是安定了，但由于消灭思想，消灭文化，其结果是使社会失去了正确的导向，由此而引发的直接社会后果是从上到下实行严酷的规治，这样，农民大起义就势不可免了。

毛泽东说："杀了秀才，就可以天下太平，一劳永逸了，可以二世、三世传下去，天下永远姓秦，结果是'坑灰未冷山东乱，刘项原来不读书'。是陈胜、吴广、刘邦、项羽这些文化不高的人，带头造反了。"[①] 这是精辟的见解，为我们思考历史提供了一条新的思路。

---

① 郭金荣：《晚年时期的毛泽东》,《南方周末》1992 年 5 月 8 日。

14

"对他们的革命意志总是一种锻炼"

"司马迁讲的这些事情，除左丘失明一例以外，都是指当时上级领导者对他们作了错误处理的。我们过去也错误地处理过一些干部，对这些人不论是全部处理错了的，或者是部分处理错了的，都应当按照具体情况，加以甄别和平反。"

毛泽东思想中有一条基本的观念，就是事物是螺旋式发展的，不是直线上升的。对于干部的选拔和任用，也是一样，即干部应该在基层接受锻炼和培养，在实践中积累起丰富的经验，锻炼出真知来，反对坐直升飞机上来。在读史时，毛泽东也时时流露出这样的思想，或者说，这样的思想也是从读史中总结出来的。

有一次，毛泽东在扩大的中央工作会议上讲道："司马迁说过：'文王拘而演周易，仲尼厄而作春秋。屈原放逐，乃赋离骚。左丘失明，厥有国语。孙子膑脚，兵法修列。不韦迁蜀，世传吕览。韩非囚秦，说难孤愤。诗三百篇，大抵贤圣发愤之所为作也。'这几句话当中，所谓文王演周易，孔子作春秋，究竟有无其事，近人已有怀疑，我们可以不去理它，让专门家去解决吧，但是司马迁是相信有其事的。文王拘，仲尼厄，则确有其事。司马迁讲的这些事情，除左丘失明一例以外，都是指当时上级领导者对他们作了错误处理的。我们过去也错误地处理过一些干部，对这些人不论是全部处理错了的，或者是部分处理错了的，都应当按照具体情况，加以甄别和平反。但是，一般地说，这种错误处理，让他们下降，或者调动工作，对他们的革命意志总是一种锻炼，而且可以从人民群众中吸取许多新知识。"①

在这里，毛泽东讲的是对于处理错了的干部平反的问题，一方面给一些同志平反，但同时又从历史上的一些著名的事件中得到启发，认为"一般地说，这种错误处理，让他们下降，或者调动工作，对他们的革命意志总是一种锻炼，而且可以从人民群众中吸取许多新知识"。应该说，毛泽东的这种态度是全面而积极的，既从主观方面找出自己的缺点并加以改正，又要求被错误处理的同志保持积极的态度。毛泽东以历史上一些著名的人物为例，甚至还包含着对这些同志的鼓励和期望。

上面毛泽东所引用的司马迁的那一段话，或者是受辱发愤，或者是艰难困苦，玉汝于成，总之都是十分著名的。其实，司马迁本人更是如此，因遭受腐刑而有《史记》。下面我们对司马迁提到的一些主要人物和司马迁本人的经历和事迹作简要介绍。

伟大的爱国诗人屈原（约公元前340—前278年），名平，是楚国一个没落的贵族。他"博闻强记"，熟悉政治，善于外交，为楚怀王左徒，对内同楚王商议国事，发布命令；对外接待宾客，应对诸侯。怀王起初对他十分信任。但那时楚国内外斗争复杂而尖锐，在内政上有保守派与改革派的斗争，在外交上有亲秦与亲齐两派的斗争。前者以怀王稚子子兰等楚国的贵族集团为代表，后者以屈原为代表。上官大夫等人诬蔑屈原泄露机密，恃才矜功，怀王不察，遂疏远屈原。秦惠王见有隙可乘，就让张仪至楚，进行阴谋活动。张仪口头上许怀王商於之地六百里，使楚国与齐绝交。怀王与齐断绝外交关系后，秦国并不兑现先前的诺言。楚王大怒，发兵攻秦，先后皆大败，丧师失地。齐国不来救援，韩魏复出兵攻楚，怀王不得已，乃使屈原使齐，恢复与齐的邦交。局势暂时稳定。屈原洞察形势，认为非联齐不能抗秦。在政治上，屈原与腐朽的旧贵族集团相对立，坚决同他们作斗争，但怀王昏庸怯懦，为君小所包围，不能明辨是非，终于确立亲秦的政策，放逐了屈原。这时楚国内政腐败，外交失策，又连年为秦所战败。怀王遂再度受欺入秦，后死在返楚的路上。襄王继位后，以其弟子兰为令尹，对秦完全采取了投降的政策。诗人痛恨子兰等人的投降政策，子兰更是谮毁屈原，襄王一怒而将屈原迁之于江

---

① 《毛泽东文集》第 8 卷，人民出版社 1999 年版，第 291–292 页。

南。诗人在长期流放中忧心国事，没有一刻忘记祖国。他写下了许多不朽的诗篇，抒发忧愤的感情，并揭露、指斥君小违法乱纪、壅君误国之罪，乃自投汨罗江而死。

《离骚》是屈原最重要的代表作，也是《楚辞》的主体。全诗 373 句，2490 字，是中国最为宏伟的抒情诗篇。《离骚》约写于第一次放逐或第二次放逐之后，意为"离忧"。

《离骚》是一部伟大的浪漫主义杰作。当屈原理想的生命状态与现实政治不相容时，他没有屈就现实，更没有畏缩逃避，而是展开了心灵的追寻，通过上天入地，求神问卜，证之前圣，寄兴花草的方式，将自己的心灵层层展开，铺开了一个瑰丽浪漫、执着深情、深邃幽美的诗性的世界。

《离骚》基本上是以诗人的一生经历为线索来抒发自己的生命情感的。从情感经历和生活经历来看，屈原的一生可分为三个阶段：（一）从政时期，（二）流放与行吟泽畔时期，（三）以死殉国。依据这三个阶段，《离骚》分三个层次展开了心灵探询的历程。

自"帝高阳之苗裔兮"到"岂余心之可惩"为《离骚》的第一个情感层次。《离骚》虽重在抒情，但却始终以历史现实为基础，屈原不是从个人的情感开始，而是从历史的传承着眼。起句"帝高阳之苗裔兮，朕皇考曰伯庸"，并不在于炫耀自己的出身，而是强调了历史的秩序和逻辑，凸显出天人合德的思想意识。同样，"纷吾既有此内美兮，又重之以修能"，也不是要显示自己的德才，而是要显示血脉传承和历史传承的同一性。数句之间，屈原的思想基调便得以确立。

接着，屈原以无比的深情叙述了自己的志愿、抱负和辅君治国的政治主张。你看，屈原是多么急切地想实现自己的美政理想："汩余若将不及兮，恐年岁之不吾与！朝搴阰之木兰兮，夕揽洲之宿莽！日月忽其不淹兮，春与秋其代序。惟草木之零落兮，恐美人之迟暮！"这样的真诚、纯洁、忙碌和忧急，怎能不令人深深地感动呢？"乘骐骥以驰骋兮，来吾道夫先路！"快请任用贤才治理国家吧，请让我执鞭先驱。然而，怀王并不是圣贤，正所谓"黄钟毁弃，瓦釜雷鸣"，结果形成了"惟夫党人之偷乐兮，路幽昧以险隘"的政治局面。"荃不察余之中情兮，反信谗而齌怒！"最终，屈原不仅不能实现美好的理想，反而遭谗见疏。

接下来，屈原讲述了自己遭受失败的原因。屈原为了实现美政理想，努力地培养人才，"余既滋兰之九畹兮，又树蕙之百亩"，然而，生徒不贞，"众芳芜秽"，兰蕙之苑萧条败落。那么，为什么自己这样孤独呢？原来，"众皆竞进以贪婪兮，凭不厌乎求索"，他们都是为了一己私利，只有屈原凌空高蹈，"恐修名之不立"，只有他在为天下苍生着想："长太息以掩涕兮，哀民生之多艰！"朝政的腐败和现实的污浊使他感到了这些与自己的理想是一种不可调和的斗争，自己决不会因此而改变了气节和志向，"亦余心之所善兮，虽九死其犹未悔"，正是屈原的人格宣言。由于楚怀王"终不察夫民心"，导致了"众女嫉余之蛾眉兮，谣诼谓余以善淫"。他明确地认识到了自己要"独穷困乎此时"，而"伏清白以死直兮，固前圣之所厚"的慨叹，似乎表明屈原已经认识到了这种现象的历史必然性。

最后讲到意欲归隐乡里，但这与屈原的思想和性格格格不入，在情感剧烈、痛苦的波澜起伏中，在极度的苦闷、彷徨中，终于决定"将往观乎四荒"，以寻求实现自己夙愿的机会。是的，屈原只能走向心灵的探询，他要以独特的方式将自己的人格坚持下去，而且进行到底："虽体解吾犹未变兮，岂余心之可惩？"在这舒缓的语调中，蕴含着的是怎样的坚韧与刚强！

自"女嬃之婵媛兮"至"余焉能忍与此终古"为《离骚》的第二个情感层次。该层次又可以分为两个阶段。第一个阶段是所谓的"女嬃詈原"。"女嬃之婵媛兮，申申其詈予"，女嬃是屈原唯一的亲人，但她并不了解屈原，认为在这个没有是非曲直的社会里，屈原如不改变自己特立独行的行为方式，将无以立足。正如林云铭所说："借女嬃詈己之言，见得举世皆妇人见识，没处置辩，没处容身。"（《楚辞灯》）于是，屈原只有"就重华而陈辞"。他向自己最崇拜的古圣先贤倾诉衷肠，并引用了丰富的史实，其目的在于证明他所坚信不移的一个真理：昏庸的政治最终都要灭亡，污浊的现实最终都要澄清，只有"举贤任能"，才能使国祚昌盛，只有坚持"义"和"善"，才能建立美好的现实。"屈原质之前圣，证之古史，揆之真理……不过借女嬃一骂，再郑重地申明己之素志而已，我们读了更加可以知道屈原自处之审。"（刘永济《屈赋音义详注》）屈原因此而更加坚定了信心，于是屈原开始了心灵探询的第二个阶段："上下求索"——"上天见帝""下求美女"。"路漫漫其修远兮，吾将上下而求索"，为了追求美政理想，屈原是不畏艰难险阻的。然而，由于"世溷浊而不分兮，好蔽美而嫉妒"，诗人上见天帝被帝阍阻于天门之外，暗喻着无法同楚王沟通；诗人又转而"下求美女"，"求一二可为关说通事者，以冀反乎故都，图谋补救，此诚孤臣之苦心"（游国恩《离骚纂义》），但仍然一无所获，于是，诗人发出了悲愤的呼叫："世溷浊而嫉贤兮，好蔽美而称恶。闺中既以邃远兮，哲王又不寤。怀朕情而不发兮，余焉能忍与此终古！"诗人不愿自己的理想因个人生命的短暂而消失，他坚信理想的永恒，并愿为理想付出任何代价。

其余部分为《离骚》的第三个情感层次。该部分主要写诗人"去"与"留"的情感抉择。诗人虚构了"问卜灵氛""决疑巫咸"两个情节，灵氛和巫咸都劝他离开，诗人也分析了楚国的形势和自己的处境，"时缤纷其变易兮，又何可以淹留？"于是决计出走。然而，他最终无法出走："忽临睨夫旧乡！仆夫悲余马怀兮，蜷局顾而不行。"真正的屈原到此完全显现出来。那么，他将何去何从呢？摆在他面前的路只有一条："已矣哉！国无人莫我知兮，又何怀乎故都？既莫足与为美政兮，吾将从彭咸之所居！"以死来捍卫自己的理想，成了他唯一的现实选择。

《离骚》最伟大的地方就在于它通过心灵的追寻以激烈、缠绵、深挚而又浪漫的情感表现出了现实政治与理想生命的内在冲突。这种冲突，在人类的文明史上，具有永恒的意义，屈原正是用诗性的方式，感受并表达出了这种冲突。越是初民那里，人们的理想就越是纯净，人们也就越能与自己的本真生命对话，而当这种理想受到阻碍时，其情感的波澜也就越是激烈和壮阔。屈原正是借用了巫术思维中人神对话的方式来表现了自己本真的情感与生命，在污浊的现实政治和理想的生命之间掀起了情感的波涛，激荡起无穷的张力，以至成为后代士大夫的重要的精神源泉，甚至在某些方面塑造了我们的民族性格。

《左传》亦称《春秋左氏传》或《左氏春秋》，是我国第一部叙事详细的编年体史书，相传为战国时期的左丘明所作，但其确凿的事迹已经很难考证。至于《左传》的写作目的，历来有不同的看法。有人认为它是一部解释《春秋》著作，但更多的人认为它是一部独立的史书。如果从文学的角度看，它则是一部杰出的散文著作。

在思想内容方面，《左传》有自己突出的价值。其一，它表现出了浓厚的民本思想。

例如，《左传》襄公十四年记载，卫国人曾经驱逐了自己的国君，晋侯以为太过分了。当时著名的音乐家师旷驳斥了晋侯的观点，认为卫国的国君遭到驱逐完全是咎由自取，并直言不讳地对晋侯说："上天是非常爱护百姓的，怎么能够允许一个人（指国君）骑在人民的头上为所欲为而损害了天地爱民的本性呢？"这是一种完整、鲜明的民本思想，这种思想在当时和后代都产生了很大的影响，成为传统文化中最具合理性的部分。其二，揭露统治者的残暴以及荒淫无耻。宣公二年记载，晋灵公是个非常残暴的君主，有一次，厨师没有蒸熟熊掌，他就命令肢解了厨师，还要把他的肢体放在畚箕里，让宫女端着畚箕从堂前走过。文公六年记载，秦穆公以子车氏的三个勇士殉葬，作者严厉地抨击说，这是一种在死了以后还要背弃百姓的行为，是不能作人君的。其三，具有浓厚的爱国主义思想。僖公三十三年记载，秦国出兵偷袭郑国，郑国的商人在半道上发现了秦军的企图，回到郑国报信已经来不及了，就出资买了牛酒，以郑国国君的名义犒劳秦国的军队，结果给秦军造成了误解，以为郑国已经知道了他们的偷袭行动，于是回师，郑国才得以保全下来。当然，由于时代的局限，《左传》在许多地方也宣扬了封建迷信和宗法观念，这是应当注意祛除的。

《左传》在文学上的成就是十分突出的。首先，《左传》非常注意敷设故事情节，例如，隐公元年"郑伯克段于鄢"一节就很有代表性。该节记事完全按照事件发生的顺序顺承而下，但并没有平铺直叙，而是设置了关节，善于剪裁，选择了典型细节，使得整个历史事件得以简明扼要而又鲜明生动地记述下来，整个记述过程完全符合现代记叙文的结构形式。第一是序幕，写郑庄公出生时难产，使母亲姜氏受到惊吓，因而姜氏很讨厌庄公；第二是开端，写姜氏欲立小儿子共叔段为国君，挑起了兄弟间争夺君位的斗争；第三是发展，写姜氏为共叔段请求好的封地，共叔段暗地里扩张势力，郑庄公佯装不知；第四是高潮，写共叔段要偷袭郑国国都，姜氏做内应；第五是结局，写共叔段阴谋败露，逃奔到共地，姜氏被放逐；第六是尾声，写郑庄公为了摆脱不孝的名声，在地道中与姜氏相见。整个故事波澜起伏、摇曳多姿，并且疏密相间，跌宕有致，应当说，这一节已经在一定程度上具备了戏剧故事的特点。其次，《左传》还十分善于塑造人物形象，往往把各色人物置于尖锐复杂的矛盾冲突中进行描写，通过人物不同的言行来刻画人物的性格特征。还是以上面的"郑伯克段于鄢"一节为例，在一篇七百字左右的短文中，就塑造了四五个性格鲜明的人物。诸如郑庄公的工于心计、阴险刻毒，姜氏的昏聩狭隘、以个人的私情干政，共叔段的愚蠢贪婪，祭仲的老成持重，公子吕的直率急躁以及颍考叔的机智聪慧等，都达到了鲜明可感、真实可信的程度。再如，晋文公重耳在即位之前遭到迫害，在外流浪了 19 年，有非常复杂的经历，其记叙难度是很大的，但《左传》能够以塑造重耳这一人物形象为主导来选取各种事例，成功地展现出了重耳怎样由一个不谙世事、只知享乐的贵族子弟一步一步地成长为有志气、有胆识、有度量的政治家的精神历程，塑造出了一位春秋霸主的鲜明形象。

善于描写战争。《左传》描写战争往往并不直接描写战争本身，更不注重描写战争的场面，而是把笔墨的重点放到了战争的背后，即各参战国的政治上。因此，《左传》描写战争就形成自己的鲜明的特点，这一特点从表面上看是未经交战就胜负已分，从内部看就是政治的好坏决定战争的胜负，表现了作者的深刻的社会洞察力和积极的文化理想。《左传》的这种描写战争的方法对后来的文学有很大的影响，它的战争观对后代的政治也有良好的影响。

语言十分洗练，往往一语中的。例如，僖公十三年，晋国和秦国一起保卫郑国的国都，由于晋国的东部和郑国的国土相连，而秦国与郑国之间却隔着晋国，如果灭亡了郑国，得利的只能是晋国，所以晋国派烛之武对秦伯说："焉用亡郑以陪邻？邻之厚，君之薄也！"秦伯听后，恍然大悟，立即撤兵。同时，《左传》的语言还富有形象性，往往委婉迂徐，隽永畅达。

韩非（公元前 280—前 233 年）是韩国的王族，见韩国萎弱，便著十万言，论治国之术，后为秦王嬴政所见，大为赞叹，便设法把韩非招致秦国，后被下狱而死。《韩非子》的主要思想就是崇尚法治，认为治国不能墨守成规，应该与时推移。根据当时的情况，韩非坚决反对以仁义道德作为治国方略，要尚功利，重赏罚，一定不要为了获得仁义的虚名而被"新圣"所笑。韩非不仅设计了一整套完备的治人之术，还从人性的角度论述了"法治"的必要性，建立了法家的理论形态。

《韩非子》代表了先秦诸子散文中政论文的最高成就，为文结构十分严谨，论辩时条理清楚，阐述观点，尖锐深刻，语言犀利，风格严谨。《五蠹》一篇，近七千字，为先秦最长的论文，但丝毫不乱，最能体现其宏大的气势。《说难》一篇，最见其善于分析的功力，可谓深入骨髓。在问题方面，韩非最擅长的是驳论文章，先提出对方的观点，然后一一加以驳斥，必欲置之死地而后快，这也是与当时的形势相适应的。其次，韩非著文之时，就是为了能够说服国君，所以《韩非子》还有纵横家的风格，许多文章纵横捭阖而又左右逢源，显得咄咄逼人。《韩非子》运用了大量的寓言故事来帮助证明自己的论点，又使得干枯的论辩文章显得摇曳多姿，另外，还使用了大量的历史材料和名物知识作为论据，这也是前代的散文所不曾有的。

孙膑是大军事家孙武的后代，著有《孙膑兵法》。孙膑德才兼备，是个少见的人才，尤其是从老师鬼谷子那里得知了祖先孙子的十三篇兵法，更是智谋非凡。一次，墨子的门生禽滑釐来拜访鬼谷子，见到了孙膑，为他的才德所感动，就想让他下山，帮助各国国君守卫城池，减少战争。孙膑说："我的同学庞涓已下山去了，他当初说一旦有了出路，就来告诉我的。"禽滑釐说："听说庞涓已在魏国做了大官，不知为什么没写信给你，等我到了魏国，替你打听一下。"墨子在当时是个极为著名的人物，他不仅坚决反对战争，还有很多弟子，都是技能超人而又坚决反战的人，因此，墨子在当时的影响很大，他曾凭着自己的一张嘴吓得强大的楚国不敢去进攻宋国，所以，每到一个国家，国君都会把他待为上宾。等禽滑釐到了魏国，他就对魏王说了孙膑和庞涓的事，魏王一听，立即找来庞涓，问他何以不邀孙膑同来。庞涓说："孙膑是齐国人，我们如今正与齐国为敌，他若来了，也要先为齐国打算，所以没有写信让他来。"魏王说："如此说来，外国人就不能用了吗？"庞涓无奈，只得写信让孙膑前来。孙膑来了魏国，一谈之下，魏王就知道孙膑才能极大，想拜他做副军师，协助军师庞涓行事。庞涓听了忙说："孙膑是我的兄长，才能又比我强，岂可在我的手下。不如先让他做个客卿，等他立了功，我再让位于他。"在当时，客卿没有实权，却比臣下的地位高，孙膑还以为庞涓一片真心，对他十分感激。

庞涓原以为孙膑一家人都在齐国，孙膑不会在魏国久留，就试探着问他："你怎么不把家里人接来同住呢？"孙膑说："家里的人都被齐君害死了，剩下的几个也已被冲散，不知何处寻找，哪里还能接来呢？"庞涓一听傻了眼，如果孙膑真在魏国待下去，自己的位子可真要让给他了。

半年以后，一个齐国人捎来了孙膑的家书，大意是哥哥让他回去，齐国也想重振国威，希望孙家的人能在齐国团聚。孙膑对来人说："我已在魏国做了客卿，不能随便就走。"并写了一封信，让他带回去交给哥哥。孙膑的回信竟被魏国人搜出来交给了魏王，魏王便找来庞涓说："孙膑想念齐国，怎么办呢？"庞涓见机会来了，就对魏王说："孙膑是大有才能之人，如果回到了齐国，对魏国十分不利。我先去劝劝他，如果他愿意留在魏国，那就罢了。如果不愿意，他是我荐举来的人，那就交给我来处理吧。"魏王答应了。

庞涓当然没有劝孙膑。他对孙膑说："听说你收到了一封家信，怎么不回去看看呢？"孙膑说："是哥哥让我回去看看的，我觉得不妥，没有回去。"庞涓说："你离家多年了，一直和家人没有联系，如今哥哥找到了你，你应当回去看看，见见亲人，再给先人上上坟，然后再回来，岂不是两全其美吗？"孙膑怕魏王不同意，庞涓一力承担，孙膑十分感激。

第二天，孙膑就向魏王请两个月的假，魏王一听他要回去，就说他私通齐国，立刻把他押到庞涓那里审问，庞涓故作惊讶，先放了孙膑，再跑去向魏王求情。过了许久，才又神色慌张地跑回来说："大王发怒，一定要杀了你，经我再三恳求，大王总算给了点面子，保住了你的性命，但必须处以黥刑（在脸上刺字，使之留下永久标记）和膑刑（剔掉膝盖骨使之不能走路逃跑）"。孙膑听了，虽非常愤怒，但觉得庞涓为自己出力，还是十分感激他。

孙膑被在脸上刺了字又被剔去了膝盖骨，从此只能爬着走路，成了终身残疾。庞涓倒是对孙膑的生活照顾得很周到，孙膑觉得靠庞涓生活，就想报答他，有一天，孙膑就主动提出要替庞涓做点什么，庞涓说："你那祖传的十三篇兵法，能不能写下来，咱们共同琢磨，也好流传后世。"孙膑想了想，只好答应了。孙膑只能躺在那里用刀往竹简上一个字一个字地刻，他虽背得滚瓜烂熟，但若想写下来，却不容易，再加上孙膑对受刑极为愤慨，所以每天只能刻十几个字。这样一来，庞涓沉不住气了，就让手下一个叫诚儿的小厮催孙膑快写。诚儿见孙膑可怜，便不解地问服侍孙膑的人说："庞军师为什么死命地催孙先生快写兵法呢？"那人说："这还不明白，庞军师留下孙先生的一条命，就是为了让他写兵法，等写完兵法，孙先生也就没命了。"

孙膑听到了这话，大吃一惊，前后一想，恍然大悟，霎时间大叫一声，昏了过去，等别人把他弄醒时，他已经疯了。只见孙膑捶胸拔发，两眼呆滞，一忽儿把东西推倒，一忽儿又把写好的兵法扔到火里，还把地下的脏东西往嘴里塞。从人连忙奔告庞涓说："孙先生疯了！"

庞涓急忙来看，只见孙膑一会伏地大笑，一会又仰面大哭，庞涓叫他，他就冲庞涓一个劲地叩头，连叫："鬼谷老师救命！鬼谷老师救命！"庞涓见他神志不清，但怀疑他是装疯，就把他关在猪圈里，孙膑依然哭笑无常，累了就趴在猪圈中呼呼大睡。过了许久，还是如此，庞涓仍不放心，就派人前去探测。一天，送饭人端来了酒菜，低声对他说："我知道你蒙受了奇耻大辱，我现瞒着军师，送些酒菜来，有机会我设法救你。"说完还流下了泪水。孙膑显出一副莫名其妙的怪样子说："谁吃你的烂东西，我自己做的好吃多了！"一边说，一边把酒菜倒在地下，随手抓起一把猪粪，塞进嘴里。

那人回报了庞涓，庞涓心想，孙膑受刑之后气恼不过，可能是真的疯了。从此，他只是派人监视孙膑，不再过问。

孙膑白天躺在街上，晚上就又爬回猪圈，有时街上的人给他点吃的，他就哈哈而笑，而又嘟嘟囔囔，也听不清他说些什么。这样久了，魏国的都城大梁内外都知道有个"孙疯子"，没有人怀疑他了。庞涓每天都听人汇报，觉得孙膑再也无法同自己竞争了，就没再动杀他的念头。孙膑活了下来。

有一天夜里，有个衣着破烂的人坐在他的身边，过了一会，那人揪揪他的衣服，轻声对他说："我是禽滑釐，先生还认得我吗？"孙膑大吃一惊，经过仔细辨认，确认是禽滑釐，便泪如雨下，激动地说："我自以为早晚要死在这里了，没想到今天还能见到你。你可得小心，庞涓天天派人看着我。"禽滑釐说："我已经把你的冤屈告诉了齐王，齐王让淳于髡来魏国，我们全都安排好了，你藏在淳于髡的车里离开魏国，我让人先装成你的样子在这里待两天，等你们出了魏国，我再逃走。"

禽滑釐把孙膑的衣服脱下来，给他手下的一个相貌与孙膑相近的人穿上，躺在那里装作孙膑，禽滑釐就把孙膑藏到了车上。

第二天，魏王叫庞涓护送齐国的使者淳于髡出境，过了两天，躺在街上的"孙疯子"忽然不见了，庞涓让人查找，井里河里找遍了，也未见踪影，庞涓又怕魏王追问，就撒了个谎说孙膑淹死了。

孙膑到了齐国，齐威王一见之下，如获至宝，当即想拜他为军师，孙膑说："庞涓如知道我在齐国，定会嫉妒，不如等有用得着我的地方再出面不迟。"齐王同意了。后来，孙膑陆续打听到自己的几位堂哥都杳无音讯，才知道原来送信的人也是庞涓派人装的。前前后后，这一场冤屈全由庞涓一人导演而成。

后来，庞涓带兵连败宋、鲁、卫、赵等国，齐王派田忌为大将、孙膑为军师，使庞涓连连败北，最后，孙膑用"减灶法"引诱庞涓来追，暗设伏兵，将庞涓射死在马陵道上。魏国从此衰败，并向齐国进贡朝贺。在杀死庞涓后，孙膑便辞官归隐，专门研究起兵法来。

司马迁（公元前 145 或前 135—？），字子长，左冯翊夏阳人。他是"史官世家"之后，父亲司马谈也曾在汉武帝时期任太史令，学识渊博，立志要写一部"明世"的史书，并告诫司马迁一定要继承他的事业，这成为司马迁写作《史记》的直接动因。司马迁十岁时就开始阅读古籍，主要接受了儒家的正统思想。在写《史记》以前曾先后两次游历名山大川，行程近万里。后在国家图书馆阅读整理古籍四年，在四十二岁时（公元前 104 年）开始正式写作《史记》。然而，正当他"草创未就"之时，忽然天降横祸。汉武帝天汉二年（公元前 99 年），汉将李陵出击匈奴，兵败被俘后降敌，按照汉朝的法律，应该族诛。汉武帝征求司马迁的意见，司马迁根据当时的具体情况分析，认为李陵降敌是迫不得已，他一定会寻找机会报答汉朝。结果刚愎自用的汉武帝认为他有意袒护李陵，并诬陷贰师将军李广利，以欺骗皇帝论处，诏令下"腐刑"。"腐刑"在当时是一种侮辱性的刑罚，对节操之士来说，其惩罚比死刑尤甚。按照汉朝的法律，可以以钱财赎罪，但司马迁居官清廉，没有钱财，而人情盈缩，亲友远避。司马迁为了继承父亲的未竟事业并能将自己的思想昭示后人，最后忍辱受刑。政治的黑暗和世态的炎凉，使他极大地加深了对现实和历史的认识。他在《悲士不遇赋》中强烈地抨击现实的黑暗："悲夫士生之不辰，愧顾影而独存……虽有形而不彰，徒有能而不陈。何穷达之易惑，信美恶之难分。时悠悠而荡荡，遂将屈而不伸。"他受辱发愤，借历史之酒杯，浇胸中之块垒，历经十余年的卓绝的努力，终于完成了这部不朽的巨著。

毛泽东本人也经历了革命的大风大浪，最后以超人的智慧和坚强的毅力取得了胜利，所以，毛泽东对司马迁所提到的那些历史人物有着极大的兴趣，是完全自然的。其实，历史上许多著名的人物都是在逆境中成长起来的，毛泽东让革命干部要不畏曲折，甚至将挫折当成是锻炼自己的机会，是符合历史发展规律的。

毛泽东说："中国有两部大书，一曰《史记》，一曰《资治通鉴》，都是有才气的人在政治上不得志的境遇中编写的。看来，人受点打击，遇点困难，未尝不是好事。当然，这是指那些有才气，又有志向的人说的。没有这两条，打击一来，不是消沉，便是胡来，甚至去自杀，那便是另当别论。"①

优秀的作品是"有才气的人在政治上不得志的境遇中编写的"，这样的论断可谓抓住了中国古代优秀作品产生的根本条件，也给那些身处逆境的人以巨大的鼓励。

① 陈晋主编：《毛泽东读书笔记解析》下册，广东人民出版社1996年版，第977页。

15

"攻魏救赵，因败魏军，千古高手"

"如果敌在根据地内久踞不去，我可以倒置地使用上述方法，即以一部留在根据地内围困该敌，而用主力进攻敌所从来之一带地方，在那里大肆活动，引致久踞之敌撤退出去打我主力；这就是'围魏救赵'的办法。"

毛泽东是一位伟大的军事家。在他领导的革命战争史上，有着许多典范战例。毛泽东之所以能够在军事上取得这样伟大的成就，与他善于向古人学习是分不开的。如他在评论战国时期著名的围魏救赵的战例时说："攻魏救赵，因败魏军，千古高手。"[1]

这个战例有着较为复杂的政治、军事背景。它不仅仅是一个单一的军事战术上的战例，还蕴涵着丰富的战略思想，对于外交的影响也是很大的。

战国时期，秦、楚、燕、韩、赵、魏、齐七个诸侯国争夺天下霸权，相互攻城略地，形成了"七雄争霸，逐鹿中原"的局面。

在三家分晋以后，韩、赵、魏三家中数魏国的势力最强大，魏惠王野心勃勃，也想学秦国收拢人才，找个卫鞅一类的人物来替他治理国家，于是作出一副求贤若渴的样子，花了许多钱来招致贤士，所谓精诚所至，金石为开，果然来了一个名叫庞涓的人，声称是当世高人鬼谷子的学生，与苏秦、张仪、孙膑是同学，他在魏王面前大吹大擂，说只要自己能当大将，其他国家决不足畏。魏王就信任了他，庞涓当了大将，他的儿子庞英、

---

[1]《毛泽东读文史古籍批语集》，中央文献出版社1993年版，第66页。

侄子庞葱、庞茅全都当了将军，"庞家军"倒也确实卖力，训练好兵马就向卫、宋、鲁等国进攻，连打胜仗，弄得三国齐来拜服。东方的大国齐国派兵来攻，也被庞涓打了回去。从此魏王就更信任他了。

魏惠王十六年（公元前354年），魏国为了扩张地盘，魏惠王派遣大将军庞涓统率八万精兵去攻打赵国，赵国抵挡不住魏军的强大攻势，很快就连都城邯郸（今河北邯郸市）也被魏军包围了，形势十分危急，赵国的国君赵成侯派出使者向齐国求救。齐威王召集大臣们说："救赵好还是不救赵好呢？"大臣的意见并不一致，形成了意见相反的两派，勿救派以相国邹忌为代表，他主张"与其救赵，不如勿救"。主救派以谋臣段干朋为代表，他深谋远虑，提出了"乘魏之敝，围魏救赵"的军事谋略。他向齐威王建议说："不救赵是不讲道义，且对齐国也没有好处。"齐威王问道："这是为什么呢？"段干朋回答说："魏国攻赵，如果吞并赵国都城邯郸，就会直接威胁到齐国，齐国也会失去抗魏的盟友，这对齐国没有什么好处。如果救赵，将齐军驻扎在赵国郊外，魏军见到齐军到来，就会不继续进攻赵国，实力也就不会受到损耗，齐军也就难以战胜魏军。所以不如先去攻打魏国的襄陵（今河南睢县），分散魏军的力量，待魏军攻取赵都邯郸，实力有所消耗，军力疲惫之时再乘势攻打魏军，就能够一举两得，不仅能战胜魏军，也解救了赵国。"齐威王认为段干朋的意见很对，便采纳了他的建议。一面答应了赵国使者求救的要求，以增强赵国抗魏的决心；一面派遣部分军队，联合宋、卫两个小国，攻打魏国的襄陵，使魏军处于两面作战的境地。魏军经过与赵军一年多的激战，于魏惠王十七年（公元前353年），攻下了赵国的都城邯郸，但实力却遭到了很大的消耗，军队也极为不堪，亟待休整。此时，救赵的时机已经成熟，齐王便派田忌为大将、孙膑为军师，围困魏国，使庞涓连连败北，最后，孙膑用"减灶法"引诱庞涓来追，在桂陵（今山东菏泽东北）暗设伏兵，将庞涓射死在马陵道上，消灭他们十万大军，并杀了魏太子申。魏国从此走向了衰落。这就是著名的"围魏救赵"，毛泽东把这一著名的战例运用到了抗日战争中。他说："在反围攻的作战计划中，我之主力一般是位于内线的。但在兵力优裕的条件下，使用次要力量（例如县和区的游击队，以至从主力中分出一部分）于外线，在那里破坏敌之交通，钳制敌之增援部队，是必要的。如果敌在根据地内久踞不去，我可以倒置地使用上述方法，即以一部留在根据地内围困该敌，而用主力进攻敌所从来之一带地方，在那里大肆活动，引致久踞之敌撤退出去打我主力；这就是'围魏救赵'的办法。"①

在抗日战争中，围魏救赵的方法发挥了巨大的作用，创造了很多成功的战例。这与毛泽东善于古为今用是分不开的。

① 《毛泽东选集》第 2 卷，人民出版社 1991 年版，第 429 页。

16

什么是"蠢猪式的仁义道德"

"我们不是宋襄公，不要那种蠢猪式的仁义道德。"

毛泽东既注重思想政治路线的建设，又深谙兵法上的制胜之道，决不会以政治规律来取代军事规律，而是尊重它们各自的规律和特点。应该说，这是毛泽东一生从政治到军事的重要制胜法宝。

对于历史上的是非成败，毛泽东可以说是洞若观火。在论述战争时，他曾经这样说："我们不是宋襄公，不要那种蠢猪式的仁义道德。"①

那么，宋襄公是谁，宋襄公究竟做了什么事，会被毛泽东称为"蠢猪"和"蠢猪式的仁义道德"呢？

下面我们细究本末。

宋襄公（？—公元前637年）是殷商的后代，子姓，名兹甫，春秋时期宋国国君，公元前650年到公元前637年在位。

齐国是著名的春秋五霸之一。但在齐桓公去世以后，齐国走向衰弱，宋襄公以为时机到了，觉得自己可以称霸了，就首先约了曹、邾、滕等四个小国国君进行会盟。曹、邾两个国君先到，滕侯婴齐晚了一步。宋襄公觉得不立威不足以服诸侯，就把滕侯关起来，不许他参加会盟。为了立威，还杀了一个小国的国君祭了睢水。

①《毛泽东选集》第2卷，人民出版社1991年版，第492页。

　　曹国是这次会盟的地主，曹共公看到宋襄公如此残忍好杀，心里害怕，招呼也不打就溜了。宋襄公气坏了，他认为，光是四个小国都安排不了，还怎么号令大国呢？就想借助楚国来压服小国，然后再用这些小国的力量去制约楚国。他觉得自己的主意很高明，于是他便打发使者去见楚成王，说了许多仰慕的话，楚成王居然答应了他的请求。然后，他又派使者通知齐孝公，齐孝公也答应了。

　　到了会盟的日子，宋襄公首先登上了会盟坛，其次是齐孝公，最后是楚成王。宋襄公对二位说："我宋国忝为公爵，不揣德薄力微，想与诸侯会盟，共扶王室。恐怕人心不齐，想借助两位之力，在敝会盟，日子就定在八月份。你们看怎样？"说完，他拿出事先写好的会盟书，不递给齐孝公，却隔着齐孝公递给了楚成王。

　　楚成王见上面说，要效法齐桓公开"衣裳之会"，不带兵车，末尾已署了宋襄公的名字。就笑着说："您已签了名，我们就不用再签了。"宋襄公说："郑许二君。久服您管，陈、蔡二国离楚很近，也要借重您。"楚成王就递给齐孝公，让他先签这字。齐孝王心里就不高兴，觉得自己受到了轻视。但还是说："我国跟宋国就像下属国，签不签都不打紧，贵国不签字，事情就不好办了。"楚成王笑着签署了名字。宋襄公把齐孝公的冷言冷语当成了实话。就没让他签名。

　　宋襄公回国后，十分得意，对公子目夷说："楚成王已经答应我的请求了。"目夷劝他带些兵马，以备不测，宋襄公反而说道："你太多心了，我以忠信待人，别人也会这样待我，别人怎么会欺骗我呢？"公子目夷苦劝，宋襄公不听，他也只好空身一人跟着宋襄公去赴会。

　　到了择定的日子，陈、蔡、郑、许、曹几国君主都已先到了。楚成王随后也到了。宋襄公十分热情地接待了他们，还以教训的口吻对目夷说："你看看，人家楚成王带的都是文官，没有一个武将。我们怎么能以小人之心度君子之腹呢！"

　　几国国君陆续登坛结盟。宋襄公以盟主自居，主持会盟。他冠冕堂皇地说："我们这次是要继承齐桓公的事业，尊王安民，息兵罢战，各国同享太平。"但这时楚成王上前一步，大声说："说得对。但不知盟主是谁，大家要推选一下。"宋襄公愣住了，心想，当然是我。可这话不能当时就说出口，只好说："有功论功，无功论爵。"他的封号是"公"，爵位中是最大的，再说他还有平定齐国内乱，扶立齐孝公的功劳，自己自然应该是盟主！没想到楚成王却说："很好！宋虽是公，我却已称王很久了。那我就告罪占先了！"说完一下子站到前边，一点都不谦让。宋襄公大吃一惊，他忙碌一场，到头来却是为他人作嫁衣裳，哪里肯答应？便急不可待地说："你这王是假的！"楚成王冷笑一声："你既知我这王是假的，还叫我来干什么？"说完，用目光示意下属。站到他后面的楚将成得臣等即刻脱掉外衣，露出里面的闪闪发光的铠甲。他们手中红旗一招，坛下楚国的"文官"们都脱去了外衣，身穿铠甲，气势汹汹地扑上坛来，作出杀人的架势。各国诸侯见此情景，都吓得魂不附体。宋襄公要跑，哪里还来得及？成得臣紧紧抓住宋襄公两只袖子，不让他逃跑。这位"霸主"就成了俘虏。公子目夷则趁着乱逃走了。他回到宋国，立即召集军队，准备应对楚国的进犯。

楚成王抓宋襄公，原来半真半假。他见宋国已有了准备，又经过鲁僖公说情，便放了宋襄公。

宋襄公本是想当霸主，却没想到在诸侯大会上被楚国捉了去，幸亏公子目夷设法营救才把他迎回宋国重登君位。宋襄公回国后十分气愤，可又不敢去惹楚国，就想去攻打郑国，因为郑国在诸侯大会上曾首先倡议让楚国当盟主。虽然公子目夷等一帮大臣不同意宋襄公攻打郑国，但他还是一意孤行，带兵出发了。

郑国立刻向楚国求救，楚王就取围魏救赵之法，派成得臣等率兵直接攻打宋国，这样，宋襄公就不得不回师救宋。宋、楚两军在泓水相遇，隔河相望。公子目夷等人认为，楚军兵势强盛，宋军不必去硬碰，况且楚人无非是为了救郑，既然宋军已经撤回，这仗就更不必打了。宋襄公却独有妙着，他认为楚人是蛮夷之族，兵力有余，仁义不足，蛮兵是敌不过仁义之师的。于是，他命人在大旗上绣出了"仁义"两个大字，妄图以"仁义"打倒武力。宋襄公自欺欺人，心里似乎有了降魔的法宝，但蛮夷之人真是不懂中原的文明，居然没被吓倒，反在大白天大摇大摆地渡过河来。

公子目夷对宋襄公说："楚人白日渡河，是没把我们放在眼里，我们正好趁他们既骄傲又未渡完河的时候出击，一定能获得胜利。"宋襄公已迂腐得到了家，他认为既是"仁义"之师就不该投机取巧，击半渡之师，那会给"仁义"之师丢面子的。就这样，宋军失去了进击的绝佳机会。

等楚军渡完河，尚未完全列好队的时候，公子目夷又及时向宋襄公提出建议，要求趁楚军列队未完出击，亦可获胜。宋襄公却认为考验他的时候到了，如能坚持到底，就是真正的"仁义"之师。宋襄公骂公子目夷道："你真是个不懂道义的人，别人尚未列好队，怎么能打他们呢？"

楚军列队完毕，立即发动进攻，宋军无法抵挡，只好败退。公子目夷等人拼死保护宋襄公，可他还是受了几处伤，腿上还中了一箭。公子目夷责备他大搞"仁义"之师，他还毫不悔悟地说："打仗就要以德服人，比如说，看见受伤的人，就不要再去伤害他了；看见头发花白的人，就不要再去俘虏他了。"

爱护百姓，增加国力，加强军备，就可不战而胜，这是一条千古不易的真理，但如果只图虚名，或是迂腐自误，那不仅不能克敌制胜，还会不战自败。

毫无疑问，在战争中，除了民心向背和战争性质、正义与否是决定战争胜负的重要凶素以外，具体的战略战术的应用，也是决定战争胜负不可忽视的因素。中国古代杰出的军事著作《孙子兵法》总结了各种战争的经验教训，其中绝大部分都是讲战略战术的运用的，由此可见，古人对此已有明确的认识。至于墨子与公输般的较量、曹刿的指挥有方，更可作为典型例证。但像宋襄公一样的人也不是没有，直至今日，脱离实际的空头口号主义仍不在少数，是否也跟宋襄公大搞"仁义"之师有类似之处呢？

宋襄公贪欲深重，已经不仁了，还要这样搞外交，这样指挥战争，岂不是"蠢猪式的仁义道德"！

第二篇

毛泽东读两汉魏晋南北朝史的学问

竹帛烟销帝业虚，关河空锁祖龙居。

坑灰未冷山东乱，刘项原来不读书。

【唐】章碣《焚书坑》

1

为什么说"项王非政治家。汉王则为一位高明的政治家"？

> "刘邦能够打败项羽，是因为刘邦和贵族出身的项羽不同，比较熟悉社会生活，了解人民心理。"

楚汉相争是中国历史上的著名事件，刘邦终定汉鼎，项羽乌江自刎为后人留下了无尽的遐思。对于刘邦和项羽，后人可谓述说不休。毛泽东更是对此作出了众多的论述，也为我们留下了许多宝贵的思想。他说："项王非政治家。汉王则为一位高明的政治家。"[1] "刘邦能够打败项羽，是因为刘邦和贵族出身的项羽不同，比较熟悉社会生活，了解人民心理。"[2] "汉高祖刘邦比西楚霸王项羽强，他得天下一因决策对头，二因用人得当。"[3]

毛泽东在不同的历史时期和不同的场合这样谈论刘邦和项羽，一定有其深刻的思想，也充分说明了毛泽东对刘邦和项羽的重视。那么，刘邦和项羽的这一段历史"公案"是怎样的呢？我们不妨详细地分析一下。

汉高祖刘邦（公元前 256—前 195 年）西汉王朝的开国皇帝。字季。秦朝泗水郡沛县

---

① 《毛泽东读文史古籍批语集》，中央文献出版社 1993 年版，第 121 页。

② 《毛泽东读苏联〈政治经济学（教科书）〉谈话记录选载（六）》（1959.12—1960.2），《党的文献》1994年第 5 期。

③ 中央文献研究室《缅怀毛泽东》编辑组：《缅怀毛泽东》上册，中央文献出版社 1993 年版，第 206 页。

（今江苏沛县）人。公元前 202 年称帝，在位七年，谥号高皇帝。刘邦出身农家，早年当过亭长，为人豁达大度，不事生产。后押送刑徒去骊山服役，因途中一些刑徒陆续逃亡，他就释放其余刑徒，自己逃亡匿芒、砀山中。秦二世元年（公元前 209 年）七月，陈胜、吴广起义反秦。九月，刘邦在沛县主吏萧何和狱掾曹参等人的拥戴下聚众响应，称沛公。

秦二世元年，陈胜吴广起义，不久，陈胜自立为楚王。部将张耳、陈余进谏陈胜说："将军您冒着身家性命救天下百姓于水火，现在刚到陈地就自立为王，这就让天下人猜疑，会认为您把天下财产纳为己有，这样就会对您造成不利的影响。现在，您不如立六国后代为王，让他们自树党羽，您向西进攻，不必交战就势如破竹。诛戮残暴之秦，据守咸阳，传令诸侯，天下就可以掌握在您的手中了。"陈胜拒绝了这一建议。

沛地人杀掉地方长官，立刘邦为沛公。当此时，项梁驻于薛地，刘邦前去跟随他，一起立楚怀王的孙子为义帝。范增劝说项梁："秦灭六国，六国中以楚国最为可怜。自从楚王入秦，从此未见返回，天下百姓都怜悯他。所以说'楚国哪怕只剩三户之地了，也依然足以灭掉秦朝。'现在，陈胜起义，不立楚国后代，自立为王，其势绝不会长久。您从江东造反，楚地人纷纷归附您，是因为他们认为您家世代是楚将，必将立楚国后代为王。"项梁听从建议，立楚怀王孙子能心为怀王。约定先攻进咸阳的就做关中王。

项梁的军队在定陶被秦将章邯打败，项梁被杀。章邯认为楚军不堪一击，于是向北攻打赵地。楚王派项羽率军解救赵地，派沛公向西入关。沛公在攻打宛城时，一时急攻不下。沛公想舍弃宛城向西进兵。张良进谏说："前有秦兵，后有宛兵，如果此时向西，恐有危难。"于是，沛公继续攻打宛城，太守几欲自杀。

太守手下有一个舍人叫陈恢，逃出城来见沛公说："宛城官吏害怕降服后死路一条，他们才破釜沉舟，坚守宛城。如果这样攻打下去，将军手下必定死伤无数，恐怕不是良策。如果将军撤退，宛兵就会乘胜追击，将军就失掉先进咸阳为王的机会，也是后患无穷。当今之计，不如招降宛城，封赏宛城将领，然后向西入关，其余各城必闻风而降，将军将无所阻拦。"沛公采纳了这一策略，获得了成功。

沛公随后攻打武关，大败秦军。后来，宦官赵高杀了秦二世，立子婴为皇帝，派兵驻守在武关。张良劝沛公说："秦兵依然很强，切不可轻敌冒进。当今之计，不如一方面多插旗在各山上迷惑秦军，一方面派郦食其用贵重的礼物贿赂秦将。"当时，秦朝将领想联合沛公向西攻入咸阳，沛公也想接受这一建议，但张良进谏说："这也许只是秦将领的主意，恐怕士兵不会服从。士兵不从，势必有危险。不如乘着秦兵疲劳攻打它。"于是沛公继续攻打秦军，获得大胜。沛公进入咸阳后，与秦人约法三章，秋毫无犯。

秦人想交好沛公，进献牛肉美酒，沛公一一拒绝。秦人于是认为沛公有德行。沛公此时以重兵坚守武关，想称王关中。当时，项羽已在黄河以北大败秦军，闻讯即率军四十万到达鸿门，想在天明时攻打沛公。沛公得项伯之助，得以逃脱，于是，项羽称王。

项羽诛杀了秦王子婴，向东定都彭城。封沛公为汉王，统治了汉中。刘邦不愿去巴蜀，想攻打楚国。萧何进谏说：巴、汉地势虽然险恶，但到底比死要好得多。《诗经》上说，"天汉"这个称呼很吉利。只有像汤武这样的圣人才能屈居一人之下，高居万人之上。希望大王驻守汉中，安抚百姓，结纳有志之士，先平巴蜀，再定三秦，如此可以取天下了。沛公用了萧何的计策，向东进攻，再次平定了三秦之地。

沛公到巴蜀就任，韩信觉得项羽不是成大事的人。就从项羽那儿跑出来，跟随汉军入巴蜀，当时他尚没有名气。萧何与韩信多次接触后认为他是难得的人才，推荐给汉王。汉王遂拜韩信为大将。

汉王问韩信："萧何说将军足智多谋，请问将军，怎么才能让我成就大业？"韩信说："当今天下，唯项羽足以与大王争天下。在勇敢、剽悍、仁义、强大这几方面，大王自觉与项羽比怎么样？"刘邦沉默许久说："不如项羽。"韩信说："大王所言极是。但是凭我对项羽的了解，可以断定，项羽之勇不过是匹夫之勇。他虽然力能举九鼎，且有一夫当关，万夫莫开之勇，但不善用手下有能力的将领；项羽的仁义也不过是妇人之仁，他对普通士兵说话，温和谦恭，士兵生病时，他在一旁哀痛哭泣，把食物分给病人。但是，到真正用人打仗时，应当封赏的时候却不忍封赏。项羽称霸天下，不定都关中，却定都彭城，背弃与义帝的盟约，任人唯亲。诸侯多有不满。项羽还把义帝放逐到江南，这样一来，上行下效，各诸侯也放逐自己的君主，自己在土地富饶的地方称王。项羽军队所过之处，生灵涂炭，怨声载道，老百姓看似归顺，其实早已埋下怨愤叛乱的种子，只是迫于暴力，勉强顺从罢了。所以说，项羽的强大只是表面现象，他已经失去了民心。

假如现在大王反其道而行之，任人唯贤，还有什么不可以攻打他！用天下的土地分封给有功的人，谁还会不服从您？让那些想东归的士兵攻打东方的敌人，还有谁打不败？而且三秦之地的诸侯都是秦朝旧部，他们率领秦朝的士兵已有多年，手下战死无数。现在他们欺骗部下，投降项羽。到新安，秦兵除邯、欣、翳三人得以逃脱，其余二十多万人项羽全部用计活埋。秦地百姓已对这三人恨之入骨。现在，三人虽被楚国分封为王，但已失民心。大王您一入武关，秋毫无犯，废除秦朝的严刑酷法，与人约法三章。老百姓都想让您做关中王，更何况按照先前的约定，大王称王关中也是理所当然。老百姓都明白这一点。现在，项羽把大王逼至汉中，秦地人对项羽都怀着抱怨不满之心。只要大王举兵向东，三秦之地就可以通过传递檄文而定。"刘邦认为有理，采纳了韩信的建议。

刘邦当初到巴蜀上任时，张良送至褒中，就劝说："大王不如烧掉所有栈道，以向天下表示毫无归还关中之心，以此来迷惑项羽。"刘邦这才派人回去，烧掉了所有栈道。楚王项羽对刘邦也就完全放心了。

田荣对项羽怀着私愤，因为他不立自己为王。于是杀掉齐王田市，自立为王，项羽十分气愤，就率军灭了齐国。项羽拜吴地县令郑昌为韩王，攻打汉王，张良送信给项羽说："汉王失掉了关中王的职位，已经到蜀就任，决无二心。"又把齐王谋反的信给项羽看，说："齐想灭楚"。项羽因此向北攻打齐王田荣，却放弃攻打刘邦。不久，项羽派遣英布在郴地杀死义帝。

刘邦闻讯后，觉得这是个好机会，就为义帝大办丧事，披麻戴孝，哀悼三天，并把此事遍告诸侯。当时的耆宿董公对刘邦说："顺民心者昌，逆民心者亡。师出无名，事情不成，只有让天下人明白对手是贼寇，人民才有可能归服。项羽先放逐了义帝，而后将其杀害，可谓惨无人道，天下人共恨之。仁义并行，不靠武力，才能让天下人心悦诚服。您把这件事遍告诸侯，再行东伐，实为义举，四海之内莫不称是。"汉王认为有理。

趁项羽去攻打田荣之机，刘邦率诸侯军队 56 万人，向东攻楚，攻破了彭城。项羽闻讯后，留部下继续攻齐，自己率三万精锐部队回师攻打刘邦，二人在彭城下展开了会战。汉军惨遭失败，奔出梁地，退出虞地，刘邦问左右大臣说："谁能够出使淮南王，劝英布举兵叛楚。如此，楚军滞留在齐国，几个月后我就可成大业了。"

于是，大臣萧何出使淮南，劝说英布背叛楚王。萧何对英布说："汉王派人敬进书信与大王，只是不知大王与楚王是什么关系？"英布说："是我向楚称臣。"萧何说："大王您与项羽本同是诸侯，但您对楚王称臣，想必您认为楚王强大，是可以依附的了。楚王攻打齐国，身先士卒，大王您应该倾力出动，亲自为将，做楚王的先头部队，可是您现在才派四千兵士协助楚王，既然对楚王称臣，怎能这样做呢？汉王攻打彭城，当时项羽尚未从齐国撤军，大王就应该倾尽兵力北渡淮河，与汉军作战。但实际情况是您却拥兵不动，隔岸观火，楚之臣子能这样做吗？看来大王向楚称臣是假，想从中渔利恐怕是真的，我私下为大王担心。大王不背弃楚王，是认为汉王势力弱小。楚兵看似强大，却是不义之师。目前，汉军发展迅猛，兼并诸侯，囤积军粮，加强工事。楚军将士，深入敌国千里之遥，后继无粮，攻城不能克，守土又鞭长莫及，楚军必定失败。即使楚军胜了汉军，诸侯害怕楚国，也必定相互联结起来救助汉王。因此形势显而易见，楚王前途不如汉王。大王您不依附有前途的汉王，却向楚称臣，实在令人百思不得其解。大王的军队虽不能消灭楚军，但大王倘发兵叛楚，项羽不得不停留齐地，几个月后，汉王取天下易如反掌。所以大王不如率军归顺汉王，汉王一定大有封赏。希望大王您认真考虑。"英布听了，觉得十分有道理，说："就听您的吧。"于是暗地答应叛楚归汉，却不泄露半点风声。这时，楚王的使者恰好到了淮南，急催英布发兵。萧何闻讯，径直当面对楚的使者说："九江王已归顺了汉王，楚王凭什么命令他发兵救急？"英布听了萧何的话，惊恐万分。楚王使者一走，萧何就对英布说："事已至此，不如暗杀了楚王使者。大王立即归顺汉王，与汉王协力，攻打项羽。"英布只好按萧何所说的做了，杀掉使者，发兵攻楚。

汉王到了荥阳，派韩信攻打魏王豹，活捉了魏王。汉王问郦食其说："魏王的大将都有哪些人？"郦生回答说："柏直。"汉王说："此人太年轻，比不上韩信。骑兵将领冯敬的不上灌婴，步兵将领项佗也比不上曹参，有他们在，我没什么好担心的。"汉王任命韩信攻打魏王。韩信进兵，摆开船只要渡江，魏王聚集兵力抵挡。结果韩信命士兵用一种木制的浮器渡过了江，偷袭安邑，俘虏了魏王豹。随即进兵攻赵。

汉军与楚军对峙于荥阳。楚军包围了汉军，汉王采用陈平的离间计才得以解围。

汉王入武关，集结部队，想再次东征。辕生劝阻说："大王不如发兵宛、叶，诱使楚军南渡，另派韩信等人聚兵黄河北攻打项王。"汉王听从了建议，事情正如辕生所料的那样。辕生劝说："汉楚已相互攻打几个月，汉军遭受了失败，大王您现在派军出武关，项羽一定南渡。大王您再深修军垒以抵抗项王，使荥阳、成皋两地士兵换班休息。韩信等人就有机会攻占黄河北的赵地，然后大王再转进荥阳。如此，楚军多方受敌，力量分散，汉军休整后，再与楚军抗战，定会全胜。"韩信和张耳领兵几万，东下井陉，攻下赵地，张耳请汉王封他为赵王，汉王答应了。

当初赵王与成安君陈余听说汉军到，就聚兵井陉口。广武君李左车劝成安君说："听说韩信俘魏王，擒获了夏悦，打了不少胜仗。现在帮助张耳攻赵，正是锐气旺盛的时候。但千里行军必然乏粮，战士们都面有饥色。现在，井陉大路上车不能并行，骑兵不成行列，粮食必定拖在后面。希望大王给我精兵三万，偷袭敌军，从小道去截断汉军粮草。您深挖城堑，加高城墙，坚守营地，拒绝交战。这样一来，汉军前不能攻，后不能守，我断绝他们的退路，使其难以找到可以充饥之物。不用十天，必定擒获张耳、韩信。希望您慎重考虑，否则后果不堪设想。"成安君没有听取这一建议。

韩信知道后，大喜过望。于是放心地进兵攻赵，赵军大败。韩信有言在先，活捉广武君者赏黄金一千两。于是广武君被活捉，韩信亲自为他松绑，以军师的礼节相待。并问他说："我欲北攻燕国，东伐齐地，如何取胜？"广武君推辞说："我只不过是败军的一个俘虏罢了，怎么可以商讨大事？"韩信说："百里奚住虞国，虞国灭亡，住秦时，秦则一时之霸。这并不是因为百里奚彼时愚笨，此时聪明，实在是因为君主听不听他的建议的缘故。假使当初成安君听从您的建议，我韩信恐怕已经失败了。我真心讨教您，您不要顾虑，请您直说。"广武君很感动，谦逊地说："我的计策未必有用，但愿您能辨识。现在将军锐不可当，所向披靡，这正是优势所在。但是将士疲乏，不能再战。此时倘攻打燕国，未必一时就能攻下。日久粮尽，情势危急，恐齐军会乘机犯境。如此一来，形势将对将军十分不利。用兵之道在于用己之长，克彼之短。"韩信说："但闻其详。"广武君说："将军不如按甲休兵，安抚赵地。几百里之内慰劳品自会送来，将军用它犒劳下属。然后，一面派兵据守燕国要冲，一面派人游说燕国，燕国举于形势，恐不敢不服。齐国听说，也必望风归顺，如此，天下事可以平定。"韩信听后有豁然开朗之感，点头称是，照此而行，一切正如广武君所料，燕齐两国很快就归顺了。十二月，汉王在成皋与楚军相峙，久未分胜负。郑忠进谏说："大王加固营寨，不要作战，派刘贾彭越进入楚军，焚烧他们的粮草，可望取胜。"项羽此时正攻打彭越，曹无咎守成皋。当时，汉军多次被困，正准备放弃成皋。郦生献计，才又得以拒守于成皋。郦生说："只有懂得百姓是天的道理，才能事业有成。君王以百姓为天，民以食为天。敖仓是楚军的粮运枢纽，楚军却离开荥阳，不坚守敖仓，仅仅命令士兵把守成皋，这真是天赐良机。楚汉长期相争不下，生灵涂炭，时局动荡，人心难定。大王应该尽快用兵，收复荥阳，占据成皋，夺取天下。现在燕赵之地已经平定，只有齐地还未攻下。齐王田广拥有千里之地，田间率二十多万军队屯兵历城，几个田氏的人势力都很强大，人心狡诈。您即使派几十万军队也不能很快攻破。不如让我捧着您的诏令游说齐王，使齐地成为汉的东方屏藩。"汉王同意。郦生去游说齐王说："大王可知天下的归属？"齐王说："不知。"郦生说："大王若知天下归属，齐尚可保存，倘不知道，齐国难保。"齐王说："天下将归属谁？"郦生说："天下归汉。"齐王又问："您是怎么知道的呢？"郦生说："汉王与项羽有约在先，合力攻秦，先入咸阳者为王。汉王先入咸阳，项羽却背信弃义，不让汉王得关中，却让他就任汉中。项羽放逐并杀害义帝，汉王集合天下义兵攻打三秦，寻找义帝坟墓，称王却在各诸侯之后。汉王封赏有功之臣，好处与人共享，英雄豪杰都愿意效犬马之劳。汉王兵肥马壮，各诸侯望风而降。项王却背信弃义，杀害义帝，赏罚不明，任人唯亲，积怨天下。如今天下人都愿意归附汉王。汉王出兵，势如破竹，接连攻克三十二座城池，此乃天意。现在汉王有敖仓的粮食，成皋的地形，把守住白马渡口，堵塞了太行要道，逆我者亡，顺我者昌。大王若归附汉王，可保全家国，是明智之举。"齐王认为有道理，撤掉守兵。

韩信闻讯，连夜引兵渡河到平原，偷袭齐国。齐王大怒，烹了郦生，率兵东逃。

项羽向东进军之初嘱咐曹无咎说："只要阻止汉军东行就可以了。倘汉军挑战，千万不要应战。"曹无咎没有听项羽的话，领军应战，结果败死。汉王进兵成皋时，曹无咎开始拒绝应战，后受不住汉军一再侮辱，引兵渡汜水至一半时，汉军进攻，楚军大败。项羽闻讯，回师广武，建了一座高坛，准备烹死刘邦的父亲。后汉王派人劝说，请求放回父亲，项羽乘此与刘邦订盟约约定：平分天下，以鸿沟为界，鸿沟以西归汉王，以东归楚王。双方同意后，项羽放回汉王父母及妻子吕氏。

项羽罢兵回东边，刘邦想要带兵向西。张良说："现在汉王拥有大半土地，人心归附，楚兵疲惫不堪，粮食断绝，正是天要灭楚。不如趁其撤退之时，率兵攻打。"汉王于是率兵追击项羽的军队，并与韩信和彭越相约攻击楚军，但二人却未来会合。后来张良献计，由韩信发兵，在垓下灭掉项羽。

汉王问张良说："诸侯不听调遣怎么办？"张良说："楚兵将要失败，韩信和彭越还没有得到封地，他们肯定不会来。大王如果表示要同他们共同拥有天下，他们就会马上出兵。韩信虽自立为齐王，却地位不牢，彭越住在梁地，魏豹死后，彭越想得到魏王的位子，大王也没有封他。如果能把睢阳以北至谷城的土地分给彭越，把陈以东近海的土地分给韩信，楚地是韩信的家乡，他想统治故乡的土地，这样一来，二人一定联合出兵攻打项羽。如果用这些土地分封他们二人，他们为了自己作战，楚军就易被打败。"汉王依计而行，韩信，彭越终于出兵，在垓下灭了项羽。

在楚汉战争中，以及战后初期，刘邦出于政治上的需要，分封韩信、英布、彭越、吴芮等七人为诸侯王。这些异姓诸侯王占据原来东方六国的广大地域，拥有很大权力，因此成为统一的中央集权国家的严重威胁。可是后来，他仅仅留下了势力最弱并可成为汉、越之间缓冲的长沙王吴芮。他认为秦朝不分封子弟招致孤立败亡，于是裂土分封九个同姓诸侯王，并与诸大臣刑白马为盟："非刘氏而王，天下共击之。"他还接受刘敬强干弱枝的建议，把关东六国的强宗大族和豪杰名家十余万口迁徙到关中定居。

西汉初年，由于长期战乱，社会经济遭到严重破坏，农民大量流亡，土地荒芜；府库空虚，物资匮乏。刘邦即位后，采取了许多重要措施，减轻田租，什五税一，与民休息，凡民以饥饿自卖为奴者，皆免为庶人；士兵复员归家，豁免其徭役；继续推行秦代按军功授田宅的制度；战争期间流亡山泽没有登记户籍的人，令各归其县，复故爵田宅；规定商人不得衣丝乘车，抑制其社会地位，并加重其租税。这些措施对于恢复残破的社会经济和稳定封建统治秩序起了重大的作用。

高祖当了十二年皇帝，六十二岁驾崩。惠帝即位，吕后临朝听政。

这就是刘邦和项羽的故事。应该说，毛泽东所说的刘邦出身下层，懂得实际情况，决策符合事实，用人得当，的确是用朴素的语言说出了刘邦胜利的根本。而项羽逞一己之勇，决策不符合历史发展的规律和要求，再加上刚愎自用，不能明辨贤愚，因此最终成为悲剧式的英雄人物，而不是成功的政治家。应该说，毛泽东对于刘邦和项羽的评价是十分深刻和准确的，对于我们的现实工作，也应该具有深刻的指导意义。

2

"项羽败了，不是偶然的"

> "从前有个项羽，叫做西楚霸王，他就不爱听别人的不同意见。他那里有个范增，给他出过些主意，可是项羽不听范增的话。"

　　毛泽东一生很注意从项羽的失败中吸取教训。1949 年，大军渡江解放南京，他写下了"宜将剩勇追穷寇，不可沽名学霸王"著名的诗句。1963 年 1 月 3 日，他将新标点出的《史记》中的《项羽本纪》"送各同志一阅"；过了 4 天，他在一次谈话中讲："项羽有三个错误，一个是鸿门宴不听范增的话，放跑了刘邦；一个是楚汉订立了鸿沟协定，项羽却认真了，而刘邦却不以为然，不久就违反协定东进攻楚；再一个就是他建都徐州，位置没有选好。"[①] 显然，毛泽东印发《项羽本纪》，其用意在于强调要"听取不同的意见"，主要是为在党内提倡一种民主作风，用以教育某些"称王称霸"的领导干部，让他们有所觉醒改正。

　　对于项羽的失败，毛泽东总结道："从前有个项羽，叫做西楚霸王，他就不爱听别人的不同意见。他那里有个范增，给他出过些主意，可是项羽不听范增的话。……刘邦同项羽打了好几年仗，结果刘邦胜了，项羽败了，不是偶然的。"[②]

　　项羽失败的根本原因就在于不能使用人才，不愿听取正确的意见。

---

① 陈晋主编：《毛泽东读书笔记解析》下册，广东人民出版社 1996 年版，第 993 页。
② 《毛泽东文集》第 8 卷，人民出版社 1999 年版，第 295 页。

范增是项羽唯一的忠心耿耿的谋士，但项羽未能善用，最终导致了其失败。

在推翻秦朝的战争中，刘邦抢先一步入关，范增对项羽说："刘邦在山东时，贪财好色，现在入关了，既不贪物，又不接近女色，看来他的志向远大。我曾经让人为他看气，他的上方的气像龙虎一样的形状，结成五彩之色，这是天子气啊！请大王赶快去杀他。"于是才发生了鸿门宴事件。

由于项羽在鸿门宴上没有杀成刘邦，范增拔剑掷地，叹息道："唉！竖子不足与谋。夺项王天下者，必沛公也，我们这些人恐怕都要作为他的俘虏了。"

在楚汉相争的初期和中期，刘邦实际上是处于十分不利的地位的。然而，项羽最终却失败了。失败的重要原因之一就是"有一范增而不能用"。

汉三年（公元前 204 年）初，楚、汉两军在荥阳、成皋一线相持。项羽兵围荥阳，截断汉军粮道。刘邦的形势非常危急。

汉军缺粮，时间一久，就难以固守，于是派出使臣向项羽议和，提出荥阳、成皋以东归楚，以西归汉，以鸿沟为界，两国就此罢兵，分而治之。项羽听了使者的话，就想讲和，范增进言道："刘邦即将兵败，今日不取，日后必悔。当初在鸿门宴上，你已经失去了一次机会，此时再不灭掉刘邦，将来就必定要被刘邦所灭。"项羽听了他的这一番话，觉得十分有道理。于是拒和，发兵猛攻荥阳。刘邦见议和不成，在荥阳城内整日忧心忡忡。一次，他对陈平说："天下纷纷，究竟何时得了？"陈平说道："大王所虑，无非是那项王。我料项王手下，只有范增、钟离眜等数位忠臣，他的能臣良将并不多。项羽生性多疑，想来刚愎自用，不能明察人事，大王若肯捐弃巨金，贿通楚人，流言反间，使项羽君臣相疑，然后乘机进入，破楚就容易了。"

刘邦听后，连说："金银何足惜，只要能破楚兴汉，财物尽管用。"便命左右取出黄金四万斤，交予陈平，叫他按计行事。

陈平受金退出，回到住所，立即唤来几名心腹小校，叫他们扮成楚军模样，怀金出城，混入楚营，贿赂楚王左右，散布谣言。数日后，楚营中流言四起，说钟离眜自恃功多，得不到分封，将要联汉灭楚。这事正是项羽所担心的，如今出了这样的传言，项羽不得不相信，所以就处处提防钟离眜。

为了弄清真相，项羽决定借议和为名，遣使入汉，顺便探察城内虚实。陈平听说楚使要来，正中下怀，便和刘邦布好圈套，专等楚使上钩。

楚使进入荥阳城，直往汉王府，拜见刘邦。刘邦假装酒醉，敷衍数语后，便令陈平将楚使带出。

陈平将楚使导入客馆，留他午宴。两人静坐片刻，一班仆役已将美酒佳肴摆好。陈平装作自己只是受了刘邦的托付，是替刘邦招待客人，并不认识来使，于是问道："范亚父可好！足下是否带有亚父手书？"楚使一愣，突然明白了是怎么回事，正色道："我是受楚王之命，前来议和的，并非由亚父所遣。"

陈平听了，故意装作十分惊慌的样子，立即掩饰说："刚才说的是戏言，原来是项王使臣！"说完，起身步出。楚使正想用餐，不料一班仆役进来，将满案的美食全部抬出，换上了一桌粗食淡饭。楚使见了，不由怒气上冲，当即拍案而起，不辞而别，饿着肚皮返回了楚营。一到楚营，楚使立即去见楚王，将自己的所见所闻添油加醋地告诉了项羽，并特别提醒项王，范增私通汉王，要时刻注意提防。其实，这是个并不怎样高明的反间计，如果稍微的理智一点，就会察觉其中的破绽，只是项羽多疑，又性格急躁，头脑简单，没有多想这些。

项羽听后，大怒道："前日我已听到关于他的传闻，今日看来，这老匹夫果通刘邦。"

当即就想派人将范增拿来问罪。还是左右替范增排解，项羽这才暂时忍住，但对范增已不再信任。

范增可以说对项羽一直忠心耿耿，他心无二用，对此事一无所知，一心协助项羽打败刘邦。他见项羽为了议和，又放松了攻城，便找到项羽，劝他加紧攻城。项羽不禁怒道："你叫我迅速攻破荥阳，恐怕荥阳未下，我的头颅就要搬家了！"范增见项羽无端发怒，一时摸不着头脑，但他知道项羽性格多疑，不知又听到了什么流言，对自己也产生了戒心。想起近年自己对项羽忠心耿耿，一心助楚灭汉，他不仅不听自己的忠言，反而怀疑自己，十分伤心。他再也忍耐不住了，便向项羽说道："现在天下事已定，望大王好自为之。臣已年老体衰，望大王赐臣骸骨，归葬故土。"说完，转身走出。项羽也不加挽留，任他自去。

范增回到本营，将项王所封印绶，遣人送还项羽。自己草草收拾，即日东归。他想到楚国江山，日后定归刘邦，不禁又气又急。不久背上忽然起了一个恶疮，因途中难寻良医，又兼旅途劳累，年之已长，不久背疮突然爆裂，血流不止，疼死在驿舍中。从吏只得买棺殓尸，运回居巢（今安徽巢县东北），葬于城东。

与刘邦相比，项羽的确具有更多的英雄特征。他勇猛善战、不畏艰难、性格直爽、恩怨分明、爱惜属下、讲究道义，有"力拔山兮气盖世"的美誉，但他的这些性格素质却正是妨碍他成为帝王的障碍。他没有刘邦的无耻、狡诈、残忍和阴险，更没有刘邦的雄才大略，所以他中了陈平的反间计，失去了一个得力的助手和忠臣。

项羽虽然失败了，但他的英雄风采却留下了永恒的魅力，越是悲剧式的英雄，就越能打动人心。这个悲剧的结局使得英雄人格深处的光彩闪现得更加灿烂动人。

与项羽相比，刘邦虽然是个流氓，但他有一样别人无法比拟的好处，就是善于听信忠言，能够使用人才，为了成就大事可以不惜一切代价。项羽虽然是个英雄，但他却天生没有领袖的品质，那就是他行"妇人之仁"。例如，他可以在打仗时身先士卒，可以为士卒吮吸箭伤的脓汁，但他却不能慷慨地封赏将士。据史书记载，任命将领的大印都刻好了，他却舍不得把它给应该封赏的人，而是把大印拿在手里，玩来玩去，把大印的棱角都磨光了，还是舍不得送人。所以，他不能大胆地使用人才，更不善于使用人才。

与此相关的就是他刚愎自用、优柔寡断、狭隘多疑。陈平正是利用他的这一特点来除掉他的得力助手的。

如果再看看项羽和刘邦对待韩信的态度，就更能明白项羽何以失败了。

韩信经过了许多的挫折和奔波，一直没有找到可以为之效命的主人，后来，韩信仗剑投楚，被用为郎中，曾多次向项羽献计，都未被采用，郁郁不得志。

汉元年（公元前206年），韩信背楚投汉，被刘邦用为连敖（管理粮仓的小官），仍无法一展宏图，于是牢骚满腹，并因此与同僚多人获罪当斩。当时，监斩官是夏侯婴，这些人陆续被斩首，轮到韩信，他面无惧色，忽然大叫说："汉王不是想得天下吗？那为何要杀壮士！"夏侯婴听后，急令停刑，将他叫到面前一问，才知叫韩信，见他身材高大，言吐不凡，知他非同平常人。于是令人将他押回大牢，自己前往刘邦处禀报，说韩信是个可用之才，不可因小过问斩，并建议刘邦委以重任。刘邦听后，下令赦免韩信，并将其提升为治粟都尉，但没有重用。

丞相萧何知道此事后，派人叫来韩信，见他相貌不凡，十分高兴，谈论起天下大势来，韩信对楚汉形势了如指掌，说起兵法，对如何治军、如何布阵，更是滔滔不绝。萧何深感韩信是当世不可多得的将才，于是向韩信保证，将向汉王刘邦竭力保荐。

当时，萧何是刘邦的国相，刘邦对他言听计从，韩信得到萧何赞许，满以为自己定会得到汉王重用，可以实现建功立业的心愿了。岂知，萧何数次向刘邦推荐韩信，都没有得到刘邦的答复。旬日之后，韩信见没有动静，心知不能被汉王重用，决心另投他处。一天傍晚，他收拾好行装，只身离开了汉营。萧何闻讯后，如失至宝，忙骑上一匹快马，向韩信出走的方向追去。萧何因走的匆忙，没来得及通知刘邦。第二天清晨，有人来报，说丞相逃走了。刘邦听后，大惊，心想我待萧何如手足，他怎能轻易弃我而去！忙派人四处找寻。两天后，正当刘邦焦急的时候，萧何带着韩信又返回了汉营。刘邦一见萧何，又喜又怒，问道："你为何不辞而别呢？"萧何说："我怎敢私逃，实在是因为追人！"刘邦以为他去追什么重要人物去了，便问："你追的是何人？"萧何说："追的是都尉韩信！"因为当时逃走的人很多，刘邦闻言，不禁大怒，说："我自关中到南郑，逃走的人很多，你都不去追，为何只去追韩信？"萧何回道："别的所逃之人，无关轻重，去留自便，惟独韩信，乃是国士，怎可让他逃去？大王若愿久留汉中，可以不用韩信，如要争夺天下，除韩信外，无人能担任重任，所以臣已将他追回。"

刘邦听了他的话，这才觉得韩信有些重要，说："我怎能长居此地，定要挥兵东进！"萧何听后，接着说："既如此，就一定要重用韩信，用韩信，信则留，不用，韩信定会离去。"刘邦见萧何如此力荐韩信，不禁问道："你多次举荐韩信，韩信果有真才实学吗？"萧何说："臣已考察日久，韩信确是当今奇才！"刘邦见事已至此，只好说："那就用他为将，一试优劣。"萧何说："只用为将，仍不能留住韩信。"刘邦沉思了片刻，遂说："那我就拜他为大将！"萧何听后，这才放下心来，急忙辞别刘邦，将此消息转告了韩信。

数日后，刘邦设坛拜韩信为大将。自此，韩信辅佐刘邦还定三秦、平定魏、赵、齐、围歼项羽于垓下，为刘邦统一天下立下了汗马功劳。

　　毛泽东多次谈到项羽。如："刘邦能够打败项羽，是因为刘邦和贵族出身的项羽不同，比较熟悉社会生活，了解人民心理。"①

　　这是从阶级出身的角度来分析的。项羽出身贵族，从小养尊处优，虽然有血气之勇，但不了解下层的状况，也不懂得政治、军事以及谋略，因此失败了，而他的对手刘邦和他恰恰相反。又如："从前有个项羽，叫做西楚霸王，他就不爱听别人的不同意见……另外一个人叫刘邦，就是汉高祖，他比较能够采纳各种不同的意见。"②

　　不能听取别人的意见就不能了解情况，因此就不能作出正确的判断和决定，因此，项羽的失败是必然的。

　　毛泽东从阶级出身以及性格特点诸方面分析"项羽败了，不是偶然的"，应该说是全面而深刻的。今天，当我们重温毛泽东读史的学问与救国的智慧时，对历史是不是又多了一种更深刻的思考和体会呢？

---

① 《毛泽东读苏联〈政治经济学（教科书）〉谈话记录选载（六）》（1959.12—1960.2），《党的文献》1994年第5期。
② 《毛泽东文集》第8卷，人民出版社1999年版，第295页。

3

"能干的皇帝大多是老粗出身"

> "老粗出人物。""自古以来，能干的皇帝大多是老粗出身。汉朝的刘邦是封建皇帝里边最厉害的一个。"

　　毛泽东历来重视底层人民，对待历史人物也是这样。在历代的帝王中，毛泽东最佩服的主要有刘邦、朱元璋等人，主要原因是他们出身底层。的确，历代起义者基本上来自下层，而刘邦、朱元璋是其中的成功者，是其中的代表性人物。毛泽东多次评价和称赞刘邦，认为他是成功的政治家，甚至还认为"汉朝的刘邦是封建皇帝里面最厉害的一个"。他说："老粗出人物。""自古以来，能干的皇帝大多是老粗出身。汉朝的刘邦是封建皇帝里边最厉害的一个。刘敬劝他不要建都洛阳，要建都长安，他立刻就去长安。鸿沟划界，项羽引兵东退，他也想到长安休息，张良说，什么条约不条约，要进攻，他立刻听了张良的话，向东进。韩信要求封假齐王，刘邦说不行，张良踢了他一脚，他立刻改口说，他妈的，要封就封真齐王，何必要假的。"[1] 这里提到的迁都，历史上有明确的记载。刘邦灭掉项羽后，汉朝定都洛阳，后来听取刘敬的建议，迁都长安。刘敬劝高祖说："陛下定都洛阳，难道想与周朝比试吗？"高祖说："是。"刘敬说："陛下得天下与周朝不一样，周积德十几代。武王伐纣，诸侯群起呼应，成王即位，周公辅佐。周建都洛阳，洛阳乃天下中央，四方诸侯都接受周朝分封，向周朝进贡。到周朝全盛时，不养兵卒，

---

① 徐中远：《毛泽东晚年读书纪实》，中央文献出版社 2012 年版，第 275—276 页。

教化天下，四海融洽，天下大同。周朝的衰微不是因为德行小，而是因为势力小。现在大王率三千人从沛县起兵，东征西伐，生灵涂炭。百姓死伤无数，哀哭不绝于耳。大王凭什么能与成康盛世相比呢？大王不如迁都长安，控制秦朝旧地，扼住天下的咽喉，才能抓住天下的脊背。加之秦地地势险要，乃天府之地，控制住它可确保坐稳江山。"高祖又问群臣，群臣都认为定都洛阳好。张良说："洛阳土地贫瘠，四面受敌。关中则东有崤山、函谷关，右有陇、蜀群山，南有巴蜀，北有胡宛，三面屏障，得天独厚。正是金城千里，天府之国。刘敬的说法是正确的。"高祖这才迁都长安。刘邦可谓从谏如流，接受了刘敬的正确建议，为西汉的稳定奠定了重要的基础。

关于韩信请封假王的事，历史上也有详细的记述。汉四年（公元前203年）11月，韩信斩龙且，杀齐王田广、平定了齐国。此时，已拥兵数十万，其实力有举足轻重之势，当时的情形是，韩信背汉降楚则汉亡，助汉攻楚则楚灭，自立则会形成三足鼎立之势。这就引起了楚、汉的重视。

其时，楚汉相争进入了最艰苦的阶段，韩信攻破了项羽所设立的齐国，那时候，韩信听从了别人的劝告，就派使者去见刘邦，要刘邦封他为齐地的假王。刘邦一听，怒火中烧，自己这里形势吃紧，韩信不但不率兵解救，反利用这个机会进行要挟，想做齐王，刘邦当时就想大骂韩信的使者，刘邦的谋臣张良私下里对刘邦说："这时候可不能训斥韩信的使臣，更不能攻打韩信。现在韩信帮助您，则楚王就会灭亡；如果韩信背叛了您，去帮助楚王，那您可就危险了。韩信派人来，无非是想试探一下您的态度，您不如干脆封他为齐王，让他守住齐地，至于其他的事，等灭了楚国再说。"刘邦听了张良的话，回头对韩信的使者说："大丈夫要当就当真王，何必当个假王！"于是，在第二年的二月，刘邦派张良携带印信，到齐地去封韩信为齐王。

刘邦册封韩信为齐王，韩信欣然接受；楚王项羽遣使臣武涉说信归楚，韩信辞谢令回。

在关键时刻，刘邦争取了韩信的支持，为最终打败项羽奠定了基础。可以说，如果没有刘邦的从谏如流，韩信就极有可能倒向项羽或是自立为王，那样，历史真的恐怕要重写了。

毛泽东选取了刘邦的这两点加以称赞，可谓是大有深意的。也只有一个伟大的革命家、政治家、军事家和战略家才能有这样的眼光和见识。

对于刘邦的从谏如流，毛泽东可谓津津乐道，例如他曾经讲了一个关于郦生向刘邦进谏的故事："从前有个项羽，叫做西楚霸王，他就不爱听别人的不同意见。他那里有个范增，给他出过些主意，可是项羽不听范增的话。另外一个人叫刘邦，就是汉高祖，他比较能够采纳各种不同的意见。有个知识分子名叫郦食其，去见刘邦。初一报，说是读书人，孔夫子这一派的。回答说，现在军事时期，不见儒生。这个郦食其就发了火，他向管门房的人说，你给我滚进去报告，老子是高阳酒徒，不是儒生。管门房的人进去照样报告了一篇。好，请。请了进去，刘邦正在洗脚，连忙起来欢迎。郦食其因为刘邦不见儒生的事，心中还有火，批评了刘邦一顿。他说，你究竟要不要取天下，你为什么轻视长者！这时候，郦食其已经六十多岁了，刘邦比他年轻，所以他自称长者。刘邦一听，向他道歉，立即采纳了郦食其夺取陈留县的意见。此事见《史记》郦生陆贾列传。刘邦是在封建时代被历史家称为'豁达大度，从谏如流'的英雄人物。刘邦同项羽打了好几年仗，结果刘邦胜了，项羽败了，不是偶然的。"[1]

这个历史事件是这样的：陈胜、项梁等人发动起义，各路将领攻城略地，经过高阳之地的有数十人，但郦食其听说这些人都是一些斤斤计较，喜欢烦琐礼节，刚愎自用，不能听大度之言的小人，于是他就深居简出，隐藏起来，不去逢迎这些人。后来，他听说沛公刘邦带兵攻城略地来到陈留，刘邦部下的一个骑士恰恰是郦食其邻里故人的儿子，沛公时常向他打听他家乡的贤士俊杰。一天，这个骑士回家，郦食其看到他，对他说："我听说沛公傲慢无礼，看不起人，但他有许多远大的谋略，这才是我要真正追随的人，只是苦于无人向我介绍。你如果见到沛公，可以这样对他说：'我的家乡有位郦先生，年纪已有 60 多岁，身高八尺，人们都称他是狂生，但他自己说并非狂生。'"骑士回答说："刘邦并不喜欢儒生，许多头戴儒生帽子的人来见他，他就立刻当众把他们的帽子摘下来，往里边撒尿。在和人谈话的时候，动不动就破口大骂，所以您最好不要以儒生的身

---

① 《毛泽东文集》第 8 卷，人民出版社 1999 年版，第 295 页。

份去向他游说。"郦食其说："我叫你这样说，你就只管这样说好了。"骑士回去之后，就按郦生嘱咐的话告诉了刘邦。

后来沛公来到高阳，在旅舍里住下，派人去召郦食其前来拜见，郦食其已到了旅舍，先递进自己的名片，沛公正坐在床边伸着两腿让两个女人洗脚，就叫郦生进来见。郦生进去，只是作个长揖而没有屈身下拜，并且说："您是想帮助秦国攻打诸侯呢，还是想率领诸侯灭掉秦国？"沛公骂道："你个奴才相儒生！天下的人同受秦朝的荼毒已经很久了，所以诸侯们才陆续起兵反抗暴秦，你怎么说帮助秦国打诸侯呢？"郦生说："如果您下决心聚合民众，召集义兵来进攻无道的秦王朝，那就不应该用这种无礼的态度来对待长者。"于是沛公立刻停止了洗脚，穿整齐衣裳，把郦生请到了上座，并且向他道歉。

郦生向刘邦讲了六国合纵连横所用的谋略，刘邦喜出望外，命人端上饭来，让郦生进餐，然后问道："那您看我们今天的策略应该怎么制定呢？"郦生说道："您把乌合之众、散乱之兵全部集合起来，总共也不满一万多人，如果以此来直接和强秦对抗，那就是人们常说的探虎口啊！陈留是天下的交通要道，四通八达之地，如今城里又有许多粮草，是个驻兵的好地方。我和陈留的县令是好朋友，我先去走一趟，劝他前来投降，他如果不愿意，您再发兵去打他，我还可以在城内作内应。"刘邦同意了郦生的建议，派他去了陈留。在攻取了陈留后，刘邦封郦生为广野君。

刘邦采纳了郦生的建议，作出了正确的决策。应该说，在汉朝的建立上，郦生是功不可没的。

有时，政治家和史学家的眼光并不是完全一致的。在司马迁的眼里，刘邦更多的是一副流氓相。司马迁记载说，刘邦生时有异相。刘邦的母亲有事外出，路过一个大泽，觉得乏力，就坐在泽边休息，不觉中竟迷迷糊糊地睡去，就在似睡未睡之际，蓦然看见一个金甲神人从天而降，即时就惊晕过去，不知神人干了些什么。刘邦的父亲见妻子久不归来，担心有事，便出去寻找。刚走到大泽附近，见半空中有云雾罩住，隐约露出鳞甲，似有蛟龙往来，等云开雾散，见泽边躺着一个妇人，正是自己的妻子。问起刚才的事，她竟茫然不知。从此，刘邦的母亲便怀了身孕，后来生下一个男孩，就是刘邦。

刘邦生有异秉，长颈高鼻，左边大腿上有七十二颗黑痣，刘邦的父亲知道他不同一般，就取名为邦。但等长大以后，却不喜和父亲、哥哥们一起务农，整日游手好闲，父亲多次劝诫，总是不改。后来刘邦的哥哥娶了妻子，嫂子就嫌他好吃懒做，坐耗家产，不免口出怨言。刘邦的父亲知道以后，干脆把长子一家分出另过，刘邦仍随父母居住。

刘邦长到弱冠之年，仍是不改旧性，父亲就斥责他说："你真是个无赖，你要向你哥哥学一学，他分家不久，就置了一些地产，你什么时候才能买地置房！"刘邦不仅不觉悟，还经常带着一伙狐朋狗友到哥哥家吃饭。嫂子被吃急了，就厉声斥责，刘邦也不以为意。一次，他又带朋友去吃，嫂子一急，计上心来，连忙跑入厨房，用勺子猛劲刮锅，弄出了震天的响声，刘邦一听，知道饭已吃完，自叹来迟，只好请朋友回去。没想到自己到厨房一看，锅灶上正热气蒸腾。刘邦这才知长嫂使诈，他长叹一声，转身而去，从此不再回来。

楚、汉相争之时，刘邦曾经兵败彭城（今江苏省徐州市），自己只身逃走，两个孩子也被冲散。刘邦逃了几天，遇见部将夏侯婴，才算稍稍心安，其后又在逃难人群中发现了自己的一子一女，也觉得安慰。但不久楚将季布率兵追来，刘邦慌忙逃走。楚兵越追越紧，刘邦嫌车重太慢，竟将自己的两个年幼子女推下车去。夏侯婴看见，急忙把两个孩子放回车中，如此反了三次。刘邦说："我如此危急，难道还要收管两个孩子，自丧性命吗？"夏侯婴反驳说："这是大王的亲骨肉，怎么能舍弃呢！"刘邦竟然发怒，拔剑就砍夏侯婴，夏侯婴闪过，这才不敢把孩子放回车中，只好挟在腋下，骑马跟刘邦一起逃走。

楚、汉两军对峙的时候，项羽曾把刘邦的父亲拿到军中，想以此来要挟刘邦。

一次，两军对阵，项羽把刘邦的父亲推到阵前说："你如果不撤兵，我就把你的父亲烹煮了。"刘邦竟然毫不犹豫地回答道："我们俩曾经结拜为兄弟，我父亲就是你父亲，你父亲就是我父亲，你若把你父亲煮了来吃，请把肉汤分一杯给我喝。"项羽见这一招治不住刘邦，最后只得把刘邦的父亲放了。

刘邦最后拥有天下，建立了汉朝，在一次群臣毕集的庆功会上，刘邦居然当着群臣的面觍着脸向父亲问道："父亲您看，我和哥哥相比，谁的产业更多呢？"刘邦的父亲见他一副小人得志的样子，气得哼了一声，转身走入殿内。

刘邦就是这样一个流氓无赖，不过，刘邦却有一个别人无法比拟的长处，就是善于听从别人的意见，善于团结将领，善于隐忍，善于使用人才。

在汉朝开国不久，刘邦和韩信等群臣曾经议论过各位将领的才能。刘邦问韩信说："你看我能不能统率百万大军呢？"韩信说："不能。"刘邦又问："那能否统率十万大军呢？"韩信说："不能。"刘邦生气地问道："依你说，我能带多少兵？"韩信说："能带一万就不错了！"刘邦反问道："那么，你能带多少兵呢？"韩信毫不客气地回答说："至于我嘛，带得越多越好。"刘邦既不解又气愤地问："那为什么我做皇帝，你只能做将军呢？"韩信又回答说："陛下虽不善将兵，却善将臣。"

的确，运筹帷幄之中，决胜千里之外，刘邦不如张良；输粮草、保供给，治国安民，刘邦又不如萧何；亲临前线，挥兵杀敌，刘邦又不如韩信。但刘邦的长处就是能把这些人聚拢起来，让他们发挥各自的能力和长处，为自己服务。刘邦确实是一个善于"将臣"的人。韩信明知刘邦是这样一个人，却也逃不出刘邦的手掌。且看刘邦是如何"将"韩信的。

项羽失败后，其部将钟离眛、季布只得四处逃亡。刘邦称帝后，立即诏令全国通缉，悬赏捉拿。举国搜捕，钟离眛走投无路，因与韩信同乡，一直友善，便往投韩信。韩信顾念旧情，就收留了他，将他藏在楚王府中。后来，此事不知被谁密报了刘邦。刘邦闻后，大惊。他一直在提防韩信，恐其为乱，现韩信又收留钟离眛，是否有反心？于是，他颁下诏书，命韩信把钟离眛送入都城。韩信接到诏书，不忍将钟离眛献出，托言钟离眛并未在此，请使者回报了刘邦。刘邦接到回报，内心仍存疑惑，于是派人暗中探察。韩信初到他的封地时，常带着兵马出入，车马喧嚣，声势显赫。来人看到这些，密报了刘邦，说韩信兵马甚多，恐有反意。

刘邦立即召集众将领，商讨对付韩信的办法。诸人都主张讨伐，向刘邦进言道："韩信造反，请陛下发兵征讨。"刘邦听后，没有讲话。后来陈平来见，刘邦便向他请教应该采取什么样的措施。陈平对韩信是否确有反意，还在怀疑，但对刘邦所问，又不能不答，就说："诸将态度如何？"刘邦说："都劝我发兵征讨。"陈平说："陛下怎知韩信要造反？"刘邦说："有人密书奏报。"陈平接着问道："除上书人外，还有没有人知道韩信要反？"刘邦道："尚无人知道。"陈平又问："韩信可知道有人上书？"刘邦又说不知。陈平问："陛下现有士卒，能否胜过韩信的楚兵？"刘邦摇头道："不能。"陈平又说："陛下用兵之将，有谁能比得上韩信？"刘邦连说没有。陈平听后，说道："今兵不如楚精，将又不如韩信，如发兵征讨，促成战事，恐怕韩信不反也要反了。"刘邦听了他的这一番话，觉得十分有道理，说："这该怎么办呢？"陈平沉思片刻，说："臣有一计，请陛下考虑。古代天子巡狩，必定大会诸侯。我听说南方有云梦泽，是游览的胜地。陛下伪称出游云梦，遍召诸侯，会集陈地。陈与楚西境相接。楚王韩信闻陛下无事出游，一定前来拜见，乘他拜见之时，伏下甲兵将他拿下，这不是唾手可得吗？"刘邦同意了他的计策，当即遣使四出，说要出游云梦，召各诸侯会集陈地。

韩信得命，当然要怀疑，他曾被刘邦两次夺去了兵权，他深知刘邦性格多疑，为此格外小心。这次刘邦突然游览云梦，如果不去迎驾，就有失君臣之礼，如去迎驾，又恐出意外。属将见他迟疑不决，有人进言道："大王并无过失，不过就是收留了钟离眜，违犯了君命，不如斩了钟离眜，献于陛下，陛下一定会十分高兴，如此一来，您还怕什么呢？"韩信觉得有理，便找到钟离眜，话中露出了为难的意思。钟离眜说："汉所以不敢攻楚，是恐我与你联合造反，同心抗汉。如果把我擒献给刘邦，那么，我今日死，明日你就必亡。"说完后，见韩信毫无反应，便起座骂韩信道："你不是个成大事的君子，我不该往投你处！"说完，拔剑自刎而死。韩信见钟离眜已死，便命人割下他的头，前往陈地面谒刘邦。

刘邦派出使臣，不等回报，便从洛阳起身直达陈地。韩信在陈已等候了数日，见刘邦到来，当即呈上钟离眜的首级。忽听刘邦厉声说道："给我拿下韩信！"话音刚落，从车队中涌出许多武士，将韩信反绑起来。韩信并不惊讶，说："果如人言，狡兔死，走狗烹，飞鸟尽，良弓藏，敌国破，谋臣亡，天下已定，我固当烹。"刘邦道："有人告你谋反，所以擒你。"说着，令将韩信放置后车，也不再游什么云梦，传令诸侯，不必来会，当即返回洛阳去了。

刘邦返回洛阳，因思韩信功多过少，且说他谋反，也缺少实据，便把他从狱中放出，由楚王降为淮阴侯。

在楚、汉相争之时，韩信帮助项羽，则项羽可以统一天下，韩信帮助刘邦，则刘邦可以统一天下，如果韩信背叛刘邦，自树一帜，则可与项羽、刘邦形成三足鼎立之势，而且当时的具体情况为韩信提供了多次可以自立的机会，也有很多人极力劝韩信自立为王，但他没有把握住。西汉建立以后，他被封为王，而韩信多少又觉得委屈，"心怀怨望"。因此刘邦为了防患于未然，先削了他的爵位，解除了他的大部分权力，使之困居在都城，不久，刘邦的妻子吕雉又与萧何密谋，把韩信诓入朝堂，诬以谋反的罪名，伏兵将他当场杀死。

在道德上，司马迁并没有肯定刘邦，他认为刘邦治人治国不是依德，仅仅靠术，是不足取的。其实，术到极处也往往是德。

应该说，毛泽东从政治的角度具体地评价刘邦，这是十分深刻的，也给我们提供了很多有益的启示。但历史往往有多面性，历史的评价和道德的评价有时并不完全一致，每当这个时候，我们所要做的就是深思而慎取之了！

4

"东汉两头均无意思，只有光武可以读"

> "西汉高、文、景、武、昭等读起来较有兴味，东汉两头均无意思，只有光武可以读。"

　　毛泽东爱读史，对各代历史几乎都有研究。但是，对于东汉历史，他为什么偏爱汉光武帝刘秀，而对其他人都不感兴趣？他说："西汉高、文、景、武、昭等读起来较有兴味，东汉两头均无意思，只有光武可以读。"① 我们知道，西汉的高祖是开国帝王，历史上的著名皇帝，文帝和景帝开创了文景之治，而汉武帝则被毛泽东写入了《沁园春·雪》之中，昭帝时期也有一些著名的历史事件发生，毛泽东喜欢读这些人的传记，是可以理解的，也是十分自然的。那么，光武帝究竟是怎样一个人？为什么引起了毛泽东如此大的兴趣呢？

　　毛泽东在很多地方谈到了刘秀的军事才能。他说："敢以数万敌百万，有刘秀、周瑜之风。"②

　　这里是拿刘秀作楷模。显然，刘秀敢于以少胜多，与毛泽东的性格和军事才能均为相似，也与革命战争年代的要求相适应，所以，毛泽东自然会成为刘秀的隔代知音。然而，刘秀的为人和他的"干部政策"更是引起了毛泽东的极大兴趣，例如他说："南阳为

---

① 张贻玖：《毛泽东读史》，中国友谊出版公司1992年版，第28页。
② 《毛泽东读文史古籍批语集》，中央文献出版社1993年版，第201页。

古宛县，三国时曹操与张绣曾于此城发生争夺战。后汉光武帝刘秀，曾于此地起兵，发动反对王莽王朝的战争，创立了后汉王朝。民间所传二十八宿，即刘秀的二十八个主要干部，多是出生于南阳一带。"[1]

的确，刘秀是中国历史上一个极有特色的帝王，他以柔开国，以柔治国，善于等待时机，能够隐忍，敢于以少胜多，尤其善于挖掘、使用和团结人才，这些都使他在封建帝王中显得独具一格。下面我们来具体看看刘秀的主要事迹。

刘秀生于公元前 6 年 12 月，是汉高祖刘邦的九世孙。其父刘钦是南顿县令，在刘秀九岁时病故。在他二十八岁的时候，王莽的"新政"很不得人心，加上天灾人祸，各地的农民纷纷起义，尤其是绿林、赤眉两支起义军，声势浩大，可与王莽军一较高低。在这种风起云涌的形势下，刘秀借南阳一带谷物歉收，与兄谋划起义，得众七八千人。

刘秀起义后，逐渐与当地的其他起义军会合，一度并入绿林军。公元 23 年 2 月，绿林军为了号召天下，立刘秀的族兄刘玄为帝，年号更始，绿林军的势力得到了迅猛的发展。王莽纠集新朝主力约四十二万人，号称百万，由大司空王邑、大司徒王寻率领，直扑绿林军。刘秀等人放弃阳关，率部退守昆阳。

刘秀坚决反对逃跑，认为如果拼力御敌，尚有保全的希望，如果分散突围，必被包围消灭。他亲自率领十三骑趁夜突出南门求救，他说服了定陵、郾城等地的起义军，亲率精兵数千人偷渡昆水，突袭敌人，敌人大败。

昆阳之战是中国军事史上以少胜多的光辉范例，也为起义军推翻王莽政权奠定了基础。对于这一仗，毛泽东极为赞赏，他许多地方都将其作为成功的战例。如在谈及中国革命战争的战略问题时说："当时的情况是弱国抵抗强国。……虽然是一个不大的战役，却同时是说的战略防御的原则。中国战史中合此原则而取胜的实例是非常之多的。楚汉成皋之战、新汉昆阳之战、袁曹官渡之战、吴魏赤壁之战、吴蜀彝陵之战、秦晋淝水之战等等有名的大战，都是双方强弱不同，弱者先让一步，后发制人，因而战胜的。"[2]

---

[1]《毛泽东文集》第 5 卷，人民出版社 1996 年版，第 185 页。
[2]《毛泽东选集》第 1 卷，人民出版社 1991 年版，第 204 页。

　　因为打败了王邑、王寻的军队，刘秀兄弟两人威名日盛，这就遭到另一派起义军将领的嫉妒，加上刘秀当初曾反对立刘玄为帝，他们正好借此进谗，说刘秀不除，终为后患。刘玄懦弱无能，并无主张，便听了人言，准备伺机而动。刘玄借犒军之机，大会群将，制造借口，但不久起义军内部发生了分裂，刘秀的哥哥被杀。

　　刘秀当时正在父城，听到哥哥被杀，十分悲痛，大哭了一场，立即动身来到宛城，见了刘玄，并不多说话，只讲自己的过失。刘玄问起宛城的守城情况，刘秀归功于诸将，一点也不自夸自傲。回到住处，逢人吊问，也绝口不提哥哥被杀的事。既不穿孝，也照常吃饭，与平时一样，毫无改变。刘玄见他如此，反觉得有些惭愧，从此更加信任刘秀，并拜为破虏大将军，封武信侯。

　　其实刘秀因为兄长被杀而万分悲痛，此后数年想起此事还经常流泪叹息。但他知道当时尚无力与平林、新市两股起义军的力量抗衡，所以隐忍不发。刘秀的这次隐忍，既保全了自己，又在起义军中赢得了同情和信赖，为他日后自立创造了一定条件。

　　等到起义军杀了王莽，迎接刘玄进入洛阳，刘玄的其他官属都戴着布做的帽子，形状滑稽可笑，洛阳沿途的人见了，莫不暗暗发笑。惟有司隶刘秀的僚属，都穿着汉朝装束，人们见了，都喜悦地说："不图今日复见汉官威仪。"于是，人心皆归刘秀。

　　刘玄定都洛阳以后，便欲派一位亲近而又有能力的大臣去安抚河北一带，刘秀看到这是一个发展个人力量的大好机会，便托人往说刘玄。刘玄同意了这个请求，刘秀就以更始政权大司马的身份前往河北。开始了扩张个人势力，建立东汉政权的活动。

　　当时的河北有三股势力，最大的是王郎，其次是王莽的残余势力，再次是铜马、青犊等农民起义军。刘秀在河北每到一地，必接见官吏，平反冤狱，废除王莽的苛政，恢复汉朝的制度。释放囚犯，慰问饥民。所做之事，均顺应民心，因而官民喜悦。

　　当时，有一个叫刘林的人向他献计说："现在赤眉军在黄河以东，如果决河灌赤眉，那么百万人都会成为鱼鳖了。"刘秀认为这样太过残忍，定会失去民心，就没有这样做。刘秀初到河北之时，兵少将寡，地方上各自为政，无人听他指挥，虽能"延揽英雄，务悦民心，立高祖之业"，但毕竟没有大量军队。他为王郎所追捕，曾多次陷入窘境。后来，他逐渐延揽了邓禹、冯异、寇恂、姚期、耿纯等人才，又假借当地起义军的名义招集人马，壮大声势，并联合信都、上谷、渔阳等地的官僚集团，才算站住了脚。由于他实行"柔道"政策，服人以德不以威，众人一旦归心，就较为稳定。

刘秀认为，"柔能制刚，弱能制强"，他多以宽柔的"德政"去收揽军心，很少以刑杀立威，这一点，在收编铜马起义军将士时表现得最为突出。当时，铜马起义军投降了刘秀，刘秀就"封其渠帅为列侯"，但刘秀的汉军将士对起义军很不放心，认为他们既属当地民众，又遭攻打杀掠，恐怕不易归心。铜马义军的将士也很不自安，恐怕不能得到汉军的信任而被杀害。在这种情况下，刘秀竟令汉军各自归营，自己一个人骑马来到铜马军营，帮他们一起操练军士。铜马将士议论说："萧王（刘秀）如此推心置腹地相信我们，我们怎能不为他效命呢？"刘秀直到把军士操练好，才把他们分到各营。铜马义军受到刘秀的如此信任，都亲切地称他为"铜马帝"。

在消灭王郎以后，军士从王郎处收得了许多议论刘秀的书信，如果究查起来，会引起一大批人逃跑或者造反。刘秀根本连看都不看，命令当众烧掉，真正起到了"令反侧子自安"的效果，使那些惴惴不安的人下定决心跟刘秀到底。

公元25年，刘秀势力十分强大，又有同学自关中捧赤伏符来见，说刘秀称帝是"上天之命"，刘秀便在诸将的一再请求下称帝，年号建武，称帝之后，便和原来的农民起义军争夺天下，此时，他仍贯彻以柔道治天下的思想，这对他迅速取得胜利起到了很大的作用。

刘秀轻取洛阳就是运用这一思想的成功范例。当时，洛阳城池坚固，李轶、朱鲔拥兵三十万，刘秀先用离间计，让朱鲔刺杀了李轶，后又派人劝说朱鲔投降。但朱鲔因参与过谋杀刘秀哥哥的事，害怕刘秀复仇，犹豫不决。刘秀知道后，立即派人告诉他说："举大事者不忌小怨，朱鲔若能投降，不仅决不加诛，还会保其现在的爵位，并对河盟誓，决不食言。"朱鲔投降后，刘秀果然亲为解缚，以礼相待。

公元27年，赤眉军的樊崇、刘盆子投降，刘秀对他们说："你们过去大行无道，所过之处，老人弱者都被屠杀，国家被破坏，水井炉灶被填平。然而你们还做了三件好事：第一件是攻破城市、遍行全国，但没有抛弃故土的妻子；第二件是以刘氏宗室为君主；第三件事尤为值得称道，其他贼寇虽然也立了君主，但在危急时刻都是拿着君主的头颅来投降，惟独你们保全了刘盆子的性命并交给了我。"于是，刘秀下令他们与妻儿一起住在洛阳，每人赐给一区宅屋，二顷田地。就这样，刘秀总是善于找出别人的优点，加以褒扬。

刘秀极善于调解将领之间的不和情绪，绝不让他们相互斗争，更不偏袒。贾复与寇恂有仇，大有不共戴天之势，刘秀则把他们叫到一起，居间调和，善言相劝，使他们结友而去。对待功臣，他决不遗忘，而是待遇如初。征虏将军祭遵去世，刘秀悼念尤勤，甚至其灵车到达河南，他还"望哭哀恸"。中郎将来歙征蜀时被刺身死，他竟乘着车子，带着白布，前往吊唁。刘秀的这种发自内心的真诚，确实赢得人心。

刘秀实行轻法缓刑，重赏轻罚，以结民心。他一反功臣封地最多不过百里的古制，认为"古之亡国，皆以无道，未尝闻功臣地多灭亡者"。他分封的食邑最多的竟达六县之多。至于罚，非到不罚不足以惩后时才罚，即便罚，也尽量从轻，绝不轻易杀戮将士。邓禹称赞刘秀"军政齐肃，赏罚严明"，不为过誉。

东汉建立以后，刘秀仍然实行怀柔政策，避免了开国之君杀戮功臣的悲剧，使得东汉的政治安定，经济也得到了较快的恢复。

的确，刘秀是个"有意思"的皇帝。刘秀的"意思"除了我们在上面所说的以柔开国，以柔治国，善于等待时机，能够隐忍，敢于以少胜多，尤其善于挖掘、使用和团结人才等特点以外，更重要的是刘秀能够尊重客观事实，并根据当时的实际情况作出正确的决策，既不左倾，也不右倾。后一点，正与毛泽东战争年代的性格特点相吻合。

5

"中国有两部大书，一曰《史记》；
一曰《资治通鉴》"

"中国有两部大书，一曰《史记》；一曰《资治通鉴》，都是有才气的人在政治上不得志的境遇中编写的。看来，人受点打击，遇点困难，未尝不是好事。"

毛泽东非常重视《史记》。1944 年，他在著名的《为人民服务》中说："人总是要死的，但死的意义有不同。"① 后来他又说："司马迁说过：'文王拘而演周易，仲尼厄而作春秋。屈原放逐，乃赋离骚。左丘失明，厥有国语。孙子膑脚，兵法修列。不韦迁蜀，世传吕览。韩非囚秦，说难孤愤。诗三百篇，大抵贤圣发愤之所为作也。'这几句话当中，所谓文王演周易，孔子作春秋，究竟有无其事，近人已有怀疑，我们可以不去理它，让专门家去解决吧，但是司马迁是相信有其事的。文王拘，仲尼厄，则确有其事。司马迁讲的这些事情，除左丘失明一例以外，都是指当时上级领导者对他们作了错误处理的。我们过去也错误地处理过一些干部，对这些人不论是全部处理错了的，或者是部分处理错了的，都应当按照具体情况，加以甄别和平反。但是，一般地说，这种错误处理，让他们下降，或者调动工作，对他们的革命意志总是一种锻炼，而且可以从人民群众中吸取许多新知识。"②

---

① 《毛泽东选集》第 3 卷，人民出版社 1991 年版，第 1004 页。
② 《毛泽东文集》第 8 卷，人民出版社 1999 年版，第 291-292 页。

在毛泽东看来，司马迁所说的这些人，都指当时上级领导者对他们作了错误处理的。毛泽东认为，如果一个干部受到上级领导的错误处理，只要正确对待，不消极沉沦，虽然身处逆境，恰恰更能锻炼意志，更加发愤努力，往往更能有所建树。不论什么时代，受到错误处理的事在所难免，关键在于受到错误处分的同志能否正确对待，能否经得起挫折、屈辱的考验。

1957 年，毛泽东在和吴冷西的一次谈话中，就受排斥打击如何正确对待时认为，一个共产党员如果经得起错误处分，可能这样对自己反而有益处。对此，毛泽东体会很深。在当年反"围剿"时，他曾受到王明"左"倾路线的排斥和打击，但他并未因此而颓废消极、一蹶不振，而是重振精神，"天生我材必有用"，在困境中抓紧时间发愤读书，甚至在马背上、担架上也在孜孜不倦地攻读那些从走过的县城里弄来的书籍。

1958 年，毛泽东在天津视察时的一次谈话中说：司马迁的《史记》、李时珍的《本草纲目》，都不是因为稿费、版税才写的，《红楼梦》、《水浒传》也不是因为稿费才写，这些人是因为有一肚子火才写的，还有《诗经》等。[①]这段话的思路，同《报任安书》里列举遭受磨难的人有所创建的思想一脉相承。

那么，《史记》是一部什么样的书呢？究竟是哪些方面能够引得毛泽东对之赞不绝口呢？

《史记》是我国历史上最伟大的历史著作和杰出的文学作品，被鲁迅称为"史家之绝唱，无韵之离骚"。《史记》写作的宗旨是"究天人之际，通古今之变，成一家之言"（司马迁《报任安书》），从一定意义上讲，它是为适应封建大一统帝国全面总结历史经验教训的需要而产生的，是时代的产物。然而，作为对中国历史的第一次系统的总结，《史记》又不像后代的历史著作那样有着直接的现实功利目的，而是蕴含着极为丰富的文化理想，因而就远远超出了一般意义上的历史著作。

与后世的历史著作相比，《史记》最大的特点是将文学与史学熔铸在一起，以诗人的敏感的心灵来感受历史，以文化理想为基准来评判历史，于是，在文学与历史的张力中

---

① 陈晋主编：《毛泽东读书笔记解析》下册，广东人民出版社 1996 年版，第 977 页。

展开了理想与现实冲突，显现出历史与道德的背离，激发出了超越现实的情怀。在《史记》中，司马迁向这种不道德的历史发出了愤怒的吼声，他要以美好的人性、合理的文化理想来与之对抗，在历史的悲剧中显现出他的悲情，在悲情中蒸腾出一种古朴崇高的悲美，这就是《史记》震烁古今、空前绝后的根本原因。

司马迁的悲情来自两个方面，一是身世之悲，一是历史之悲。

如果说身世之悲还仅仅是外因的话，那么历史之悲就是深刻的内因了。司马迁的时代离春秋战国和秦代相去未远，那是一个以霸道、无道的现实取代王道理想的时代，是一个美好的文化理想被混乱的现实摧毁的时代，因而是一个富有悲剧性、充满了悲剧意识和悲剧人物的时代。还应该看到的是，司马迁所处的时代，汉武帝集圣、王于一身的政治意识形态尚未普及和强化，他还能够比较自由地继承孔子以来的士人承担文化使命的传统，比较自由地思考历史和文化，所以才能够"究天人之际"，对历史作出富有文化意义的总结。

《史记》全书分为十二本纪、十表、八书、三十世家和七十列传，共一百三十篇，原有五十二万字。《史记》原名《太史公书》，在隋唐以前，"史记"是史书的泛称，隋唐以后，"史记"一词才成为《太史公书》的专有名称。《史记》是中国第一部纪传体通史，它记叙了从黄帝至汉武帝太初年间大约三千年的历史。"本纪"记载历代帝王的政绩，"书"是记载天文、历法、水利、经济、文化等方面情况的专史，"世家"主要记述贵族王侯的事迹，"列传"则是不同类型、不同阶层的人物传记。在这五种体例中，以本纪为中心，其他体例与之配合生发，使之成为一部"究天人之际，通古今之变，成一家之言"的伟大著作。

在司马迁看来，历史应该是符合道德，符合人性的，然而，他耳闻亲历的历史恰恰与此相反，所以，司马迁首先对历史与道德的背离表现出了无比的悲愤，对不道德的历史提出了强烈的抗议。首先，他没有"为尊者讳"，尤其是对汉朝的开国皇帝刘邦，做了实事求是的描写，对其进行了深刻的鞭挞和批判，他不仅没有美化汉高祖刘邦，而是在《高祖本纪》《项羽本纪》等篇章中真实地再现了他的本来面目，揭露出了他的流氓无赖的本质。例如，写刘邦未起义时，是一个游手好闲、不事产业、经常到哥嫂家里赖饭吃并为亲朋邻里所厌恶的无赖，见到秦始皇东游，说："嗟乎！大丈夫当如是也！"阴妒之情溢于言表。后来拉起了一帮军队，无赖相更是时时显露。例如，他经常把儒生的帽子抓下来，当面往里面撒溺。在被项羽的军队追赶时，为了逃命，让车子跑得快些，竟然数次把自己的一双儿女推到车下。项羽捉住了他的父亲，在两军阵前要挟他，因为他曾经与项羽有过名义上的结义之交，竟然说："吾翁即若翁，彼欲烹尔翁，则幸分我一杯羹！"项羽见他如此无赖，也没了主意，只好放回了他的父亲。攻克咸阳以后，竟然被其豪华迷倒，坐在秦宫中不肯出来。在汉朝建立以后的庆功宴上，他竟当着众臣的面责问他的父亲："某业所就，孰与仲多？"一副小人得志的无赖相。司马迁敢于选取了这些典型的细节来刻画刘邦的流氓嘴脸，即使在今天看来，也十分难能可贵了。他之所以有这样深邃的眼光和无畏的气魄，主要是因为他坚持了传统的文化理想和史官"秉笔直书"、实事求是的史官精神。

其次，充溢于司马迁胸中的历史的悲情使他敏锐地感受到了那么多的历史的悲剧，他以"放言无惮"的笔墨描写了许许多多历史的悲剧和富有悲剧色彩的历史事件。他坚持道德史观，反对"成者王侯败者贼"的观念，不以成败论英雄。刘邦成功了，但他还是流氓，项羽失败了，但不失英雄本色。是的，项羽不是政治家，他在政策和策略方面屡犯错误，他的个人性格也有种种缺点，最后陷入"四面楚歌"的悲惨境地，被迫自刎于乌江，但英雄是依情感而行动、靠理想而生活的人，项羽"力拔山兮气盖世"，本来就不是那种忍辱含垢、龌龊猥琐的"政治家"。也许，项羽的失败蕴含着这样的意味：历史并不是英雄的历史。作为一个历史中的人，难道还有什么比这更可悲吗？然而，历史又似乎并不是没有希望，你看，千百年来，人们不是对项羽这位失败了的英雄倾心地歌颂吗？这说明理想是永不泯灭的。

司马迁还描述了一大批悲剧人物。屈原的投江而死，已自不待言。李广抗击匈奴，忠于国家人民，战功卓著，号为"飞将军"，最后因贵戚争功，自刎而死。李广死时，无论识与不识，皆为垂涕，连司马迁都忍不住地加上了"桃李不言，下自成蹊"的赞语。李广不封、自刎而死，不是因为什么"数奇"，其根本原因就在于历史的悲剧性。韩信本是一位十分精明的将军，其功劳无人可比，但最后还是被刘邦、吕后罗织罪名杀掉。秦将白起为秦国屡建战功，却受到应侯范雎的嫉害，最后的结局是赐剑自杀。信陵君可以说是魏国的长城，但晚年却受尽魏王猜忌，心情十分抑郁，最后病酒而死。蒙恬出生入死，战功卓著，并且北筑长城，抵御匈奴，与朝政无涉，但因受到赵高的猜忌，被迫自杀。难道刘邦自己就不"悲"吗？当狡兔烹尽之时，已经无人助他解除内忧外患，那"安得猛士兮守四方"的歌唱，不正透显出他悲楚的心境吗？总之，所有的这些描述，都使《史记》透显出一种强烈而悲怆的悲剧气氛。

就是在这种悲剧气氛中，《史记》的文、史张力生发出强大的艺术感染力。以《高祖本纪》和《项羽本纪》为例，前者可以看作是以"理"写史，以"实录精神"客观地记录了历史的结局，是"直笔"，在本质上是属于史学的；后者可以看作一以"情"写史，以"托愤精神"为项羽谱写了一曲无尽的挽歌，是"曲笔"，在本质上是属于文学的。人类在理性的历史上失去的，在感性的审美中得到了补偿，因而使人产生了强烈的审美愉悦，这正是《史记》的审美发生机制。

第三。司马迁把文章之缘起归为作者"皆意有所郁结，不得通其道也，故述往事，思来者"，他以富有悲剧意识的情怀总结了许多悲剧性的历史教训。陈涉顺应时代的要求，率先发难，以摧枯拉朽之势将风雨飘摇中的秦朝推向了灭亡的边缘。但因骄傲自大、用人不当，内部分裂，称王只有6个月就身死事败，可为千古一悲。晁错削藩，本是顺应历史要求的，但因其性格峻激，景帝昏聩，被藩王的口号迷惑，并听信小人的谗言，最后使晁错被腰斩于东市。司马迁总结这些悲剧教训，目的是使"来者"免于重蹈覆辙，显示出了《史记》的强烈的忧患意识和浓厚的人文情怀。

另外，司马迁还专门立《酷吏列传》，揭露汉朝的酷吏草菅人命、杀人如麻的事实，热情地歌颂了被压迫人民的反抗斗争。《酷吏列传》认识到了官逼民反的必然性，给予了应有的评价，那些最终失败了的人物，也往往被他描绘成生动感人的悲剧英雄。《史记》还正面描写了那些不为一般正史所收的中下层人物，如刺客、游侠、医士、倡优、卜者等。如李同是邯郸传舍吏的儿子，地位低卑，但在秦军围困邯郸时，他却劝平原君散财励士，并亲率三千人抗击秦军，最后壮烈牺牲。再如荆轲，他是流浪于燕国的卫国的百姓，与狗屠为伍，在受到燕太子丹的器重后，挺身而出，行刺秦王。由于司马迁的记载和赞扬，荆轲成为名震古今的侠士。司马迁把他们请进了"为帝王将相做家谱"的正史，不仅表现了他的平等意识，凸显出了那些小人物所代表的道德和正义的力量与历史的冲突，以及由于他们的失败而引发的悲剧意识。

《史记》的艺术成就之高，是后来的历史散文所无法比肩的。《史记》的艺术成就首先是建立在其深刻的思想性的基础上的，《史记》虽然"据实实录"、"不虚美，不隐恶"，但并不是无原则地堆砌史料，而是对历史的发展有着十分深刻的认识，在对历史事件和历史人物作了充分的研究分析之后，形成了明确的思想观点，然后在一定的思想观点的指导下来采撷、选择史料，这是后代的史学著作所无法比拟的。

《史记》的具体的文学成就，主要表现在它对人物形象的塑造上，其艺术特色主要表现在四个方面。第一，善于对纷繁的历史材料进行恰当的选择、剪裁、穿插和集中，使之成为塑造人物的基本素材，避免了平铺直叙，而是把历史人物放到激烈的矛盾冲突中来展示其性格特征，然后再于具体的描述中融入自己的情感色彩。《项羽本纪》是《史记》中最为精彩的人物传记之一，代表了《史记》中人物传记的最高艺术成就。例如，项羽一生"身经七十余战"，但他的一生功业，却系于历史事件，即兴盛于巨鹿之战，转折于鸿门宴，败亡于垓下之围。巨鹿之战写项羽叱咤风云，勇冠三军，摧毁秦军主力，是众望所归的人物，突出了项羽的崛起与兴盛；鸿门宴写他重于恩义，优柔寡断，以至于丧失良机，养虎遗患，突出了其缺乏政治家的性格素质的一面；垓下之围写他挥泪别姬、斩将夺旗、所向披靡的个人英雄气概，突出了其悲剧英雄的性格。至此，项羽的直率磊落而又刚愎自用、不善智谋而又重于情义的悲剧英雄的性格便跃然纸上。《史记》选取了这个重点，不仅把项羽的性格刻画得栩栩如生，还把秦汉之际的历史转机凸显出来，这也是《史记》塑造人物时把人物与历史有机结合起来的独特之处。又如《李将军列传》中的西汉名将李广，一生与匈奴大小七十多战，如一一叙来，将不胜其烦，而《史记》只是在全面介绍了李广为人用兵的全貌以后，选取了三个具体的战斗场面，突出了他智勇双全的性格特点，并预示了其悲剧命运。再如《廉颇蔺相如列传》主要选取"完璧归赵""渑池会""将相和"三个故事突出蔺相如智勇双全、以国家大局为重的性格特点。而在《魏公子列传》中，作者没有直接写信陵君救赵存魏的战事，而是采用了《左传》的避实就虚的写法，把描写重点放在敬迎侯生、窃虎符的故事上，突出他的仁而下士、勇于改过、守信重义、急人之难的性格特点。用这种方法，《史记》成功地刻画了许多性格各异的人物形象，如同为首领，刘邦能屈能伸，机谋善变，项羽则优柔寡断，愚而自用；同为谋士，张良忠谨善谋，而范增则老辣深沉；同为将领，樊哙忠烈壮勇，项伯则自私昏昧。如果不是善于剪裁，《史记》是无法达到这一艺术的高度的。

第二，在塑造人物上的"互现法"。《史记》作为一个有机的整体，并不只是每篇独立成章，"本纪""世家""列传"之间存在着内在的联系。有的历史人物的生平事迹较多，性格复杂，面面俱到必然会影响人物性格的塑造，也给叙述带来不便，而略去一面，则又不符合历史的真实。为了解决这一矛盾，《史记》根据实际需要将一人的事迹散见于各篇，以各篇"互现"的方式塑造一个完整的人物形象。如《项羽本纪》集中笔墨突出项羽英勇善战的一面，而他在政治、军事上所犯的一系列错误及其性格的弱点散见于《高祖本纪》《陈丞相世家》《淮阴侯列传》等篇中。刘邦的无赖与残忍在《高祖本纪》中并不突出，主要见于《项羽本纪》《佞幸列传》《刘敬叔孙通列传》等篇中。这样做，既忠于历史的真实，又不损害人物形象，是善于剪裁的典范。

第三，《史记》善写大事，但不遗忘小事，有些小事看似闲笔，无关宏旨，但往往能够使人见微知著，对于刻画人物性格十分重要。例如写项羽学书不成，学剑又不成，要学"万人敌"，"略知其意，又不肯竟学"，这就形象地揭示出了他的粗略豪放而又有始无终的性格特征，为他日后的最终失败埋下了伏笔。《陈涉世家》中记载的陈涉"尝与人佣耕，辍耕之垄上"的小故事，就写出了陈涉既有"鸿鹄之志"，又狂傲自负，预示了他日后贪图享乐、众叛亲离的失败的结局。《李斯列传》中"李斯叹鼠"看似闲笔，实则大有深意，不仅揭示了李斯的内心世界，更预示了李斯为名利而亡的下场。《万石君列传》中写万家一门碌碌无为，仅靠"恭谨无与比"就讨得汉高祖等四代皇帝的欢喜，万家父子五人以所谓的"善于修身"官至二千石，甚至当上了丞相，对当时的政治是绝妙的讽刺。还有一些著名的"琐事"，如《淮阴侯列传》中韩信甘受胯下之辱，《留侯世家》中张良为圯上老人进履，虽无重大的历史意义，但对塑造人物却十分重要。以小见大，从小事上塑造人物和揭示重大主题，是《史记》的重要艺术特色。

第四，善于把历史事件和人物事迹故事化，通过剪裁，使本来漫长的历史事件变得十分紧凑，并在具体的描述中设置曲折动人的情节。如"鸿门宴"一节，写汉军内部有人告密，项羽下令击破刘邦的军队，刘邦面临生死关头的慌张，张良献计，刘邦赴宴、项庄舞剑、樊哙闯帐、刘邦逃席，可谓跌宕起伏，惊险曲折，通过这一系列的细节，把项羽的磊落粗莽、不谙世事和刘邦的老练精细、善于机变的性格特征浮雕般地刻画出来了。又如《魏其武安侯列传》中的灌夫骂座、东朝廷辩，《刺客列传》中的荆轲刺秦王的场面，以及《吕太后本纪》中诛诸吕的情节等等，情节均紧凑生动，使人如闻其声，如见其人，读之难忘。《史记》的故事化手法为中国小说的发展提供了十分有益的借鉴。

《史记》在语言运用方面也取得了很高的成就。首先，它的语言富有创造性，十分善于用符合人物身份的口语来刻画人物的神态和性格特征。刘邦和项羽见到出巡的秦始皇，项羽说："彼可取而代也！"语气坦率，强悍直爽；刘邦则说："嗟乎！大丈夫当如是也！"表现出了阴羡多欲的特点。在"鸿门宴"一节中，项羽的谋士范增见项羽不肯听从自己的主张，怒骂道："竖子不足与谋！"明骂项庄，暗斥项羽坐失良机，与他的性格和当时的处境是十分吻合的。再如《陈涉世家》中写陈涉称王后，旧时伙伴见他的宫殿豪华，说："伙颐！涉之为王沉沉者！"用方言表现出故人朴质的情感，并预示了陈涉的失败。其次，作品的叙述语言简洁精练，富于感情，只言片语就可渲染气氛，凸显人物的情态，如《刺客列传》写荆轲"倚柱而笑，箕踞以骂"，仅八个字就刻画出了一个侠义之士视死如归不屈情态。另外，《史记》常常引用民谣、谚语和俗语，如《李将军列传》中引用谚语"桃李不言，下自成蹊"来赞扬李广的质朴，《平原君列传》用俗语"利令智昏"来揭示平原君的浅薄，《魏其武安侯列传》中引颍川儿歌来诅咒灌氏的横暴等等，使作品的语言更加明白晓畅，富有生机和表现力。

《史记》还有一个十分重要的艺术特征，就是司马迁不是客观冷静地叙述历史，而是饱蘸了自己的情感，爱憎分明，褒贬无碍。在《史记》的所有人物传记中，我们无处不感到作者的情感在深沉地涌动。由于司马迁有着很高的思想水平和很强的认识能力，他所融入的情感才有了巨大的意义。正是由于这一特点，才使得《史记》不仅成为史家不可逾越的范本，还使其跻身于中国最伟大的文学作品之列。

晚年的毛泽东再次谈到他喜欢和重视《史记》的观点。1975 年，病中的毛泽东同护士孟锦云谈论司马光主持编纂大型史书《资治通鉴》时，表示很佩服司马光的毅力和决心。他说："司马光可说是有毅力、有决心噢。他在 48 岁到 60 多岁的黄金时代，完成了这项大工程。当然，这段时间，他政治上不得志，被贬斥，这也是他能完成这部书编写的原因呢。""中国有两部大书，一曰《史记》，一曰《资治通鉴》，都是有才气的人在政治上不得志的境遇中编写的。看来，人受点打击，遇点困难，未尝不是好事。当然，这是指那些有才气，又有志向的人说的。没有这两条……另当别论。"①

毛泽东具有十分独到的历史眼光，他能从历史中看到一切可以同现实发生联系的东西，并能够自觉地运用。毛泽东对于《史记》的评论，不仅仅是看到了《史记》中的个别篇章和个别人物对现实的启发和意义，更是看到了《史记》作为一个整体对现实有着巨大的价值。因此毛泽东对于《史记》的整体评价是正面的，是很高的。至于《史记》的价值到底何在，我们在上面已经给出了明晰的答案。

---

① 陈晋主编：《毛泽东读书笔记解析》下册，广东人民出版社 1996 年版，第 977 页。

6

将《李固传》"送刘、周、邓、彭一阅"，
"送陈毅同志一阅"

1965 年，毛泽东读《后汉书》的《黄琼传》、《李固传》，认为值得一读，亲手批示："送刘、周、邓、彭一阅"，"送陈毅同志一阅"。

1965 年，毛泽东读《后汉书》的《黄琼传》《李固传》，认为值得一读，亲手批示："送刘、周、邓、彭一阅"，"送陈毅同志一阅"。①

李固是汉顺帝时人，因反对外戚梁冀专权被杀。李固"少好学，常步行寻师，不远千里。遂究览坟籍，结交英贤。四方有志之士，多慕其风而来学"。李固多次上书顺帝，规劝他慎重选用官员，协助他整顿朝纲，为天下树立榜样。他说："夫表曲者景必邪，源清者流必洁，犹叩树本，百枝皆动也。"

公元 126 年，顺帝即位，立梁商女为皇后，封梁商为乘氏侯，并任命他为掌握军政实权的大将军之职，但梁商尚不敢十分跋扈，尚能礼贤下士，节身勤政，名声还不算太坏，不过，梁商已为他的儿子梁冀专权 20 年铺设了道路。

公元 141 年（汉顺帝永和六年），梁商死，顺帝立刻命其子梁冀接替父职，任大将军之职，其弟梁不疑为河南尹。梁冀为人阴鸷狡黠，极喜游戏。据记载，他长得极其丑陋，有一双豺狼般凶狠直射的双眼，耸着瘦而上挑的双肩，酷嗜女色、饮酒、赌博及各种斗

---

① 孙东升、马京波：《毛泽东的读书之道》，人民出版社 2014 年版，第 142 页。

鸡走狗、骑马射箭的娱乐游戏，可谓三教九流，无所不能。其父梁商也算是极有心计之人，为了让梁冀继承自己的职位，不被其他外戚势力压抑，他让梁冀在宦海磨炼了一番，梁冀在中郎将、执金吾及河南尹任上时，就做了许多坏事。

梁冀其人，可谓集政客之狡诈、流氓之无耻和纨绔子弟的骄横于一身。在其后的二十年大将军生涯中，做尽了坏事。

汉顺帝二十七岁时突然死亡，其死因至今无法考证。这正为大权在握的梁冀提供了一个绝好的机会，梁冀的妹妹梁皇后无子，梁冀便选了一个美人所生的儿子即位，是为冲帝，立梁皇后为太后，垂帘听政，其实一切大权均出于梁冀。

冲帝年仅两岁，做了五个月的皇帝就莫名其妙地死去。立嗣又成了大问题，朝中大臣议论纷纷，便把几个合适的人选都找到朝廷，其中包括清河王刘蒜、渤海孝王刘鸿的儿子刘缵。刘蒜素有贤名，太尉李固等人坚持立刘蒜为帝，但梁冀想立一个傀儡皇帝，以便自己操持大权，于是他率人拥立了只有八岁的刘缵为质帝。

刘缵虽为梁冀所拥立，在他幼小的心灵里，却并不感激梁冀，而是颇有正义感。质帝虽然早慧，但毕竟年幼，了无心机，一次，他指着梁冀轻声对朝臣说："此跋扈将军也！"这话被梁冀听见了，又恨又怕，觉得如果让质帝长大了，那自己非一败涂地不可。于是，梁冀令人把毒下在质帝要吃的面饼中，质帝吃了面饼，腹疼难耐，叫人赶快催李固进宫。质帝对李固说："我吃了毒饼，腹疼难忍，如果能喝到水，还可活命。"李固正要去取水，梁冀在旁边说："不能喝水，喝了水会吐！"于是，没有一个人敢去拿水，质帝就这样被梁冀毒死了。

李固等人觉得不能再立幼帝，拿国家社稷的命运做儿戏，就与一帮志同道合的大臣写了一封信送给梁冀，大意是说汉廷一年之中连失三帝，实非正常，如今又当立帝，此乃万事当中的头等大事，要广泛征求大臣们的意见，选立贤明之君。梁冀接信之后，虽是极不高兴，也得召集大臣们商议此事。朝廷中的三公、中二千石、列侯等聚集一堂，李固等人认为清河王刘蒜贤明年长，声望较大，又是皇室中地位最尊贵、血缘最亲近的后裔，应立为君。但梁冀所思正好相反，他想立的是十五岁的蠡吾侯刘志，而且刘志聘定了他的妹子，一旦立刘志为君，自己便是国舅。只是李固等人拥立刘蒜的理由十分充分，一时不易驳回，梁冀只好暂时宣布罢议。

到了晚上，曹腾来见梁冀。曹腾是中常侍，最会见风使舵，在审时度势上极会掌握分寸。他对梁冀说："梁将军累世是皇室的姻亲，长期掌握朝政，手下又宾客众多，难免有管束不到的地方，以至有差错甚而犯罪之事。清河王刘蒜素以严明著称，如果他做了皇帝，将军岂不是十分危险了吗？只有立刘志，才能长保富贵！"这一番话，正说到梁冀的心里去。第二天，梁冀复召集诸大臣会集，商议立君事宜，李固等人还在坚持，可梁冀做出一副杀气腾腾的样子，谁不同意立刘志，他就要杀谁。毕竟正义拗不过武力，大家无奈，只好同意立刘志为帝，是为汉桓帝。

梁冀立刻以妹妹梁皇太后的名义下令，免去太尉李固的职务，削夺其议政之权。至此，梁冀还不放心，必欲置李固等人于死地而后快。公元147年（即汉桓帝建和元年），桓帝刚立，许多人不服，于是，南郡的刘鲔、甘陵的刘文等人联合起来，打算拥立刘蒜为皇帝。梁冀知道了这件事，立刻派人镇压。梁冀的奸诈在此时发挥了巨大的作用，他灵机一动，趁势诬告李固、杜乔等人参与"谋立"刘蒜，把李固、杜乔逮捕入狱。

但梁冀越迫害李固，李固的声望就越高。李固入狱之后，李固的学生渤海王刘调戴着木枷前去上书，河内赵承等数十人也到宫门外请愿，其他的民众也在准备活动。梁太后听说以后，怕新君乍立，闹出事情，就下令放了李固。长安的百姓听说了，都觉得欣喜若狂。但不久李固、杜乔还是以"谋立"刘蒜的罪名被杀害了。李固死时五十四岁。

梁冀当权，汉朝实是梁氏的天下。梁冀一门，前后出了7个侯爵，3个皇后，6个贵人，2个大将军，夫人、女儿封邑册君者有7人，娶公主为妻者3人，校以上将官57人。梁冀多行不义必自毙，其末日已为时不远了。

可以这样讲，李固是反对外戚专权的英雄，是传统意义上的知识分子的代表，在历史上备受尊崇。毛泽东特别挑出李固来给一些中央的高级领导看，也许是别有深意的！

7

五斗米道"开了我们人民公社公共食堂的先河"

"这里所说的群众性医疗运动，有点像我们人民公社免费医疗的味道，不过那时是神道的，也好，那时只好用神道。道路上饭铺里吃饭不要钱，最有意思，开了我们人民公社公共食堂的先河。大约有一千七百年的时间了。"

在高级领导人中，毛泽东的思想与智慧与中国的传统有着更为紧密的联系，传统中的文化理想和一切看起来美好的东西都对他有着无限的吸引力。

据有关文章介绍说，在 1958 年全国掀起人民公社化运动之前，毛泽东曾于同年初在河南农村视察时说了一句"人民公社好"，据说这与后来的人民公社化运动有直接的联系。其实，像毛泽东这样的伟大领袖，做任何重大的决定都不会不经过深思熟虑，他决定大办人民公社，并不仅仅是由于他的心血来潮，这跟他一贯的思想和理想是完全一致的。而当时的历史背景和他当年正在阅读《三国志》这部史书则提供了思想的线头。

《张鲁传》篇幅不长。其中介绍张鲁说，他的祖父张陵在汉末时客居四川，于山中学道，造作道书，入道者出米五斗，因被称为"五斗米道"。陵死，儿子张衡、孙子张鲁相继传其道。不过到张鲁时，张鲁不像他的父祖那样躲入山中传道，而是出来做官的同时兼"以鬼道教民"，建立起了一定的组织，实行一系列政令措施，这些措施让贫穷的百姓既感到新鲜，又乐于参加，百姓大多信奉，纷纷加入其中，在很短时间内就形成颇有号召力的民间组织。史书之所以称五斗米道为"鬼道"，主要是因为它信奉神鬼，将教义搞得十分神秘，如初学道者被称作"鬼卒"，不守纪律的人会受到"鬼"的惩罚等等。

中国历次农民起义，大都利用道教来组织、发动农民造反，而且很有号召力。黄巾起义发生，张鲁和另一五斗米道首领张修在巴郡率领道徒响应。汉灵帝中平五年（公元188年），刘焉为益州牧，张鲁母由于传道，常往来刘焉家。初平二年（公元191年），刘焉以张鲁为督义司马，张修为别部司马，使二人率部往进击汉中，张鲁得汉中后，就断绝了通往关中的谷道，杀了汉朝使者，袭杀张修，并其部伍。兴平元年（公元194年），刘焉死，张鲁脱离刘璋，自树一帜，并觊觎夺取巴郡。

刘焉死后，其子刘璋继为益州牧，为惩张鲁的不顺，刘璋将张鲁的家室通通杀尽。从此以后，二人结仇，盘踞汉中的张鲁就成了威胁刘璋所在地——巴蜀的一大隐患。张鲁在汉中很得民心，刘璋对张鲁毫无办法。后来，刘璋主动请刘备入蜀，主要就是出于对付张鲁的考虑。直到建安二十年（公元215年），曹操领兵平陇右后，用兵汉中，才打败张鲁。张鲁在汉中以道治境并独立设官置署，前后有25年之久。张氏祖孙相继在蜀中、汉中传布道术，对日后中国道教的发展兴盛，起了很重要的作用。

张鲁在汉中建立的政权，有着突出的特点。首先表现在政教合一上。五斗米道的教义是有鬼论，认为人受鬼的监督，鬼能根据人的行为而降灾或赐福。张鲁自号"师君"，入道的一般徒众称"鬼卒"。部门首脑和带领徒众者称"祭酒"，其中统率徒众多者称"治头大祭酒"，负责某部门事务者有"都讲祭酒"等。除祭酒外，不另设其他官员。无论本地和外来者都需入道，不准有例外。其次，与黄巾起义者信奉的太平道类似，五斗米道也提倡诚信，反对欺诈虚妄。另外，还废除一切严刑酷法，务行宽惠，主张先教后刑，有小过者，先自己反省；服罪后罚修百步道路。犯重法者，先原宥三次，然后行刑。春夏禁止杀人，秋冬始能处决犯人。第三，祭酒辖区在交通路修筑义舍，备有义米义肉，行人可以量腹取用，但不得浪费。第四，禁止造酒、喝酒。市肆百物都保持平常价格，不允许暴涨暴跌现象。

可以看出，五斗米道的一些政治、经济措施是适应当时的需求，容易受到百姓的欢迎。它简化行政机构、废除残酷刑法、先教后刑、设置义舍义米、平抑物价等措施，都有一定的积极意义。这里的人民过着比较安定和睦的生活。张鲁的汉中政权呈现出这样的局面:"是夷便乐之""竟共事之""关西民从子午谷奔之者数万家"。所以张鲁能够"雄踞巴、汉垂三十年"。应该说,张鲁在汉中的政权乃是农民起义胜利的结果,是农业社会中某种文化理想暂时的、一定程度的实现,不能简单地视之为一般封建割据政权。

纵观毛泽东的思想和情感,张鲁的这些做法极容易引起毛泽东的兴趣和重视。1958年12月上旬,党的八届六中全会在武昌召开。毛泽东在会上将《三国志》中的《张鲁传》(包括正文后补充进去的裴松之的几大段注引资料)印发给参加会议的人。接着,毛泽东为了让他人看懂原文,并领会他的意思,分别于7日、10日两次就此写下了两段长文。先看10日写的批文:"我国从汉末到今一千多年,情况如天地悬隔。但是从某几点看起来,例如,贫农、下中农的一穷二白,还有某些相似。汉末北方的黄巾运动,规模极大,称为太平道。在南方,有于吉领导的群众运动,也是道教。在西方(以汉中为中心的陕南川北区域),有五斗米道。史称,五斗米道与太平道'大都相似',是一条路线的运动。又称,张鲁等行五斗米道,'民夷便乐',可见大受群众欢迎。张陵(一称张道陵,其流风余裔经千年转化为江西龙虎山为地主阶级服务的极端反人民的张天师道,《水浒传》第一回有洪太尉误走魔鬼戏极神气的描写,一看使人神旺,同志们看过了吧?)、张衡、张鲁祖孙三世行五斗米道。其法,信教者出五斗米,以神道治病;置义舍(大路上的公共宿舍);吃饭不要钱(目的似乎是招徕关中区域的流民);修治道路(以犯轻微错误的人修路);'犯法者三原而后行刑'(以说服为主要方法);'不置长吏,皆以祭酒为治',祭酒'各领部众,多者为治头大祭酒'(近乎政社合一,劳武结合,但以小农经济为基础)。这几条,就是五斗米道的经济、政治纲领。中国从秦末陈涉大泽乡(徐州附近)群众暴动起,到清末义和拳运动止,二千年中,大规模的农民革命运动,几乎没有停止过。同全世界一样,中国的历史,就是一部阶级斗争史。"①

在这段批文中,毛泽东指出了两个基本意思:一是从汉末到今一千多年来虽然发生了很多变化,但有些问题还是基本相同的,例如,"贫农、下中农的一穷二白,还有某些相似";二是五斗米道是根据当时的历史情形创立的,受到了贫苦百姓的欢迎,有其历史的合

---

① 《毛泽东读文史古籍批语集》,中央文献出版社1993年版,第148—151页。

理性。总的看来，毛泽东是肯定了五斗米道的。而在另一篇批文里，这样的意思就更加明确了："这里所说的群众性医疗运动，有点像我们人民公社免费医疗的味道，不过那时是神道的，也好，那时只好用神道。道路上饭铺里吃饭不要钱，最有意思，开了我们人民公社公共食堂的先河。大约有一千七百年的时间了，贫农、下中农的生产、消费和人们的心情还是大体相同的，都是一穷二白，不同的是生产力于今进步许多了。解放以后，人们掌握了自己这块天地了，在共产党的领导之下。但一穷二白古今是接近的。所以这个《张鲁传》值得一看。张鲁的祖父创教人张陵，一名张道陵，就是江西龙虎山反动透顶的那个张天师的祖宗，《水浒传》第一回描写了龙虎山的场面。三国时代的道教是遍于全国的、群众运动的。在北方有天公将军张角三兄弟最为广大的革命的群众运动，他们的口号是'苍天已死，黄天当立'。苍天，汉朝统治阶级。黄天，农民阶级。于吉在东吴也有极大的群众运动，是那时道教的一派。张道陵、张鲁是梁、益派。史称这派与北方派的路线基本相同。其后，历代都有大小规模不同的众多的农民革命斗争，其性质当然与现在马克思主义革命运动根本不相同。但有相同的一点，就是极端贫苦农民广大阶层梦想平等、自由，摆脱贫困，丰衣足食。在一方面，带有资产阶级急进民主派的性质。另一方面，则带有原始社会主义性质，表现在互助关系上。第三方面，带有封建性，表现在小农的私有制、上层建筑的封建制——从天公将军张角到天王洪秀全。宋朝的摩尼教、杨么、钟相，元末的明教、红军，明朝的徐鸿儒、唐赛儿、李自成，清朝的白莲教、拜上帝教（太平天国）、义和团，其最著者。我对我国历史没有研究，只有一些零星感触。对上述性质的分析，可能有错误。但带有不自觉的原始社会主义色彩这一点是就贫苦的群众来说，而不是就他们的领袖们（张角、张鲁、黄巢、方腊、刘福通、韩林儿、李自成、朱元璋、洪秀全等等）来说，则是可以确定的。现在的人民公社运动，是有我国的历史来源的。我国的民族资产阶级没有来得及将农民中的上层和中层造成资本主义化，但是帝国主义与封建主义的反动联盟，却在几十年中将大多数农民造成了一支半无产阶级的革命军，就是说，替无产阶级造成了一支最伟大最可靠最坚决的同盟军。"①

①《毛泽东读文史古籍批语集》，中央文献出版社1993年版，第142—148页。

在这篇批文里，毛泽东可以说是详细地分析了五斗米道的性质，认为是"带有资产阶级急进民主派的性质"。另一方面，则带有"原始社会主义性质"，表现在互助关系上。第三方面，带有"封建性质"，表现在小农的私有制、上层建筑的封建制——从天公将军张角到天王洪秀全。应该说，除了"带有资产阶级急进民主派的性质"这一分析不够准确之外，说其带有原始社会和小农私有制的性质是十分准确的。但是，应该看到的是，毛泽东并没有因为分析了其性质而对其加以否定，恰恰相反，毛泽东还认为人民公社、公费医疗等现实的制度和措施都是有深厚的历史渊源的，并进而认为在历史上曾经产生和成功地实践了一段的东西也可以在现实中实现。毛泽东的两次批文所反映的思想，基本都是坚持认为对于贫穷落后的农民来讲，汉末的五斗米道与人民公社，是受欢迎的运动；平均主义、阶级斗争，是改变一穷二白的"经济、政治纲领"。也就是说，在中国，群众运动是有历史传统的，阶级斗争是推动历史前进的动力。由此可以推出这样的结论，人民公社这个新事物，在历史上曾经有其雏形，是符合中国国情的必然产物，因而应该积极支持。《张鲁传》值得一看，因为其中蕴藏着这样的思想："现在的人民公社运动，是有我国的历史来源的。"

事实上，不但人民公社运动，就是"三面红旗"（总路线、"大跃进"、人民公社），以及1962年强调的阶级斗争，都不是跟这个《张鲁传》没有关系的。毛泽东古为今用有很多的地方，但将《三国志·张鲁传》里记载的内容当作指导中国社会主义革命和建设的有益参考，并化为实际行动，却与历史的发展与社会的进步不相适应，应该说没有成功，走了一段弯路。

但毛泽东是一个伟大的理想主义者，他从人民的利益出发，为人民的生活着想，尝试着以最快的方式实现社会的平等和富裕，其精神是值得肯定的。而且，无论是五斗米道，还是人民公社化，其中所蕴含的原始共产主义的思想因素也还是有着积极的意义的。

8

"世界是青年的，长江后浪催前浪"

自古以来，大学问家、发明家，开头都是年轻人，被人看不起的人，受压迫的人，或者学问比较少的人。甘罗、贾谊、刘项、韩信、释迦、颜子、红娘、苟灌娘……杨振宁、李政道、郝建秀、聂耳、哪吒、兰陵王。

所谓长江后浪催前浪，世上新人换旧人。历史总是在不断发展的，谁也不可能永远占据着一定的位置而不变动。"世界是我们的，也是你们的，但是归根结底是你们的。"[①]这一著名的论断，被广为传诵，也被我们铭记在心，因为它是符合唯物辩证法和历史发展规律的。

在下面的论述中，毛泽东举出了一系列成功的"年轻人"："从古以来，发明家都是年轻人，卑贱者，被压迫者，文化缺少者"。[②] 为了证明这个观点，他一口气举出古今中外31人为例，王勃当然在内，甚至把舞台上的红娘、神话中的哪吒也算上了。……世界是青年的，长江后浪催前浪，譬如积薪，后来居上。这里我们说一说贾谊。

贾谊是一位少年才子，也是中国历史上十分著名的人物，这不仅由于他是一个著名的文学家，更主要的是因为他是一个著名的政论家，尤其是他怀才不遇的命运，激起了历代无数具有相似命运的知识分子的共鸣。

---

① 《建国以来毛泽东文稿》第 12 册，中央文献出版社 2023 年版，第 104 页。
② 《建国以来毛泽东文稿》第 12 册，中央文献出版社 2023 年版，第 343 页。

如何长治久安一直是秦汉以前中国政治体制的核心问题，秦代以前的夏、商、周三代靠分封制而维持了数百年的时间，但随着时间的推移，这种分封制显然已不再适合，所以秦朝吸收了前代的教训，实行了郡县制。然而，由于秦朝暴虐无道，二世而亡，所以，汉朝又在一定程度上沿袭了分封制。但各诸侯国的反叛迹象不久就显现出来了。

贾谊在其著名的政论文《治安策》中做出了这样的分析。设立诸侯国，本来就必然会出现诸侯与朝廷之间相互疑忌的形势，地方上就要经常遭受祸害，诸侯要考虑与朝廷的关系，朝廷也要经常担忧，这实在不是用来安定地方和巩固朝廷的办法。现在的情况是，要么是弟弟阴谋在东方称帝，要么是哥哥的儿子向西边进攻，如今，又有人告发吴王的不法行为了。皇上的年岁正当盛壮之时，做事得当，没有过分的地方，甚至对他们的恩惠还有所增加，他们还想这样做，何况那最大的、权力超过他们十倍的王侯呢？

但是，现在天下还较为安定，这是为什么呢？因为各大诸侯国的国王还年幼没有长大，朝廷中有太傅、国相掌握着权力。几年以后，各个诸侯王都长大了，他们年轻气盛，血气方刚，朝廷为他们所设的太傅、国相就会以有病为理由而被罢免，他们就会把县丞、县尉以上的官职都安排给自己人，这样做，还有和淮南厉王、济北王的做法有不同的地方吗？这时就是要把国家治理得很安定，即使是尧、舜统治也是做不到的。

黄帝说过："日头当顶时就一定要晒东西，手里拿刀时就要割东西。"现在假使能够按照这个谋略办事，想使国家安定下来是很容易的，如果不肯早这样做，终将会毁掉骨肉亲属了。如果真的是这样，和秦朝末年又有什么不同呢？

现在，凭借着天子的地位，利用有利时机，借着上天的帮助，尚且不愿将危急的局面转为安定，把乱世变得太平，假使陛下处于齐桓公的情况下，还能联合诸侯而匡救天下吗？我知道陛下是不能这样做的。假王设天下和从前一样，淮阴侯还在楚地做王，黥布在淮南做王，彭越在梁地做王，韩王信在韩地做王，张敖在赵地做王，贯高做赵国的国相，如果这些人都在，这时陛下就天子之位，能得到安定的局面？我有理由知道陛下不能得到安定的局面。天下混乱时，高皇帝和他的部下同时起兵，没有卿大夫的地位来预先作为依靠。他们中间幸运的做到中涓的官职，次一点的做到舍人，其才能远远不如高皇帝。高皇帝圣明威武，登上帝位，分割肥沃的土地，用来封他们为诸侯，封地多的有一百多座城，少的是三四十个县，恩德实在太深厚了。但在十年中间，谋反九起。现在陛下和诸侯王的关系，并不是您和他们较量过，才能超过他们才使他们称臣的，又不是您亲自封他们为诸侯王的，即使是高皇帝，也不能把这种局面平安地维持一年，因此我知道您是无法求得安定的。

但也还有理由推托，说是因为那些人和帝王的关系疏远。现在就看看和帝王关系亲密的人吧。假使让悼惠王在齐地做王，元王在楚地做王，中子刘如意在赵地做王，幽王在淮阳做王，共王在梁地做王，灵王在燕地做王，如果这六七位地位显贵的人都还健在的话，即使陛下就皇帝位，能把国家治理得好吗？我又知道陛下不能把国家治理得好。像这些王侯，虽然名义上是臣子，实际上心里都认为自己与皇帝的关系就如与平常百姓的关系一样，是一种兄弟关系，没有人不打算采用皇帝的制度来自己做天子的，他们擅自卖官鬻爵，制定法律，严重的是有的人坐车撑上了黄伞盖，不照朝廷法令办事，像厉王那样，犯法越轨，不听命令，即使到了朝廷，法律又哪能用到他们头上呢？触动了一个亲戚，天下的王侯便会一起瞪眼起事，陛下臣子中，即使有像冯敬那样勇猛无畏的人，又有什么办法呢？一开口说话，还没有来得及实施，刺客的匕首就刺进他的胸膛了。陛下虽然英明，又有谁来为您管这种事呢？

所以关系疏远的诸侯肯定会遭受危险，关系亲密的诸侯肯定会发生叛乱，这是已经验证了的事实。那些依仗自己强大而反叛的诸侯，朝廷幸好已把他们战胜了，却未能消除他们作乱的原因。同姓的诸侯王仿效异姓诸侯王的路子来造反，已经显示出预兆了。平息了的叛乱局面又要恢复重演，祸害变化，不知会如何发展，英明的帝王处在这个时代，还不能求得国家安定，后来的帝王将怎么办哪！

有个宰牛人一天能解十二头牛，可是他锋利的刀刃却不钝，他砍、剥、割，都是照骨肉的纹路下刀的。至于胯骨、腿骨一类筋骨交接的地方，就用斧头砍，所以他的刀才能常锐不钝。仁义恩德，是帝王锋利的刀刃，权势和法令，是帝王的斧子。现在诸侯王，都是胯骨一类的大骨头。不用斧头，而想用锋利的刀刃去砍削，我认为刀刃不是缺口就是折断。为什么不把仁义恩德用在淮南王、济北王身上呢？是形势使人不能那样做啊！

我私下考察从前的事，大致是势力强大的诸侯先行谋反；淮阴侯韩信在楚做王，力量最强，就最先谋反；韩王信依仗匈奴的势力，便又谋反；贯高靠着赵国的力量谋反；黥布利用淮南的条件谋反；彭越利用梁地的条件谋反。长沙王封地只有二万五千户，功劳少，可是最完整的保全下来了，他和天子的关系疏远，但对朝廷最忠诚，这不单是因为长沙王性格和他人不同，也是他所处的形势所决定的。如果让樊哙、郦商、周勃、灌婴这些从前的忠臣，占据几十座城为王，现在可能也早因作恶败亡。而韩信、彭越之类的枭雄，只是被封为朝中的彻候，也许还能保全至今。

从这里就可以知道治理天下的大计了。要想各诸侯王归附朝廷，永远不能反叛，便没有什么办法比让他们像长沙王那样更恰当，想要臣子避免他们被剁成肉酱的命运，便没有什么办法比得上让他们像樊哙、郦商等人那样；如果想把天下治理得太平，没有什么办法比分封很多诸侯而减弱他们的力量更有效。力量小了就容易对他们施行仁义，诸侯国小了就不会产生谋反的念头。使得天下形势，如同身体指挥手臂，手臂指挥手指，随心所欲，没有不能控制的。诸侯国的君王，便都会受到控制，使他们归附天子，如同车轮上的辐条聚集到车轴的中心一样。即使是普通的百姓也知道这样天下可以安定，因而全国的人都知道陛下英明。分割土地，规定制度，把齐、赵、楚分为若干个诸侯国，使悼惠王、元王的子孙都按次序各得祖先的一份封地，直到分完为止。至于对待燕、梁和其他国家，也都这么办。有的诸侯王因为犯罪，封地被朝廷没收了，便要迁出他们所占原诸侯的土地，到分封诸侯王子孙时，便按原来的还给他们。一寸地，一个人，天子都没有得到好处，确实只是为了把天下治理得安宁，因此天下的人都知道天子廉洁。分封土地的制度确定以后，皇族子孙没有人不担心不会封王的，天下的人没有叛逆的念头，朝廷上没有诛讨的想法，因此天下的人都知道天子仁爱。制定了法律之后，就没有人违犯，推行政令也没有人抵触，像贯高等人那样叛乱的阴谋不会出现，像柴奇、开章那样的计谋不会萌生，乡人做善事，朝廷大臣也十分和顺，因此天下的人都知道陛下重义崇德。这样，就是让一个婴儿坐在皇位上统治天下，国家也会安定，即使立一个无依无靠的遗腹子做皇帝，让臣子朝拜先帝的衣冠，天下也不发生动乱，陛下在位之日，国家治理得很好，后代的人会赞颂陛下圣明。采取这样一个措施，就会建立数种卓越的功业，不知陛下为什么不这样做呢？

现在国家的形势，好像一个人正患脚肿病，一条小腿肿得像腰一样粗，一个脚趾几乎像大腿一样粗，平时不能屈伸，一两个指头抽搐，就全身觉得疼痛，感到失去了依托。错过了今天的机会不去治疗，一定要成为不治之症，以后即使有扁鹊那样的名医，恐怕也不能挽救了。现在还不只是脚肿病，还被脚的扭折变形折磨得十分痛苦。楚元王的儿子，是陛下的堂弟，现在的楚王，是陛下堂弟的儿子。齐惠王的儿子，是陛下的亲哥哥的儿子，现在的齐王，是陛下的哥哥的孙子。与陛下最亲近的人有的没有得到分封的土地来帮助陛下安定天下，与陛下关系疏远的人有的控制大权来威胁天子。所以说不仅是脚肿病，还有被脚肿扭折变形而折磨的痛苦。

贾谊的建议在汉文帝时期没有得到施行，后来，在汉景帝时果然发生了吴、楚七国之乱，西汉政权几乎因此而灭亡。

贾谊不愧是中国历史上著名的才子，说他是才子，绝不仅仅是因为他小小的年纪就能写出漂亮的诗文，主要是因为他有那样深远的政治洞察力。贾谊可谓见微知著，及早地预见到了西汉的政治危机，可是，由于权力斗争中小人的谗毁，他最终被流放，他的建议当然也没有被采纳，所以不久就产生了著名的"吴楚七国之乱"，而分封制带来的矛盾，直到武帝时期发布了《推恩令》才解决。

"世界是青年的，长江后浪催前浪，譬如积薪，后来居上。"[1]毛泽东就是以他的大无畏的革命精神来分析历史的发展的，也正是因为如此，毛泽东才保持了革命的激情和青春的活力。

---

[1]《建国以来毛泽东文稿》第 12 册，中央文献出版社 2023 年版，第 345 页。

9

"现在研究王莽，要拿很公平诚恳的
态度来研究的"

> "盖因王莽代表农民利益，不得地主阶级拥护。刘秀则代表地主阶级之利益，故能得最后之胜利。"

唐代的大诗人白居易曾经写了这样几句诗：

周公恐惧流言日，王莽谦恭未篡时。

向使当初身便死，一生真伪复谁知？

历史上对于王莽的评价是极低的，阴谋家、伪君子、刽子手等等不一而足。毛泽东的有关论述给我们提供了重新审视王莽的正确思路。毛泽东说："关于王莽变法，汉时一般做史的人——范晔、班固、班昭等———因为他们吃的汉朝的饭，要给汉朝说几句好话，把王莽说得怎么坏。其实王莽也不是怎么不得了的一个坏人。我们现在研究王莽，要拿很公平诚恳的态度来研究的。均田制是王莽时倡的，可见他注意农民问题了。因为农民问题最重要者其唯土地，而他先节制田地。地主阶级见王莽所行的政策，诸多不利于己，欲寻一代表本身利益之人，起而代之。而刘秀遂于是时起来了。倡人心思汉，以迷惑一般人之目耳。盖因王莽代表农民利益，不得地主阶级拥护。刘秀则代表地主阶级

143

之利益，故能得最后之胜利。"①

"要奋斗到死，没有死就还没有达到永久奋斗的目标。从前有一首诗说：'周公恐惧流言日，王莽谦恭下士时，倘使当年身便死，一生真伪有谁知？'这在我们的历史学家那里叫做'盖棺论定'，就是说，人到死的时候，才能断定他是好是坏。假使周公在那个谣言流传的时候就死了，人家一定会加他一个'奸臣'的头衔；又若王莽在那个谦让卑恭的时候死了，那后世人一定会赞扬他的。不过我们现在不是讲历史，那两个人究竟孰好孰坏，我们不论，然而它说明了人只有到死，才可以论定他的功罪是非。"②

那么，王莽到底是书生，是政治家，还是阴谋家？看来很难说清楚了。问题是按照成者为王、败者为寇的逻辑，王莽肯定是阴谋家。但如果按照辩证唯物主义的方法来研究王莽，那就会出现另一种不同的情景。

西汉与东汉之间，隔了一个短短的朝代，这就是历时十八年的王莽新朝。一般的历史著作不大提这一朝代，认为是西汉和东汉两个朝代的衔接过渡阶段，是汉朝的暂时中断。其实，这还是应当算作一个独立的朝代，不仅因为王莽正式称帝建年号，还因为他掌握了实际政权、颁布实行了许多重要的政策法令。新朝的王莽，就是一位中国历史上独一无二的由书生通过出仕的和平方式而走上帝位的书生皇帝。

公元16年，即汉成帝永始元年，王莽因为是王太后的侄子，被封为新都侯，这时，王莽三十岁。又过了七八年，王莽看准时机，揭发了废后许氏伙同王长、王融希望重为皇后的一系列阴谋，由原大司马王根推荐，做了大司马，从此，王莽开始了他沽名钓誉的生涯。

王莽做了大司马，决心要在名声上超出他的上辈，于是就礼贤下士，延揽名士作为幕僚，并做出一副极其清廉高洁的样子，每当从朝廷上得了赏赐，他都全部分给宾客僚属，自己分文不取；在生活上，他也格外节俭，穿的是破旧的衣服，吃的是素淡的饭菜，几乎和一般的百姓没有什么两样。一次，王莽的母亲有病，朝廷上的公卿侯爵多派夫人前来探视，这些人都穿着绫罗缎匹，头上戴着珠宝首饰，王莽的妻子急忙出门迎接，穿

---

① 廖盖隆主编：《毛泽东评点〈二十四史〉精编》，陕西师范大学出版社1998年版，第413页。
② 《毛泽东文集》第2卷，人民出版社1993年版，第191页。

的是粗布衣服，衣不曳地，裙子才刚刚盖过膝盖。客人们以为她是王家的仆妇，等悄悄问过别人之后，才知道她就是王莽的妻子。王莽家招待客人礼数十分周到，但仅是清茶一杯而已。自这以后，王莽开始有了清廉俭约的名声。

不仅如此，王莽还博得了直臣的美名。一次，太皇太后王氏设宴邀请傅太后、赵太后、丁皇后等人一同聚会，主事官员在座位正中摆下一把椅子，归太皇太后坐，在旁边又摆下一把椅子，归傅太后坐，其余则排列两边。这时王莽走进来，大声喝问："上面为什么设着两个座位？"主事官员回答说："一个是太皇太后的，一个是傅太后的。"王莽说："傅太后乃是藩妾，怎得与至尊并坐，快撤下来！"傅太后听说她的座位被撤掉，就没来赴宴。后来，傅太后胁迫哀帝罢免王莽，王莽听到了消息，马上自请免职，哀帝也未加挽留，就这样，王莽又回到了他的新都封地。不过，这件事虽使他遭到罢官，却为他赢得了更多的名声，大众都认为王莽有古代大臣的风范。

西汉末年，朝廷各方面均已显得十分腐败，别的不说，仅举汉哀帝宠爱男色的一件事就足以说明。董贤的父亲曾任御史，因此董贤得以为太子舍人，当时年纪才十五六岁，后来哀帝偶尔在殿中看到他，还以为他是女扮男装，一见之下，竟倾心相爱，再加上董贤惯会柔声下气，搔首弄姿，更让哀帝宠爱，以致两人食同案、寝同床，形影不离，后来连董贤的妹子和妻子也轮流陪哀帝寝居。董贤一家，也是平步青云，真是独邀主宠，公侯满门。哀帝对董贤的宠爱，更是到了痴迷的程度。一天，哀帝和董贤一起午睡。哀帝先醒，见董贤还在沉睡，就想悄悄起身，没想到衣袖被董贤压住，为了不惊醒董贤，哀帝竟把袖子割断起身。就这一件事就可知道，朝政无法不糜烂，国势无法不衰弱。王莽也正是在这种情况下才由官僚一步步地篡取皇位的。

哀帝荒淫过度，于二十六岁而亡，董贤虽对哀帝忠心耿耿，怎奈不习事务，无法理丧，太皇太后王氏便命王莽入都帮助董贤治理丧事。这又给了王莽一个捞取政治资本的大好机会。王莽入朝，先不问丧事如何办理，先顺应人心，罢黜了董贤，使他自杀，并将董贤一家迁徙他地，将其家产估卖充公，然后才料理了哀帝的丧事。

王莽独掌大权以后，便与太皇太后商议，迎立中山王箕子为嗣。王莽为了讨好太皇太后，把平时得罪她的傅、赵等太后一概贬降，致使许多人自杀，太皇太后倒是满心欢喜，以为王莽替她出了口恶气，其实这是王莽在为自己以后进一步夺取政权扫清道路。

箕子即位，是为汉平帝。当时平帝只有九岁，一切权力，均由王莽把持，就是太皇太后王氏，也被王莽哄得团团转，朝廷中的正直大臣，见王莽专权，贬降太后，擅立新君，渐无人臣之礼，大多数陆续辞职引退；在朝的官员，多趋炎附势，尤其是历任三朝的大司徒孔光，竟去揣摩王莽的心意，奉承王莽。不过，王莽自己也很明智，他知道自己多半是靠了太皇太后王氏的信任才得以独揽大权的，人心其实并未收拢。王莽既不懂征战，又不懂治国安民，收拢人心的办法，只有靠弄虚作假或是矫情作伪。

王莽想了多日，终于想出一个办法。他秘密派人前往益州，告诉地方长官，让他买通塞外蛮夷，假称越裳氏，献入白色雉鸡。平帝元始元年正月，塞外果有蛮人入朝，说是由于仰慕汉朝德仪，特来人献白雉一只。王莽一听，非常高兴，立即禀告了太皇太后，把这只白雉送到了宗庙里。亏得王莽读过书，才想出了这个办法。原来，周朝成王的时候，越裳氏也曾来中原献白雉，王莽是想把自己比成辅佐幼主的周公，才买通塞外蛮夷来汉献雉。其实群臣都知是王莽所为，但谁也不愿揭破，反而仰承王莽的意思，说大司马王莽安定汉朝，当加为安汉公。太皇太后即日下诏，王莽故作姿态，上表一再辞谢，并要求加封迎立平帝有功的孔光等人，自己最后只受爵位，退还了封邑。

王莽还大封刘氏宗室，凡刘氏王侯，只要有后者，一概升爵封赏，退休的士大夫及其子女，也都给予俸禄，甚至对孤寡老人，也遍济周恤，使得天下吏民，无不称道。后来，王莽又上书太皇太后，说她年事已高，不宜处理小事，凡封爵以下诸事，均交自己处理。太皇太后当然依议，于是，天下就更是只知王莽而不知汉天子了。

王莽还不满足，又秘密派人买通献瑞。第二年，黄支国献犀牛，汉廷上下均感惊异，都觉得黄支国远在海外，从不和汉朝交往，难道又是仰慕安汉公王莽的威仪，前来拜服。随后，又接到南方某郡的报告，说是江中有黄龙游出。祥瑞迭出，真是称颂不已。

这年夏天却出现了罕见的大蝗灾，就是王莽再有本领，也无法把这说成是祥瑞之事，于是另有新招，借灭蝗来提高自己的威望。王莽一面派官吏查勘，准备救济灾荒，一面启奏太皇太后，宜减衣节食，为万民做出榜样。尤其是王莽自己，戒除荤腥，不杀生灵，还出钱百万，献田三十顷，以充做救灾费用。朝廷公侯见王莽如此大方，也不好不效法，先后捐款捐物的多达二百多人。过了不久，连下阴雨，蝗灾渐退，稼禾复生，大家都说安汉公德感天地，王莽由此又得到了一片赞誉之声。

平帝十二岁时，王莽建议选立皇后，并采用古礼，选娶十二名后妃。王莽令人选择世家良女，造册呈入。主管官员揣摩王莽的用意，多选豪门士族之女，尤其是王氏女子，几乎占了一半，连王莽的女儿也在内。王莽本想让自己的女儿独占后宫，又不便明言，就故意启奏太皇太后，说是王氏女子应该一并除去。太皇太后正弄不清什么意思，群臣却议论汹汹，都要求立王莽的女儿为皇后。王莽还要再选十一名凑数，群臣尽皆抗议，说只需王皇后一人即可。太皇太后优柔寡断，只好听从了王莽和群臣的建议。王莽又把皇室所赏赐的钱物拿出八九成分赐给其他随嫁媵女及其家属，更使别人感恩戴德。

王莽这样做事，有时太过露骨，连他的儿子王宇也看不惯。王宇怕日后出事，屡次劝谏王莽，王莽概不听从。王宇无法，便派人在王莽门前洒上血迹，王莽迷信，也许会相信那是上天垂戒，多少加以收敛。没想到洒血的人竟然被卫兵发现逮捕，连累王宇，王莽竟因为这么一点小事就杀死了他的亲生儿子及其同党，并把平帝生母卫氏的家族及其支族尽数屠戮，只留下卫后一人。

王莽之女既为皇后，他就更加想方设法地讨太皇太后的欢心。他认为太皇太后年老体弱，独居深宫一定十分憋闷，就建议她外出旅游，并借机存问孤寡。太皇太后当然求之不得，立刻答应，王莽还准备了许多钱帛牛酒，沿途赏赐穷困老弱之人，弄得万民拜呼，好不热闹。再加上所到之处都是名胜古迹，老妇人仿佛到了另一个神奇的世界，真是说不尽的欢愉。

王莽之讨好太皇太后，真可谓体贴入微。太皇太后有一个弄儿，有一次生病，住在宫外，王莽以安汉公的身份，竟亲自去探望，使得那个弄儿十分感激。病好入宫之后，在太皇太后面前极言王莽的好处，太皇太后认为王莽实在是孝顺极了，别说是侄子，就是亲生儿子也远远比不上啊！

王莽行事有两个特点，一是处处遵循古制，一是相信符命灵异。其实，这是王莽笼络人心的手段，至于他自己是否发自内心，却是十分难说。王莽根据周朝的先例，特别创议，设立明堂灵台，还建造了近万间学舍，专门招纳儒士名人，设官考校，贤者为师，贤陋者为徒。

群臣极尽阿谀奉承之能事，向太皇太后王氏奏请说，当初周公辅政七年，制度乃定，如今安汉公辅政才四年，就大功告成了，应当把安汉公升到宰相的地位上去，列于诸王之上，并应加赐九锡。太皇太后一概应允。这期间，上书请加封安汉公的就有近五十万人，太皇太后见朝野上下如此恭维王莽，也弄不清真假，只是加紧催办，行九锡之封典。九锡封典是中国古代社会最高级别的封赏仪式，王莽受九锡之后，其德望权位，仪仗用度，几与皇帝不相上下。

平帝年已十四，智慧渐开，知道王莽挖掘太后坟墓，且杀尽舅族，只剩母亲一人，还不许相见，曾十分愤慨地说："我若长大，一定报了此仇！"王莽的心腹告诉了王莽，王莽怕日后平帝长大参政，就送入毒酒，毒死了平帝。

王莽压制住群臣的意见，主张迎立宣帝的玄孙刘婴为皇帝。这时，各地的官民纷纷来献符瑞，长安挖井得石，上书"安汉公莽为皇帝"等彤红大字，各地符命，陆续来到长安。王莽让人告诉太皇太后，这位喜谀庸碌的太皇太后到了此时才算明白，厉声呵斥说："这些都是欺人妄语，断不可施行。"但她已阻止不了王莽，只好下诏，让王莽当假皇帝。

王莽为假皇帝后不到一月，刘氏宗室就有人起兵讨伐王莽，再加上农民起义军，一直攻打到了长安。王莽派兵镇压，基本消灭了这次联合进攻，王莽的威德似乎又牢固了一层。这时，王莽又得到了一项符示。原来，梓潼人哀章，狡诈灵滑，看准王莽的心思，想趁机弄个官做。于是，他暗制一铜匣，扮作方士模样，在黄昏时交给了高祖的守庙官。王莽收到后打开一看，其中断言王莽当作真天子，下列佐命十一人，一是王舜，二是平晏，三是刘歆，四是哀章，五是甄邯，六是王寻，七是王邑，八是甄丰，九是王兴，十是孙建，十一是王盛。

王莽当然知道这是假的，但他正好弄假成真，借此作为篡权的依据。初始元年十二月一日，王莽率领群臣朝拜高祖庙，拜受金匮神禅，回来后谒见太皇太后，说秉受天命，自己应当当皇帝，太皇太后正要驳斥，王莽已管不了许多，即跑出内宫，改换天子服饰，走至未央宫，登上龙廷宝座，文武官员，也一律拜贺。王莽写好诏命，正式颁布，定国号为新，改十二月朔日为始建国元年正月朔日，服色尚黄，牺牲尚白。

刘婴只是立为太子，并未做皇帝，所以玉玺一直由太皇太后保管。王莽派王舜去索取玉玺，太皇太后不能不予，便狠狠地往地下一摔，这块自秦朝传下的传国玉玺，从此便缺了一角。

王莽既得汉朝，便须依照符命所示，尽封十一人官职，其余九人倒还好说，只是王兴、王盛二人，乃是哀章假造出来，取王莽兴盛的吉利之意，哪里再去寻找？好在同姓的很多，同名者亦在不少，访得一个城门令史王兴，还有一个卖饼的男子王盛，俱拜为将军。王莽又嫌自己的出身不够堂皇正大，自称为黄帝虞舜的后裔，尊黄帝为初祖，虞舜为始祖，凡姚、妫、陈、田、王诸姓，皆为同宗。这样，王莽既有了渊源，又有了宗族，可谓是天命攸归的真龙天子了。

王莽建立新朝以后，颁布了许多令人莫名其妙而又啼笑皆非的措施。新始建国二年，王莽根据古书《周礼》《乐语》上的传闻记载，开赊贷，立五均，平物价，抑兼并，发货款。并令凡有田不耕者，城郭中宅不种菜植树者，民浮游无事者，都要交税。采矿、渔猎、畜牧、蚕桑、纺织、补缝、工匠、医、巫、卜、祝、方技、商贩，纳其利的十分之一上缴。并多次改铸货币，尤其是改动地名、官名，改来改去，令人记载不清，书写不明，以至下诏令时需注明原地名才能看明白。

当时天下官吏不得俸禄，生活所迫均从奸利所出，王莽追查始建国二年以来贪污致富的人，没收其财产的五分之四，并命令下级揭发上级、仆人揭发主人。这样做的结果，不仅没能制止住贪污，反而使贪污更甚。新朝天凤六年，王莽又宣布每六年改元一次，自言"当如黄帝升天"，其目的是欺骗百姓，但百姓受欺已久，不再上当。

新朝地皇元年（公元20年），王莽再次宣布自己是黄帝的后人，造九庙，黄帝庙高十七丈，工费数百万，造庙士卒徒隶多为迁徙而死。

由于政治极其腐败，王莽新朝的诸多措施根本不符合实际，所以王莽政权遭到了从官吏豪强到普通百姓的一致反对。从新朝十多年开始，刘氏宗族及各地豪强就不断起兵反抗，后遇天灾，绿林、赤眉两军更是声势浩大。公元23年，即新莽地皇四年，王莽派王邑、王寻率兵四十二万，号称百万，进攻起义军。刘秀等人有勇有谋，以数千人在昆阳破敌几十万人，使王莽的主力军从此崩溃，奠定了起义军胜利的基础。就在起义军进攻长安的危急时刻，王莽仍相信天命，他居然率群臣至长安南郊，号哭祭天，凡哭得哀痛者都授以官职，官吏及平民因哀哭而封官的有数千人之多。公元23年9月，起义军攻入长安，王邑等战死，王莽率大臣入渐台，被义军围攻，王莽为商人杜吴所杀。

中国历史上绝无仅有的书生皇帝就这样结束了他的一生，死时六十九岁。

的确，王莽处心积虑地想篡夺西汉政权，想过过皇帝瘾，这是无可否认的事实；他利用太皇太后王氏对他的信任，一步步地攫取权力，树立威信，利用弄虚作假、矫情作伪的手段收拢人心，这也是事实。但是，作为今人，我们要探索的，不是王莽该不该篡权，汉朝和王莽的新朝究竟谁是正统，也不是去评价王莽的道德品质，因为这些对我们来讲并无多大的意义，我们要探索的重点是，王莽是不是一个纯粹的骗子，纯粹的野心家，身上是否连一点文人学士的影子都没有？

公平地讲，王莽身上还是有着浓厚的书生的影子，在托古改制问题上，他一方面确实是在拉拢人心，另一方面，也不能否认他对古代有深厚的感情，真诚的向往，否则，他明知仿效古制并无多大收拢人心的作用，为什么还要坚持那样做呢？在相信符命问题上，他确有借此登基做皇帝的目的，但在他内心深处，他还是有些相信的，否则，每到紧急关头，他总是求助于神灵，为什么没有奋起抵抗或是另求他法呢？所以，在王莽的身上，既有虚伪、奸诈、残忍的一面又有书生善良、真诚、教条、死板的一面，只是作为一个篡位皇帝，他这一面很难被人发现罢了。

在一些政策法令和对待起义军的态度方面，更显出王莽的书生本色。他本以为占礼对百姓会对他那样有效，所以仿效周代，企图建立一个理想的道德社会，但由于他十足的书生气反弄得天下大乱，自己变成了桀纣。至于对待农民起义，他就更像一个稚气十足的小学生了。

毛泽东用阶级分析的观点来看待王莽，认为王莽"注意农民问题了。因为农民问题最重要者是均土地，而他先节制田地"，这是极有意义的发现，但王莽是一个"理想主义"者，他的政策使得"地主阶级见王莽所行的政策，诸多不利于己，欲寻一代表本身利益之人，起而代之"，这时，刘秀应运而生了，"刘秀则代表地主阶级之利益"，以"人心思汉"为号召，"以迷惑一般人之耳目"，结果成功了。毛泽东的分析可谓抓住了要害，在我们面前开辟出一片新的天地。

10

蜀汉之败，"其始误于隆中对"

> "其始误于隆中对，千里之遥而二分兵力。其终则关羽、刘备、诸葛三分兵
> 力，安得不败。"

一般认为，诸葛亮身居茅庐就对天下大势了如指掌，刘备一问之下，他就能以三分天下的策略相对，历来被传为美谈，也被历代的有志之士敬仰和倾慕。甚至有人说诸葛亮还是一位伟大的历史预言家。然而，毛泽东却不这样认为。他说："其始误于隆中对，千里之遥而二分兵力。其终则关羽、刘备、诸葛三分兵力，安得不败。"① 这真是一语而翻千古定案。毛泽东不愧是伟大的战略家，可以说，他将诸葛亮"三分天下"的缺点和局限给一语道破了。

我们还是先来看看诸葛亮的《隆中对》，其大意如下。诸葛亮在南阳亲自耕种田地，十分喜欢吟唱《梁甫吟》这支曲子。诸葛亮身高八尺有余，常常把自己比作春秋战国时期的管仲和乐毅，然而，当时的人并不承认，都认为他狂妄自大，惟有他的几个知己朋友知道诸葛亮确实有这样的才能。

刘备当时正处于十分艰难的情况下，他虽然有雄心大志，但苦于没有贤能之人辅佐。军师徐庶在被迫离开时，向他推荐说："诸葛亮是一条蛰伏的卧龙啊！有经天纬地之才。您是否要见见他呢？"刘备当时尚未认识到诸葛亮对他的重要性，就说："那么，您和他

---

① 《毛泽东读文史古籍批语集》，中央文献出版社1993年版，第106页。

一起来吧。"徐庶说："像诸葛亮这样的人是只能去拜访，而不能对他呼来唤去的。您应当屈驾前去拜访他。"

于是，刘备便虚心地前去拜见诸葛亮，诸葛亮在考验了刘备的求贤之心以后，才在刘备第三次前往求见时接见了他。诸葛亮已经看出刘备不是只求苟安的平庸之辈，而是胸有大志的有为之主，所以，一见之下，便屏退别人，向刘备直抒己见。

刘备首先对诸葛亮说："汉朝统治崩溃，外戚、宦官、奸臣先后专权，皇帝遭难出奔，我顾不上自己的德行浅薄，力量弱小，想在天下人面前伸张大义，可是智谋短浅，终于因此失败，弄到今天这个局面。然而，我的壮志还没有罢休，先生说我该采取什么样的策略呢？"

诸葛亮回答说："自董卓专权以来，豪杰纷起，占据数州者不可胜数。曹操与袁绍相比，名望低，兵力少，但是，曹操竟能打败袁绍，由弱小变为强大。这是为什么呢？这不仅是靠时机，而且也是靠人的智谋啊。"

"现在的形势是，曹操已经拥有百万的军队，挟持了皇帝，并以来号令诸侯，他已经占据了有利的形势，实在不能与他争强斗胜。孙权占据着长江下游，已经经历了三代，地势险要，民众归心，有才干的人都被他任用了，也已经形成了稳固的势力，只可以把他作为联盟而不可谋取呀。荆州北靠汉水和沔水，南海一带的好处都能得到，东和吴郡会稽郡相连，西面和巴郡、蜀郡相通，这实在是用兵之地，可是刘表守不住。这大概是上天用来资助将军的，将军是否有这个意图呵？"

"益州险要坚固，沃野千里，物产富饶，汉高祖依靠它建立了帝业。刘璋昏庸懦弱，张鲁占据益州北面的地方，人民富裕，地方富足，然而他们却不知爱惜。现在，有才干的人都想得到贤明的君主，以便在此卵石有所作为。将军既然是皇帝的后代，信义又昭著于天下，更兼广泛地招揽英雄，如饥似渴地思求贤才，如果占据荆州和益州，守住了那险要的地方，西面和各族和好，南面安抚夷越，对外联合孙权，对内整顿政治，一旦天下有变，就命令一位上将率领荆州的军队向宛洛进军，将军则亲自率领益州的军队向秦川出击，老百姓能不拿着酒饭来欢迎您吗？果真像这样的话，霸业就可以成就，汉朝便可复兴了。"

应该说，诸葛亮是有雄才大略的，他不仅能够及时而又全面地了解天下大事，更重要的是能够对当时的天时、地利、人和等诸多社会、政治因素作出深刻准确的分析和判断。因此，他能够作出三分天下的预言。然而，他的错误在于，"如果占据荆州和益州，守住了那险要的地方，西面和各族和好，南面安抚夷越，对外联合孙权，对内整顿政治，一旦天下有变，就命令一位上将率领荆州的军队向宛洛进军，将军则亲自率领益州的军队向秦川出击，老百姓能不拿着酒饭来欢迎您吗？"这就是毛泽东所说的"千里之遥而二分兵力"。荆州和益州相距千里，不能相互照应，时间一长，荆州必失。即使关羽不傲慢，不"大意"，荆州也会在魏、吴的夹击之下难以自保。荆州一失，按照诸葛亮的说法，出秦川的军队就失去照应了，"反攻"中原也就成了画饼。

毛泽东历来讲集中兵力，诸葛亮恰恰犯了分散兵力的错误，所以说，蜀汉之败，"其始误于隆中对"完全是一个正确的论断，充分表现了毛泽东作为一个前无古人的伟大战略家的远见卓识。

然而，事情还不止于此。西蜀历来是富庶之地，安乐之乡，易守难攻的险固之所，为历代统治者所重视。尤其是诸葛亮的《隆中对》以后，更以"天府之国"闻名。那么，蜀地在治乱形势上如何呢？所谓天下未乱蜀先乱，天下已平蜀未平，道尽了蜀地数千年来的治乱形势。

因此，占据蜀地者有作乱之心，但占据蜀地者却难有称帝之意，最多偏安一隅，终究不能成就帝业。

王莽新朝末年，公孙述占领蜀地。益州功曹李熊劝公孙述说："现在政局动荡，许多人目光短浅，只懂空谈，将军您割据千里之地，十倍于商汤周武，若能够奋发有为，下让百姓拥护，上应天赐良机，定能成就王图霸业。现在山东正闹饥荒，老百姓骨肉相残，城池遭遇兵祸，大都夷为废墟，而蜀地有广阔的肥田沃土，丰衣足食，各种特产、器械，应有尽有。百姓可以打、制盐、冶铁和水上运输，条件十分优越。在军事上，向北可以凭借褒城、斜谷的险阻，向东可以占据巴郡，把守住捍关。我们有方圆千里的土地，有百万雄兵。凭借这些，我们如果能抓住有利时机，就出兵攻城略地，时机不好，就坚守城池，发展农业；出兵汉水，可以趁机夺取秦地，顺江东下，可以威慑荆扬，可以说，同时具有成功所依靠的天时、地利。现在您的声名天下人都知道了，只是皇帝的名位还未建立，有才能想投靠您的人还在犹豫不决。所以您应当及早建立称号，使人们归顺。"

公孙述说："帝王都有天命，我才德浅薄，怎能担当呢？"李熊说："天命不是一成不变的，只要百姓拥护，就是有才德的人，有才德的人就应该担负起天下重任，你又有什么可犹豫的呢？"公孙述于是就同意了他的话。东汉建武元年4月，公孙述就自立为天子，改国号"成家"，以白色为贵。

公孙述派将军侯丹驻守在白水关北的南郑地区，派将军任满从阆中顺流到江州镇守东边的捍关，于是益州地盘全部为公孙述所据有。

刘玄失败后，光武帝刘秀只顾山东的战争，顾不上征讨西南，关中的英雄豪杰大多归顺了公孙述。此后，平陵人荆邯看到刘秀平定中原，大军随即将讨伐西南，就劝公孙述说："军队是古今帝王成就大业的最重要的利器，不能轻易丢掉。隗嚣趁此机会，割据了雍州，厉兵秣马，有志之士纷纷投奔，正威慑着山东的刘秀，但您没能抓住时机，乘胜出兵，与刘秀争夺天下，却退守西蜀，迟疑不进，想效仿西伯侯，息武罢兵，恭顺地侍奉中原的君王，慨叹刘秀是周武王再世。现在刘秀解决汉中、益州的忧患，平定山东之乱，天下已经掌握四分之三，使得西部州郡的英雄豪杰，人人仰慕山东的刘秀。刘秀再派出使者挑拨离间，招收心怀二心的人。实际已掌握了天下的五分之四。刘秀若派兵攻打天水，我方必然土崩瓦解，如果占领了天水关，天下就被他得到了九分之八，而您仅靠梁州的收入负担国家机构的各项开支和军队粮饷，百姓负担很重，怨声载道，将来恐怕难免发生王莽那样的内乱。依臣拙计，趁百姓还没有对你彻底失望，英雄豪杰还可以招纳的时候，赶快派遣国内精兵，命令田戎镇守江陵，在江南凭借巫山天险，加固城池，把征讨的文书散发到吴楚一带和长沙以南的地区，他们必然会闻风归顺。同时，命令延岑出兵汉中，平定三辅，这样一来，天水、关西各郡必然拱手称臣，全国形势立刻大变，极有可能形成非常有利的局面。"

公孙述昏昧，没采纳荆邯的计策。后来光武帝刘秀派遣岑彭、吴汉征讨蜀地，攻克荆门，大军长驱直入，破江关，抵成都，公孙述亲自出城迎战，刚一交手就败仗，被刺穿心肺而死，妻子儿女也都被杀死，宫室化为灰烬。

到了东汉灵帝时候，王室衰微，统治乏力，地方豪强势力各霸一方，争斗激烈。灵帝封刘焉为益州牧。刘焉是鲁恭王的后代。刘焉死后，其子刘璋继袭了益州牧。后来，刘璋在刘备围困时投降。刘备把刘璋放逐到公安，归还了他的财产。后来刘璋病死。

再往后来，诸葛亮不信天命，六出祁山，均未成功，最终为魏灭亡。

好一个天下未乱蜀先乱，天下已平蜀未平，概因蜀地险要，如果天下将乱，中原无力顾及，于是蜀地先乱，而蜀地僻处一隅，即使天下已平，蜀地也仍在自行其是，自封王霸。那么，占据了蜀地是否可以统治天下呢？不可！蜀地自成一家，生活安逸，蜀人不思进取，难成大事；更兼蜀地形势出入不便，适于退居一隅，不宜雄视天下。因此，蜀地是安乐之所，非帝王之基。历代帝王，从未有依据蜀地发迹者。即使像诸葛亮这样鞠躬尽瘁，死而后已的不信天命的人，也最终赍志而殁。

如此看来，诸葛亮的《隆中对》恐怕只是称霸一方的奇谋，并非据有天下的良策。

最后，我们还是要重温毛泽东的话："其始误于隆中对，千里之遥而二分兵力。其终则关羽、刘备、诸葛三分兵力，安得不败。"[1]其实，即使侥幸不败，也不能恢复汉室，何也？所谓天时地利人和，不得地利者也！

---

[1]《毛泽东读文史古籍批语集》，中央文献出版社1993年版，第106页。

11

赵充国"很能坚持真理"

> 真理要人接受，总要有个过程，无论是过去和现在都是如此。

　　毛泽东在批阅二十四史时十分推崇《汉书》，他不仅精读了《汉书》，对《汉书》中的人物也十分重视，经常信手拈来，加以评论，有时还推荐给别人看。

　　20世纪50年代末，毛泽东和历史学家周谷城在中南海游泳，出水后休息时，毛泽东手里拿着一本线装的《汉书》，翻到《赵充国传》时说："赵充国主张在西北边疆屯田，这个人很能坚持真理，坚持正确的主张。他的主张在开始时赞成的人不过十之一二，反对的人达十之八九；但到后来，逐渐被人接受了，赞成的人达十之八九反对的却只十之一二。真理要人接受，总要有一个过程。无论在过去历史上，还是现在。"[①] 此后，毛泽东也多次提到这一历史事例。

　　毛泽东借此来说明正确的主张往往要有一个被人认识的过程。那么，被毛泽东大加赞扬的赵充国又是个什么样的人呢？

　　赵充国是西汉武帝时人，对匈奴和西羌等少数民族事务非常熟悉，在抗击匈奴入侵，招降西羌方面，功绩卓著。任后将军，封营平侯。被毛泽东称赞的屯田政策，是他在汉宣帝时招降西羌提出的，共有十二条。在这十二条中，他主张戍边的士兵，平时垦荒种田，战时出征，这样既可以就地解决军需粮草，克服运输之难，又可以为国家节约开支，

---

① 孙东升、马京波：《毛泽东的读书之道》，人民出版社2014年版，第152页。

还能达到以逸待劳的目的。在《汉书》里，毛泽东对这十二条逐字加了旁圈的有十条。

传记中说：赵充国罢兵屯田的奏折刚要送出，正好接到汉宣帝要他继续进军的诏令。这时，儿子劝他按皇帝的旨意办，不要再送这个奏折去冒风险。他责备儿子说的话是对皇帝不忠。结果，奏折送上后，汉宣帝果然不采纳。赵充国坚持申述说：边界线一万多里，只有罢兵屯田，寓兵于农，才可取胜。他还分析了屯田后西羌不敢进犯的原因，分析了对防御匈奴、乌桓等其他少数民族的好处。汉宣帝也从谏如流，对赵充国的这些奏折并不扣押，而是每来一份，就交给大臣们议论一次。开始时，赞成"充国计者什三，中什五，最后什八"。丞相魏相后来这样说："臣愚不习兵事利害，后将军数划军册，其言常是，臣任其计可必用也"。对其作出了高度的评价。毛泽东对传记中的这段记载，极为重视，逐字加了旁圈，在天头上连画三个大圈，加上了批注。

赵充国善于坚持自己的正确意见，在反击西羌进犯的时机和策略上，他与酒泉太守辛武贤发生分歧，汉宣帝听信辛武贤的意见，下令进击。赵充国不计个人得失，反复上书申述自己的主张，最后，汉宣帝终于被说服而接受了他的意见。传记记载，赵充国的奏折得到了迅速的批复，毛泽东对这一段也是逐字加了旁圈，天头上连画三个大圈，批注："七天"。"七天"是毛泽东根据古代用天干、地支计日的方法换算出来的。

毛泽东在批阅时对《赵充国传》加了许多旁圈，天头上画着三个大圈的地方有十九处之多。从圈画和批注看，毛泽东对赵充国这个历史人物的肯定是多方面的，对其军事才能也很佩服。如赵充国打仗时，重视备战，每到一地都先修筑坚固的营垒，爱护士兵，在计划周密后才出击。有一次出征时，一万余名骑兵顺利渡河，突然与数十百敌骑兵遭遇，赵充国说：兵士和战马都已很疲倦，敌方皆骁骑，恐怕是诱兵，不能迎战。又一次，敌方军队渡水逃窜，退路狭窄，赵充国缓行追击。结果，大胜敌军。对这些战术思想，毛泽东都有圈画，很为重视。

赵充国的少数民族政策是正确的，毛泽东对此圈画较多，表明他是同意的。汉宣帝元康三年（公元前 63 年），西羌先零族与诸族谋反，汉室使者义渠安国召集先零诸族首领三十余人，"皆斩之"，并追杀其族人，"斩首千余级"，激起西羌诸族的恐慌和愤怒，群起反抗，汉朝损失惨重。义渠安国只得退回，由赵充国前去解决。赵充国释放了人质让他回去告诉大家，汉朝大军只杀有罪的人。他处罚了先零族谋反的首要人物，赦免了胁从者，终于平定了这一地区。对于上述的记载，毛泽东都很重视。

赵充国享年八十六岁。这一历史人物的事迹，留给毛泽东及我们大家以非常有益的启示，焕发着常青的光辉。

那么，《汉书》是一部什么样的书呢？为什么得到了毛泽东如此的重视呢？下面我们就做简要的介绍。

《史记》出现以后，当时就引起了巨大的反响，汉末的许多文人学士集时事加以补缀，但都只能望其项背。班固的父亲班彪有鉴于此，便著《史记》"后传"六十五篇，但不能独立成书。班固继承父亲的未竟事业，撰写了中国第一部断代史《汉书》。

班固（公元 32—92 年）字孟坚，扶风安陵（今陕西成阳人），少慧，"九岁能属文"，十六岁入洛阳太学。班固学无常师，能举大义，性格宽和容众，深为当时的儒者所推崇。班固于汉明帝永平三年（公元 58 年）开始私撰《汉书》。按照当时的法律，私撰国史应处死刑，后来班固为人告发而下狱，他的弟弟班超上书营救，汉明帝读了班固的《汉书》书稿，对其才华十分赞赏，不仅没有治罪，反而让他出任兰台史令，诏令他继续撰写《汉书》。经过二十年的努力，终于于章帝建初七年（公元 82 年）基本完成。后因受窦宪谋反一案牵连而死于狱中，其书由他的妹妹班昭和马续续成。

《汉书》记述了汉高祖元年至王莽地皇四年共二百二十九年的断代历史，在体例上沿袭《史记》，在内容上也多取材于《史记》，但在思想倾向方面，《汉书》与《史记》有很大的不同。在司马迁之后，封建政治意识形态的统治更加强化，儒学也更加僵化，学术和思想受到了很大的禁锢，再加上班固出身于仕宦之家，又是奉旨修史，所以，他往往以当时正统的观点甚至站在封建统治者的立场上来评价历史事件和历史人物。因此，《汉书》不仅失去了《史记》那种深邃的史家眼光，更没有《史记》的那种强烈的人民性和战斗性。但《汉书》仍然有很多可取之处，作为一个有良知的史学家，班固能够据实实录，《汉书》还是能够在一定程度上揭露统治者残忍的本性、反映西汉时期不合理的现实和错综复杂的社会矛盾。例如，在《外戚传》中，写汉成帝和昭仪亲手杀死许美人的儿子，《佞幸传》中暴露了封建统治阶级荒淫无耻，揭露其丑恶的面目，《东方朔传》中抨击汉武帝大建宫苑，扰害人民；同时，《汉书》也表现出了一定的正义感，例如，在《龚遂传》中，对清廉正直的官吏进行了赞扬，表现了对劳动人民的同情，对酷吏进行了鞭挞。

在艺术方面，《汉书》总的来说远远不如《史记》，但它在塑造人物方面也有自己的独到之处。《汉书》不像《史记》那样生动活泼和富于变化，但它十分重视史实材料的真实性、丰富性，在刻画人物时注意细节的描绘。文章的结构组织十分严谨细密，尤其是在言语上，有自己鲜明的特色，即受汉代辞赋和散文的影响，行文繁富工丽而又凝练简洁，喜用典故，崇尚典雅，处处可见锤炼之工。范晔说："迁文直而事露，固文赡而事详。"（《后汉书·班固传》）大致上指出了《史记》和《汉书》的不同风格。

在塑造人物形象方面，有些地方摹声绘形，生动传神，可以与《史记》媲美。如《朱买臣传》通过对比朱买臣落魄与发迹不同处境下的精神状态和人们对他前倨后恭的态度，讽刺了世情丑态，也活画出了封建士人的可怜可悲的面目。《霍光传》则刻画了霍光既维护封建正统又飞扬跋扈的矛盾性格。最著名的则是《苏武传》，为我们塑造了一个坚贞不屈、大义凛然的爱国英雄的形象。尤其是李陵送苏武归汉一节：

于是李陵置酒贺武曰："今足下还归，扬名于匈奴，功显于汉室，虽古竹帛所载，丹青所画，何以过子卿！陵虽驽怯，令汉且贳陵罪，全其老母，使得奋大辱之积志，庶几乎曹柯之盟，此陵宿昔之所不忘也。收族陵家，为世大戮，陵尚复何顾乎？已矣！令子卿知吾心耳！异域之人，壹别长绝！"陵起舞。……泣下数行。

通过二人心态的对比，显示出了李陵注重个人恩怨的狭隘心理和苏武坚持民族气节的高尚品德，大有超越《史记》之处。

关于《汉书》和《史记》的区别，明人茅坤说得十分透彻：

太史公与班掾之材，固各天授，然《史记》以风神胜，而《汉书》以矩矱胜。惟其以风神胜，固其道逸疏宕如餐霞，如啮雪，往往自眉睫之所及，而指次心思之所不及，令人读之，解颐不已；惟其以矩矱胜，故其规画布置，如绳引，如斧刳，亦往往于其复乱庞杂之间，而有以极其首尾节奏之密，令人读之，鲜不濯筋而洞髓者。

——《刻汉书·评林序》

茅坤是以"风神"与"矩矱"并重的，但他似乎并不知道，《史记》的"风神"是进行现实的政治、道德批判和坚持文化理想而铸就的，而《汉书》的"矩矱"则是适应政教合一的封建大一统的需要而产生的，二者方枘圆凿，实难相容。

由于《汉书》的封建正统观念和严谨的辞章，在魏晋时期的影响是超过了《史记》的，即使在后代，它也是中国史学史和文学史上的重要著作，为许多史家和文学家所推崇、效法。旧时的学者往往"班、马并称，《史》、《汉》连举"，虽对《汉书》有过誉之处，但也是有一定道理的。

班固是一个有良知的史学家，能够据实实录，《汉书》能够惩恶扬善，揭露统治者残忍的本性，反映具有历史合理性的东西，因此得到了后世的重视，也得到了毛泽东的高度评价。

12

"诸葛一生惟谨慎，吕端大事不糊涂"

> 毛泽东十分推崇诸葛亮，对他鞠躬尽瘁的精神和超人的智慧时有赞赏。他这样总结诸葛亮的特点："诸葛一生惟谨慎，吕端大事不糊涂。"[1]

的确，诸葛亮一生谨慎，无论在小说《三国演义》还是在史书《三国志》里面都有表现，用"惟谨慎"三字来概括诸葛亮的性格特点可谓精到至极。对此，我们不再赘述。但"吕端大事不糊涂"说的是什么呢？

北宋初年，朝政不稳，国内许多势力各霸一方，周围边境的宁夏、甘肃及陕西北部一带聚居着党项族，也虎视眈眈地准备骚扰北宋。因此，采用怎样的策略来对待北方少数民族，是一项关系到北宋安危的大问题。

北宋统一南方诸国后，党项族首领李继筠曾派兵援助宋军攻打北汉。李继筠死后，其弟李继捧继任党项族首领，于宋太平兴国七年（公元982年）亲自来到北宋东京（今河南开封市）表示愿归顺宋朝。宋太宗赵光义封李继捧为彰德军节度使，并把李氏家族迁到东京开封。

李继捧的族弟李继迁不愿意迁往开封，就率人马逃到夏州以北的地泽进行反抗。当时，北宋已经暂时稳定下来，便对李继迁的反抗坚决镇压，宋军所到之处，焚烧党项人的庐帐，劫掠财物，强迫其内迁，这样一来，就引起了党项人更激烈的反抗，他们便聚

---

① 萧心力主编：《巡视大江南北的毛泽东》，中国社会科学出版社1993年版，第383页。

集到李继迁周围，奉他为首领，积极地反抗北宋的进攻。开始的时候，李继迁由于势力弱小，便一方面积极与辽接触，寻求辽的支援和帮助，另一方面，他又对宋的大举进攻采取诈降之策，经常以投降的方式来取得北宋暂时的信任，求得喘息的机会，李继迁时降时叛，非常难以对付，令宋太宗赵光义颇为头疼。宋太平兴国八年（公元 986 年），宋军在地泽打败李继迁的军队，李继迁逃走，他的母亲与妻子却被宋军俘获。赵光义知道以后十分高兴，因李继迁为乱西北，不断袭扰边关，便想杀掉李继迁的母亲，以解心头之恨。当时，寇准任枢密副使，上朝时赵光义单独召见寇准，向他询问如何处理这件事。寇准同宋太宗赵光义商量，还没有作出决定，回来时正好碰到吕端。

吕端自幼敏悟好学、宽厚大度、为官持重，小事不在乎，大事讲原则，毛泽东说："诸葛一生惟谨慎，吕端大事不糊涂"，说的就是这个吕端。他深得宰相赵普的赏识，赵光义也非常欣赏他的性格和办事作风，当时吕端也是宰相之一。他猜想寇准一定同宋太宗赵光义在商议大事，而且要瞒着自己，便拉住寇准，对他说："皇上告诫你有事不要对吕端说吗？"寇准装作没有事的样子回答说："没有啊。"并解释说只是同皇上商议边境上的小事，不是什么大事。吕端说："边境上一般的小事，我不必全要知道。但往往是关系重大的事，若事关军国大计，我身为宰相，就应该知道。你说说看，是什么样的小事要皇上同你单独商议。"寇准便把宋军俘获李继迁母亲的事告诉了吕端。吕端忙问："皇上准备如何处理这件事？"寇准说："皇上打算在保安军北门外把李继迁的母亲杀了，以此惩戒叛逆者李继迁。"

吕端听了他的这一番话，觉得十分不妥，说："这样做不好，你先在这儿等等，我去见皇上。"于是吕端去求见皇上。见到皇上后，吕端对宋太宗赵光义说："从前楚汉相争时，项羽抓住了刘邦的父亲，便想把他煮了，目的是以此威胁刘邦。但项羽实际上是做了一件十分愚蠢的事，因为这样更容易激起别人的愤怒。汉高祖刘邦与项羽曾是结义兄弟，所以他说，'我的父亲就是你的父亲，你的父亲就是我的父亲，你把你的父亲炖好了以后，希望你也分给我一碗肉汤喝。'结果弄得项羽毫无办法，那些干大事业的人都不会顾念他们的亲人，何况像李继迁这样叛逆之人呢。陛下现在把他的母亲杀了，明天就能抓到李继迁吗？如果不能，那么杀了他的母亲就只能是徒结仇怨，他的反叛之心则会更加坚决。"

宋太宗赵光义听了他的这一番话，恍然大悟，觉得十分有道理，说："既然这样，那么现在这事该如何处置呢？"吕端说："以臣之愚见，最好将李继迁的母亲安置在延州，好好地看养起来，让李继迁知道我们在善待他的母亲，这样一来，就可诱使他来投降，即使李继迁不来投降，也能让他始终牵挂着他的母亲。让他知道，他母亲生死命运全在我们的掌握之中，最起码也是一种挟制。"赵光义听了吕端的话，十分赞成地说："要不是你来劝阻，就差点误了我的大事。"于是赵光义采纳了吕端的计策。

后来，李继迁的母亲在延州病死，李继迁不久也在攻打西凉府的战争中为吐蕃族所败而死。李继迁的儿子李德明继任党项族的首领，他对宋朝采取了和好的政策，这种局面的出现便是得益于吕端当初的建议。

"诸葛一生惟谨慎，吕端大事不糊涂"这句话对诸葛亮和吕端的概括实在是太深刻准确了。有人小事聪明，大事糊涂，这样的人也只能过一种不太坏的小日子而已，但如果想治国治民，那就要大事不糊涂了。

上述的吕端是以处理民族关系著名的，毛泽东读史时，对一些能处理好民族关系的政治家，总是十分注意和推崇的。他也谈起了诸葛亮在这方面的贡献："诸葛亮会处理民族关系，他的民族政策比较好，获得了少数民族的拥护。"①

在《诸葛亮传》中，毛泽东在裴松之注引《汉晋春秋》的一段注文旁边，加了很多圈。这条注文记载了诸葛亮七擒七纵少数民族首领孟获，和平定云南后用当地官员管理南中的事迹。毛泽东说："这是诸葛亮的高明处。"②

我们的民族政策是十分成功的，这已经得到了历史的证明。那么，这种民族政策的制定与诸葛亮、吕端等历史人物的影响有没有关系呢？

---

① 《毛泽东年谱》第 9 卷，中央文献出版社 2023 年版，第 592 页。
② 孙宝义、刘保增、邹桂兰主编：《向毛泽东学读书》，台海出版社 2011 年版，第 125 页。

· **13** ·

郭嘉"这个人很有名"

> "三国时候，曹操一个有名的谋士，叫郭嘉，27岁到曹操那里当参谋，38岁就死了，赤壁之战时，曹操想他，说这个人在，不会使我处于这种困难境地。许多好主意就是他出的。"

毛泽东熟读《三国演义》，从中学到了很多东西。他除了推崇诸葛亮、刘备、曹操、孙权等主要人物外，对吕蒙、陆逊等人也有赞扬。而对于郭嘉，毛泽东似乎情有独钟，对郭嘉一生主要谋略说得很详细："三国时候，曹操一个有名的谋士，叫郭嘉，27岁到曹操那里当参谋，38岁就死了，赤壁之战时，曹操想他，说这个人在，不会使我处于这种困难境地。许多好主意就是他出的。比如，打不打吕布，当时议论纷纷。那时袁绍占领整个河北和豫北，就是郑州以北，曹操在许昌，吕布在徐州。郭嘉建议先打吕布，有人说，打吕布，袁绍插下来怎么办？郭嘉说，袁绍这个人多端寡要，见事迟，得计迟，不要怕，袁绍一定不会打许昌。于是曹操就去打吕布，把吕布搞倒了。如果不先打吕布，如果吕布跟袁绍联合起来同时攻击，曹操就危险了。郭嘉这个计策很成功。然后又去打袁绍。袁绍渡了黄河，在郑州与洛阳之间曹操打胜了。接着引出是不是去打袁绍的两个儿子袁谭、袁尚的问题。郭嘉说不要打，我们回师，装作打刘表，把军队摆到许昌、信阳之间，他们一定要乱的。果然，曹操的军队一搬动，几个月，两兄弟就打起来了。袁尚把哥哥包围在山东平原（德州），哥哥眼看要亡党、亡国、亡头，就派了一个代表叫辛毗的，跑到曹操这里来求救。曹操去救，乘势夺取了安阳，消灭了袁尚的部队，袁尚本人跑到辽东去了，然后再去消灭了袁谭。这个计策也是郭嘉出的。在河北冀东追袁尚时，郭嘉又出一计，他说：他不防备，我们轻装远袭，可以得胜。就在这个时候，郭嘉得病，38 岁就死了。这个人很有名。《三国志·郭嘉传》可以看。"①

在郭嘉的这几个重要谋略中，以"郭嘉遗计定辽东"最为著名。我们具体来看看。

汉朝末年，曹操在基本平定了中原一带之后，准备进一步征讨袁尚及三郡乌丸，以进一步去除后顾之忧。他的部下诸将大多惧怕刘表派遣刘备袭击许昌。但曹操的谋士郭嘉并不这样看，他对曹操说："您虽然威震天下，但胡人依仗他们地处偏远，必定不会加以防备。如果乘他们没有防备而突然袭击，就可以打胜仗。况且，袁绍生前对乌丸的胡人和汉人都有恩惠，同时袁尚兄弟还在那里，对您实在是个很大的危险。现今，青、冀、幽、并四州的民众，只是迫于您的兵威而归降我们，并不是真心，我们也并没有对之施以恩惠，如果我们舍弃征讨乌丸而南征刘表，袁尚就可以借乌丸的支持，招回愿意为他们死战的部下，这岂不是很糟吗？而乌丸一动，汉胡百姓一齐响应，就会使乌丸单于滋生入侵野心，这就容易成全其窥伺进犯的计谋，这样恐怕青州、冀州又不是我们的了。"

郭嘉又说："刘表实际上不过是个空谈家，他自知才能不足以驾驭刘备，如果使用刘备，则担心控制不了，不重用，刘备则不会为他效劳。所以我们即便全军出动远征乌丸，您也不必为此忧虑。"曹操听了他的这一番话，觉得十分有道理，于是率军出征。

大军到达了易县，郭嘉建议说："兵贵神速，现在不如留下军用物资，率轻兵日夜兼程前进，出其不意，发动袭击。"曹操就率轻骑秘密通过卢龙塞，直捣单于的驻地。乌丸军队突然听说曹操大军压境，仓促应战。结果曹操大破乌丸军，斩了单于蹋顿及各王以下诸将。袁尚和他的兄长袁熙只得远走去了辽东。

郭嘉不只这一次为曹操出谋划策，还多次为曹操确定大计。他随从曹操击败袁绍，袁绍死后，又随曹操在黎阳讨伐袁谭、袁尚，屡战屡胜。诸将希望乘胜进攻，郭嘉却说："袁绍生前最喜欢这两个儿子，没有确立谁做继承人。有郭图、逢纪作为他们的谋臣，郭、逢一定会在他们中间交相争斗。还会相互离间。我们急于攻击，他们就会互相支持，

---

① 陈晋主编：《毛泽东读书笔记解析》下册，广东人民出版社 1996 年版，第 1029-1030 页。

我们暂缓进攻，他们就会争权夺利。我们不如南下荆州假装进攻刘表，以静待形势的变化。等他们发生内讧，再出兵攻击，就可一举平定。"曹操说："好！"就率军南征。军队刚走到西平，袁谭、袁尚果然互相争夺冀州。袁谭被袁尚打败，退却驻守平原，派辛毗向曹操请求投降。曹操回军救援，于是就攻下了雍城。接着又到南皮攻击袁谭，平定了冀州。

毛泽东多次讲到郭嘉，在党的八届七中全会上，在多次讲话中都曾举到郭嘉的例子。毛泽东一再谈及郭嘉，主要是为了启发党的高级领导干部要在碰到困难、不知如何做出决定的时候要多动脑子，要多谋善断，在看似困难的情况下开拓工作的新局面。

14

"挥泪斩马谡，这是万不得已的事情"

> *"初战亮宜自临阵。""自街亭败后，每出，亮必在军。""非杀不可。挥泪斩马谡，这是万不得已的事情。"*

诸葛亮"挥泪斩马谡"是历史上著名的事件。蜀后主（刘禅）建兴六年，即魏明帝（曹叡）太和二年（公元 228 年），诸葛亮率领蜀军第一次北伐受挫。当时，诸葛亮没有用老将魏延、吴懿等担任前锋，而是不听劝告，选择了口头上善"论军计"而实际上不谙用兵的马谡督诸军挺进至街亭（今甘肃秦安县东北）。如果成功，则蜀军可得陇右之地，再向关中进逼，为图取中原奠定基础；如果失利，则蜀军在陇右就无法保住已占领的地区，只得退回汉中，从长计议。因此，这次北伐关系到蜀汉政权能不能从曹魏西境打开缺口，取得有利条件，并进而乘胜东向进取的问题。结果，马谡"违（诸葛）亮节度"，不听裨将谏阻，刚愎自用，将蜀军调离傍水之城，集结至山头上，结果被魏军打得大败而逃，街亭失守，蜀军只得退回汉中。毛泽东在读这段马谡失街亭的记载时，于天头批道："初战亮宜自临阵。"[1]

然而，我们也从马谡的被斩看出了诸葛亮用人的问题。我们在看"诸葛亮挥泪斩马谡"一节的时候，往往只看到诸葛亮执法如山而又极重情义的一面，更为他自贬三级的自责精神所感动，却很少想到他是不是可以不杀马谡，马谡初犯是不是本来就不应该斩，是不是可以让马谡戴罪立功，是不是有可能将马谡培养成具有实际战争经验的大将。

---

[1]《毛泽东读文史古籍批语集》，中央文献出版社 1993 年版，第 292 页。

扬长避短是用人的要诀，从史书的记载来看，马谡其人的长处在于参谋，而不是独当一面地指挥实际作战。对出谋略，诸葛亮也十分欣赏，有时两人一谈就是一个通宵。公元 225 年，诸葛亮率大兵南征，就是采用了马谡的建议而七擒孟获、安定西南的。对于马谡的缺点，刘备看得最为清楚，刘备临死时，就曾谆谆告诫诸葛亮："马谡言过其实，不可大用，君其察之。"刘备当时驻兵永安，他把诸葛亮召到永安安排后事，并专门提出了马谡的问题，可见刘备在用人上的眼光要比诸葛亮强得多。但诸葛亮偏偏忘记了这一点，专门用其所短。

如果诸葛亮不忘刘备的嘱咐，以马谡为"参军"，不把马谡推到主将的位置上，马谡的确可以才尽其长，发挥好自己的参谋作用。真是天知道，诸葛亮第一次出祁山，放着魏延、吴懿等富有战斗经验的老将不用，却偏偏"违众拔谡"，让马谡当了北伐的先锋官。这真是弃马谡之长而用其短，结果是"失街亭"。

蜀建兴九年（魏太和五年，公元 231 年）诸葛亮第四次北伐中屡败魏军，并于木门谷（今甘肃天水市西南）擒杀街亭之战中魏军主将张郃，报了一箭之仇。对此，毛泽东于此又批道："自街亭败后，每出，亮必在军。"[1]

毛泽东的看法的确是独具慧眼的。诸葛亮第一次北伐出现了街亭之败后，从此用兵北上，再不敢掉以轻心，每战必亲临前线指挥作战，以致最后病死军中。

诸葛亮因为马谡失守街亭，将马谡杀了。后来蒋琬对诸葛亮说："战国时楚晋交战，楚国元帅得臣兵败被逼自刎，晋文公听到后很高兴。现在天下未定，处死马谡这样有智谋的大将，岂不可惜？"诸葛亮流着眼泪说："孙武之所以能克敌制胜，是因为军法严明。"对此，毛泽东评论道："非杀不可。挥泪斩马谡，这是万不得已的事情。"[2]

对于马谡和诸葛亮，毛泽东的态度是辩证的，从"初战亮宜自临阵"，到"自街亭败后，每出，亮必在军"，再到"非杀不可。挥泪斩马谡，这是万不得已的事情"，可以看到毛泽东的科学全面的态度。

---

① 《毛泽东读文史古籍批语集》，中央文献出版社 1993 年版，第 292 页。
② 李银桥：《在毛泽东身边十五年》，河北人民出版社 1991 年版，第 171-172 页。

15

高级军官不可不读《吕蒙传》

"不可不读《三国志》的《吕蒙传》""吕蒙是行伍出身，没有文化，很感不便。后来孙权劝他读书，他接受了劝告，勤读苦读，以后当了东吴的统帅。"

关于吕蒙，毛泽东多次提到。士别三日，当刮目相看等成语也与吕蒙有关。《三国志》卷九十七记载：

《江表传》曰：孙权谓吕蒙及蒋钦曰："卿今并当途掌事，宜学问以自开益。"蒙曰："军中常苦多务。"权曰："孤岂欲卿治经为博士耶？但令涉猎见往事耳。如卿二人，意性朗悟，学必得之。宜急读《孙子兵法》《六韬》《左传》《国语》及史。孔子曰：'吾尝终日不食，终夜不寝，以思，无益；不如学也。'"蒙顿感悟，遂学，所博览，儒者不胜。鲁肃见吕蒙，谓曰："今者见卿，学识英博，非复吴下阿蒙。"权常叹曰："人长而进益，如吕蒙、蒋钦，盖不可及。"

这就是"非复吴下阿蒙"典故的由来。

1958 年 9 月 21 日，毛泽东由南京赴上海、杭州途中，同行的有民主人士张治中和当时任公安部长的罗瑞卿。据张治中日记记载，在去杭州的火车上，主席拿着一本《三国志》在看。主席说："最初陆逊是吕蒙手下的一个中级军官，以后继吕蒙当了统帅。""关羽攻曹军手上的樊城，吕蒙用计骗关羽把全军开到前方，然后轻骑疾趋南郡（现在的宜昌），南郡太守糜芳投降。关羽将士家眷留在南郡，吕蒙进城办法很好，对他们不但不加损害，还特加照顾，对年老的慰问，对疾病的给医药，对饥寒的给衣服粮食，对关羽的财产丝毫不动。对关羽派来的人很优待，使他和将士家属相会，结果起了很大作用。关羽的将士知道了，军心涣散，士无斗志，使得关羽不得不败走麦城。"①

去安徽视察工作时在火车上毛泽东也谈到这样的话："吕蒙是行伍出身，没有文化，很感不便。后来孙权劝他读书，他接受了劝告，勤读苦读，以后当了东吴的统帅。现在我们的高级军官中，百分之八九十都是行伍出身，参加革命后才学文化的，他们不可不读《三国志》的《吕蒙传》。"②

吕蒙的故事如上所述，但吕蒙究竟指挥了什么著名的战役呢？

东吴一直想将刘备借去的荆州索回，但一直未能成功。建安二十二年（公元217年），鲁肃去世。孙权派左护军、虎威将军吕蒙屯守陆口。关羽占领了南安、南郡等地区与东吴边境相接。吕蒙知道关羽占据了他的下游，并有吞并他的打算，所以表面上格外主动地要同关羽搞好关系。

吕蒙虽然早有收复荆州的想法，只是没有寻到合适的机会。吕蒙接替鲁肃去陆口，仍然表面非常友好，甚至和孙权共同商议，想让孙权的儿子向关羽的女儿求婚，以表示两国情谊深厚。吕蒙经常对孙权说："关羽现在还不敢向东边扩展，那是因为您的英明，我们这班人都还在。如果不趁现在力量强盛的时候，谋取关羽的地方，一旦我们都不在了，再想用武力征讨荆州，恐怕是很困难的。"

孙权曾经有过先夺取徐州的想法，吕蒙还是坚持自己的意见。他对孙权说："曹操现在远在黄河以北地区，最近刚刚消灭袁氏势力，没有功夫顾及江东。"

"徐州地区的守备部队，不值得一提，我们要去，自然可以取胜。然而你应该想到那个地方是陆路的要道，你今天取了徐州，明天曹操便会来争夺，到那时，即使用七万八万兵力，恐怕也难守住。不如夺取关羽的地方，那样就会全部控制长江地带，我们的势力更加强大不可敌了。"

---

① 张治中、余邦湛：《张治中与毛泽东——随从毛主席视察大江南北日记》，陕西人民出版社1995年版，第61、62页。
② 余湛邦：《张治中将军随同毛泽东巡视大江南北的日子》，《团结报》1983年12月12日。

孙权听了吕蒙的话觉得很有道理，于是，收复荆州的决心日益增强。

建安二十四年（公元219年），关羽攻打曹操所占领的樊城，留下一部分强有力的兵士守公安和南郡。吕蒙得知这一情况后，上疏给孙权说："关羽在讨伐樊城时，竟然留下许多强兵强将，这是因为害怕我袭击他的后方。我常有病，请您以让我看病为名，令官兵们送我回建邺。这样一来，关羽听说后，就会放松警惕，撤走留在公安、南郡的兵力去攻樊城，而我们就可乘虚而入。我们的人马就可以昼夜行军，通过长江，奔往上游去袭击他的空城。这样做，一定能活捉关羽、拿下南郡。"

孙权同意吕蒙的计策。于是吕蒙就公开宣扬自己病重，然后孙权下达檄书把吕蒙召回建邺。关羽知道吕蒙离开了陆口，不知是计，果然逐渐抽调南郡的兵力去支援樊城。孙权见时机成熟，就命令执行吕蒙的计划。

吕蒙推荐才能足以担负重任而没有大名声的陆逊代替自己的职务。陆逊上任后，写了封极其友好和谦让的信给关羽。关羽见吕蒙有病离开了汉昌，又接到陆逊的信，立刻放了心，大意起来，把留守南郡等地的兵都调往樊城。

孙权听到这一情况，立即派遣吕蒙带精兵到郇阳，然后将精兵埋伏在船中，将摇橹者全打扮成商人的样子，昼夜兼行向南郡驶去。他把精兵都埋伏在大船中，摇橹的人都穿着商人的白色衣服，昼夜兼程，将关羽安置在长江沿岸的哨所全部清除，顺利到达了南郡，而关羽还蒙在鼓里。

南郡太守糜芳当时驻守江陵，将军傅士仁驻守公安，因一向怨恨关羽看不起自己，早与孙权暗中来往。吕蒙部队一到，糜芳和傅士仁立即率兵全部投降了。

吕蒙占据了南郡等城后，全部收留了关羽及其将士的家属，对他们进行安慰和照顾。吕蒙军队纪律严明，有个士兵拿了人家的斗笠用来遮盖军用的铠甲，吕蒙挥泪将他斩首了，即使他是吕蒙老家的乡亲，也不能饶恕。这件事使将士们大为震惊，无人敢动百姓一针一线，城中治安十分良好。吕蒙还早晚都派身边的人去帮助老人，了解他们有什么需要，同时，给有病的人送医药，给饥寒的人送衣，对官府中的财宝，吕蒙命令一律封闭起来，等待孙权来处理。

这时关羽还在路上，曾多次派使者同吕蒙交涉。吕蒙都优待使者，让使者在城中周游，到当兵的家中看看。

关羽讨伐樊城，没有取胜，闻荆州有失，急忙回军。吕蒙派出人员对关羽的将士通报情况，告诉他们家里平安无事；还让关羽官兵家属亲手写信带上，表示通报的情况是真实的。这样一来，关羽的将士都对江陵被占毫不恐慌，也无心再与吴军作战。关羽明白自己大势已去，孤立无援，就掉过头奔赴麦城（今湖北当阳东南，沮、漳两水之间），往西到了漳乡。他手下的官兵都投降了孙权。

可以说，吕蒙打了一个有勇有谋的漂亮仗，这与他的善于学习，善于改造自己是密切相关的。

16

"古时候可以破格用人，我们为什么
不可以大胆提拔"

> "赤壁之战，程普四十多岁，周瑜二十多岁，程普虽是老将，但不如周瑜能干。大敌当前，谁人挂帅？还是后起之秀周瑜挂了大都督的帅印。孔明二十七岁成名。也未当过支部书记、区委书记嘛，也是个新干部嘛！赤壁之战以前无名义，这之后才当军师、中郎将。"

在用人方面，毛泽东历来主张要"破除迷信"。他在很多场合谈到要放手使用年轻人，甚至用了青年人要打倒老年人之类的词，并从历史上找出了很多例子。例如："赤壁之战，程普四十多岁，周瑜二十多岁，程普虽是老将，但不如周瑜能干。大敌当前，谁人挂帅？还是后起之秀周瑜挂了大都督的帅印。孔明二十七岁成名，也未当过支部书记、区委书记嘛，也是个新干部！赤壁之战以前无名义，这之后才当军师、中郎将。古时候可以破格用人，我们为什么不可以大胆提拔？"[①]

其实，历史事实与《三国演义》小说并不完全相同，但毛泽东以其超人的大智慧从小说中看出古人的用人之道来，还是很值得我们学习的。有时，在党的大会上也这样讲，1958年5月8日，毛泽东在中共八大二次会议上的第一次讲话中，主要讲了"破除迷信"的问题。他说，年轻人打倒老年人，学问少的人打倒学问多的人，这种例子多得很。周

---

① 邓振宇等编：《毛泽东评点二十四史》，时事出版社1996年版，第809页。

瑜、孔明都是年轻人，孔明 27 岁当军师。程普是老将，他不行，孙权打曹操不用他，而用周瑜做督都，程普不服，但是周瑜打了胜仗。

在毛泽东看来，学问少和年轻并不一定不能担任领导干部，关键看我们的组织部门和领导是否是伯乐。1958 年 6 月，陈毅率黄镇和另外几位回国的大使一同来到中南海游泳池。……在说到外交上也要破除迷信时，毛泽东说："人太稳了不好，野一点好。"当时，外交官们多少有点吃惊，他继续发挥自己的思想说："三国时关张开始因孔明年轻不服气，刘劝说也不行，没封他官，因封大封小都不好，后来派孔明到东吴办了一件大事，回来后才封为军师。……自古以来多是年轻的代替老的。"[1] 毛泽东还说过一句总结性的话："世界是你们的，也是我们的，但是归根结底是你们的。"[2] 这样的名言寄托着他对青年深切的希望。

毛泽东所说的诸葛亮和周瑜我们是十分熟悉的了。诸葛亮无须再说，众所周知的是，三国时期的周瑜是一位很年轻的将领，因曹操率军来犯，东吴孙权才破格提拔，让他做水陆都督，率军抵抗曹操。周瑜年纪小、资历又浅，所以有些老将就不大服气。特别是程普，屡次给周瑜难堪，但周瑜以国家大局为重，忍辱负重，"折节事之"，团结了众将，与刘备联合，终于击败了曹操。

周瑜打败了曹操，在周瑜以后，则是陆逊打败了刘备，陆逊也是一位青年将领，他的故事不比周瑜逊色。我们不妨看看。

陆逊，字伯言，吴郡吴县（今属江苏省）人。吴黄武元年（公元 222 年），刘备为了替自己的义弟关羽复仇，领兵征讨顺江而下，进攻吴国，吴国的形势十分危急，许多大将都感到害怕。孙权知道陆逊有才能，就命令陆逊为大都督，指挥朱然、潘璋、宋谦、孙桓等五万大军抵抗刘备。陆逊很年轻，在他所统率的各部队的将领中，有的是孙策的老将，有的是皇亲国戚，资历比陆逊老，地位比陆逊高，而陆逊当时还没有什么突出的业绩可以让众人心服口服，因此，在前期准备的时候，往往不听陆逊的指挥，各行其是。

---

[1] 尹家民：《将军不辱使命》，解放军文艺出版社 1992 年版，第 153 页。
[2]《建国以来毛泽东文稿》第 12 册，中央文献出版社 2023 年版，第 104 页。

陆逊知道，如果这样下去，非遭受损失不可。在一次战斗之前，又有几位老将军不服从军令，同陆逊争论起来，各持己见。陆逊没有办法，只好以手握剑，十分严厉地说："你们应该知道，刘备是闻名天下的英雄，连曹操都很怕他。现在刘备的军队已侵犯了我们的边境，大敌当前，我们应该团结一致、齐心协力，共同抵抗刘备。各位将军都是身负重任的人，是国家的栋梁，现在却不听指挥，这样会危害国家的，实在不应该。我虽是书生出身，勋业、资历、威望都不如各位老将军，但我已受命指挥大军作战，国家予我重任，是相信我能不负重托，团结大家完成使命。国家委屈各位将军，也是相信各位能够接受我的指挥，各人都应承担自己的责任，没有理由推辞。否则如何对得起国家的恩惠呢？"面对这种情况，陆逊没有采取强行压制的方法，而是宽怀大度，动之以情、晓之以理，使将领听从指挥，这在当时应该是一种高明的做法。

最后，陆逊严肃宣布，如果有人敢违抗军令，他必定依法惩处之。将领们听了这番恩威并施的话，才逐渐地听从指挥。

陆逊在战争中能够韬光养晦，不为一时一地的利益所诱惑，虽然年轻，却十分稳健，指挥得当。他利用刘备的失误，火烧刘备的营寨。结果连破刘备40多个军营，蜀军将士死伤数万人，使刘备退到白帝城，最后死在那里。战争结束后，大家才认识到了陆逊的才能，那些老将们才真正口服心服了。

自此以后，陆逊建立了稳固的威望。

事后，在总结与蜀国作战的经验时，孙权问陆逊："在击退刘备的战役中，你遇到了将领不听指挥的问题，当时你为什么不把情况报告我，让我下命令呢？"

陆逊回答说："各位将军都是国家的功臣，要依靠他们创建大业。您对我如此信任，交给我的重任和我的才能很不相称，但为了对国家有利，我能做到忍辱负重。春秋战国时期，蔺相如能容忍廉颇，我和他们相比，还相差很远呢！再说，如果由您来下命令，将领们虽然表面上服从，但那只是服从您，但从心里还是不服从我，这样一来，就会造成更大的麻烦！"

孙权听了，连连称赞："说得好，做得对！"于是任他为辅国将军，封他为江陵侯。

陆逊还为人忠厚富有智计，并且能容让别人，不计恩怨。

会稽太守淳于式大概是觉得陆逊年轻却又地位很高，自己有点妒忌，对陆逊有点不满，就在暗地里给孙权写了一封告状信，说陆逊在打仗时向百姓征收物资超过了规定的数量，使当地的百姓忧虑不安。

战事结束后，陆逊回到孙权身边。孙权将淳于式的信拿给陆逊看，陆逊看了，沉默不语。孙权又问淳于式的为人和表现怎么样？陆逊却极力称赞淳于式，说他对自己的工作十分尽心，是个尽职尽责的官吏。孙权奇怪地问陆逊："淳于式在背后告你的状，你却在背后赞扬他，这是为什么啊？"陆逊回答说："淳于式告我的状，虽不完全符合事实，事情讲得有夸大的地方，但他的动机是好的，是为了维护百姓和国家的利益，他没有什么大错，应该值得肯定；如果他告了我的状，我就在您面前讲他的坏话，那就会形成互相攻击的局面，不仅不利于官吏之间的和睦和国家的安定，我恐怕也不是一个正派的人了。"

孙权听了他的这一番话，觉得十分有道理，很钦佩陆逊的为人，说："你真是个忠厚的人，胸怀如此宽阔，一般的人是很难做到的啊！"

陆逊在老将军们蔑视小看他、不听指挥的困难情况下，忠厚待人、忍辱负重，不以统帅自居，以谦让得人情，以才智服人心，实在是难得的将领。他对东吴的贡献。不比周瑜小。

毛泽东所说的"古时候可以破格用人，我们为什么不可以大胆提拔"之类的话对于我们来讲是很有意义的，这样的思想可以帮助我们打破僵化的观念，解放思想，不拘一格，有助于我们做好工作。

17

"曹操的文章诗词，极为本色，直抒胸臆，豁达通脱，应当学习"

> "北戴河、秦皇岛、山海关一带是曹孟德（操）到过的地方。他不仅是政治家，也是诗人。他的碣石诗是有名的，妈妈那里有古诗选本，可请妈妈教你们读。"

毛泽东不仅是伟大的革命家、思想家、政治家、军事家，同时也是卓有成就的诗人。他对历史上一些著名的文学家都有评论，其中对曹操的评价最高。他说："曹操的文章诗词，极为本色，直抒胸臆，豁达通脱，应当学习。"[1]

可以说，毛泽东的这些评论抓住了曹操诗的基本特点，是极有见地的。在他的家信中也证明他很爱读曹操的诗："北戴河、秦皇岛、山海关一带是曹孟德（操）到过的地方。他不仅是政治家，也是诗人。他的碣石诗是有名的，妈妈那里有古诗选本，可请妈妈教你们读。"[2]

那么，曹操的诗到底是怎样的，有着怎样的艺术成就呢？

曹操（公元 155—220 年），字孟德，沛国谯（今安徽亳州）人，其父曹嵩是东汉末年大宦官曹腾的养子，官至太尉。曹操二十岁即举孝廉，后起兵讨伐董卓，被封为丞相，

---

[1] 毛岸青、邵华：《回忆爸爸勤奋读书和练习书法》，《瞭望》1993 年第 12 期。
[2] 《老一代革命家家书选》，中央文献出版社、生活·读书·新知三联书店 1992 年版，第 50 页。

遂"挟天子而令诸侯"。后来逐步消灭了割据势力，统一了北方，在他的儿子曹丕建立魏朝后，被追封为魏武帝。曹操出身宦官家庭，较少传统道德观念，不拘常礼，性尚通脱，这对他的文学创作有一定的影响。

曹操首先是政治家和军事家，然后才是礼聚学士，雅好诗文，"横槊赋诗，皆成乐章"的文学家。他"外定武功，内兴文学"，将济世创业的豪迈气概和慷慨忧思的诗人气质融为一体，使其诗歌最具"梗概多气"的建安风骨。曹操十分喜爱乐府民歌，继承了乐府的优秀传统，他现存的乐府诗二十余首，都是曾经配乐演唱的乐府歌词，但又有了很大的发展，这主要表现在反映动乱的现实，表达建功立业的豪情壮志方面。如《蒿里行》就十分真实地描绘了汉末的战乱和人民的苦难：

关东有义士，兴兵讨群凶。初期会盟津，乃心在咸阳。军合力不齐，踌躇而雁行。势利使人争，嗣还自相戕。淮南弟称号，刻玺于北方。铠甲生虮虱，万姓以死亡。白骨露于野，千里无鸡鸣。生民百遗一，念之断人肠。

汉献帝初平元年（公元 190 年）春，关东军阀推举袁绍为盟主，联合讨伐董卓。但是他们各怀私心，都打算乘机削弱别人，壮大自己，因此观望不前，最后甚至自相残杀。曹操率军参加了这次战争，深为感慨，写下了这首诗，揭露了军阀混战的情况，并对它给人民造成的深重灾难表示悲愤，被后人称为"汉末实录，真诗史也"。在艺术上，这首诗情感深沉，气魄宏大，语言苍劲简洁，摆脱了乐府诗歌的局限，充分显示出文人诗歌的特点。

《短歌行》虽是四言诗，但也是曹操的重要代表作，它继承了《古诗十九首》的人生忧思，但同时又表达了建功立业的政治抱负和雄心壮志，使其在人生忧思的大背景上烘托出了新的价值感，这是它区别于汉诗的地方，也是它最动人的地方：

对酒当歌，人生几何？譬如朝露，去日苦多。慨当以慷，忧思难忘。何以解忧？惟有杜康。青青子衿，悠悠我心。但为君故，沉吟至今。呦呦鹿鸣，食野之苹。我有嘉宾，鼓瑟吹笙。明明如月，何时可掇？忧从中来，不可断绝。越陌度阡，枉用相存。契阔谈宴，心念旧恩。月明星稀，乌鹊南飞。绕树三匝，何枝可依？山不厌高，海不厌深。周公吐哺，天下归心。

曹操平定北方后，率百万雄师，饮马长江，欲与孙权决战。是夜月白风清，他于大江之上置酒设乐，欢宴诸将。酒酣，操取槊立于船头，慷慨而歌，歌词就是《短歌行》。诗歌开篇对月把酒，思绪万千，忆起自己半生戎马，忧患备尝，成败毁誉，均不足萦怀，然惟有对贤才的渴望，才令人心忧。因慕贤才而使沉郁的情感变得高扬，但又想到世界之大，还有众多贤士不为己用，犹如良禽择木而栖，情绪再次转入沉郁。最后，诗人以"山不厌高，海不厌深"的典故作结，表示要以高山的气魄、大海的胸怀来招贤纳士，情绪再度变得昂扬。诗人慨叹人生无常、时光易逝、霸业未就，显出沉郁与悲伤，但抒发思贤若渴的心情和统一天下的雄心壮志又昂扬奋发。全诗跌宕苍凉，笔墨酣畅，悲凉慷慨而苍劲雄浑，典型地展现出了建安风骨的审美风貌。

此外，《步出夏门行》组诗也表现出这一审美特征：

东临碣石，以观沧海。水何澹澹，山岛竦峙。树木丛生，百草丰茂。

秋风萧瑟，洪波涌起。日月之行，若出其中；星汉灿烂，若出其里。幸甚至哉，歌以咏志。

——《观沧海》

神龟虽寿，犹有竟时；腾蛇乘雾，终为土灰。老骥伏枥，志在千里；烈士暮年，壮心不已。盈缩之期，不但在天；养怡之福，可得永年。幸甚至哉，歌以咏志。

——《龟虽寿》

这种包揽四海、总括宇宙的慷慨豪情，正是曹操作为政治家、军事家的丰富阅历和深切体验的结晶，不是一般文人能够写出来的。

对于曹操诗歌的评价，可谓众口一词，如"曹公古直，甚有悲凉之句。"（《诗品》）

"魏武帝如幽燕老将，气韵沉雄。"（敖陶孙《诗评》）"曹公诗气雄力坚，足以笼罩一切。"（刘熙载《艺概》）等。曹操的诗歌脱胎于汉乐府，又进行了创造性的发展，借乐府旧题写汉末事实，忧时悯乱，融入个人的独特经历，特别重视人意志力量，将古朴的写景、沉郁的议论和深挚的抒情熔为一炉，自创奇响伟辞，使诗歌呈现出了慷慨悲壮、古朴苍凉而又沉雄顿挫的审美风貌。

毛泽东之所以喜欢曹操的诗，恐怕不仅仅在于曹操是"改造文章的祖师"，也不仅仅是因为"曹操的文章诗词，极为本色，直抒胸臆，豁达通脱"，主要还是因为曹操"不仅是政治家，也是诗人"，这与毛泽东的情调极为吻合。实际上，毛泽东对曹操的评价是极高的。他说："汉末开始大分裂，黄巾起义摧毁了汉代的封建统治，后来形成三国，还是向统一发展的。三国的几个政治家、军事家，对统一都有所贡献，而以曹操为最大。司马氏一度完成了统一，主要就是他那时候打下的基础。"①

对于历史，对于统一，曹操有大功劳，因此，与之相比．他的文学成就就显得微不足道了，所以毛泽东说："此篇注文，贴了魏武不少大字报，欲加之罪，何患无词。李太白云：'魏帝营八极，蚁观一祢衡。'此为近之。"②

毛泽东极为赞成李白的诗，为曹操"翻案"。毛泽东能够从现实的状况出发来推测和理解历史，并对曹操作出了客观的评价，应该说是十分难能可贵的。

① 芦荻：《毛泽东谈二十四史》，《光明日报》1993 年 12 月 20 日。
②《毛泽东读文史古籍批语集》，中央文献出版社 1993 年版，第 138 页。

18

曹操的"这个案要翻"

> "说曹操是白脸奸臣，书上这么写，剧里这么演，老百姓也这么说，那是封建正统观念制造的冤案，还有那些反动士族，他们是封建文化的垄断者，他们写东西就是维护封建正统。"

　　毛泽东有自己独立的思想，从不人云亦云，而是往往能够在一些人们习见习闻，不以为意的地方发现新的东西．甚至往往翻历史的旧案。例如对于曹操，毛泽东就能一反前人的结论，客观地评价他的历史功绩："曹操统一北方，创立魏国。那时黄河流域是全国的中心地区。他改革了东汉的许多恶政，抑制豪强，发展生产，实行屯田制，还督促开荒，推行法制，提倡节俭，使遭受大破坏的社会开始稳定、恢复、发展。这些难道不该肯定？难道不是了不起？说曹操是白脸奸臣，书上这么写，剧里这么演，老百姓也这么说，那是封建正统观念制造的冤案，还有那些反动士族，他们是封建文化的垄断者，他们写东西就是维护封建正统。这个案要翻。"[1]

　　毛泽东的这些评价，是符合历史唯物主义基本原理的。

　　那么，我们能不能从更广泛的视角上来看看曹操呢？曹操到底应该怎样评价呢？历史上否定曹操的原因到底在哪里呢？

　　所谓忠奸自古就有别。毫无疑问，照一般人看来，诸葛亮是忠臣，曹操是奸臣。

---

[1] 张贻玖：《毛泽东读史》，中国友谊出版公司 1991 年版，第 61 页。

千百年来，人们都这么听人说，自己也这么说，可很少有人会认真地想一想，他们忠在何处，奸在何处？

曹操因讨伐奸臣董卓起家，没想到以奸易奸，除掉董卓后，他反被人看作是奸臣。在讨董卓时，他是汉朝的忠臣义士，在灭董卓后，他弄权自重，目无天子，欺压群臣，其奸邪比之董卓有过之而无不及。更有甚者，其子曹丕自称皇帝，以魏代汉，追谥曹操为魏武帝，那就更不用说了。

至于诸葛亮，则是大忠臣，其主刘备是汉室宗亲，更兼仁德宽厚，天下归心，在曹丕称帝后，刘备也做了蜀汉皇帝，俨然以汉室的继承者自居。忠于刘备，也就是忠于汉朝，无论从哪一个方面讲，诸葛亮是忠臣，则是无可争辩的了！

其实呢，人的思维有时是很奇怪的，曹操不忠于汉室就是奸臣，那么，商汤反夏算不算奸臣？周武王伐殷算不算奸臣？唐高祖李渊起兵反隋算不算奸臣？赵匡胤搞兵变夺了后周孤儿寡母的政权算不算奸臣？如此算来，中国历史上几乎有一半朝代是臣子从主人手里夺取建立的，这些人算不算奸臣呢？好像从未听到过谁有闲情逸致来议论过这个问题。这就是了，改朝换代原是正常的事，孟子在评论武王杀纣王时说："闻诛一夫纣矣，未闻弑君也。"孟子把纣王看成是残暴的独夫民贼，臣下杀了他，只是杀了一个有罪的人，不能算是犯上作乱。孟子的这个观点，在今天看来，也还是有进步意义的。

天下无主，惟有德者居之。曹操历来被描绘成一个无德的人，但令人感到不解的是，曹操既然无德，其手下怎能谋臣如林，猛将如云呢？一个寡恩薄义之人反能收天下英雄于其麾下，天下英雄岂不是不可理喻了吗？说到底，不是曹操无德，而是我们不喜欢曹操之"术"而已！

况且曹操并没有当皇帝。毛泽东说："孙权劝曹操当皇帝，曹操说孙权是要把他放在炉火上烤。我劝你们不要把我当曹操，你们也不要做孙权。"[1]

毛泽东对曹操的深谋远虑可谓独有心得。

在这一点上，如果把曹操同诸葛亮相比，真是相映成趣。但有一样，曹操有人，而

[1]《毛泽东年谱》第9卷，中央文献出版社2023年版，第295页。

诸葛亮无人。诸葛亮事必躬亲，每战必到，如不亲自设谋定计，恐怕就有败北的危险。诸葛亮手下，充其量也就是"五虎大将"，而曹操的手下，能独当一面的将领谋士不下数十人，众寡悬殊，由此可见。诸葛亮之后有姜维，姜维还是魏国叛将，他虽能竭忠尽智，怎奈孤掌难鸣，所谓"蜀中无大将，廖化作先锋"，真是说透了这一点。

曹操之后有司马懿，其才智应说不在曹操之下，终于在其后代手里灭蜀吞吴，统一了中国。在能否得人这点上，诸葛亮则比曹操相差甚远！

因此，曹操之奸，并非真奸。说他是"英雄"也好，"奸雄"也罢，曹操给人的感觉只是畏和服，却很少让人憎恶，这就足以说明了。

忠奸之间，并没有绝对的界限。何为忠奸，前人说了也并不一定就是定论。许多东西还是要自己重新考虑的。

毛泽东以一个无产阶级革命家的胸怀和气魄来重新评价曹操，他的观点是值得我们好好研究和学习的。

19

"主观指导的正确与否"与"优势劣势和主动被动的变化"

> "袁曹官渡之战、吴魏赤壁之战……都是以少击众，以劣势对优势而获胜。都是先以自己局部的优势和主动，向着敌人局部的劣势和被动，一战而胜，再及其余，各个击破，全局因而转成了优势，转成了主动。"

毛泽东是极其善于将不利变为有利，将劣势变为优势，将被动变为主动的伟大的军事家。他对历史上的战例有着精深的研究，发表过许多精辟的见解。如他在谈到曹操的一些战例时说："主观指导的正确与否，影响到优势劣势和主动被动的变化，观于强大之军打败仗、弱小之军打胜仗的历史事实而益信。中外历史上这类事情是多得很的。中国如……袁曹官渡之战，吴魏赤壁之战……都是以少击众，以劣势对优势而获胜。都是先以自己局部的优势和主动，向着敌人局部的劣势和被动，一战而胜，再及其余，各个击破，全局因而转成了优势，转成了主动。"①

这里举出了袁曹官渡之战、吴魏赤壁之战两个战例，前者是曹操处于劣势，但因为主观指导的正确，结果打败了有着突出优势的袁绍；后者则恰恰相反，曹操有着突出的优势，但因主观指导的错误，却惨遭失败。毛泽东就是用曹操的两个战例来有力地说明了主观指导对于优势和劣势、主动与被动转化的关键作用的。

---

① 《毛泽东选集》第 2 卷，人民出版社 1991 年版，第 491 页。

我们来看看《三国演义》中这两次战役是如何"转化"的。

建安五年（公元200年），著名的袁曹官渡之战拉开战幕，这是决定曹操一生命运的战役。2月，袁绍首先派大将颜良围攻白马（今河南滑县东，在黄河南岸）。4月，曹操亲自率军北上救白马之围。当部队正向前开进时，荀攸认为不能与势力悬殊的强大的敌人正面对抗，他分析了当时的形势，提出了声东击西、解救白马的作战方案。他认为袁绍兵多，应设法分散其兵力，于是劝曹操引兵先到延津，伪装渡河攻袁绍后方，使袁绍分兵向西应战，然后再派轻骑袭击进攻白马的袁军，攻其不备，一定可以打败颜良。曹操听了他的这一番话，觉得十分有道理，就依计而行，袁绍果然分兵延津。曹操乘机率轻骑袭击白马，颜良不及防备，被关羽斩杀。

曹操解白马之围后，率六百骑兵押送粮草辎重沿河西退。军行不久，与袁绍五六千追兵相遇。诸将见敌众我寡，都感到很害怕，劝曹操退守大营，荀攸知道敌人的弱点，就说："这正是歼敌的好时机，为何要退呢？"曹操与荀攸对视而笑，心意相通，遂命令士兵解鞍放马，丢弃辎重，引诱袁军。待袁军逼近，争抢辎重的时候，曹操突然命令上马，迅猛发起攻击，大破袁军，杀其大将文丑。袁绍的两个大将被诛杀，曹操在这次决定性的战役中取得了胜利，为他以后的发展奠定了基础。

尽管如此，袁绍的军队还是十分强大，与曹操相比，他有很大的优势。但袁绍是个十分优柔寡断的人，指挥无方，曹操和袁绍相持在官渡，一时胜负难分。后来，曹操粮草将尽、非常着急的时候，正在这时，袁绍手下谋士许攸遭到袁绍的怒斥，一气之下决定投奔曹操。许攸一直往曹营而来，被曹军捉拿住，许攸说："我是曹丞相的老朋友，快快给我通报，就说南阳许攸来见丞相！"军士到曹操寨中禀报，曹操正在休息，一听说许攸来了，知道他肯定对自己有所帮助，大喜过望，还没有穿好鞋就迎了出来，拉着许攸的手一起到屋里。

曹操开门见山地说："你肯到我这里，我就有救了，愿意教给我攻破袁绍的计谋吗？"许攸问："你现在粮食还能维持多久？"曹操附在许攸耳边低声说："军中只有这个月的粮食了。"许攸大声说："别瞒我，你已断绝粮食了！"曹操大惊，拉着许攸的手："既然你知道我面临危机，那就赶快帮我出主意吧！"许攸于是说道："我有一个计策，保证不出三天，让袁绍的百万军队，不攻自破。"

曹操大喜，催促他快讲。许攸说："袁绍的军粮和其他军需物品都同积在乌巢，现在由淳于琼把守。你可以挑选一些精兵，假称袁绍的将领蒋奇领兵去那里守粮食，乘机会放火烧掉粮草和其他物品，这样，袁绍的军队不出三天就会大乱！"在多年的用兵中，断人粮道是他的惯用手段，曹操听了，正中下怀，隆重地招待许攸。第二天，曹操亲自选骑兵、步兵共五千人，准备去乌巢劫粮。曹操的左右张辽等人怀疑许攸，认为袁绍的囤粮场所不会不加防备，不要轻信许攸的话。曹操说："不必疑心，现在我军粮草已供应不上，不管是真是假，都必须这么做，倘若不采用许攸的计策，我们也是坐以待毙啊！"

当时，荀攸早就有这个看法，只是不知道袁绍的虚实，在许攸到来之后，就坚定地主张曹操亲自率兵去乌巢。于是曹操对自己的营寨进行了周密的布置，命令重兵把守好大寨，在左右两侧埋伏了一定的兵力，防止袁兵偷袭。然后率领五千人马，打着袁军的旗号，每人都在身上背上草木，乘黑夜偷偷朝乌巢进军。曹操领兵前往乌巢，一路上遇到袁绍的寨兵，都说："蒋奇奉命往乌巢护粮。"袁军看他们打的都是自己的旗号，也没有疑心。到四更时，曹操的队伍到达乌巢，曹操立即命令士兵点燃草木，一面敲鼓一面呐喊，直往里冲杀。此时淳于琼与将士喝醉酒后，都在帐中熟睡，忽被鼓声惊醒，来不及应战，只有大败而逃。

袁绍乌巢粮草被烧，损失惨重，又失去了许攸、高览这些栋梁之材。军中士气低落，人心恐慌。许攸又为曹操出主意，他说："今日袁绍残兵败将归去，人心不稳，应乘胜速取袁绍大本营，这样就可以消灭袁绍的有生力量。"曹操又依计而行，取得了很大的胜利。

这时，荀攸向曹操献计说："现在可以乘胜追击，可以传假情报，说我军将调拨人马，一路作出攻取酸枣和邺郡（今河南延津和安阳）的样子；另一路作出攻打黎阳（今河南浚县）的样子，断袁兵归路。袁绍如果听说了这个传闻，以他的多疑的性格，必定会信以为真，就会分出兵力阻击我军。我方可乘他调兵拔寨之时，急攻袁寨，袁绍的军队本来就没有什么斗志，定能破敌。"

曹操听了他的这一番话，觉得十分有道理，就立即采用荀攸的计谋，出动三路人马，四处扬言，散布迷惑袁绍的消息。袁军听到消息急忙报告袁绍："曹操分兵两路：一路取鄄郡，一路去黎阳了。"袁绍信以为真，急忙派兵 10 万人，分别去援救鄄郡和黎阳，连夜急行军走了。曹操立即集中大队兵马，乘虚而入，冲向袁绍营寨。袁军本来已无斗志，官兵四处逃散，抵抗不了。袁绍连盔甲都来不及披上，带着幼子袁尚逃奔而走，曹军在后紧追不舍。袁绍为了渡河逃命，把金银财宝、图书车辆全都丢弃，只有随身骑兵 800多人一同逃往黎阳，曹军获得全胜。

本来，袁绍具有巨大的优势，但由于指挥不当，就这样一步步地转为被动，最终彻底失败。但在赤壁之战中，曹操重蹈袁绍的覆辙，将自己的优势一步步地丧失掉，最终彻底失败。

在赤壁之战中，曹操连中了反间计、连环计和苦肉计。在这三计之中，最厉害的还是反间计。

在周瑜、诸葛亮火烧赤壁之前，其军事准备工作是十分复杂的，其中"群英会蒋干中计"一节，尤为生动精彩，也为东吴顺利地实施水战计划奠定了基础。周瑜施此反间计，虽并非直接在战场上见效，但却从此除去了两个深通水军之法的人，为庞统设"连环计"和黄盖以"苦肉计"诈降火烧战船铺平了道路，可以说为赤壁之战的胜利打下了很好的基础。

从赤壁之战上，毛泽东还看出了曹操的另一个问题：天下事"有真必有假，虚夸古已有之。曹营号称八十三万人马，其实只有二三十万，又不熟水性，败在孙权手下，不单是孔明借东风。"

虚夸就容易引发傲慢的心理，傲慢则不能谨慎，不能谨慎就必然不能作出正确的决定。这种不正确的主观态度就会使优势转化为劣势。

毛泽东认为，"主观指导的正确与否"与"优势、劣势和主动被动的变化"有着密切的关系，上面的两个例子充分说明了这一论断是十分正确的。我们在现实中也应该对此采取深思而慎取之的态度。

20

"孙权是个能干的人"

> "孙权劝曹操当皇帝，曹操说，孙权是要把我放在炉火上烤。我劝你们不要
> 把我当曹操，你们也不要做孙权。"

在三国史上，人们一般都只重视曹操和刘备，很少有人论及孙权。但毛泽东读史独具慧眼，多次提到孙权，并认为孙权"是个能干的人"。有几段这样的史料：

1975 年 5 月 3 日，毛泽东召集在京政治局委员开会。……在会议最后快结束时，毛泽东对自己所作《水调歌头·游泳》一词的两句作了解释："我说才饮长江水，就是白沙井的水。武昌鱼不是今天的武昌，是古代的武昌，在现在的武昌到大冶之间，叫什么县我忘了，那个地方出鳊鱼。所以我说才饮长江水，又食武昌鱼。孙权后来搬到南京，把武昌的木材下运南京，孙权是个能干的人。"毛泽东念了辛弃疾的一首《南乡子》中的两句："天下英雄谁敌手，曹、刘，当今惜无孙仲谋。"并将后一句作了改动。[1]

1957 年 3 月 20 日 13 时至 14 时，毛泽东由南京飞往上海途中……当飞临镇江上空时，他书写了辛弃疾的词《南乡子·登京口北固楼有怀》："何处望神州？满眼风光北固楼。千古兴亡多少事？悠悠，不尽长江滚滚流。年少万兜鍪，坐断东南战未休。天下英雄谁敌手？曹刘。生子当如孙仲谋。"毛泽东还解释了这首词的意思和词中的典故。[2]

---

① 黄丽镛编：《毛泽东读古书实录》，人民出版社 2012 年版，第 331 页。
② 黄丽镛编：《毛泽东读古书实录》，人民出版社 2012 年版，第 190 页。

在曹操、刘备和孙权这三人中间，只有孙权是靠父兄传下的家业而割据一方的，而且还有长江天险可守。尽管这样，在战乱纷飞的年代，能长期保据一方，也是不容易的。正像毛泽东所说的，"孙权是个能干的人"。他的"能干"，应该主要体现在用人上。我们选取几个例子，来具体分析一下。

吕蒙是孙权手下得力的干将，不但勇敢，且有智谋，对孙权也非常忠诚，对东吴立有大功，孙权极其爱护这位将军。吕蒙的旧病发作，孙权听说后，异常着急。当时，孙权正在公安就立即把吕蒙接到自己的宫殿中，千方百计给他治病。他不仅亲自请医问药，还贴榜招募名医，布告天下，谁能治愈吕蒙的病就赏给黄金千两。有个医生采取针灸的方法给吕蒙治病，孙权在一旁看到他受折磨而难过落泪。孙权关心他的病情到了无以复加的程度，为了能经常观看吕蒙的面色，但又怕吕蒙为迎接他受到劳累，就在室外悄悄地通过墙上的洞眼察看吕蒙的病情。当他见吕蒙稍微能吃下一点饭菜时，心情就特别好，高兴地与身边侍从又说又笑；如果发现吕蒙吃不下东西时，心情马上就坏起来，愁容满面，唉声叹气，晚上牵挂得睡不着觉。有一阵，吕蒙病情好像有所好转，孙权就特别高兴，竟然宣颁赦免令，并请大臣们前来庆贺。后来，吕蒙的病情愈来愈重，孙权每天请道士在星空下为其祈祷，并亲自守护在吕蒙的病榻前。吕蒙的病到底也没有治愈，终于去世。孙权极其悲哀，自己穿上素白丧服为吕蒙守灵，很多日子都心神恍惚，不思饮食。

孙权对吕蒙的身后事安排得十分周到，为他修筑了很好的坟墓，还安排了三百户人家为死者守墓。

在儒家谋略中，慈忍之道是其非常重要的组成部分。所谓慈，就是慈爱，这种慈爱就像父母对待儿女一样，是一种无私的（甚至是无原则）给予，比儒家讲究正义原则的以德为本又高出了一层。慈之服人，决不在外在的收服，而是要让被收服者充分领受到慈爱。它没有以理服人的外在性，因此也就避免了被收服者的内在情感疏离，它会自然地使那些被收服的人永远地、心甘情愿地报答和捍卫你。儒家谋略的成功，是一种内在的成功，长远的成功。孙权对待吕蒙就是这样的例子，也许，孙权更多的是出于真正的感情，但这种感情本身就是符合慈忍之道的，只要这种感情不在一定的时候完全失去控制就可以了。但无论如何，孙权在这方面是成功的。

而任用诸葛恪又是另一种情景。诸葛恪从小就有才名，通晓世事，善于机断。吴王孙权想让他做点事情，试试他的才干，就任命他做军中节度，专门掌管军中钱粮、文书等，这些事十分烦琐，也不能显示诸葛恪的特长。诸葛亮听说后，就写信给东吴大将陆逊，说明了这种情况，陆逊将此情况告诉了孙权。孙权立即传命，让诸葛恪领兵。

诸葛恪禀奏孙权说："丹阳山高路险，百姓大多果敢勇猛，过去我们多次发兵，只征得平原上的平民而已，其余上中深远之处那些强悍的百姓，并没有征服。鉴于这种情况，我请求做丹阳太守，三年后可以获得甲士四万。"群臣听后，觉得诸葛恪是不知天高地厚，他们议论纷纷，认为丹阳地势险阻，方圆千里，重峦叠嶂，那里的老百姓未曾进入过城邑，更未受过官吏的管辖，大都是些逃兵、野人或隐逸之士，他们一般不出山林，最后老死其中。还有些被追捕的要犯，一起逃窜到那里，占地为王，善于征战，而且当地的风俗本来就崇尚气节武力。他们登山赴险，如鱼游深渊，猿猴上树。一旦看到有机可乘，就下乡抢劫骚扰。每次派兵征剿讨伐，寻找他们的藏身之处，一交锋，他们蜂拥而来，一打败，又如鸟四散，从前朝以来，对他们就无法驾驭。然而诸葛恪仍坚持说他必定成功，恐怕是不实之词。

孙权没有听从别人的劝告，而是坚持己见，拜诸葛恪为丹阳太守。诸葛恪到了太守府，就下令让四方的城郭长吏各自保卫自己的疆界，明确各自守卫的职责和范围。凡是已经教化的平民，都令他们屯居。又吩咐诸将派兵设立关卡，阻拦山民外出，只是修筑藩篱，并不与山民交锋。等到他们的谷子熟了，诸葛恪领兵去抢收，连种子也不给他们留下。山民们陈谷子已经吃完了，而新谷又没有收成，一般平民又已按照诸葛恪的命令屯居，无法从他们那里抢掠到粮食。于是山民饥饿贫困，逐渐出山投降自首。

诸葛恪下令说："山民改恶从善，都应当安抚慰问，既往不咎，迁出外县的，不得怀疑猜忌，不得拘留捉拿。"山民周遗过去是个恶人，现在迫不得已前来投降，但又在暗中图谋叛乱，官吏胡伉就将他拘捕，送交诸葛恪。诸葛恪以胡伉违背命令的罪名将他斩首。山民们听说胡伉被杀的消息。知道太守只是想让他们出山而已，没有欺诈的意思，于是扶老携幼，一同出山。一年之后，诸葛恪就实现了自己的诺言，丹阳由此大治。

孙权能够充分调动诸葛恪的积极性，发挥其长处，可谓知人善任。

上面说的是孙权知人善任的例子，正是因为孙权能够知人，所以他对一些大家都看好的人物反而不予任用，如他不以张昭为相。

孙权不以张昭为相，连作《三国志》的陈寿都评论说："以此明权不及策也。"意思是说从这件事看来孙权不如孙策高明。其实非也。张昭最大的优点大概就在于忠直敢言，至于其他方面，恐怕没有什么才能，如果以他为相，东吴上下必定会群臣离心，四分五裂，闹个不亦乐乎。何也？盖由其量狭、交恶、自大、胆小的性格所决定的。

张昭，字子布，是三国时东吴极不寻常的人物，他资格最老，影响也很大，孙策托弟时的"外事委周氏，内事委张昭"的话一直让人们觉得他在东吴的地位非同寻常。然而，东吴的外事的确由周瑜来解决了，但内事似乎并没有委任张昭，甚至张昭还处处与孙权闹矛盾。反正，在人们的心目中，张昭好像是个说不清的人物。其实，这是因为缺乏具体分析的缘故。

张昭在东吴可谓是资格最老的人物，孙策在创业之初就非常尊重他。"命昭为长史，抚军中郎将，升堂拜母，如比肩之旧，文武之事，一以委昭"。在孙策托弟时，更有"内事委张昭"的嘱托，张昭的确十分尽心，"率群僚立而辅之"。孙权称王以后，张昭一直兢兢业业地辅佐孙权，对其过失和缺点直言不讳，有时甚至弄得孙权无法下台。孙策刚刚去世，孙权心情非常悲痛，不愿立即主持政事，张昭曾严厉地批评他，认为他的职位不同于常人，应当以完成父兄的大业为己任。孙权猛醒，开始主持政事。

孙权性情刚猛，喜欢打猎，经常骑马射虎，有一次，孙权趴伏在马鞍上，才没有被冲向他的老虎伤害到。张昭立即严厉地对孙权说："将军作为君主，责任是驾御英雄、驱使群贤，怎么能在原野上驰骋，与野兽较量呢？怎么能逞匹夫之勇呢？万一发生不幸，岂不让天下人讥笑吗？"孙权醒悟，马上向张昭道歉。

孙权喜欢饮酒，有一次，孙权在武昌庆祝战斗胜利，自己喝得大醉，并强迫群臣喝酒，让人用酒水泼洒在群臣身上取乐。张昭见了，一言不发，也不喝一口酒，神色严肃地走到外面去了。孙权很难堪，就派人找回张昭说："我只是想与大家高兴高兴。"张昭很不客气地说："我听说殷纣王以酒为池，痛饮达旦，后来怎样，您自己大概明白吧！"孙权听了，惭愧万分，立即宣布结束酒宴。

张昭就是这样一个人，但孙权却一直没有拜他为丞相。孙权称王之初，群臣两次举荐张昭任丞相，孙权都没有同意，任顾雍为丞相。第一次不用张昭时，孙权推托说："方今多事，职统者责重，非所以优也。"第二次不同意任张昭为相时，孙权说："孤岂为子布有爱乎？领丞相事烦，而此公性刚，所言不从，怨咎将兴，非所以益之也。"其实，孙权第一次不用张昭时说的话完全是托词，第二次不用张昭时说的才是心里话。但当时及后代有很多人不理解。

其实，纵观张昭其人，确如孙权所言，"此公性刚，所言不从，怨咎将兴"，如果将这段评语与张昭的为人处世联系起来考察，可以从以下几个方面来评论张昭的缺点：

一、量狭。有一次孙权举行宴会，他让诸葛恪给群臣斟酒，诸葛恪就一一给大臣们斟酒。斟到张昭面前，张昭已经醉了，推辞不肯再喝，诸葛恪仍劝他喝一杯，张昭气呼呼地说：

"这哪是敬仰老人的礼节！"此话有失厚道，而孙权偏偏故意给他出难题，对诸葛恪说："看你能不能让张公理屈词穷，不然这杯酒你就喝了。"

于是诸葛恪对张昭说："过去师尚父九十岁了，还举大旗使兵器，领兵作战，不提告老的事。现在，领兵打仗，请您在后，而喝酒吃饭的事情，先请将军在前，这怎么能说不是敬老呢？"这无疑之中把张昭损了一下子，还使张昭无话可说，他只能把满满一杯酒喝了下去。

有一天，孙权和诸葛瑾、张昭等大臣们在大殿中议事，诸葛恪也在。忽然一群鸟飞到大殿前，这些鸟的头部是白色的，孙权不认识，就指着那一群鸟问诸葛恪："你知道这是什么鸟吗？"诸葛恪不假思索地回答说："这是白头翁。"在座的张昭年纪最大，一头白发，他听了诸葛恪的话，以为是取笑他，就对孙权说："陛下，诸葛恪在骗你！从来没有听说过叫白头翁的鸟。假如真有白头翁，那是不是应该还有白头母呢？"诸葛恪反驳道："鹦母这种鸟，大家一定都听说过，如果鸟也对称的话，那一定有鹦父了，请问辅吴老将军能打到这种鸟吗？"张昭无言以对。

二、交恶，即容易与人搞坏关系。甘宁投降孙权以后，急于立功，于是要求征黄祖，取刘表，并请自任先锋。孙权觉得可行，准备实施，张昭却说："吴下业业，若军果行，恐必致乱。"甘宁不服张昭，对之反唇相讥："国家以萧何之任付君，君居守而忧乱，奚以希慕古人乎？"孙权看到这种情形，赶紧说："兴霸，今年行讨，如此酒矣，决意付卿。卿但当勉建方略，令必克祖，则卿之功，何嫌张长史之言乎？"（《三国志·吴书·甘宁传》）虽然解了二人的围，但明显地站到了甘宁一边。从这件小事也可以看出，东吴众将不服张昭。后来，孙权令甘宁为先锋征黄祖，大获全胜。

三、自大。张昭自己实际上没有什么具体的真实本领，但却看不起人，他对鲁肃的态度就很能说明问题。"张昭非肃谦下不足，颇訾毁之，云肃年少粗疏，未可用。"（《三国志·鲁肃传》）如果一个人这样看人，就不会使用合适的人才，更不能发现人才。

四、胆小。建安十三年（公元 208 年），曹操率数十万大军南下，企图吞聱江东，众武将欲战，而以张昭为代表的文官却欲降。幸亏鲁肃、周瑜坚持，才与刘备联合，在赤壁战败了曹操。此事使孙权对张昭极为反感，说："子布、文表诸人，各顾妻子，挟持私虑，深失所望。"（《三国志·周瑜传引江表传》）在胜利以后，孙权建皇号，百官庆贺，功归周瑜，张昭也想趁机说些赞扬的话，孙权就抢白说："如张公之计，今已乞食矣。昭大惭，伏地流汗。"（《三国志·张昭传引江表传》）

张昭最大的优点大概就在于忠直敢言，至于其他方面，恐怕没有什么才能。如果以他为相，东吴上下必定会群臣离心，四分五裂，闹个不亦乐乎。何也？盖由其量狭、交恶、自大、胆小的性格所决定的。

由于以上四方面的原因，张昭为相远不如顾雍。"雍为人不饮酒，寡言语，举动时当。权尝叹曰：'顾君不言，言必有中。'至饮宴欢乐之际，左右恐有酒失而雍必见之，是以不敢肆情。"《三国志·顾雍传》可见，众人对他的尊敬是发自内心的，这样的人当领导百官的丞相应该是合适的。

在魏、蜀的夹击之间，孙权能够继父兄之业而自保，已经很不容易了。没有一定的才能是无法做到的。而在其众多的才能中，知人善任应该是最重要的。

· 21 ·

刘备是如何"建立了一个很好的根据地"的？

"看这本书，不但要看战争，看外交，而且要看组织。你们北方人——刘备、关羽、张飞、赵云、诸葛亮，组织了一个班子南下，到了四川，同'地方干部'一起建立了一个很好的根据地。"

在第五次反"围剿"和长征期间，博古、李德等人执行错误的军事路线，致使革命形势岌岌可危。很多领导和红军战士都认为毛泽东的战略战术是正确的，对此，凯丰等人说毛泽东打仗就是靠一本《三国演义》，一本《孙子兵法》。毛泽东反驳说："谁也不是靠书本打仗的，你说的《三国演义》我倒是看过，《孙子兵法》我还真没看过。"①

毛泽东以一位伟大的政治家和军事家的慧眼来审视《三国演义》，确实看出了常人根本无法看到的问题。例如，他这样评论《三国演义》中的刘备入川："看这本书，不但要看战争，看外交，而且要看组织。你们北方人——刘备、关羽、张飞、赵云、诸葛亮，组织了一个班子南下，到了四川，同'地方干部'一起建立了一个很好的根据地。"②

我们来看看《三国演义》中的有关故事。

建安十九年到二十四年（公元 214—219 年）五年间，刘备打败了刘璋，占有了成都，取得了汉中，奠定了自己鼎立西南的基础，取得了辉煌的成功。但要想进一步发展，

---

① 韩毓海：《重读毛泽东，从 1893 到 1949》，中国少年儿童出版社 2017 年版，第 289 页。
② 薄一波：《领袖·元帅·战友》增订本，中共中央党校出版社 1992 年版，第 23 页。

也即是要称帝，还有很多困难。道理十分简单，虽然政敌瓦解了，但刘璋在蜀地经营了许多年，形成了盘根错节的关系网，再加上刘璋也是汉家宗室，刘备入蜀又是刘璋请来的，刘璋既拨兵马，又给粮草，应该说对刘备十分尽心，所以刘备一时间很难收服人心。刘备知道，要想收服人心，最重要的是与刘璋的旧部搞好关系，通过任用刘璋故旧中有才能的人来获取刘璋故旧的支持。

刘璋的旧部很多，成分也很复杂，虽然风气比较腐败，官吏大多都比较无能，但也并不是没有人才，刘备对此了解很少。针对这种情况，刘璋的旧部法正，及时提出了意见。他说："现今主公始创大业，需要收服人心，许靖的资格很老，与蔡邕、孔融是一辈人，他曾是刘璋的蜀郡太守，您认为他立场不坚定而看不起他，抛弃不用。但是，他的声誉播流四海。您如果不对他以礼相待，天下之人会说主公不重视贤人。应该加以敬重，以起到造成影响的作用。"（《三国志·蜀书·法正》）法正的及时提醒，可以说正是当时最需要做的地方，使刘备避免了一次很大的失误。

不久，许靖做了刘备的长史，继而又被提升为司徒。由于他的资历老，故旧多，名声大，在被起用后，产生了广泛的影响，不仅蜀人对刘备有了好感，连曹操政权中的一些名人，如三公华歆、王朗等人，也不敢对刘备政权小看了。

李严是刘璋旧部的著名人物，应该说还是相当有才能的，他当过都令、护军，在蜀郡很有威望。在刘备攻刘璋时，他临阵投降刘备，刘备拜他为"裨将军"，紧接着又任他为"兴业将军"。刘备临死时，到永安去接受托孤的只有他和诸葛亮两人。足见刘备对他的器重。至于他以后品行不端，那是后事。在当时任用李严，对于稳定蜀郡的人心，是有很重要的意义的。

争取原来核心统治集团成员的支持尤为重要。吴懿、费观和刘璋是儿女亲家的关系，吴懿是刘璋集团中的重要成员，影响很大，吴懿的妹妹又是刘璋的哥哥刘瑁的妻子，其间错综复杂的关系将其紧密地联系在一起。为了取得他们的支持，刘备对他们大加封赏，安排了比在刘璋时期还要重要的官职。尤其有意思的是，刘备又打起了结亲这张牌，在刘瑁病死，吴懿的妹妹寡居的情况下，刘备就与吴懿的妹妹结了婚。其结果自然是争取到了这些人的支持。

对刘巴的重用也极富戏剧性。刘巴一直激烈地反对刘备，在刘备取得蜀郡以前，就表示过坚决不与刘备合作。刘巴是荆州人，在曹操大兵南下攻占荆州时，别人跟着刘备向南逃，而他偏偏掉头向北投奔了曹操。曹操败于赤壁之后，荆州六郡又落到了刘备的手里，刘巴被困在了荆州，诸葛亮写信劝他归附刘备，刘巴加以拒绝了，并逃跑到交趾，后来又从交趾往西投靠了刘璋。刘备本来是知道此事的，并对刘巴的态度深表不满。真是阴差阳错，刘巴刚到西川，刘璋就灭亡了，刘备怕刘巴遇害，在围攻成都时，特意下了一道命令："其有害巴者，诛及三族。"刘备最后找到了刘巴，十分高兴。刘巴在刘备的诚心感召下，终于归附。刘备立即将他封为"将军西曹掾"，不几年又让他代法正当了尚书令。据说，张飞对刘巴非常敬重，虽然刘巴多次轻慢他，他也不敢发脾气。当然，这与刘巴的为官清正有关。

对于法正的使用也意味深长。法正是奉命将刘备请接进蜀的人，刘备战败刘璋，应该说他的功劳最大。他本身又富有智计，后来成为刘备集团中仅次于诸葛亮的智囊人物。他对刘备的影响很大，以致诸葛亮在不能阻挡刘备伐吴时想起了法正，慨叹地说："如果法孝直（法正）尚在，必能阻止主公。"在刘备攻下成都后，就封他为"蜀郡太守，扬武将军，外统都畿，内为谋主"。但是，法正有一个十分突出的缺点，即打击报复人往往不计后果，为此他枉杀了好几个人。状子告到刘备那里，刘备感到十分为难，如果撤了法正的职，就会失去左膀右臂，如果惩治他，就无法充分发挥他的作用、怎么办呢？刘备审时度势，没有惩治他。

团结地方干部，依靠地方干部，正是靠着这些政策和策略，刘备才迅速在四川站稳了脚跟；相反，如果采取打击一大片的方针，他很可能会被赶出四川去，即使勉强待在四川，也会日夜不得安宁。毛泽东说，"看《三国演义》这本书，不但要看战争，看外交，而且要看组织"[1]，确是一语中的。对于当时共产党的组织工作来讲，毛泽东的这句话不仅有着一定的启发意义，甚至有着直接的指导意义。尤其对于那些生搬硬套所谓"革命原则"的人，应该是一副极为有效的清凉剂。

---

[1] 薄一波：《回忆片断——记毛泽东同志二三事》，《新华文摘》1982 年第 2 期。

22

"刘备这个人会用人、能团结人，终成大事"

> "有些人是书生，最大的缺点是多谋寡断。刘备、孙权、袁绍都有这个缺点，曹操就多谋善断。"

毛泽东对刘备的评论很多，有时也并不完全一致。如："有些人是书生，最大的缺点是多谋寡断。刘备、孙权、袁绍都有这个缺点，曹操就多谋善断。"[1]毛泽东历来反对书生气，反对教条主义，尤其对于军事决策，更是如此。毛泽东所崇尚的是实事求是的态度，是雷厉风行的作风，因此，对于刘备、孙权、袁绍等人往往停留在谋划阶段而不将谋划付诸实施的性格特点是持批评态度的。在谈及刘备为关羽之死伐吴的事件时也说："诸葛亮也上表谏止说：'臣亮等窃以吴贼逞奸诡之计，致荆州有覆亡之祸；陨将星于斗牛，折天柱于楚地，此情哀痛，诚不可忘。但念迁汉鼎者，罪由曹操；移刘祚者，过非孙权。窃谓魏贼若除，则吴自宾服。愿陛下纳秦宓金石之言，以养士卒之力，别作良图。则社稷幸甚！天下幸甚！'可是刘备看完后，把表掷于地上，说：'朕意已决，无得再谏。'决意起大军东征，最终导致兵败身亡。"[2]

显然，这里的刘备已不是多谋寡断，而是刚愎自用了，毛泽东对其可谓极不赞成。但是，上述的这些都是说的刘备性格的一些侧面，刘备性格的主要方面是什么呢？毛泽

---

[1] 《毛泽东新闻工作文选》，新华出版社1983年版，第215页。
[2] 盛巽昌、欧薇薇、盛仰红编：《毛泽东这样学习历史　这样点评历史》，人民出版社2005年版，第56页。

东说："尽管刘备比曹操所见略逊，但刘备这个人会用人、能团结人，终成大事。"[1]

这才是毛泽东对刘备的基本评价。看一个人，要看主要的方面，这就是毛泽东所谓"牵牛要牵牛鼻子"思想的具体体现。

我们都知道，刘备对诸葛亮可谓知人善任，从谏如流，对其他人是不是这样呢？下面我们看看他对待另一位军师庞统的态度。

庞统向刘备进言说："荆州荒芜残破，人才稀少。东有孙吴，北有曹操。要想在这里实现三国鼎立的局势，恐怕是很难做到的。现在益州国富民强，有人口百万，郡中兵马粮草众多，物资丰富，各种珍货宝物无需外求。现在应争取过来，以定三国鼎立的大计。"

刘备说："这正好说明了我与曹操的为人犹如水、火一样的不同，曹操为人急躁，我待人以宽缓；曹操对人暴虐，我待人以仁爱；曹操为人狡诈，我待人以忠厚。我处处与曹操相反，只有这样，我才有可能取得成功。现在，如果因小事而失信于天下，这是我所不取的。"

庞统说："权变之计，不是一句话能说得清楚的。春秋五霸，兼弱吞愚，逆取顺守，大家都认为这是义举，没有人认为那是不应该的事；等到事情成功了以后，再封以大国，又有谁会说我们不符合信义呢？我们今天不取益州，终究有一天会落到他人的手中。"

刘备听了他的话，觉得很有道理，于是派关羽把守荆州，准备自己率兵取巴蜀。

此时，正值刘璋听说曹操准备出兵汉中，要征讨张鲁，感到非常害怕，别驾张松对刘璋说："曹操兵强马壮，天下无敌。如果得到了张鲁的土地作为资本，再进一步来攻打蜀地，我们怎么能够抵挡呢？而刘使君是宗室之亲，是曹操的冤家对头，如果能让他去征讨张鲁，一定能够成功。如果攻破了张鲁，益州就强大了，即使曹操打来，也无能为力了。"刘璋同意他的意见，派法正去迎接刘备。刘备与刘璋在涪地见面以后，刘璋就回成都去了，刘备就做好了准备，要为刘璋征汉中。

庞统又向刘备进谏说："您可暗地里选派精兵强将，昼夜兼程，直袭成都。刘璋既没

---

[1] 李林达：《情满西湖——毛泽东在浙江纪实》，中央文献出版社1993年版，第240页。

有打仗的本领，又无戒备，大军突然而至，一举便可成功，此为上策。杨怀、高沛是刘璋的名将，都依靠强兵把守着关卡，听说他们曾经屡次上书进谏刘璋，劝刘璋把将军送回荆州。现在，将军可派人送信给他们，就说荆州吃紧，我军将回荆州救急，并安排部队装作要回荆州的样子。这二人素来佩服将军的英明，又为您撤军离去而高兴，一定会轻骑简从来见将军。于是可乘机把他们抓起来，夺其士卒，发兵指向成都，这是中策。退返白帝城，甚至回到荆州，再慢慢地思索图谋的办法，此为下策。而如果犹豫不决，迟迟不行，将会陷入严重的困境，后果不堪设想。不可耽误太久。"

刘备觉得上策太急，下策太缓，同意施行庞统的中策。依庞统之计，斩了杨怀等人后，还军攻击刘璋。

这时，刘璋的谋士郑度向刘璋进言说："左将军袭击我们，当他兵不满万人，士民来附，只有靠吃野谷过日子，形势其实是十分艰难的。依我之计，不如将巴西一带的人都赶走，将涪水以西地区的食物野谷一律焚毁，筑起高垒，挖掘深沟，静以待变。他们如果请战，我们不和他交战。把他们困久了，他们又没有粮食供应，不过百日，必将撤兵自返。等他撤兵的时候，我们再攻击他们，这样一来，一定能生擒刘备了。"

刘璋是愚暗之人，不用郑度之计。刘备于是长驱直入，所过必克，占领了巴蜀。

建安二十六年（公元221年），众臣劝刘备称帝，刘备不答应，诸葛亮劝他说："以前吴汉等人劝世祖刘秀即位，刘秀推辞，前后数次，耿纯进言说'天下英雄都十分仰慕你，希望有所依靠。如果您不接纳大家的建议，士大夫们都要各自回去另找新的主人去了，这样一来，就没有办法使人再跟从您了。'刘秀深感耿纯的话恳切深刻，就答应了人们的请求。现在，曹操篡夺了汉朝的江山，群龙无主，大王您是刘氏后裔，继世而起，现在登基即位，正是非常适当的事。士大夫们跟随大王长期辛勤劳苦，也如耿纯所说的，无非是想建立一点功勋。"

刘备听了他的这一番话，觉得十分有道理，就不再推辞，于是封诸葛亮为丞相，说："我遇上家室不幸，继承帝业，兢兢业业，不敢安居，想让百姓平安，恐怕不能使他们安宁。丞相诸葛亮是知道我的心意的，你辅佐我不要懈怠，一定要补救我的过失，帮助我重新昭示汉室的光辉，用以普照天下。你要勉励而为啊！"

于是，刘备称帝。

可以说，刘备在其事业发展的关键阶段上听了庞统的建议，进取了西蜀，如果没有这一关键性的决策，仅凭着他在荆州的人马，与曹操、孙权抗衡，恐怕用不了多久，他就会暴尸荒野，哪里还会有蜀汉的昭烈皇帝？从这一意义上讲，庞统对于刘备基业的建立所起的作用并不比诸葛亮小。

刘备的确有这样那样的缺点，但毛泽东所说的"刘备这个人会用人、能团结人"才是刘备性格的根本特点。如果没有这一特点，刘备是不会"终成大事"的！

刘备用理想的道德规范来处理和维系人际关系，并取得了极大的成效，正如"庞统献策取西川"时他自我总结的那样："今吾与水火相敌者，曹操也。操以急，吾以宽；操以暴，吾以仁；操以谲，吾以忠：每与操相反，事乃可成……"他"心存忠信"，"推诚相信"，温厚待人。不仅与关羽、张飞誓同生死，就是对诸葛亮、赵云、黄忠等人也无不赤诚相见。即使是对于各种降将，他也均以"仁义相待"，所以才有了黄忠、马超、魏延等出色的将领，如果没有这些人的鼎力相助，刘备的基业是难以想象的。

23

"曹刘是主要矛盾，孙刘是次要矛盾"

> "三国时期，荆州失守，蜀军进攻东吴，被东吴将领陆逊火烧连营七百里，打得大败，其原因就在于刘备没有区分与处理好主要矛盾与次要矛盾的关系，在谋略中没有抓住主要矛盾。"

毛泽东思想中的最光辉的精华之一就是处理问题要抓住主要矛盾。毛泽东正是运用了这一基本思想，正确地分析了中国革命的基本问题，不仅在革命战争年代抓住了主要矛盾，领导中国革命从胜利走向胜利，就是在处理具体问题时，也十分善于把握主要矛盾，体现出了极为高超的领导艺术。

其实，毛泽东的这些思想在读史时也得到了印证。他极为善于用现代思维方式和理论看待历史，同时又善于从古代的历史中总结出经验教训，为现代理论寻找依据，真正做到了融通古今。

三国时期的"国际关系"极为复杂，如何分析和处理各国的关系，始终是当时外交的基本问题。毛泽东对此有着精辟的论述。毛泽东又说："三国时期，荆州失守，蜀军进攻东吴，被东吴将领陆逊火烧连营七百里，打得大败，其原因就在于刘备没有区分与处理好主要矛盾与次要矛盾的关系，在谋略中没有抓住主要矛盾。诸葛亮在《隆中对》中所确定的战略方针是'东联孙吴，北拒曹操'。曹刘是主要矛盾，孙刘是次要矛盾。孙刘的矛盾是统一战线内部的矛盾。所以当孙权数次讨荆州时，诸葛亮总是一再推诿软磨，而不硬抗，直到最后才让出荆州的部分地方。刘备不了解这一点，派了根本不执行联吴为根本、争夺荆州要有理有节方针的关羽去驻守荆州。关羽这个人虽然斩华雄，诛颜良、文丑，过五关斩六将，擒庞德，威震华夏，但孤傲自大。刘备封'关、张、赵、马、黄'五虎大将时，关羽怒曰：'翼德吾弟也；孟起世代名家；子龙久随吾兄，即吾弟也；位与吾相并，可也。黄忠何等人，敢与吾同列？大丈夫终不与老卒为伍！'当孙权派诸葛瑾为儿子向关羽女儿求婚，以结秦晋之好，共伐曹操时，关羽却勃然大怒，说：'吾虎女安肯嫁犬子乎！不看汝弟（诸葛亮）之面，应斩汝首！再休多言'，诸葛瑾抱头鼠窜而去。孙权便攻占了荆州，孙刘联盟瓦解。"①

这里分析了关羽刚愎自用的性格，更重要的是指出了关羽仅仅是一介武夫，不是政治家，这才导致了荆州的陷落。那么，具体的情况是怎样的呢？我们来看看关羽其人及荆州陷落的过程。

中国有一句十分有名的俗语，叫做大意失荆州。其意源自三国时期关羽失掉荆州，并且在麦城被杀。其实，关羽失守荆州，败麦城，不是因为他的勇武乃至智计不够，相反，他设伏围城、水淹七军，倒显示出他过人的谋略，问题就出在他刚愎自用、不听人言。"诸葛一生唯谨慎"，关羽的性格缺陷就在于刚毅有余而谨慎不足。因此，人言关羽"大意失荆州"，其实荆州之失，并非由于关羽的大意，实在是由于他的性格缺陷。下面的这个故事虽然表现了关羽知错善改的品格，但也可以从中看出他上述的性格特征。

东汉建安二十四年，刘备为汉中王，刘备派司马费诗为使者，前去传达命令，任命关羽为前将军。关羽听说黄忠被任命为后将军，气愤地说："大丈夫不能与一个老兵同伍。"不肯接受任命。司马费诗对关羽说："成就帝王的事业，不能只靠一个人。从前，萧何跟高祖刘邦一起长大，交情十分深厚，陈、韩灭亡后，高祖对部将论功行赏，韩信居功第一，没听说萧何因此而生气。您虽然与主公的交情很厚，难道就可以因此而看不上别的人吗？"

司马费诗接着说："如今，主公由于功高一时，被汉室所器重，由此说来，主公的地位高低，就应该与您相提并论吗？况且，主公与您犹如同胞一体，休戚与共。我认为不

---

① 途中远：《毛泽东读评五部古典小说》，华文出版社 1997 年版，第 177–178 页。

应该计较官职称号的高低尊卑、俸禄的多少。我不过是个小小的使者，奉命而来，无非是传达命令而已，您不肯接受主公的任命，我就这样回去，对我是无所损害的。只可惜您这么做，恐怕将来会后悔的。"

关羽听了司马费诗的这番话，恍然大悟，有如梦初醒的感觉，立即接受了任命。

宋宗元评论说，司马费诗的话入情入理，关羽即使出于自尊不肯认错，也不能不为之折服，虚心地采纳他的意见。

然而，他虽然"知错善改"，但其高傲乃至傲慢之气已溢于言表，如果遇到合适的气候，他的这种傲慢之气就会自然冒出来。

后来，东吴将领吕蒙抓住机会，攻陷了荆州，使关羽败退麦城。不久关羽从麦城退出，东吴立即派兵分头拦截，抓获了关羽和他的儿子。荆州终于落到了孙权手中。

关羽的性格中有潜藏的傲慢自大的一面，他从来就没有服过谁，所以，他在处理战事的时候，总是不够谨慎小心。在小说《三国演义》中，如果悉心寻找，在很多地方都可以发现关羽的这一性格特征。

然而，关羽是义中圣人，他的这一优点掩盖了他所有的性格缺陷。不过，作为兵家，就是要无条件地冷静考察一切问题，如果以这种态度来对待关羽的话，就会很容易发现他的缺点了。因此，关羽的失败只是早晚的事。

对于刘备，毛泽东历来是赞扬有加，但对于刘备的缺点，毛泽东也是毫不客气地指出并批评。他说："刘备见关羽被杀，荆州丢失，遂起兵攻打东吴，众臣苦谏都不听，实是因小失大。正如赵云说：'国贼是曹操非孙权也，且先灭魏，则吴自服。'诸葛亮也上表谏止说：'臣亮等窃以吴贼逞奸诡之计，致荆州有覆亡之祸；陨将星于斗牛，折天柱于楚地；此情哀痛，诚不可忘。但念迁汉鼎者，罪由曹操；移刘祚者，过非孙权。窃谓魏贼若除，则吴自宾服。愿陛下纳秦宓金石之言，以养士卒之力，别作良图。则社稷幸甚！天下幸甚！'可是刘备看完后，把表掷于地上，说：'朕意已决，无得再谏。'决意起大军东征，最终导致兵败身亡。"①

---

① 途中远：《毛泽东读评五部古典小说》，华文出版社 1997 年版，第 177-178 页。

如果说刘备善于用人终于成就了蜀国大业的话，那么，刘备将兄弟之义置于国家大义之上，一意孤行，不听劝谏，"最终导致兵败身亡"，给蜀国带来了巨大的损失。

关羽和刘备的错误是一样的，即没有分清当时国家间的主要矛盾。毛泽东所说的"曹刘是主要矛盾，孙刘是次要矛盾"是完全正确的，那么，根据这一正确的判断，蜀国采取的外交政策就应该是联吴抗曹。一旦违背了这一政策，即使在对吴的斗争中有一时的胜利，也是无益的，甚至是错误的，更不用说与吴国发生大规模的军事冲突并惨遭失败了。

在关羽、刘备死后，诸葛亮重新确立了联吴抗曹的政策，才使蜀国的内政外交回到了正确的轨道上来。毛泽东关于"曹刘是主要矛盾，孙刘是次要矛盾"的正确分析，对于我们的工作和生活都有着积极的指导意义。

24

司马懿"多谋略，善权变"
"此司马懿敌孔明之智也。"

司马懿是三国时期最著名的将领之一，因为与诸葛亮屡次交锋、互有胜负而著名。所谓棋逢对手，将遇良才，只有这样的较量才是真正的较量，才能引人入胜，给人以诸多的启发。毛泽东对司马懿和诸葛亮的大智大勇十分关注，多次谈到他们之间的谋略。他说："此司马懿敌孔明之智也。"[1]

诸葛亮与司马懿的对阵往来是十分有意思的，从反面可以证明诸葛亮事必躬亲但拙于用人的性格特点。诸葛亮曾称赞司马懿"大有才能"，对他忌惮三分，但谋略智识毕竟远出司马懿之上，诸葛亮是不会怕他的，只是诸葛亮为人十分谨慎，对他预先加以提防而已。最有意思的是司马懿这一方，他可谓"知彼知己"，深知自己不如诸葛亮，所以处处小心谨慎，虽然没有打败诸葛亮，自己也不至于被诸葛亮打得一塌糊涂。

司马懿与诸葛亮真可谓是一对敌国"知己"。一次，诸葛亮知道司马懿因胆怯而不敢出战，就派使者去激怒他。两军相持多日。一天，忽报诸葛亮率蜀兵进驻五丈原，派人送来一盒礼物和一封书信，司马懿只得把来人叫来，司马懿接过盒子，打开一看，却是妇人的头饰和素衣，再看那封信，竟是取笑他身为大将，却和关在闺房里的贵妇人一样，躲着不敢出战，没有一点大丈夫的气概。

　　司马懿大怒，但他抑制住不肯发泄出来，却装出一副笑脸道："诸葛亮竟把我看成妇人了！"说罢，吩咐把盒子收起来，重赏了来人。

　　接着，他又问来人道："你们丞相平时饮食的情况怎样，忙不忙？"来人回道："丞相每天理事都到深夜，凡是刑棍在二十以上的，一定要经他亲自办理，然而，一天的食物却吃不上几升。"司马懿回顾身边的部将笑道："诸葛亮确是忠心无私的，只是不肯信托别人，所以事无巨细，什么都要自己管，做个主帅怎么可以这样呢？况且他食少事烦，准是活不长久了！"

　　使者回到蜀营，把司马懿接受衣饰以及那番话都回报诸葛亮。诸葛亮听后，不觉叹了一口气说："唉，司马懿可算懂得我了！"原来，诸葛亮因劳累过度，神思不宁，有时还吐血。

　　此事发生不久，诸葛亮就因劳累过度，病逝于五丈原。由于诸葛亮和司马懿二人互为"知己"，所以二人经常相互中对方的诡计。

　　魏、蜀、吴三国鼎立的局面形成不久，魏主曹丕病故，长子曹叡即位，封司马懿为骠骑大将军，司马懿自请防守雍凉一带。这时，诸葛亮已"安居平五路"，并亲自出兵南方，"七擒孟获"，使得多年的边患得以平息，他就准备出兵伐魏了。但诸葛亮一听到司马懿任大将军，大惊道："司马懿大有才能，倘把雍凉兵马练成，便成大患，还是趁早出兵伐魏。"参军马谡道："我们刚从南方征战回来，人困马乏，不宜出征，要除司马懿，可另想办法。"诸葛亮问有何计可施，马谡道："司马懿虽是魏国大将，曹叡素怀疑忌，何不密差人往洛阳、邺郡等处，散布流言，道此人欲反，更作司马懿告示榜文，布告天下，曹叡必疑而杀之。"诸葛亮听从了马谡的建议，一方面派人去散布流言。一方面派人冒用司马懿的名义张贴告示，说司马懿要更奉新君，克日起兵，要各地军民归附。曹叡既听了流言，又见了告示，再听了一班臣子之言，便想杀掉司马懿。曹真却认为司马懿是托孤之人，不会反叛，建议曹叡西游，若果司马懿来迎，即可观其虚实，再做定夺。

　　曹叡听了曹真的话出游，司马懿果率十万兵马相迎。曹叡大惊，待司马懿独自一人到曹叡面前辩明，终于弄清了是蜀人的奸计，但曹叡还是不肯给他兵权，而是把他削职为民，令他闲居。诸葛亮的反间计获得了成功，除去了对手，就放心地做好准备，出兵伐魏。

公元 230 年，司马懿率四十万大军来攻蜀汉，诸葛亮就第四次出兵祁山，讨伐曹魏。魏军的征西大都督曹真本是无能之辈，副都督司马懿也不是诸葛亮的对手，结果，诸葛亮智劫曹兵，气死曹真，又布下八卦阵，将魏兵驱过了渭水南岸，准备进取长安，魏兵十分紧急。这时，因解粮误事而被诸葛亮杖责的苟安到司马懿那里投降，司马懿便心生一计，叫他速回成都去散布流言。

苟安回到成都，到处散布流言，说诸葛亮自恃功大，怨恨后主，早晚要篡位称帝，特别是见了宫中的宦官，更把这一套话说得活灵活现。宦官听了，忙来报告后主刘禅，后主十分昏庸无能，闻报大惊，不知所措，宦官便替他出了个主意，说是可把诸葛亮召回成都，削去他的兵权。后主不分是非，也就稀里糊涂地答应了。

诸葛亮在军中接到退兵的诏书，不仅仰天长叹，只好退军，他用"增灶法"吓住了司马懿，使他不敢追击，安全地回到成都，见了后主，问他为何撤兵，后主沉吟了半天，才低着头说："好久不见丞相，很是想念，所以召你回来。"诸葛亮说："这并不是陛下的本意，定是奸人造谣，说臣的坏话。"后主一时无话可对，诸葛亮又说："内有奸人，臣怎能在外讨贼呢？"后主这才承认错误说："我错听了宦官的传言，召回丞相，后悔莫及。"诸葛亮一查，才知是苟安散布谣言，派人去捉时，苟安早已投魏国去了。诸葛亮与司马懿两人，对于对方的优点和弱点、性格与为人可谓了如指掌，这样的对手在战场上兵戎相见，可谓旗鼓相当。司马懿自知才能不如诸葛亮，对于自己的败多胜少，也觉得是很正常的事。但因他能"知彼"，所以就能及时避开对方的进攻，也可以寻找对方的失误来进攻，不至于"每战必殆"。司马懿想"熬"死诸葛亮，然后再伐取蜀国。

三国后期，"五虎大将"已相继去世，等到廖化出台，诸葛亮治下的西蜀，已如强弩之末，没有可以拿得出手的将领了。诸葛亮一生追随刘备，可谓言听计从，无所不依，但从公元 207 年隆中决策，到公元 234 年病逝五丈原，其间长达二十七年，居然没有找到也没有培养出一个接班人，这不能不说是一个巨大的失误。直到临死的那天夜里，他才哀叹平生所学的兵书，遍观诸人，无可传授者，于是退而求其次，勉勉强强地传给了姜维。

然而，姜维其德可嘉，其才却不如诸葛亮。虽有丞相之心，却无丞相之才，再加上此一时也，彼一时也．正所谓大厦将倾，独木难支，数次北伐，皆无功而返。至于最后试图以假降来保全西蜀，实在是让人感喟莫名了。

其实，廖化并不是个一无是处的平庸将领，相对于姜维，他颇有些务实的态度。对于姜维的三番五次的无效进攻，他有着清醒的认识。他说："兵不战，必自焚，说的就是姜伯约（姜维）的这种情况啊！智谋压不过敌人而力量又小于敌人，还要频繁出战，怎会不败呢？"廖化的评断，不仅指出了姜维的弱点，也映衬出了诸葛亮的不足。

诸葛亮的务虚不务实，在许多地方早就表现出来。刘备临终之前特意告诉他马谡"言过其实，不可大用"，但他偏偏和马谡这样的人谈得来，其结果是失了街亭，葬送了一次东征，马谡也因此丢了性命。可是，诸葛亮在"挥泪"之时，只是自责用人不当，何尝对自己的性格作深层的反思？

司马懿的确是"熬"死了诸葛亮，诸葛亮死后，就没有人能够抵挡司马懿了。后来司马懿终于取得了魏国的政权，并统一了三国，从这一意义上讲，司马氏是最终的胜利者。

毛泽东对于司马懿的基本评价是"多谋略，善权变"：1958年11月，毛泽东到河南新乡地区视察，在安阳接见了新乡地区县级负责干部。……毛泽东在与温县县委书记李树林谈话时说："温县是司马懿的故乡，他出身士族，多谋略，善权变，为魏国重臣。"[1]

这应该主要是针对政归司马氏一事来说的。

三国时，魏曹芳继位。原掌管军权的司马懿升为太傅，但兵权实被曹爽掌握。司马懿不甘心大权旁落，想重掌兵印。可如何才能如愿以偿呢？司马懿采取韬晦之计。魏王曹叡病故后，司马懿和宗室曹爽同为顾命大臣，一同执政，但曹爽年纪既轻，又是贵族子弟，凡事都交给富有经验智谋的司马懿去办理。曹爽喜爱吃喝交游，门下聚集了一帮朋友，有一天，大学者何晏对曹爽说："大魏是曹家天下，不要过分相信外人。"

曹爽说："先帝和幼子托付给我和太尉（司马懿），我当然要遵从遗命。"何晏冷笑

[1] 陈春雨：《伟大领袖谈地名人名——回忆毛主席的一次接见》，《中州今古》1994年第2期。

道："从前，老将军（曹爽之父曹真）与太尉一起领兵抗蜀，若不是三番五次受太尉的气，何至于早逝？"这话不禁引起了曹爽的愤恨。于是，他就与心腹一起谋划削掉司马懿的兵权。

曹爽与门客商量定了，就来见曹芳，说司马懿的功劳很大，应当加封为太傅，曹芳还是个孩子，不懂其中的关窍，就听了曹爽的话，把司马懿召来，封他为太傅，司马懿全无防备，大吃一惊，但又不能抗命，只有交出了带兵的印信，从此，军权落到了曹爽的手里。曹爽高枕无忧，经常带着家将门客出外打猎，有时几天不回城去，他的弟弟以及门客都劝他说，几天不回城，恐怕会有人发动兵变。曹爽笑道："军权在我的手里，司马懿又在家养病，有什么可怕的？"

后来，曹爽的弟弟曹羲求大司农桓范劝劝曹爽，曹爽听了，多少注意了一些。恰在这时，李胜升任青州刺史，前来辞行，曹爽灵机一动，有了主意，让他假借到太傅府上辞行，趁机察看司马懿的动静。李胜来到太傅府，只见司马懿面容憔悴地躺在床上，由两个丫头扶着，才勉强撑起身来。李胜对他说："我要去青州上任了，向您来辞行！"

司马懿含糊地说："并州接近匈奴，可要好好防备！"李胜说："是青州！"

司马懿说："你从并州来？"

李胜又道："是山东青州。"

司马懿大笑道："你刚从并州来？"

李胜最后借用纸笔，才对司马懿说明白。司马懿看了好一会儿才说："原来是青州哇，我病得耳聋眼花了，刺史路上保重吧！"说完，司马懿用手指指嘴巴，丫头捧上汤水，司马懿就她们手中喝了，汤水还洒了一衣襟。最后，他流着泪对李胜说："我年老力衰，活不久了，剩下两个儿子，要托曹大将军照顾，请李刺史在曹将军面前多多吹嘘！"说完指指两个儿子。

李胜走后，司马懿便披衣起床，对司马师和司马昭说："李胜回去必定要跟曹爽说，他不会再疑我了，曹爽如再出去打猎，便可动手。"

李胜赶回大将军府，把情形一五一十地向曹爽作了汇报。曹爽大喜道："这老家伙一死，我就什么也不怕了。"过了几天，他带着魏主曹芳，点起御林军，借口出城祭祖，打猎去了。司马懿抓住这个机会，带领儿子和众将，直奔朝中，威逼郭太后下旨，说曹爽奸邪乱国，要免职办罪，太后无奈，只得下旨。然后又占了城中的兵营，紧闭了城门。曹爽接旨后，本可以大将军印讨伐司马懿，但他生性昏懦，不听众门客的劝告，反而相信了司马懿的话，把大将军印交了出去。

从此，政归司马氏。

虞世南说："司马懿是读书人出身，参与辅佐建立魏国，能够救助社会的危难，治理好朝政，文韬武略，确实有可以称道的地方。然而他喜欢玩弄阴谋，做事不讲仁义，性情猜疑、残忍，诡计多端。例如他故意说胡话装病，蒙骗李胜，使曹爽放松了警惕，最后消灭了曹爽；他把何晏等人下狱后，任由狱吏审讯拷打，最后连诛三族。像这些伤天害理、昧尽良心的事，正人君子是不会做的。用这种虚情假意对待一切事物，假如双方势均力敌，在中原会战，以司马懿的奸谋来对付孔明的指挥若定，恐怕司马懿就不是对手了。"

吴国的张微在《默记》中谈论到司马懿和诸葛亮二人的优劣时说："汉朝灭亡，天下分崩离析，司马懿和诸葛亮二人在这种形势下相遇，各自投靠了明主。孔明从蜀汉开始发展，只有一个州的地盘，与大国相比，约有它的九分之一，指挥着数万步兵，从祁山长驱而出，慷慨激昂，大有饮马黄河、洛水的雄心壮志。司马懿拥有天下十倍于孔明的地方，统率来自各地的大军，占据坚固的城池，拥有精锐的军队，却没有擒获敌人的意图，而只求自保。假如形势像这样发展下去而孔明不过早病死，要不了多久，胜负的形势就可以决定了。比起司马懿来，孔明不是更高明吗？"

对于这些历史性的评价，我们是应该深思而慎取之的。

25

"有些人是书生，最大的缺点是多谋寡断"

"有些人是书生，最大的缺点是多谋寡断。刘备、孙权、袁绍都有这个缺点，曹操就多谋善断。要反对多端寡要，没有要点，言不及义。要一下子看到问题所在。"

毛泽东历来重视实事求是的作风，一贯反对教条主义，本本主义。所以，对于历史上的"书生"，毛泽东一直是持否定态度的。其实，毛泽东的这种态度也是在长期的革命实践中形成的。

对于三国时期的历史和《三国演义》，毛泽东十分熟悉，他的很多论断都是精辟而深刻的。如他认为，三国时期的一些领导人有书生气，可以说是独具慧眼。他说："有些人是书生，最大的缺点是多谋寡断。刘备、孙权、袁绍都有这个缺点，曹操就多谋善断。要反对多端寡要，没有要点，言不及义。要一下子看到问题所在。曹操批评袁绍，'志大而智小，色厉而胆薄'，没有头脑。还批评袁绍有其他缺点，兵多而分工不明，将骄而政令不一，地虽广，粮虽多，完全可为我所用。"①

在这段话里，他说刘备、孙权、袁绍都有书生气，但根据全义的意思可知，毛泽东说的主要是袁绍，并且拿曹操作对比。那么，毛泽东所引用的曹操对袁绍的批评是不是符合历史事实呢？我们且来看看历史曾经发生过的一些事情和曾经有过的评论。

---

① 《毛泽东新闻工作文选》，新华出版社 1983 年版，第 215-216 页。

　　《三国演义》中"青梅煮酒论英雄"是十分著名的。故事的基本梗概是这样的。有一天，刘备正在菜园浇水，曹操突然派人请刘备到府中饮酒消遣。刘备不知何故，带着不安的心情来到曹府，曹操一见刘备就笑着说："你在家做了大好事了！"刘备不明故里，吓得面色如土。曹操拉着刘备的手一起走向后园，指着菜园说："玄德学习种菜，真不容易啊！"刘备听了才放下心来，说："没有事做，消遣罢了！"曹操指着园中树枝上的青梅说："刚才看见梅子青青，就想起了去年征伐张绣的时候，将士缺水口渴；我当时灵机一动，以马鞭虚指前方说：'前面有梅林。'将士们听了，顿时口中生津，不觉得口渴了。今天这青梅不能不赏，因而邀请你一同赏梅饮酒。"说着两人已走到亭前，那里已摆上一盘青梅，一樽煮热的酒。俩人面对面坐下，叙谈畅饮。

　　酒喝得正酣，天空忽然阴云密布，电闪雷鸣，大雨就要来临。曹操和刘备靠着亭栏遥望像乌龙一样的黑云。曹操忽向刘备提问："你知道龙的变化吗？"刘备答道："不太知道。"曹操说："龙能大能小，能升能隐，现在是春末季节，龙随气候的变化，就像一个人得志后四海纵横一样。龙可以比作当今世上的英雄。玄德久经沧桑，必定知道当今谁是世上英雄，请你指出一二个。"刘备说："我浅陋无知，不惯分析世事，怎能识别英雄啊？"曹操说："不用谦虚。"刘备故意装出没有见识的样子，说："淮南袁术，兵粮充足，可以算得上英雄？"曹操笑着说："坟中的枯骨，我早晚必能捉住他！"刘备说："河北袁绍，今日虎踞冀州之地，可以算得上英雄？"曹操又笑着说："袁绍表面厉害，实际胆小，有智谋却欠果断；想干大事又惜命，见小利而又忘命，算什么英雄？"刘备见曹操说这二人都不是英雄，就又说了刘表、刘璋、张绣、张鲁等人，曹操拍掌大笑说："这种碌碌小人，何足挂齿？"刘备说："那我实在不知道了！"曹操说："所谓英雄，应该是胸怀大志，有勇有谋的人。"刘备问："那是谁呢？"曹操用手指刘备，然后又指自己说："当今天下英雄，只有你刘使君和我啊！"

　　刘备万万没有想到曹操会说自己是英雄，乍听之下，大吃一惊，手里的筷子，不自觉地落在地上。这时，正好电光一闪，霹雳轰鸣。刘备赶忙拾起筷子，很不好意思地说："刚才这声惊雷，把我手中的筷子都震落了。"曹操见状大笑道："大丈夫也惧怕打雷吗？"刘备说："孔圣人说：'遇到急风惊雷一定会改变面容。'真是这样啊，我怎么不怕呢？"刘备就这样巧借闻雷来掩饰了自己的惊慌神态，使曹操错以为他也不过是个普通人物，而不是自己争夺天下的对手。这样一来，曹操便放松了对他的警惕，还派他去阻截袁术，终使刘备有机会逃脱曹操的控制，扩大自己的队伍。刘备的韬晦之计可谓用得不露声色，出神入化了。中国有一句著名的俗语，叫做"人在人眼下，不得不低头"，意思是说人在权势、机会不如别人的时候，不能不低头退让，即使是封建皇帝对于自己的臣下，也往往不得不如此。

从这段故事可以看出，曹操并不是一个没有见识的人，甚至应该说他眼光十分独到，因为他对于天下大势和天下英雄可以说是尽揽胸中。然而，问题是他只能思考却不能行动，这就是所谓的"多谋寡断"，就是思虑得很多，却不能当机立断，抓住时机，马上行动。他明知刘备是英雄，但却没有控制刘备的意识，最终让刘备脱身而去。这就是曹操的"志大而智小，色厉而胆薄"，是毛泽东认为的"没有头脑"。至于袁绍"兵多而分工不明，将骄而政令不一，地虽广，粮虽多，完全可为我所用"的评论，官渡之战的例子已经证明。

官渡之战中，曹操的多谋善断与袁绍的优柔寡断形成了极其鲜明的对比。曹操能够抓住稍纵即逝的战机，当机立断，而袁绍则在犹豫彷徨和心烦意乱中断送了自己所有的有利条件，一错再错，最终只能失败。

在官渡之战中还发生了一个小插曲，很能说明袁绍的外宽内忌性格。《三国演义》记载的故事梗概如下。

当时，袁绍带领冀、青、幽、并等州的人马七十多万，前往官渡，进攻许昌，袁绍的谋士田丰从狱中上书给袁绍说："现在应当静守，以待天时有利于我，不可随便兴兵，否则恐有不利的事情发生。"田丰分析当时的情况，敏捷地看到袁绍兵虽多，但人心不齐，长途征讨，如果被破袭了粮草，局面是不堪设想的。关于这一点，袁绍的另一位谋士沮授也曾提出过，可是袁绍骄横粗蛮，根本不听。田丰的对头逄纪又趁机进谗言说："主公征伐曹操，是仁义之举，田丰为什么要说这种不吉祥的话呢？"袁绍大怒，就想杀了田丰，众官苦苦哀求，方才作罢，他还是愤恨不休地说："等我破了曹操，再来治田丰的罪！"

　　果然不出所料，袁绍被曹操劫烧了乌巢粮仓，又中了曹操的许多计谋，被杀得大败而回，去时带了七十万人马。回时只引八百余骑。看守田丰的狱吏听说袁绍吃了败仗，心想一定会放了田丰。便来与田丰贺喜说："袁将军大败而归，您将来一定会被袁将军重用的。"田丰苦笑了一下说："我是死定了！"狱吏吃惊地问道："人们都在替你高兴，你为什么说死定了呢？"田丰说："袁绍外表显得很宽厚，实际上内心里忌恨刻薄，不爱考虑别人的忠诚和恩惠。如果他这次打了胜仗，心情好，又证明我是错的，他是对的，也许能赦免了我；如今彻底失败，他一腔怨怒，再加上事实证明我的话是正确的，他的做法是错的，他怎能忍受别人比他高明呢？我岂不是死定了吗？"狱吏们都不相信。

　　不久，袁绍派的使者来到，带着袁绍的剑和信，来取田丰的首级。狱吏们这才相信。田丰说："大丈夫生于天地之间，不识其主而事之，是无智也！今日受死，复何足惜！"于是自杀而死。

　　田丰所事非人，死而无怨。但我们要看到的是袁绍的性格缺点，像袁绍这样的人，即使祖上给他留下一个强大的王朝，他也会葬送在自己的手里。袁绍在本质上是个优柔寡断的书生，而不是政治家。毛泽东对袁绍的基本评价，是完全正确的。

　　其实，曹操手下的人就对曹操和袁绍作了比较。三国时曹操对郭嘉说："袁绍土地广阔、军队强大，我想讨伐他，但力量不如他，怎么办？"郭嘉回答说："楚汉相争，项羽虽强，但最终却被刘邦打败，其原因就是刘邦用智，项羽用力。我分析认为，袁绍有十败，您有十胜，袁绍虽然兵力强大，也不会有什么作为。第一，袁绍礼仪烦琐，注重形式；而您一切顺其自然。这是方法上胜过他。第二，袁绍虽然军队强大，却是反抗朝廷，不得人心；而您是挟天子以令诸侯，率领天下的人讨伐他。这是在道义上胜过他。第三，汉末统治的失误在于太宽缓，袁绍却用宽缓来挽救，所以下面的人对他不服从；您用刚猛来纠正汉末的宽缓，从而使上下都懂得规矩。这是在统治上胜过他。第四，袁绍表面宽缓，却内怀猜忌，任用了某人不久又怀疑他，重用的只是亲友近臣；您表面上简单平常，内心却很明智，用人不疑，惟才是用，不管远近亲疏。这是在度量上胜过他。第五，袁绍计谋很多但优柔寡断，失败在谋于事后；您有了好计策就实行，能不断地应对各种变化。这是在谋略上胜过他。第六，袁绍凭借几代家世积累下来的政治资本，高谈阔论，讲究礼节，来获取名声，那些能说会道、衣冠楚楚的人很多都投奔了他；您诚心待人，踏实做事，不追求虚荣，以俭朴的作风带领下属，赏赐有功的人一点都不吝惜，那些忠诚正直有远见而又有实际才能的人都愿意为您效劳。这是在品德上胜过他。第七，袁绍看见别人挨饿受冻，怜悯之情在神色上就表现出来，至于他看不见的事，有的就考虑不到，这叫做妇人之仁；您对眼前的小事，时常有所忽视，至于大事，却能想到很远，给别人的恩惠，都超过了他们自己的期望。即使对看不见的事，也考虑得很周到，没有不救助的。这是在仁爱上超过他。第八，袁绍因大臣争夺权力，被谗言所迷惑；您用正道治理部下，逐渐地感染他们。这是在明智上胜过他。第九，袁绍不能明辨是非；您认为是对的就以礼相待，认为不对的就依法治罪。这是在文治上胜过他。第十，袁绍喜欢虚张声势，不懂得用兵作战的要领；您能以少胜多，用兵如神，军队仰仗您，敌人害怕您。这是在军事上胜过他。"曹操说："我知道了，袁绍为人，志大才疏，色厉内荏，外强中干，猜忌刻薄却又缺乏威严，军队人数虽多但部署混乱，将领骄傲，政令不统一，土地虽然广阔，粮食虽然富足，那只不过是要送给我的。"杨阜也说："袁绍宽缓而不果断，喜欢谋划却优柔寡断。不果断就没有威望；优柔寡断就会错失良机。现在虽然强大，最终要被打败。曹操有雄才大略，遇到事情当机立断毫不犹豫，法令一致，军队精干。一定能成就大事。"

袁绍率领大军攻打许都，孔融对曹操的谋士荀彧说："袁绍的地方广阔，军队强大，有田丰、许攸这样的谋士为他出谋划策；有审配、逢纪这样的忠臣替他办事；有颜良、文丑这样勇冠三军的将领给他带兵。恐怕很难战胜他吧？"荀彧说："袁绍军队人数虽然多，但法令不严；田丰性格倔强而容易冒犯袁绍；许攸贪图小利而不能约束自己；审配专横而没有谋略；逢纪果敢但刚愎自用。有这几个人在他身边，后果怎样就不难知道了。许攸贪赃枉法，袁绍一定不会放过他，不放过他就一定会生变。颜良、文丑只是匹夫之勇罢了，一次战斗就可以擒获他们。"果不其然，后来，许攸贪赃枉法，审配拘拿了他的老婆孩子，许攸冲冠一怒投奔了曹操。颜良在临阵作战时被斩首，田丰因劝谏袁绍而被处死。一切都像荀彧预料的那样。

无疑，这些评论都是客观而正确的。

前人对袁绍也有许多分析和评论。如《长短经》上说，魏太祖曹操与吕布在濮阳打仗，形势对曹操非常不利。这时候袁绍派人游说魏太祖与他联合，让太祖把家眷迁到邺地（即今河北省临漳县北），太祖同意了。程昱去见他说："我私下听说将军您想把自己的家眷迁到邺地，和袁绍联合，真有此事？"魏太祖说："是有这样的事。"程昱说："或许将军您是临事畏惧吧，不然您为什么想得这么粗心呢？袁绍占据燕赵的广大地区，早有吞并天下的野心，只是凭他的才智不足以实现。将军自己斟酌斟酌，您愿意为他所用吗？将军您自有龙虎一般英雄气派，能当他的韩信、彭越吗？我程昱愚笨，不懂得大体，我觉得将军的志气还不如田横。田横只是齐地的一个勇士罢了，还把做汉高祖的臣子当作一种羞耻。现在将军您想把家眷迁到邺地，向北侍奉袁绍。将军您以自己的聪明神武却不把当袁绍的下属看作是羞耻的事，就是我也私下为您感到惭愧啊！目前兖州虽被敌人攻破，但我们仍占有三座城池，能作战的士卒也不下万人，如果加上荀彧和我们这些人，齐心协力，一定能成就一番霸业了。希望将军重新考虑吧。"魏太祖听了这一番话，觉得很有道理，便打消了把家眷迁到邺地的念头。

毛泽东说："有些人是书生，最大的缺点是多谋寡断。"[1] "书生"只停留在口头上，一旦行动就优柔寡断。况且，袁绍连个好的书生都不是，所以，袁绍的败亡，曹操的成功也就成了必然。

---

[1]《毛泽东新闻工作文选》，新华出版社 1983 年版，第 215 页。

26

淝水之战是"弱者先让一步，
后发制人"的范例

> "楚汉成皋之战、新汉昆阳之战、袁曹官渡之战、吴魏赤壁之战、吴蜀彝陵之战、秦晋淝水之战等等有名的大战，都是双方强弱不同，弱者先让一步，后发制人，因而战胜的。"毛泽东是伟大的军事家。他的军事智慧不是凭空而来的，而是善于向古人学习，根据实际情况进行创造性地发挥和应用，在漫长的革命实践中摸索出来的。

毛泽东对中国历史上大多数著名的战役都有研究和评论。他在谈到以少胜多，以弱胜强的著名战役时说："中国战史中合此原则而取胜的实例是非常之多的。楚汉成皋之战、新汉昆阳之战、袁曹官渡之战、吴魏赤壁之战、吴蜀彝陵之战、秦晋淝水之战等等有名的大战，都是双方强弱不同，弱者先让一步，后发制人，因而战胜的。"[1]

淝水之战是中国历史上的著名战役，这次战役之所以出名，不仅仅在于以少胜多，还因为苻坚的轻敌自大和东晋名士处变不惊的"雅量"。苻坚从开始不能知彼知己时的狂妄自大，到遭受失败后的草木皆兵，其情绪一落千丈，都是兵家大忌。这两种错误只要犯了其中一种就足以导致失败，更何况两种错误前后相继呢？

东晋孝武帝太元八年（公元 383 年），前秦皇帝苻坚要亲率百万大军攻打偏安江左的

---

[1] 《毛泽东选集》第 1 卷，人民出版社 1991 年版，第 204 页。

东晋王朝，一时间，京都建康（今江苏省南京市）上下震惊。

苻坚于晋穆帝升平元年（公元 357 年）即位，称大秦天王。他是个有雄才大略的皇帝，即位之初，励精图治，国力日见强大。几年以后，便稳定了关中局面，消灭了前燕政权，占据了北方的大片土地。于是对江南的东晋虎视眈眈。虽然不少谋臣认为，东晋有长江天险，人才济济，不易攻取，应该采取友好的策略，重点应该是防备鲜卑、羌、羯的作乱。但苻坚却骄横自大，说："我们现在有这么多的军队，就是把马鞭子投入长江，也可使江水断流（投鞭断流）！晋朝有什么天险可以凭借呢？"于是在太元八年（公元 383 年），到处征调兵马，聚集百万大军，部队连绵千余里，向南进发。

东晋朝廷任命谢安为征讨大都督，于是，谢安派他的弟弟谢石和侄子谢玄，率领八万人马去抵抗苻坚。

双方的力量相比是悬殊的，将领们都心神不安。谢玄去向谢安请示作战方略，谢安却只轻描淡写地说了句："我自有安排。"便无下文了。

谢安是当时的名士，胸怀度量很大，谢玄问不出名堂，又不敢再多言，就又让别人去问。谢安仍不回答，而是让大家邀集亲朋好友一起到山间别墅去玩。在别墅中，他绝口不谈军务，却与谢玄以别墅为赌注下棋。实际上，他是以下棋来考较谢玄是否能够处变不惊。谢安的棋以前总下不过谢玄，这天因为谢玄忧惧战事，反而输给了谢安。谢安对他的外甥说："我赢的这座别墅就送给你了。"

下完棋，又和大家在山间游玩，直到晚上，才回到府上。然后指授将帅，部署兵力，各自分头去迎敌。

东晋大将桓冲听说京城危急，写信给谢安，表示要派三千精兵援助京师。谢安对来使说："朝廷已作安排，兵力、武器都不缺，不劳桓公派兵，还是用在西边的防务上好。"桓冲听说后，对幕僚说："谢安石（按：谢安，字安石）有宰相的度量，可惜不懂军事。现在大兵压境，却只顾谈笑游玩，还派了一些不经事的年轻人去督战，兵力又那么单薄、脆弱，国家的前途可想而知了，恐怕我们都要成为秦军的俘虏了！"

一月之后，由苻坚之弟苻融率领的先头部队一举攻陷寿春（今安徽省寿县），气势非常嚣张。他们以淮河作为屏障来遏制东来的晋军。谢石、谢玄等人畏惧秦军，不敢贸然前进。随后，苻坚亲自率领八千轻骑，日夜兼程赶来。他大概觉得东晋应该有自知之明，主动投降，就派他的尚书朱序去游说谢石，劝他们速速投降。朱序本是晋臣，早想归顺东晋，就暗中对谢石、谢玄说："秦军不下百万，但是现在还未到齐。如果全到齐了，确实无法对付；所以宜在速战，如果把他们的先头部队打败了，晋军就会士气高涨，便能一鼓作气击溃秦军。"

谢石踌躇未决，谢玄等人很为赞同，辅国将军谢琰说："机不可失，敌不可纵，不能犹豫！"谢石依从他们的意见，并嘱咐朱序作内应。

11月，谢玄派龙骧将军刘牢之率精兵五千，夜袭驻扎在洛涧的秦军，斩杀守将十人，士卒一万五千人。谢石、谢玄等人便乘胜率兵，水陆并进，直逼淝水。

苻坚得到洛涧战败的消息，登城遥望，见晋军的队列整齐，如潮水般汹涌而来，不禁大惊。再向东南边的八公山眺望，他把漫山遍野的草木都当作晋军的兵马，惊愕地说："这样的劲敌，怎么说是弱国呢？"心里开始惧怕了，但已骑虎难下，便下令各军出寿春城，至淝水沿岸布兵，严阵以待。

谢玄见秦军布满对岸，无法渡河速战，就派使者对苻坚说："你孤军深入，志在求战。但现在逼水为阵，使我军不能渡河，这是持久之计，哪里是要打仗啊！倘若贵军稍稍后退，让我们能渡过淝水和贵军决一雌雄，这不是很好的吗？"

秦军将领们说："不能同意他们的要求。敌寡我众。不如把他们遏制在岸上，使他们不能渡河，这是万全之策。"苻坚求胜心切，反驳说："我军远来，利在速战。可以允许他们渡河，我们稍稍后退，等他们渡河渡到一半的时候，我军迅即围杀，哪有不胜之理？"苻融赞同苻坚的决定，于是指挥部队后撤。

原先像铜墙铁壁似的矗立在淝水岸边的秦军，忽然接到后撤的命令，便掉头往后跑。许多人并不知道为什么后撤，只看见大家往后跑也跟着跑。这时晋军已一边渡河，一边用强弓射箭。身在秦军中的朱序突然一声大喊："秦军败了！快逃啊！快逃啊！"吓得不明真相的士兵，真以为大家是因为战败而向后跑。于是都跟着乱嚷嚷："快逃命啊！快逃命啊！"向后狂奔起来。苻融等人想拦也拦不住，反被人群冲倒在地，晋军赶来，杀伤无数。

苻融被杀死。于是，秦军大乱，全线崩溃。逃跑的人自相践踏，踩死了不知多少，尸横遍野，甚至堵塞了河流。逃跑的秦军一路不敢停留，听见风声鹤唳，也以为是晋军追来了。

苻坚本人身中流箭，单枪匹马逃到了淮河以北。晋军在这次战役中收复了大批失地。

谢石、谢玄派人把淝水大捷的喜讯急报谢安。谢安正在府上同人下棋，看过捷报之后，便放在案几上，脸上没有一点喜悦的神色，接着下棋如故。客人问他什么事？他才慢慢回答："孩子们已把敌寇打败了（小儿辈大破敌）。"客人起身祝贺，谢安仍无喜色，邀请客人把棋下完。等下完棋，客人走了，谢安走进里屋，过门槛的时候，因为心里太高兴，不小心把木屐的齿折断了，但他全然不觉。东晋时期的淝水之战是一个以少胜多的典范，并且由于其中有许多名士的故事，还使这一战役平添了许多"诗意"。东晋将领的"示弱""让一步"是以"进一步"的形式表现出来的。利用敌人骄傲自大和求战心切的心理，以"让一步"的姿态请求敌人让出一条路来，然后寻找有利的时机来瓦解敌人，歼灭敌人。应该说，东晋将领谢玄将"让一步"的精髓发挥到了极致。

毛泽东之所以重视这次战役，原因有两个，一是淝水之战是以少胜多的范例，二是淝水之战的将领有指挥若定的名士之风。在漫长的革命战争年代，除了解放战争的最后一年，我军始终处于人数上的劣势，所以以少胜多就成了我军作战必然选择的方式，因此，毛泽东对于以少胜多的战例至为赞赏，是有其现实原因的。毛泽东满腹诗书，胸有韬略，往往明鉴千里，指挥若定，所以他又特别欣赏有名士之风的东晋将领。

读史
有学问

毛泽东

|下册|

冷成金◎著

中共党史出版社

目录

　　"世民常劝他父亲不可固守太原，须要化家为国。李渊大悦，遂起兵直趋陕西，并用种种方法，见悦一般人。如兑钱粮，放二千宫女等。"

　　历史上有很多因为没有决断而惹来杀身之祸的，如明朝的"靖难"。当时的建文帝无论是政治才能还是军事才能。都远不是朱棣的对手，又没有适时地采取正确的策略，仅靠妇人之仁，没有大决断，所以最后落得个身首异处的结果。因此，做大事者必须要有大决断，事事优柔寡断，是自取败亡之道。

　　"所谓以弱当强，就是以少数兵力佯攻敌诸路大军。所谓以强当弱，就是集中绝对优势兵力，以五六倍于敌一路之兵力，四面包围，聚而歼之。自古能军无出李世民之右者，其次则朱元璋耳。"李世民可以说是天纵英才，不仅勇武盖世，还富有智计。但如果仅仅依靠这些，是很难成功的，他成功的法宝。就是毛泽东所说的在理性的状态下掌握良好的"工作方法"。我们来看看李世民是如何工作的。

3 武则天"简直是了不起"

"封建社会，女人没有地位，女人当皇帝，人们连想也不敢想。我看过一些野史，把她写得荒淫得很，恐怕值得商量。"

武则天以崭新的姿态出现在皇帝宝座上，给门阀士族势力以毁灭性的一击，使这块板结的土壤开始松动，也给黑沉沉的男人世界以沉重的一击，使中国的男人们终于被迫正眼看看女人，也重重地当众了中国宗法观念的一记耳光，让中国男人从此不敢忘记中国女人的威力。

武则天逝去的一千二百多年以后，毛泽东这位创世纪的伟人对她作出了客观而公正的评价，终使含冤千年的武则天得以昭雪！

4 "李白的诗，文采奇异，气势磅礴，有脱俗之气"

"你身体是不是好些了？妹妹考了学校没有？我还算好，比在北京时好些。登高壮观天地间，大江茫茫去不还。黄云万里动风色，白波九道流雪山。这是李白的几句诗。"

李白的诗更多的则是体现一种对生命本真的流露和呼唤。无论是自然、怀古，还是酒、仙、梦等题材，在李白那里都超越了一般的意义。有一种挣脱了栅栏和束缚的浪漫，是一种纯粹的心灵的解放。也许，他的有些诗没有让你感受到具体的社会内容，但它直接诉诸自我、诉诸心灵、诉诸人的心理结构的最深层次，使人吟罢无所感而无所不感，无端地充满了生命的力量。或许正是因为这样，他生命的全部、诗的全部才得以千古，也赢得了毛泽东的喜爱。

5 王勃"这个人高才博学，为文光昌流丽"，"很可以读"

"以一个二十八岁的人，写了十六卷诗文作品，与王弼的哲学（主观唯心主义），贾谊的历史学和政治学，可以媲美。"

毛泽东对王勃作为年轻人的成就，作为诗人的造诣，给予热情的赞扬和肯定；对王勃坎坷的一生，给予充分的同情。王勃的诗文、命运、气节和成就是毛泽东喜欢他的根本原因。

6 魏徵"懂得片面性不对"

"唐朝人魏徵说过：'兼听则明，偏信则暗。'也懂得片面性不对。可是我们的同志看问题，往往带片面性，这样的人就往往碰钉子。""兼听则明，偏信则暗。"但历史上又有多少帝王能够"兼听"而不"偏信"呢？

7 "杜甫是站在小地主的立场"

"我喜欢李白，但李白有道士气。杜甫是站在小地主的立场。""光搞现实主义一面也不好，杜甫、白居易哭哭啼啼"。

古人对杜甫的评价主要是从艺术成就的角度来评论的，毛泽东主要是从阶级立场来评论的。其实，杜甫的诗还是有一定的"人民性"的。在一定意义上说，杜诗的影响几乎笼罩了其后的整个诗坛。

8 白居易"与琵琶演奏者有平等心情"

"江州司马，青衫泪湿，同在天涯。作者与琵琶演奏者有平等心情。白诗高处在此，不在他处。"

"要奋斗到死，没有死就还没有达到永久奋斗的目标。从前有一首诗说：'周公恐惧流言日，王莽谦恭下士时。徜使当年身便死，一生真伪有谁知？'这在我们的历史学家那里叫做'盖棺论定'，就是说，人到死的时候，才能断定他是好是坏。"

在1972年批判林彪时，针对林彪的阳奉阴违，毛泽东也引这首诗的后四句，用以讽刺林彪，并说明认识一个人要有一定过程的。

9 读韩愈的诗"可以知为诗之不易"

"韩愈以文为诗；有些人说他完全不知诗，则未免太过，如《山石》、《衡岳》、《八月十五酬张功曹》之类，还是可以的。据此可以知为诗之不易。"

应该说，韩愈的诗歌基本上纠正了大历以来的平庸诗风，开创了一种影响深远的新的诗境。这种诗境在实质上是要求情中合理，以理显情，将人的情感引向更为深入的理性的思考，并以此建构更为深刻的精神家园。韩愈的诗不仅对中唐诗歌影响甚大，还成为宋诗效法的楷模，并一直影响至晚清毛泽东对韩愈的诗作出了较为客观公正的评价。

10 "大驴子还是被小老虎吃掉了"

"柳宗元曾经描写过的'黔驴之技',也是一个很好的教训。一个庞然大物的驴子跑进贵州去了,贵州的小老虎见了很有些害怕。但到后来,大驴子还是被小老虎吃掉了。"

"农民的脚踩过牛屎,但却比知识分子干净。""你们从小鲁艺到大鲁艺去,就是外来干部。不要瞧不起本地的干部,不要以为自己是洋包子,瞧不起土包子。知识分子不要摆知识架子。"

柳宗元在当时就产生了很大的影响。在贬谪以前,上门求教的人就很多,遭贬以后,"蘅湘以南为进士者,皆以子厚为师",在他的影响下,出现了一批优秀的文人。他的政治思想和哲学思想对后世也产生了积极的影响。

11 毛泽东爱读刘禹锡的诗

毛泽东背诵:"王濬楼船下益州,金陵王气黯然收。千寻铁锁沉江底,一片降幡出石头。人世几回伤往事,山形依旧枕寒流。今逢四海为家日,故垒萧萧芦荻秋。"

这些怀古诗慨叹世事兴亡,深寓历史教训,即景抒情,由情及理,令人叹惋不已。这些诗之所以具有那样大的影响力,还在于它们契合了中国人重自然而轻人事的文化心理结构。自然的真实与人事的虚幻,自然的神圣庄严与人事的卑下荒诞,自然的永恒与人事的短暂,在自然与人事的比照中,透显出浓烈的悲剧意识。

12 《题乌江亭》引出的历史人物评价

"项羽尚有一个缺点,从前有一个人在他自杀的地方做了一首诗,问他为什么要自杀,可以到江东去再招八千兵来打天下。我们不学汪精卫、张国焘，要学项羽的英雄气节，但不自杀，要干到底。"

毛泽东认为项羽是英雄，但有缺点，这个缺点就是自杀。毛泽东不主张自杀，主张"干到底"，表现了革命的韧性，对于那种认为项羽不可能卷土重来的说法，毛泽东认为是"迂"。毛泽东所领导的革命实践经历了无数的失败，最终走向胜利，充分说明了毛泽东思想的正确性。

13 李贺为"英俊天才，惜乎死得太早了"

"李贺除有很少几首五言律外，七言律他一首也不写。李贺诗很值得一读，不知你有兴趣否？"

1958年3月22日，毛泽东在成都会议上谈到要大胆创造，不要迷信的时候说，中国的儒学家，对孔子就是迷信，不敢称孔丘。唐朝李贺就不是这样，对汉武帝直写其名，曰刘彻、刘郎，称魏夫人为魏娘。一有迷信就把我们的脑子镇压住了，不敢跳出圈子想问题。

14 毛泽东熟悉李商隐的诗

"他知我已忘记了，便笑着，自己代我念出，曰：'如何四纪为天子，不及卢家有莫愁。'由此一事可知，对李商隐的诗，毛泽东很熟悉。"其中对历代帝王都有讽刺，而对隋炀帝的逸游和荒淫的揭露与抨击尤为激烈和尖锐，而且在含蓄委婉的抒情中寓有深刻的思致，令人回味无穷。

晚唐时期的社会政治已处于风雨飘摇之中，与李商隐同时的诗人许浑所写的"山雨欲来风满楼"的诗句，正是此时的真实写照。

15 傅说、吕望比"马周才德，迥乎远矣"

毛泽东是个具有非凡见解的政治家，他不同意欧阳修对马周的这种评价。

毛泽东高度评价的是贞观六年（公元633年），马周给唐太宗的奏折。毛泽东认为马周的奏折是《治安策》后的"第一奇文"，这种评价是极高的。毛泽东把马周和贾谊联系起来，我们可以看到他十分重视年轻人才，而他们都是对处理现实问题具有真才实学的人。

16 为什么说冯道是五代"风俗之坏极"的代表？

"五代纲维横决，风俗之坏极矣，冯道其代表也。宋兴稍一振，然犹未也。"

冯道的一生，就是一部"做官学"，他本人就是一位官场常胜将军，是一部活的教材，他一生的意义也许就是教人怎样做官，用他一生的实践在向人们宣告着官场不倒的秘密：良心丧尽＋善于投机。

毛泽东一生反对机会主义者。什么是机会主义呢？机会主义就是没有原则，没有理想，就是见风使舵，就是有奶便是娘。

冯道是政治上的机会主义者，用今天的话说就是旧政客。毛泽东一生坚持革命理想，最不能容忍的就是政客，因此，他将冯道称为五代"风俗之坏极"的代表，也就可以理解了。

17 "本朝人编本朝史，有些事不好说，也可以叫做不敢说"

"而每一部史书，都是由封建的新王朝臣子奉命修撰的，凡关系到本朝统治者不光彩的地方，自然不能写，也不敢写。"

由此看来，毛泽东所说的"陈桥兵变是一次不光彩的政变"，主要是指赵匡胤欺负了人家的孤儿寡母，与人之常情不合，再就是说"黄袍加身"实际上是一个阴谋。

司马迁恐怕是中国历史上最伟大的书生，何也？就是因为他"不以成败论英雄"。在《史记》中，刘邦虽然成功了，但还是流氓；项羽虽然失败了，仍不失为盖世英雄。

18 "知识分子"为什么"没有出息"

"可不要看不起老粗，知识分子是比较没有出息的。历史上当皇帝，有许多是知识分子，是没有出息的。"

宋徽宗赵佶这样的"知识分子"并不是我们今天所说的知识分子。封建制度把他们送上了皇位，他们又可以利用封建制度来发展自己的爱好，但他们并没有管理国家的能力和热情，因此，历史上就出现了这样一批"没有出息"的皇帝"知识分子"！

19 岳飞等"以身殉志，不亦伟乎"

"'命系庖厨'，何足惜哉，此言不当。岳飞、文天祥、曾静、戴名世、瞿秋白、方志敏、邓演达、杨虎城、闻一多诸辈，以身殉志，不亦伟乎！"

1950 年，毛泽东率代表团赴苏联访问。毛泽东引用了岳飞"不畏艰险，视死如归"的一句话，向斯大林介绍中国共产党军队在革命战争年代的革命精神。当翻译告诉斯大林后，斯大林小声地对身边的人说："毛泽东是一位天才的统帅，有雄才大略的政治家。"

"主和的责任不全在秦桧,幕后是宋高宗。秦桧不过执行皇帝的旨意。高宗不想打,要先'安内',不能不投降金人。"

秦桧是一代奸臣,而且纵奸有术,正因为他有术,才成为千古大奸。他被永远钉在了历史的耻辱柱上,这是中华民族所做出的最公正的裁决。历史上的事实确如毛泽东所说的"秦桧不过执行皇帝的旨意"。但在百姓的心中,秦桧则是罪魁祸首。秦桧虽然不是"主犯",但也毕竟是帮凶,没有秦桧,也许岳飞不一定会被冤杀。所以,从这一意义上讲,秦桧并不是皇帝的替罪羊,而是罪有应得!

"试仿陆放翁曰:人类今娴上太空,但悲不见五洲同。愚公尽扫饕蚊日,公祭无忘告马翁。"

"革命尚未全成,同志仍须努力。港台一带,饕蚊尚多,西方世界,饕蚊成阵。安得起全世界各民族千百万愚公,用他们自己的移山办法,把蚊阵一扫而空,岂不伟哉!"

陆游的一生是为恢复中原而奋斗的一生,陆游的诗词必然会引起毛泽东的共鸣。

"词有婉约、豪放两派,各有兴会,应当兼读。读婉约派久了,厌倦了,要改读豪放派。豪放派读久了,又厌倦了,应当改读婉约派。我的兴趣偏于豪放,不废婉约。"

根据毛泽东的性格,毛泽东说他对词的兴趣"偏于豪放"，是不难理解的。事实上，对同样类型的书籍如果读得太久了都会产生厌倦感，因而适时地改变一下阅读的趣味是十分必要的，对调整自己的心情也会很有帮助。这是毛泽东活读史的精髓。

23 "《水浒传》要当作一部政治书看"

"也不要当《水浒传》上的白衣秀士王伦，他也是不准人家革命。凡是不准人家革命，那是很危险的。白衣秀士王伦不准人家革命，结果把自己的命革掉了。"

毛泽东从一部优秀的文学作品中看出了农民革命的历史和必然性，应该说是独具慧眼的。

"逼上梁山"也被毛泽东用来解释中国革命为什么会发生。1964 年 1 月，毛泽东在同安娜·路易斯·斯特朗的谈话中，说自己原先是湖南省的一个小学教员，是被逼迫成为革命者的。甚至还将水浒故事与革命的组织工作联系。

24 "婉约派中有许多意境苍凉而又优美的词"

"词的婉约、豪放两派，在一个人读起来，有时喜欢前者，有时喜欢后者，就是一例。睡不着，哼范词，写了这些。"

这是毛泽东写的一封家书。正如毛泽东所说的，"婉约派中有许多意境苍凉而又优美的词"，其实我们也可以看看。

> "元末，朱元璋是一和尚，平时睡着了常作'天子'字形，郭子兴见而奇之。收为部下后代子兴而起。初犹能代表农民利益，以后遂变为代表地主的利益了，故能贵为天子。"

朱元璋的这两大战役对毛泽东的战略战术思想的形成有相当大的影响。在军事上处于的劣势的情况下，朱元璋所采取的策略实际上有点像第二次国内革命战争时期的前四次反"围剿"的军事策略，既不是"御敌于国门之外"，也不是逃跑，而是把敌人放进来，在运动中寻找战机，相机消灭敌人。可以说，这是第二次国内革命战争时期的前四次反"围剿"所能采取的最好的军事策略，也是朱元璋当时所能采取的最好的军事策略。毛泽东之所以佩服朱元璋，恐怕有其深层的原因。

> "朱元璋是农民起义领袖。是应该肯定的，应该写得好点，不要写得那么坏（指朱元璋晚年）。"

实事求是地讲，朱元璋的晚年有功有过。功劳在于对于巩固封建统治、稳定社会、发展经济作出了积极的贡献；过错在于杀戮过多，政令过于苛刻。史学界往往注意其残暴的一面，对其积极的一面看得较少，毛泽东提出晚年朱元璋"应该写得好点"。是有道理的。

3　海瑞是明朝的左派

　　有人说我这个人又提倡海瑞，又不喜欢海瑞，有一半是真的，右派海瑞说的不听。我是偏听偏信，只听一方面的。海瑞历来是左派，左派海瑞我喜欢。现在站在马克思主义立场批评缺点，是对的，我支持左派海瑞。

　　这样看海瑞。恐怕就有些说不清楚了。那么，海瑞是什么样的人呢？海瑞是明朝的左派。如果按当时的分法，海瑞的确是有些左的味道。毛泽东是支持左派的，但彭德怀提意见算不算左？吴晗写《海瑞罢官》算不算左，是不是都不应该支持呢？

4　康熙有三个"了不起的地方"

　　康熙皇帝的头一个伟大贡献是打下了今天我们国家所拥有的这块领土。我们今天继承的这大块版图基本上是康熙皇帝时牢固地确定了的。他三征噶尔丹，团结众蒙古部，把新疆牢牢地守住。他进兵西藏，振兴黄教，尊崇达赖喇嘛，护送六世达赖进藏，打败准噶尔人，为维护西南边疆的统一，迈进了关键性的一步。

　　应该说，康熙就是依靠这"三大法宝"，才成为中国历史上少有的杰出的帝王。毛泽东正是从这些优秀的历史人物身上汲取了智慧，为成就伟大的革命事业提供了十分有益的借鉴。

5　"愚于近人，独服曾文正"

　　"打倒太平天国出力最多的是曾国藩，他当时是地主阶级的领袖。曾国藩是练团练出身，团练即是地主阶级压迫农民的武力，他们见洪秀全领导一班农民革命，于他们不利，遂出死力来打倒他。故太平天国之事，不是满汉的战争，实是农民和地主的阶级斗争。"

在毛泽东各个时期的论述中，评价最多的历史人物是曾国藩。这当然与曾国藩是毛泽东的乡贤有关，但更重要的是曾国藩身上有着政治家、军事家、学者乃至领袖的性格特征，这与毛泽东的性格特征有诸多的吻合之处。因此，毛泽东喜欢曾国藩，就成了情理中事。

438　6　"《甲申三百年祭》，我们把它当作整风文件看待"

"我党历史上曾经有过几次表现了大的骄傲，都是吃了亏的……全党同志对于这几次骄傲，几次错误，都要引为鉴戒。近日我们印了郭沫若论李自成的文章，也是叫同志们引为鉴戒，不要重犯胜利时骄傲的错误。"

第三篇 毛泽东读唐宋史的学问

峰峦如聚，波涛如怒，山河表里潼关路。望西都，意踟蹰，伤心秦汉经行处，宫阙万间都做了土。兴，百姓苦；亡，百姓苦。

【元】张养浩《潼关怀古》

1

做大事要有大决断

> "世民常劝他父亲不可固守太原，须要化家为国。李渊大悦，遂起兵直趋陕
> 西，并用种种方法，见悦一般人。如兑钱粮，放二千宫女等。"

　　毛泽东对唐太宗李世民赞扬有加，这并不仅仅因为他是中国历史上的著名帝王，也不仅仅是因为李世民富有军事智慧，更是因为李世民做大事而有大决断。毛泽东说："唐太宗（李世民）、李密皆当时草泽英雄。俗有两句说李世民，其词曰'太原公子，褐裘而来'。世民常劝他父亲不可固守太原，须要化家为国。李渊大悦，遂起兵直趋陕西，并用种种方法，见悦一般人。如兑钱粮，放二千宫女等。"[①]

　　毛泽东提到的几件事，都是李世民帮助他的父亲做出的正确决断。下面我们具体看看李世民在关键时刻都发挥了怎样的作用。

　　隋炀帝无道，天下大乱已成定势，李渊、李世民父子做好了准备，终于成就了大业。

　　隋炀帝即位不久就猜忌李渊，李渊得知，十分畏惧。

　　当时唐公李渊是太原留守，隋炀帝从辽东征战归来，召见唐公。李渊在到达隋炀帝驻跸的地方后，恰巧得病未愈，所以没能按时朝拜隋炀帝。唐公李渊的外甥女王氏被选入后宫，隋炀帝在召见她时问道："您的舅舅当时为什么来得那么晚？"李渊的外甥女如实回答，隋炀帝说："那病会让他死吗？"李渊知道这件事后，认为皇帝不想让自己活

---

　　① 陈晋：《毛泽东之魂》修订本，中央文献出版社1997年版，第361页。

了，非常害怕。

李渊任太原留守时，因讨伐突厥不利，担心被隋炀帝责骂惩罚，由此非常担忧。当时李世民也随军出征，他知道隋朝将要灭亡，早就暗中谋划平定天下的义举。他晋见李渊说："大人为什么这样忧虑呢？当今皇上荒淫无道，黎民百姓怨声载道，穷苦不堪，出城之后，强盗比比皆是，您若仍旧恪守小节，那我们的灾难马上就要来了。若是我们发起义兵，正好顺从民众的意愿。再说，晋阳也是适宜用兵之地，食物、兵员都很充足，大人据有此地，可谓是上天赐予我们的，我们正好借此时机避祸趋福，成就大业。既然是上天赐予我们的，不去收取，反而忧虑，又有什么好处呢？"李渊听了这一番话，觉得很有道理，但又惊又怕，还是厉声拒绝了李世民的建议。

第二天，李世民又劝说李渊："这是万全之策，可以挽救灭族之祸啊。当今朝廷，纲纪混乱，民间盗贼遍布，大人受王命讨捕贼人，但贼人是讨捕得尽的吗？如果捕不尽，那自身就会获罪了。再说，世人又纷传李氏的姓应验图谶，因此李金才德高位尊，虽然无罪，还是被主上一个早晨就满门抄斩。就算大人能讨尽贼人，功劳再高也不得奖赏，还想凭这来求得名声，又怎能得到呢？"

李渊的脸色缓和了一些，就说："昨晚我整整一夜都在深思你的话，你说的话不无道理。今天便是家破人亡也由你了，变家为国也听你了。"

可以说，没有李世民的促成，李渊恐怕难下决心。

李渊筹划计谋，命令李世民与晋阳县令刘文静，以及门下客长孙顺德、刘弘基等招募士兵。十多天内，便有万人应征。李渊等人斩杀了反对他们的副留守王威和高君雅。李渊采纳晋阳宫副监裴寂的计策，效仿伊尹放逐太甲、霍光放逐昌邑王的先例，尊奉隋炀帝为太上皇，立代王杨侑为皇帝，安抚隋王室；而后到各郡县传布檄文，以表明其师出有义。秋天的时候，调派三万精兵，向西攻取关中地区。李渊手擎白旗在太原的郊外誓师起义，统领大军队踏上征途，最终灭了隋王室，由此缔造了大唐。

晋阳县令刘文静曾经暗中观察过李世民的风度气质，对裴寂说："李世民真的绝非常人啊，有高祖刘邦的气量，魏武帝曹操的威武神态，年纪虽轻，却是上天放入凡间的英才。"后来，刘文静因为是李密的亲戚，被打入监牢。李世民暗中怀有不寻常的志向，去监狱探望。刘文静欣喜异常，也看出李世民有非常的意图，便感慨地说："天下大乱，尚需汉高祖、光武帝般的英才方能安定。"李世民明白他的意思，就说："您怎么知道现在没有这样的人呢？怕是担心一般人看不出来吧。"

刘文静高兴地起身说："我早就知道公子是潜伏水底的蛟龙啊。如今的时势，正是您纵横驰骋的大好时机，您平时就能顺乎民心征兆，现在仍旧有平定天下之才，人们定能找到依附的希望，我刘文静也找到了所应攀附的人。"李世民高兴地说："您有什么谋划吗？"刘文静说："如今李密长久围困东都洛邑，皇上却在南方淮南一带巡游；大的贼人跨州连郡，小的占据山泽中，其人数数以万计。若有真命天子感召驾驭这些人，天人感应，那只需举旗一呼，就足以平定四海。如今并州一带的百姓，为躲避盗贼都搬入了晋阳城内。我刘文静做了几年县令，认识一些豪杰之士，只要招集他们，马上就可得到几万人马，再加上您父亲所统领的几万军队，一言出口，谁敢不从！我们乘虚入关，号令天下，不过半年，便可成就帝王之业。"李世民笑着说："您的话正合我意。"由此他就部署宾客，暗中策划起义。李渊则派刘文静伪造隋炀帝的诏书，以他的名义命令太原、雁门、马邑（今山西省朔县）等几个郡年纪在二十岁以上、五十岁以下的人全部当兵，规定年底在涿郡集结。此时人心惶惶，叛乱造反之众越来越多。后来，又派刘文静和裴寂伪造符录，利用官库内的钱财物品，用作留守军费。再招募聚集军兵起事，改旗易帜以示正义之举。

另外又派刘文静前去说服突厥结盟，突厥的始毕可汗说："唐公起义，想做什么呢？"刘文静说："隋文帝杨坚废掉嫡长子，把帝位传给了后主杨广，招致天下这般大乱。唐公是皇室的亲族，不忍静坐眼看国家衰亡，要废掉不当为王的人。所以希望与可汗您的兵马一同进入京都，事成之后，百姓和土地归属唐公，金银财宝、绫罗绸缎全归突厥。"始毕可汗非常高兴，随即调遣兵马跟随刘文静前来，李渊等人军事上威势更加浩大。

大业十三年（公元617年）六月，李渊命李世民攻取西河（山西临汾县西）地区，并拜李世民为右领大都督，统领右三军，加封李世民为敦煌郡公。至7月，李渊与李世民一起率军从太原出发，向西进攻隋朝的腹心关中（今陕西省）地区。大军西进，基本没有遇到什么抵抗，但在到达贾胡堡（在今山西灵石县境）时，隋将宋老生率精兵两万把守在霍邑（今山西省霍县），阻挡李渊西进。

当时正逢阴雨连绵，李渊的军粮即将用尽，李渊与大将军府长史裴寂商议，决定暂时撤军返回太原，等准备好了再图进取。李世民听到这个消息，立即向李渊建议说："我们本是兴大义以拯救天下百姓的，应该尽快进入京城，向天下发号施令；如果遇到了一小股敌人就撤军，恐怕跟从我们起义的人就会不相信我们，就会人心涣散，义军就会解体。我们如果撤回太原，那仅仅保守一城之地，和贼寇又有什么两样呢？又如何保全自己？"李渊仍然采取保守的态度，不采纳李世民的意见，催促军队准备撤退。

李世民见一般的劝谏没有作用，就横下一条心，在中军帐外放声痛哭，哭声传到帐中，李渊忙把李世民召入帐中，询问他为什么要这样哭泣。李世民说："如今，我们是为伸张大义而起兵，若前进则必能取胜，若撤退则必然导致军队离散。如果我们的军队离散在前，敌人就会乘势袭击，死亡顷刻就到眼前，因此，我万分悲痛。"听了这番话，李渊顿时省悟过来，立即取消了撤军的命令，准备进攻。

8月己卯日，连续下了半个月的大雨停了。李渊立即率军进逼霍邑。为了引诱宋老生出城交战，李世民带领数员将领骑马来到城下，装作察看地形部署的样子，借以激怒宋老生，诱使他出城交战。宋老生果然中计，领兵出城，背城列阵。李渊与李建成在城东列阵，与宋老生周旋交战，李世民与柴绍率军从城南冲击宋老生的军队，宋老生的军队禁不住两面受敌，阵脚大乱，四散奔逃。李渊的义军终于杀掉宋老生，攻占了霍邑。

从此以后，李渊的义军声威大振，所到之处几乎没有什么抵抗。到了河东，关中的豪杰就争相前来投奔义军。此时，李世民又请求进兵入关，夺取永丰仓，以救济穷困的百姓，并收编各路义军，借以壮大自己的力量，准备攻取京城。

这次李渊十分赞同李世民的意见，派李世民率领前军渡过黄河，先平定了渭北（渭河以北地区），三辅（指京城长安周围的京兆、左冯翊、右扶风三个郡）的官吏、百姓、豪侠之士纷纷前来投奔义军，每天有一千多人。军队在泾阳（今陕西泾阳县）驻扎时，数量已扩充到了九万多人，再加上击败刘鹞子后收编的军队，义军的力量就更加壮大了。

此后，李世民留下殷开山、刘弘基等将领驻守长安故城，自己率军前往司竹，李仲文、何潘仁、向善志等义军的首领都率军前来投奔，这样，李世民的军队又增加了十三万人。不久，义军就平定京城。大业十三年 11 月，李渊立代王杨侑为天子，改元义宁。

义宁二年（公元 618 年），李渊受禅登皇帝位，改元武德，唐朝建立。

毛泽东说的"世民常劝他父亲不可固守太原，须要化家为国"，主要指的就是上面的事。可以说，如果没有李世民的决断，就没有唐朝的诞生。如果真的是按照李渊的部署撤兵了，那义军只有灭亡一条路。何以见得呢？道理很简单，即是李世民所说的，在当时，义军凭的是一股气，而不是凭借粮草和实力，义军其聚也快，其散也快，如果与对方打持久战，必然会挫折锐气，很快就会成土崩瓦解、烟消云散之势。只有一鼓作气，乘胜追击，才能最大限度地发挥自己的优势，才是正确的选择。历史上也有很多因为没有决断而惹来杀身之祸的，如明朝的"靖难"。当时的建文帝无论是政治才能还是军事才能，都远不是朱棣的对手，又没有适时地采取正确的策略，仅靠妇人之仁，没有大决断，所以最后落得个身首异处的结果。因此，做大事者必须要有大决断，事事优柔寡断，是自取败亡之道。

2

"自古能军无出李世民之右者"

"所谓以弱当强，就是以少数兵力佯攻敌诸路大军。所谓以强当弱，就是集中绝对优势兵力，以五六倍于敌一路之兵力，四面包围，聚而歼之。自古能军无出李世民之右者，其次则朱元璋耳。"

所谓"秦皇汉武，唐宗宋祖"，在这些著名的帝王中，唐太宗李世民独具特色，他以自己的骁勇善战、富于谋略而缔造了一个贞观盛世，这在漫长的中国历史上仅此一见，不可谓不是奇迹。

毛泽东对李世民十分佩服，对他发表的评论也很多。如林克在回忆毛泽东时说："有一天，毛主席和我谈到作战问题时说，打仗要像唐太宗那样，先守不攻，让敌人进攻，不准士兵谈论进攻的事，谈论者杀。待敌人屡攻不克，兵士气愤已极，才下令反攻，一攻即胜。这样一可练兵，二可练民。"[1] 这里从李世民善于处理战事和政务两个方面来举例说明。毛泽东说："所谓以弱当强，就是以少数兵力佯攻敌诸路大军。所谓以强当弱，就是集中绝对优势兵力，以五六倍于敌一路之兵力，四面包围，聚而歼之。自古能军无出李世民之右者，其次则朱元璋耳。"[2]

这里，毛泽东将李世民看作是帝王中最有军事才华的人，同样，毛泽东对李世民善

---

① 冯文彬主编：《毛泽东与青年》，辽宁人民出版社1992年版，第160页。
② 《毛泽东读文史古籍批语集》，中央文献出版社1993年版，第65—66页。

于处理政务也给出了高度的评价。他说："李世民的工作方法有四。"①

这就是说，李世民是很会"工作"的。

那么，李世民是如何"工作"的呢？

我们先来看看李世民是如何指挥作战和收拢人才的。

尉迟敬德原是刘武周手下的一员偏将。唐武德二年（公元 619 年），刘武周命尉迟敬德与宋金刚等人向南侵入了山西等地，攻陷了晋州（治所在今临汾东北）、浍州，使得新建立的唐朝受到威胁。恰好唐将吕崇茂在夏县（今陕西韩城南）造反，寻相、尉迟敬德率军深入至夏县接应吕崇茂，击溃了唐朝永安王李孝基的军队，俘获了唐将独孤怀恩、唐险等人，取得了一系列的胜利，关中震骇。

唐高祖李渊听说了这种情况，亲笔书写敕令说："贼势如此，难与争锋，宜弃河京（今山西省），谨守关西（潼关以西，今陕西）而已。"李世民觉得这样做太保守，不是立国之道，就上表章谏道："太原是王业的基础，是国家的根本，河东（今山西省）富足，是京城物资供应的基地，如果把这些地方全都放弃，我内心实在感到遗憾。我愿请兵三万，必能消灭刘武周，克复汾州、晋州。"高祖了解李世民，知道他善打硬仗，就把关中的兵马都调归李世民指挥，而且亲自到长春宫为李世民饯行。

武德二年 11 月，李世民率军奔赴龙门关，大军踏冰渡过黄河，进驻柏壁（今山西新绛县西南），与宋金刚的军队相对峙。寻相、尉迟敬德在接应唐朝叛将吕崇茂之后欲撤回浍州，李世民见这是战机，就派殷开山、秦叔宝在美良川截击，把寻相、尉迟敬德打得大败。于是众将请战，想乘胜追击，取得更大的战果。李世民分析了当时的情况，对众将说道："宋金刚率军远行千里，深入我方地域，已犯了兵家大忌，敌人的精兵强将都集中在这里。刘武周虽然占据太原，但完全依赖宋金刚作前卫，敌人的士兵虽多，实际上后方是空虚的，因此他们想速战速决。如果我们此时出击，正好以己之短，攻敌之长。当下之计，应该坚守营寨，养精蓄锐，以挫敌人的锐气，待敌人粮尽计穷逃走时再行追击。"诸将同意李世民的看法。

---

① 《毛泽东读文史古籍批语集》，中央文献出版社 1993 年版，第 221 页。

武德三年（公元 620 年）2 月，宋金刚终于因军粮接济不上而率军逃跑，李世民指挥大军追击敌人，到达了介休（今山西省介休市，位于山西省中部），宋金刚见无法逃脱唐军的追击，只好列阵抗拒唐军，李世民指挥唐军三面夹击，宋金刚全军溃败，自己也逃奔突厥。此时，尉迟敬德收拾残部，退守介休城。

唐军把介休城四面围定，尉迟敬德内无粮草，外无救兵，陷于绝境。李世民派任城王李道宗、宇文士及入城劝说尉迟敬德投降。尉迟敬德也早听说了李世民礼贤下士的名声，就与寻相率全城八千士兵来降。李世民见劝降成功，非常高兴，对尉迟敬德十分信任，仍然让尉迟敬德统领降军，而且降军营与唐军营就驻扎在一起。

李世民的部下行军元帅长史屈突通担心尉迟敬德、寻相会再度叛变，请李世民预先采取防范措施。李世民说道："过去，萧王刘秀推赤心置人腹中，他手下的人都忠于使命，现在，我信任尉迟敬德，委以重任，何必怀疑他呢？"

屈突通的话不是没有道理。不久，寻相与原刘武周部下的降将再度叛变而去，众将都怀疑尉迟敬德也一定会叛变，就将他囚禁在军营中。屈突通与殷开山都对李世民说："尉迟敬德刚刚归顺国家，情志未不稳，此人极其勇猛，我们拘禁他很久了，他既被我们猜疑，必生怨恨之心。留着他恐是养虎遗患，请立即杀掉他。"

李世民说："我的看法不是这样。尉迟敬德若怀有背叛之心，难道会在寻相之后吗？恐怕早就叛变了。"说完，立即命人将尉迟敬德释放出来，命人把他领进自己的卧室之中，赐给他金银珠宝，对他说："大丈夫期望的是讲大义气，对小人的怀疑不要介意。我不会听信谗言而残害忠良，您应该相信这一点。如果您一定要离我而去，现在我就把这些东西当作赠给您的路费，以表达这一段时间共事的情谊。"尉迟敬德感激涕零，表示不会离开李世民。

当天，李世民就让尉迟敬德跟从自己到榆窠去打猎。恰巧王世充带领数万步兵骑兵来战，与李世民迎面相遇。王世充部下的勇将单雄信跃马挺槊，直取李世民，李世民的形势非常危急。就在此时，尉迟敬德大吼一声，拍马上前，一槊刺单雄信于马下。敌军见主将落马，纷纷后退，尉迟敬德保护李世民冲出重围后，再率军返回，与王世充军交战，将王世充的军队击溃，并且生擒了王世充的部将陈智略，还俘获敌军六千余人。

过后，李世民对尉迟敬德说道："当初，众人认为你必定会叛变，是上天引导我排除众议，认识了你，保住了你。福和善都是有验证的，回报得真是快呀！"于是，李世民赐给尉迟敬德一箱金银，李世民对尉迟敬德也越来越信任了。

后来，尉迟敬德跟从李世民征窦建德，讨刘黑闼，屡立战功，被授予秦王府左二副军之职。

原太子李建成与李元吉等人为了争夺皇位企图谋害李世民，派人秘密地送书信及重礼收买尉迟敬德。尉迟敬德坚定地推辞说："我出身微贱，适逢隋亡，天下土崩瓦解，我没有安身的地方，长期沦落于逆地，实在是罪不容诛。秦王对我有知遇之恩，让我在门下任职，我只能以身报恩。我对殿下（指李建成）无功，不敢接受这样的厚赐。我若私自答应殿下的要求，就是对秦王怀有二心。我若为了私利而丢掉忠心，对殿下又有什么用处呢？"李建成见不能收买尉迟敬德，心中十分恼怒。

不久，尉迟敬德把李建成、李元吉想收买他的事报告了李世民，李世民说："你的忠心，郁结如山，我自然深知，即使成斗的黄金，也不能使你转移。不过，以后他们只要送来礼物，你就应该收下，不必顾虑。若不收下，他们就会记恨你，恐怕你要遭受陷害，你的安全得不到保障。况且，你了解了他们的阴谋，还可以及时告诉我，一边采取对策。"

李元吉等人十分记恨尉迟敬德，但又没有什么好办法，几次派人前去刺杀他，尉迟敬德故意把大门洞开，让刺客进来，但刺客慑于他的威名，不敢靠近。李元吉见刺杀不成，就捏造罪名，在高祖面前诬陷他。高祖听信了谗言，降旨把尉迟敬德拘禁审讯，险些把他杀掉。最终经李世民一再苦谏，并罗列证据，尉迟敬德才得以获释。

后来，尉迟敬德听说李建成和李元吉要杀害李世民，就与长孙无忌等人力劝李世民赶紧采取措施。武德九年（公元626年）六月四日，李世民发动玄武门之变，打败了李建成，尉迟敬德亲手诛杀李建成、李元吉。甲子日，李世民被立为皇太子。八月癸亥日，高祖退位，传位于皇太子，李世民在东宫显德殿即位，是为唐太宗。

李世民登帝位之后，仍以诚信待部下。贞观八年（公元634年），尉迟敬德曾在庆善宫侍宴，当时有的人座位在尉迟敬德之上，尉迟敬德性情暴躁，当即恼怒地质问："你有什么功劳，敢坐在我的上位？"任城王李道宗的座位在敬德之下，觉得尉迟敬德有些过分，就上来解劝。尉迟敬德勃然大怒，一拳打中了李道宗的眼睛，几乎把眼睛打瞎。太宗李世民十分不悦，宣布罢宴。后来，李世民对尉迟敬德说："我阅读汉朝的史书，看到高祖的功臣保全性命的极少，当时我总是责怪他。自从我登基以来，总是想着保全功臣，不加诛戮，使他们子孙延续不断。可是，您做官却经常违反国家法令，到现在我才知道韩信、彭越为什么遭到杀戮了，看来那不是汉高祖的过失。国家大事，只有通过赏与罚来办理，不恰当的恩宠，不能屡次实行，请你自我检点，免得使自己将来再后悔。"尉迟敬德听了，汗如雨下。

贞观十一年（公元 637 年），拜尉迟敬德为宣州刺史，和改封为鄂国公。贞观十七年（公元 643 年），尉迟敬德请求告老还乡，太宗授予敬德开府仪同三司，准许他只在每月初一、十五两日上朝。不久，尉迟敬德与长孙无忌等二十四名功臣的画像被挂上凌烟阁。

在中国历史上，李世民是一位没有疑异的明君，明君之明，除了其他方面以外，能够正确地识别人才、使用人才是其关键，如果没有这一点，他恐怕就无法在战争中取胜，也无法与兄弟的争夺中走向皇位。李世民的确是以宽、信、仁、慈的策略来笼络人才的，但是，到他登基以后，就不完全实行这种策略了。为什么呢？看看他在上面对尉迟敬德说的话就知道了。一味地宽、信、仁、慈，对那些战争年代过来的将领是无法约束的，正所谓此一时，彼一时，如果没有法度，那些居功自傲的功臣就会贪得无厌，就会肆无忌惮，其结果也就可想而知了。好在李世民毕竟是明君，没有像刘邦那样杀尽功臣。

应该说，功臣的保全与李世民的"工作方法"不无关系。

同样，李世民能够登上皇位，与"玄武门之变"密切相关。

隋末农民大起义轰轰烈烈之际，隋朝的太原留守李渊全家起兵，利用和夺取了农民起义的果实，开创了唐朝三百年的天下。

李渊的宗族与隋朝有着很深的渊源，他家跟北周的宇文氏、隋朝的杨氏均出自北魏的军人，李渊的祖父李虎还帮助宇文泰在关中建立过政权，死后追封为唐国公，唐朝名称的由来即沿用了唐国的旧称号。李渊承袭了祖爵，曾奉隋炀帝之命镇压过起义军，但因看到人心背隋，隋不可救，才转而起义，后来终于打败了农民起义军，统一了中国，建立了唐朝。

唐高祖李渊的皇后生有四子。李建成、李世民、李玄霸（早亡，未及争位）、李元吉。在这四个儿子中，长子李建成因居长被封为太子，为人也精明能干，次子李世民被封为秦王，李元吉被封为齐王，齐王李元吉也算勇武超人。不过，战功最多也最有谋略的，当数次子李世民。

早在李渊还在镇压农民起义军的时候，李世民就已看出隋朝的灭亡已不可挽回，他对父亲李渊说："您受隋朝的命令讨伐贼寇，难道贼寇真的能彻底消灭吗？"在促成父亲起兵时，李世民又说："今日破家亡国在于你，化家为国也在于你"，可见李世民的雄才大略。公元618年至620年，李世民打败了薛仁果和刘武周两个强敌，关中和太原基本稳定下来。在公元620年的7月，李世民又开始进攻王世充，此时他才不过二十二岁，但富有政治家的雄才伟略，知人善任，采纳正确的意见，采取了正确的策略，一举击败了王世充和窦建德。后来又打败了刘黑闼等人的起义，终于统一了全国。

太子李建成常随父亲驻守长安，帮助父亲处理军国政务，应当算是一个精明强干的人，比起较为平庸的父亲李渊来，李建成在处理政务上已显示出了才干，但与弟弟李世民相比，却又有很大的不足。李世民南征北战，为争得唐朝的天下，统一中国，立下了赫赫的战功，麾下云集了一批文臣武将，在军政各界享有很高的威望。不仅如此，李世民野心很大，他不甘心做一个区区秦王，希望有朝一日能当皇帝。但按照封建宗法制度，继承皇位的只能是太子李建成，况且李建成也算功绩卓著，且聚集了很强的武力。这样，一场兄弟之间的争位火并就是势不可免的了。

首先是双方各自积聚自己的势力。李世民官居唐朝特设的"神策上将"，府中可谓人才济济，其中的十八学士，有的就名垂千古。房玄龄、杜如晦多谋善断，成为一代名相；陆德明、孔颖达精通经学，姚思廉擅长文史，虞世南以书法名世，其余十二人也都是一时的才俊人杰。至于武将，秦王府的兵精将猛是极其著名的，如尉迟敬德、秦叔宝、程咬金等，且王府中养有许多兵士。太子李建成也不甘示弱，文臣如魏徵，武将如薛万彻等也很著名，又招集了天下勇士两千人作为王府卫士，其势力总的看来要比秦王府为强。齐王李元吉在三兄弟中势力较为单薄，不足以与两人抗衡，但他素以骁勇善战著称，与李建成联合，共同对付李世民，大大地增强了李建成的势力。

还有一个不可忽视的方面，那就是唐高祖李渊支持太子李建成，这在社会舆论上对李世民很不利，但李世民在争取人心方面又一直比李渊和李建成做得好。

如唐高祖武德七年（公元 624 年），颉利可汗从原州（今宁夏固原）南侵，直逼关中，当时，颉利可汗的兵势很盛，李渊、李建成、李元吉等人怕无法阻挡，主张焚毁长安，迁都襄邓，并且准备付诸实施，派人出外查看地形。李世民则力排众议，坚决主张阻击外族入侵，反对迁都，制止了李渊、李建成的妥协活动，保住了都城长安，也为唐朝国土的长治久安奠定了基础。

在具体的赏罚奖惩方面，太子集团和秦王集团也有明显的区别。例如，李世民在中原打败王世充以后，因为淮安王李神通卓有战功，李世民赏罚分明，便以陕东道台的身份奖赏李神通几十顷良田。但李渊却不顾影响，竟答应自己的宠妃张婕妤，让她拿去了一道命令，交给她的父亲，逼着李神通退田给他。这件事虽然不大，但影响却不小。大大地提高了李世民的威信。

从当时表面的形势看，太子李建成集团处于优势地位，具体表现在三个方面：

一、李建成是太子，是长子，名正而言顺，继承皇位是理所当然的事，社会舆论也多在他这一边；

二、李建成有李渊的支持，在权力和名义上有可靠的保障；

三、李建成有文臣武将，有较秦王府为强的私人武装。

李世民也有有利的条件，这就是李世民本人威望高，群众基础好，富有斗争经验，才略出众，更主要的是他手下人既精明强干又齐心合力，因而，李世民的力量也是不能忽视。

两兄弟势成水火，李建成认为先下手为强，于是，他布置了第一次害死李世民的阴谋。

一天下午，窗外雨声淅沥，李世民正临窗聚精会神地阅读兵书，忽有卫士进来报告，说太子派人送信来了。李世民拆开信一看，原是请他前去赴宴，要兄弟欢聚。当时，双方的斗争已半公开化，秦王府的人素知太子诡计多端，就劝李世民不要赴宴，以防不测。

但李世民认为双方虽在争夺皇位，还不至于兄弟相残，就坦然前往。

等到了太子府中，见太子和李元吉已恭候多时，宴席也准备得极为丰盛，气氛也无异常，不像要发生什么事的样子，就放心地谈笑吃喝起来。席间，李建成和李元吉交口称赞秦王的功绩和才能，并频频举杯劝酒，弄得李世民酒足饭饱。但忽然间，李世民觉得两腿发软，头晕目眩。立刻警觉起来，他想挣扎着起来回到自己府中，没想到竟一下子瘫倒地上。

此时，窗外雨势转大，电闪雷鸣，狂风又吹灭了席上的蜡烛，席间更显得阴森昏暗。齐王李元吉不知就里，十分害怕，惊慌地问李建成该怎么办。李建成到很镇静，把眼一瞪，呵斥道："秦王身发暴疾，赶快送回府中。"

不知是李建成的毒药不中用，还是李世民的抵抗力强，回到秦王府，灌了许多的解毒药，吐净了腹内的酒饭，竟然保全了性命。

李世民突发暴疾，虽无确证是李建成下的毒药，但司马昭之心，路人皆知，实在是再明白不过的事。李渊知道了这件事，狠狠地训斥了李建成一顿，但毕竟支持李建成，也未对他作什么处置。

李建成见一计不成，又生一计，只是方式比上一次巧妙了一些，但把握也减少了一些。

李建成想方设法地说服高祖李渊去郊外打猎，并要几个儿子一起陪同，李渊同意。父皇有命，李世民只得听从。李建成特意派人挑选了一匹性情暴烈的马，该马稍遇刺激，便狂性大发，他希望李世民骑上此马，遇惊摔死。在围猎场上，李世民纵马操弓，追赶麋鹿，果然烈马狂性大发，控制不住，那马仰颈狂跳，乱甩乱摇，终于把李世民摔下马背。李世民虽摔出了一丈多远，幸好只受了皮肉之伤，并未摔死或受伤致残。

李建成还采用了其他釜底抽薪的办法，这就是分散和瓦解李世民的将领和兵力。凡有调兵遣将派防出征的机会，李建成都要派给秦王府上的将领，还屡设计谋，让秦王府的将军调出外任。程咬金在打败宋金刚和平定王世充的战役中，勇敢善战，身先士卒，多次斩将夺旗，建立奇功，被封为宿国公，是秦王府的得力干将。李建成很怕程咬金，就利用经常同皇帝接近的机会，多次造程咬金的谣，促使李渊下诏把程咬金调出秦王府，任康州刺史。但程咬金是一位刚贞倔强的将领，为了维护李世民的安全，他软缠硬磨，花样百出，不断拖延时间，就是不肯离开秦王府。

对于无法调动的将领，李建成实行收买的政策，尉迟恭是一员骁将，也是李世民一手提拔培养出来的将领，臂力过人，勇猛善战，李建成曾送给他一车金银珠宝，但尉迟恭拒收，并向李世民作了报告。李建成后来的一些收买瓦解活动也没有成功。

李世民也决非持着人为刀俎，我为鱼肉的态度去任人宰割，也积极准备力量。在武德九年（公元626年），他曾派将领带兵一千余人，拉着许多金银财宝到东都一带，私下结交豪俊之士，引为外援。他也采取收买的手段去拉拢李建成的人。把原来属于李建成的得力人士常何与敬弘争取过来，使防守宫城门户的要职在暗中转到了李世民这边来了。

兄弟火并已迫在眉睫，李世民再也不敢迟缓，他召集王府的人，召开紧急会议，商量如何对付目前的局势。武德九年（公元626年）六月三日晚秦王府戒备森严，卫士环列王府内外，闲杂人等一律不得通行。殿内灯火通明，诸文臣武将排列两边，秦王李世民偕同长孙无忌走进殿内，身后不远跟着两个穿道袍的陌生人。卫士刚来阻拦他们，秦王挥挥手，卫士就放他们进去了。

原来，这两个穿道袍的人是房玄龄和杜如晦化装的，他们为了不惹太子府上的人注意，才故意掩盖了自己的本来面目。在会议上，房玄龄先发言说："太子和齐王已有两次谋害秦王，秦王也差点被他们害死。目前，他们正在加紧策划，准备再次加害大王。一旦事变，不仅大王性命危险，社稷也会遭到灾难。俗语说得好，'当断不断，自取其乱'，现在是箭在弦上，不得不发，在这生死存亡的关头，大王应该以果断的措施来消弭祸乱。"

房玄龄的话激起了与会者的共鸣，杜如晦附议。李世民说："这样劝我的人已经有很多了，可我总觉得过于残酷，难道没有其他的办法吗？最好是能避免流血！"

尉迟敬德脾气暴躁，他怒气冲冲地对秦王说："大王身边的人越来越少，现在就剩我们几个人了，太子还是不肯罢休，最近太子又在皇上面前要阴谋，说我会打仗，要我率领精锐部队跟他出征。如果我真的离开了大王，他就会马上杀我的头。先发制人，后发为人所制，请大王快下决心。"

正在这时，卫士报告说东宫的官员王晊求见。等秦王会见过王晊，原来犹豫不决的心情变得坚决了，他对大家说："看来太子是决意要杀我了。刚才王晊来报告，说太子已和齐王计议好，最近齐王要奉命出征，他们要借替齐王饯行的机会在席间杀掉我。"

长孙无忌说："王晊素来既办事谨慎又深明大义，他报告的情况一定不会错！"

房玄龄又说："现在大祸迫在眉睫，不能对太子再抱任何幻想，否则，必致覆灭。"

李世民还是下不了最后的决心，总希望太子不会如此狠毒，因此一时下不了命令去杀掉太子。

尉迟敬德耐不住了，说："如果大王不下决心，那就让我离开秦王府吧，我宁愿上山落草为寇，也不愿被太子抓去杀头！"

有几个人也随声附和地说："如果大王不当机立断，我们情愿跟尉迟敬德一起去当土匪。"情势如此，李世民被迫作出决定，他叹了一口气，对大家说："既然事已至此，只有按大家的意思去办了！"

接下来就是部署具体的行动方案，这一次会议直开到下半夜才结束。

当夜，繁星满天，万籁俱寂，士兵运动的声音打破了沉沉的夜空。秦王骑着马，率领部下进入玄武门，在玄武门内外，共埋伏了一千多秦府卫士。

玄武门是宫城的北门，由于唐朝的宫城在都城的北面，北门也就是保卫皇宫的主要所在，占据了北门，就等于抓住了皇帝，可以假借皇帝的名义发布命令，使自己处于合法之地位。

第二天上午，日上三竿之时，太子和齐王并马而来，身后跟了许多卫士。李建成根本不知道守卫玄武门的将领常何已投向李世民，还是像往常一样，毫无戒备地经过玄武门，进入皇宫去见唐高祖。常何等太子和齐王走远了，立即紧紧关闭玄武门，堵断了可能出现的外援。

太子和齐王来到临湖殿前，下马登殿，太子忽然发现殿角有埋伏的士兵，心知有异，立即警觉起来，他扯了一下齐王的衣袖，飞奔下殿，上马往玄武门奔逃。这时，伏兵尽起，李世民亲手射杀了太子李建成，尉迟敬德射杀了齐王李元吉。其余太子和齐王的卫士也被赶杀净尽。

这时，太子的东宫和齐王府也得到消息，太子的将领冯翊和冯立率两千余骑赶到玄武门。由于玄武门守将常何拒不开门，太子的卫士仗着人多势众，就奋力攻打。但由于门既高大，守得又顽强，所以久攻不下。副护军薛万彻见攻门无效，就调转马头，想挥兵攻打秦王府。在这危急关头，尉迟敬德用长矛挑着太子的头跑出玄武门，向太子的将士喊话道："奉皇上的命令，在此诛杀太子和齐王，现太子和齐王均已伏法，余者无罪。只要放下武器，不仅保证生命安全，愿意归附者一律保持原职不动。"

太子的将士见到太子的头颅，无不呆若木鸡，大多数人弃戈投降。只有薛万彻不肯归附，带着少数人冲杀，李世民命人放开一条生路，让他奔终南山去了。

在"玄武门之变"后三日，平庸的唐高祖李渊发布命令，立李世民为太子，并诏命朝野，"自今军国庶事，大小悉委太子处决，然后奏闻"。李世民实际上已具有了皇帝的权力。到了7月，李世民重新改组了中央政府，任房玄龄为中书令，高士廉为侍中，封德彝为尚书右仆射。第二年正月改元，年号贞观，李世民称帝，是为唐太宗。

仅仅如此还是不能成为一代明君，成为明君的"工作方法"是严格遵守从谏如流的执政规范。李世民很害怕自己的帝国也会像隋朝一样覆亡，于是，他认真地总结隋朝灭亡的历史教训。总结来总结去，只有一条最重要，那就是隋炀帝不听别人的意见。隋炀帝本是英武过人，聪明超群，怎奈他荒淫无度，大违君道，"臣下钳口"，皇上"不闻其过"，隋炀帝自己"恃其俊才，骄矜自用"，越是聪明，就越是灭亡得快。所以，李世民认为人君即便是"圣哲"，也应当"虚己以受人"，决心察纳雅言，让"智者献其策，勇者献其力"。他的臣下也很争气，例如魏徵就曾告诉李世民一条极其重要的道理，叫做"兼听则明，偏听则暗"。李世民就是在这样的自律和他律相结合的情况下成为一代明君的。

李世民可以说是天纵英才，不仅勇武盖世，还富有智计。但如果仅仅依靠这些，是很难成功的，他成功的法宝，就是毛泽东所说的在理性的状态下掌握良好的"工作方法"。这些，对于我们来讲都是具有深刻的现实意义的。

3

武则天"简直是了不起"

> "封建社会，女人没有地位，女人当皇帝，人们连想也不敢想。我看过一些野史，把她写得荒淫得很，恐怕值得商量。"

武则天是中国历史上唯一一位真正的女皇。

但对武则天的评价历来却是反面的多，正面的少，甚至没有，而对她极尽丑化之能事的种种传说和故事几乎比比皆是。毛泽东作为伟大的无产阶级革命家，能够不为古人所囿，对武则天作出了符合历史事实的评价。他说："你觉得武则天不简单，我也觉得她不简单，简直是了不起。封建社会，女人没有地位，女人当皇帝，人们连想也不敢想。我看过一些野史，把她写得荒淫得很，恐怕值得商量。武则天确实是个治国之才，她既有容人之量，又有识人之智，还有用人之术。她提拔过不少人，也杀了不少人。刚刚提拔又杀了的也不少。"①

毛泽东的这些论述，可谓抓住了要害，尤其是对武则天功过的评价，几乎成了不易之论。

我们来具体分析武则天的经历、事迹与功过。

武则天，名曌，山西文水人，生于唐朝武德七年（公元624年）。其父出身于木材商人，官拜正三品工部尚书都督等大官。其母杨氏，出身名门大族，杨氏之父杨达是隋朝

---

① 孙宝义编：《毛泽东的读书生涯》，知识出版社1993年版，第118页。

的宗室宰相，到了唐代，杨家在京城里也还是显赫的宗族。

尽管如此，武则天的家庭在当时也还是不入上流社会的"寒族"。武则天的父亲靠做木材生意致富，后结识李渊，在晋阳起兵以后，李渊命他为行军府司铠参军，一直为唐军提供军需，直到唐军进入长安，被李渊尊为"太原元从功臣"。然而，这并不能改变他的家族出身，按当时的门阀观念，所谓名门望族，是在一百多年间一直控制着西魏、北周和隋、唐政权的关陇集团，只有出身于这些家族的人，才能获得朝廷的承认，才有资格在朝廷中担任重要的官职。按武则天父亲的经历和官位，当然可以跻身于士族之列，但论其血统出身，却是寒微之族。唐太宗贞观十二年，朝廷修《氏族志》，不列武姓，"不叙武氏本望"，社会上也攻击武家是下等族姓，甚至连突厥人都称："武，小姓。"武家被排斥在贵族之外，想取得很高的权力和职位，是十分渺茫的。

唐太宗贞观十年（公元636年）元月，长孙皇后去世，次年，太宗听说武则天长得端庄漂亮，操行方正，就把她召入宫中，立为才人，并赐名曰"武媚"。召她入宫之时，武则天年仅十四岁，一般说来，这种年龄的女子都不愿离开父亲，况且一入深宫，如同生离死别。而小小年纪的武则天却把这看成是一个晋升的机会，并且可以摆脱兄长们的管束和压抑，因此，她很高兴进入宫廷。当时，她的母亲"恸泣与诀"，武则天反倒觉得大可不必，而是笑着劝慰母亲说："我去见天子，怎么能知道不是福缘呢？为什么要哭哭啼啼，作儿女之悲？"

武则天为人聪慧，又爱读史学习，爱考虑政事人情，遇事愿意多听多看多想，性格刚毅果断，几近残忍。据《鹤林玉露》记载，吐蕃国进贡给太宗一匹极其名贵的马，叫作"狮子骢"，十分猛烈强悍，难以驯服。太宗亲自去控驭，也无法制伏。当时，武则天侍立一边，大声说："只有我能制它！"太宗忙问她有什么办法，武则天回答说："我有三样东西可以制伏它。开始用铁鞭狠劲地抽它，如果不服，就用铁棍狠狠地打它，如果还不服，就用匕首刺入它的咽喉。"一个小小的宫女竟有如此的胆略和气魄，太宗不禁大为惊异。

从十四岁到二十六岁的这十二年里，武则天只能在深宫空耗年华。她当时是正四品的才人身份，是最低级的内官，只能料理皇上的生活，无法取得太宗的宠幸。不久，太宗病重，武则天见太子李治经常出入宫廷探视，就灵机一动，希望把自己的终身托付给比自己小四岁的太子。于是，她就想方设法地接近太子，并取得他的好感。太子李治生性懦弱，遇事没有主张，乍遇武则天这么一个美丽端庄、通达事理而又善于理事的年轻女子，不禁倾心。

不久太宗病重，他担心西汉吕雉专权的局面再度出现，便决定把武则天赐死。一天，太子李治和武则天一起在床前服侍太宗，太宗对武则天说："我自从得了痢疾以来，医药无效，反而越来越重。你多年服侍我，我不忍心把你扔下，我死以后，你打算怎么办呢？"

武则天一听，即刻吓出了一身冷汗，但她很快地镇静下来，对太宗说："我蒙皇上的恩宠，本该以死来报答皇上的大恩大德。但您的身体未必不能痊愈，所以我也不敢马上就去死。情愿削去头发，披上黑衣，吃斋拜佛，为圣上祈祷，聊以报答圣上的恩德。"武则天的回答非常机智，在当时看来，唯有出家才是一条自我保全之道。太宗想了一想说："好吧，你既有这个想法，马上就出宫去吧，也免得我替你操心了！"

武则天如同得了大赦令一般，急忙收拾行装，准备出家为尼。太子李治虽然不舍，但也无法挽留，后来听得太宗喃喃自语说："我本想把她赐死，又觉得实在不忍心，她既削发为尼，也就罢了，世上总没有尼姑当权的。"

不久太宗驾崩，武则天就和一些没有生育过子女的宫女被送进感业寺，削发为尼。太子李治即位后，对武则天十分思念，只是无由把她请回宫中。

到了唐太宗去世一周年的时候，唐高宗（即太子李治）借父亲忌日去感业寺进香为名见到了武则天。史书上记载说："忌日，上诣寺行香见之，武氏泣，上亦泣。"唐高宗虽然思念武则天，可因为她曾侍奉过唐太宗，还是不敢公然把她弄回宫中。两人相见一事被高宗的王皇后知道了，当时，高宗正宠爱萧淑妃，王皇后吃醋，就鼓动高宗把武则天接回宫中，主要是为了分萧淑妃的宠。有皇后的主动支持，高宗这才把武则天接回宫中。

武则天在进宫之初，非常清楚自己的境地，就采取了卑躬屈膝的态度侍奉皇后；皇后十分喜欢她，曾多次在高宗面前说她的好话。但不久，高宗就专宠武则天，把她封为昭仪，皇后与萧淑妃同时失宠，于是，两人就又联合起来对付武则天，武则天胸有城府，并不惧怕。

但是，王皇后是有强大的门阀士族势力支持的，当武则天怀孕的消息传出以后，王皇后因自己没有生子，就十分恐惧，恐怕武则天一旦生子，自己的皇后之位以及未来就会受到威胁，于是，就联络她的舅父中书令柳奭等人，立后宫刘氏所生的唐高宗的长子李忠为太子，并把当时的重臣长孙无忌、褚遂良、韩瑗、于志宁、张行成、高季辅等人拉进了辅佐太子的班子，经营得如同铁桶一般。

宫廷内外联合起来抢立太子事件深深地刺激了武则天，从此她深刻地认识到，自己即使没有当过太宗的妃子，也不可能得到大臣们的支持，其根本原因，就是自己出身寒微。她从此看清了内廷中王皇后容不得她，外廷中士族大臣更容不得她，她处于内外夹击的地位上，要想达到自己的目的，靠正常的手段是不行的了。

武则天的性格是遇强则怒，迎难而上。她大肆收揽人心，凡是王皇后和萧淑妃不喜欢的人，她都倾力接纳，把自己得到的赏赐全都分给他们，因此，王皇后和萧淑妃的动静她全都知道，每每把这些事情告诉给高宗。然而，只靠这些，还远远不够。武则天在寻找时机。

历史上流传一种说法，公元654年春，武则天生下一个女儿，极其灵秀可爱。王皇后听说，也前去探视抚抱。王皇后刚走，武则天就闻报高宗要来，她浑身一震，觉得千载难逢的好时机到了。于是，她把手伸进被窝，狠狠地掐住女儿的脖子，直到掐死，然后再把被子盖上，若无其事地出去迎接高宗。

等高宗进来，武则天承笑如前，毫无慌乱之举，待高宗打开被子想看女儿时，却发现女儿已经死了。武则天故作吃惊，大声悲号。高宗忙问左右的侍女，都说王皇后刚刚来过，高宗愤怒地说："皇后杀了我的女儿。"武则天又乘机历数王皇后的罪过，王皇后是有口难辩了。自此，高宗就下决心废掉王皇后，立武则天为皇后。在当时的情况下，恐怕踩着自己女儿的尸体往上爬是唯一有效的方法。除此之外，真还无计可施，但就是这样，也非一帆风顺。

武则天设法让王皇后的坚决支持者柳奭被迫辞职，现在剩下的关键人物是太尉长孙无忌，武则天请母亲去说情，并和高宗一起亲自去看望，封官许愿，软缠硬磨，一概无效。武则天终于明白，她是无法取得关陇贵族集团支持的，于是，她到一群不得志的寒门庶族出身的官吏那里去寻找支持者，如中书舍人李义府、王德俭、御史大夫崔义玄、御史中丞袁公瑜以及许敬宗等人，武则天在朝廷中得到了这批人的支持，她软的不行，就来硬的了。

李义府首发其难，率先上表请求废王皇后而立武则天，永徽六年（公元 655 年）八月，唐高宗正式提出废立皇后事宜，长孙无忌一派当然是"濒死固争"，褚遂良等人也来谏劝，并说皇后出自名家，不可轻易废弃，即便要立新皇后，也应选择名门淑女，不该立武则天这种侍奉过先帝的人，并举出妲己、褒姒等妖女亡国的前朝事例谏阻唐高宗。在当时的宰相中，唯有李勣没有参与抢立太子李忠之事，因此他在这时不冷不热地说："这是陛下自己家里的私事，何必要问外人呢？"

9 月，先贬褚遂良出朝；10 月，下诏废王皇后为庶人，立武则天为皇后；11 月，李勣主持册后典礼。第二年，太子李忠被贬为梁王，立武则天之子李弘为太子。

武则天当皇后的目的达到了，她的第二步计划是攫取权力。武则天当皇后以后，当务之急是把原皇后一党彻底整垮，把王皇后、萧淑妃禁死于冷宫，把褚遂良贬死在爱州，逼令长孙无忌自杀，又杀柳奭于象州，韩瑗逼死在振州，这些人的主要亲属也都被杀或遭贬谪。至公元 659 年，长孙无忌的权力集团被彻底摧垮，"自是政归中宫矣"。

据史书记载，高宗不仅懦弱寡断，而且身体不好，经常头晕目眩，不能理事，政事均交武后处理。"上初苦风眩头重，目不能视，百司奏事，上或使皇后决之。后性明敏，涉猎文史，处事皆称旨，由是始委以政事，权与人主侔矣。"说她的权力与高宗相等，还是轻了，其实实权还是操在武则天的手里，尤其显庆年间以后，更是如此，以至与高宗并称"二圣"，与皇帝无异。

武则天专权日久，必然会从多方面产生问题。一是她自己一反过去卑躬屈膝的常态，作威作福起来；二是高宗的权力受到了极大的限制，常常觉得很愤怒。在这种情况下，高宗授意宰相上官仪起草诏书，要把武则天废为庶人，上官仪也正想如此，就欣然从命。

武则天安插在上官仪身边的暗探见势不好，急忙跑去告诉武则天，武则天当即跑到高宗那里，"动之以情，晓之以理"，居然说服了高宗，使高宗觉得武则天之作为情有可原。高宗心一软，就说自己本无此意，是宰相上官仪先提出来的。于是，武则天就使人诬告上官仪与过去的太子李忠一起谋反，上官仪、上官庭芝父子被处死，上官仪的妻子及女儿上官婉儿入宫廷为奴。李忠被赐死于黔州。

从此以后，高宗更加依靠武则天，每当上朝，武则天总是垂帘听政，黜免、生杀之权皆归中宫，天子唐高宗只做了武则天的应声虫而已。

公元 674 年（咸亨五年）8 月，"皇帝称天皇，皇后称天后"。至此，长达十几年的皇后——太子权位之争以武则天的完全胜利而告终结。这场胜利，决不仅仅是武则天一人的胜利，也代表了一定的历史性的转折，因为代表寒门庶族地主的政治力量终于登上了历史舞台。在这场斗争中，王皇后——长孙无忌一边是一百几十年来形成并延续的门阀士族地主力量的代表，是佃客制经济的代表；而在武则天——李勣这一边，是新进的寒门庶族地主力量的代表，是契约佃农制经济的代表。武则天的胜利，在一定意义上说是庶族地主的胜利，这次胜利标志着魏晋以来四百多年由门阀士族掌握国家政权的历史结束了，而新兴的地主阶级逐步掌握了实权。这对解放思想、活跃生产力、促进中国历史的发展是有积极意义的。

武则天充分显示了她的政治家气魄，在称"天后"后的四个月，她即以皇后的身份向高宗提出了十二条政治建议，史称"建言十二事"。这十二项内容，是武则天经过对唐代社会长期的观察和仔细的研究而有针对性地提出的，其中包括：一、劝农桑、薄赋徭；二、给复三辅地；三、息兵，以道德化天下；四、南北中尚禁浮巧；五、省功费力役；六、广言路；七、杜谗口；八、王公以降皆习《老子》；九、父在为母服齐衰三年；十、上元前勋官已给告身者无追核；十一、京官八品以上益禀入；十二、百官任事久，才高位下者得进阶申滞。

高宗疾病缠身，随着年龄的增长，病势越来越重，他曾经想把皇位传给太子李弘。太子李弘"仁孝谦谨，上甚爱之"，又加上"礼接士大夫，中外属心"，颇有政治才能，因此，高宗对他甚为看重。但武则天却不喜欢他，有一次，李弘发现宫中幽闭着萧淑妃生的两位年逾三十的姐姐，就奏请让她们出嫁，还有几次也违忤了武则天的心意，使之失宠于母亲。其实，这是次要的，关键是李弘势必与武则天争权。据一些史书记载，武则天因此用毒酒药死了亲生儿子李弘，李弘死时七窍流血，很像他的肺疾发作。

李弘死后，立武则天的次子李贤为太子。经李弘之死的打击，高宗病势更加沉重，头晕目眩不能视事，就想让位于太子，但武则天坚决反对，高宗只得打算让位于皇后。过了几年，高宗还是想让李贤监国，而李贤并不愿听武则天的话，于是，武则天就又以李贤"颇好声色"为由，把他废为庶人，押至京师幽禁起来。继而立三子李显为太子。

公元 683 年，唐高宗病死，太子李显即位，是为唐中宗。高宗临终遗诏说："军国大事有不决者，兼取天后进止。"武则天以皇太后的身份临朝称制。一次，中宗想让岳父韦玄贞为宰相，并授给乳母的儿子一个五品官，宰相裴炎觉得不妥，跟中宗争执起来，中宗年轻气盛，发怒说："我就是把天下交给韦玄贞，又怕什么？"裴炎感到很害怕，就跑去告诉了武则天，为了防患于未然，武则天下诏"废中宗为庐陵王，扶下殿"，改由其子北豫王李旦为睿宗，但睿宗住在另一个地方，不得参与政事。同时，武则天又派人逼死了废太子李贤。武则天清除了一切阻碍势力，准备好了登基称帝的工作，李唐宗室知道武则天称帝必然要除尽李氏宗族，所以十分害怕，人人自危，不断有人起义。

在武则天临朝称制后的第七个月，扬州发生了徐敬业叛乱，朝中宰相裴炎也与之相勾结，可谓内忧外困。但武则天临危不乱，她先不失时机地斩除了裴炎、程务挺等人，以除肘腋之患，又急调三十万大军，在不到五十天的时间里平定了徐敬业之乱。

公元 688 年（垂拱四年），武则天的侄子武承嗣看到武则天登基称帝的时机已经成熟，就暗地里派人在一块白石上凿上："圣母临人，永昌帝业"的字样，并使雍州人唐同泰奉表献之，谎称获之于洛水。武则天闻讯大喜，当即下诏把这块石头称之为"宝石图"，并准备于当年 5 月选择吉日，亲临洛水拜受宝石。武则天把献图有功的唐同泰提拔为游击将军，让他参与办理此事。到了选定的日期，武则天"告谢昊天，礼毕御明堂，朝群臣"，不久即正式加尊号曰："圣母神皇"，从这个时候起，武则天开始称"陛下"。

武则天已是实际上的皇帝了，至于名义上的登基改号，只是一个时间问题，李唐宗室所面临的，却是一场灭顶之灾。出于自我保全之计，他们纷纷起兵。

首先，李唐宗室以"迎还中宗""救拔睿宗"为旗号号召众人，但因范阳王李霭出首，密谋败露，仓促之间，韩王李元嘉首先起兵，继而琅琊王李冲在博州起兵，越王李员在豫州起兵，霍王李元轨在青州起兵，鲁王李灵夔在邢州起兵。但这时国家较为安定，人民不愿为一家一姓的名利再发生什么内乱，于是，李氏诸王的军队皆无斗志，武则天的兵马一到，不是献城投降，就是纷纷逃走，根本不堪一击，在很短的时间内，李氏诸王的这次叛乱就被武则天轻而易举地镇压下去了。李氏诸王的这次失败也说明，关陇贵族门阀在社会上也逐渐丧失了人心。因为一百多年以来，这些门阀士族在大众中很有影响，很有号召力，李渊起兵后人心迅速归附，就是最好的例证。在唐朝社会安定发展了几十年以后，庶族地主的力量兴起，逐渐取代了门阀士族的影响，人们开始不愿为一家一姓效力，开始考虑社会公平与正义，这不能不说是一种历史的进步。而李氏贵族集团历代以武力为胜，如今其子孙也失去了祖先的雄威，看来，门阀士族的衰落已是无法挽回的了。

在镇压了这次叛乱以后，武则天果真决心清除敌对势力了。她采取了三条措施：一是鼓励告密；二是严刑逼供；三是任用酷吏。武则天把周兴、来俊臣、索元礼等酷吏提拔上来，专门进行"肃反"，他们秘密观察李氏宗族中王公大臣的行迹，一有可乘之机，他们立即加以逮捕，酷刑逼供，诬其谋反。

当然，按武则天的想法，杀尽了李唐宗室，又使得朝野上下"人人自危，相见莫敢交言，道路以目"，确实是无人敢于造反了。

至此，武则天的第三步计划其实已完全实现，至于做皇帝的名号，只是一个手续问题。公元690年7月，东魏国寺里的僧人写了几卷经书，书中说武则天乃是弥勒佛投胎转世，应该代替唐朝作阎浮提主（即东方之主），不久，侍御史傅游艺率领关中的百姓九百多人来到长安的宫门外，上表请求把大唐的国号改为周，武则天假装推辞，没有应允，但升了傅游艺的官，把他提拔为给事中。不久，朝中百官及宗室、远近百姓，四方边远地区的酋长以及沙门、道士一共六万多人，组成了一支极其庞大的请愿队伍，重复傅游艺的请求。

武则天见"民意不可违"，只有顺从，于是，在公元690年，宣布改唐为周，立称号为"圣神皇帝"，她身穿皇帝服饰，光彩奕奕，在洛阳登上了大周皇帝的宝座。

中国历史上唯一的一位女皇，就此正式诞生了。

武则天称帝以后，也并不是万事顺利的。首先，她必须解决两个矛盾，一是她同李唐宗室争夺地位的矛盾，二是因滥杀而造成的她与大臣之间的矛盾。随着时间的推移，她与李氏的矛盾逐渐淡化下来，要解决与大臣之间的矛盾，而那批酷吏，就成了替罪羊，武则天禁锢了当年滥告滥杀的二十七名酷吏，处决了来俊臣等人，使矛盾渐渐地缓和下来。应当说，武则天晚年时期的政治气氛还是比较宽松自由的，她的统治也应当是稳固的。

但新的危机又出现了。武则天虽与群臣在表面上维持着良好的君臣关系，但当年的滥杀所造成的阴影始终无法彻底驱除，因此，她的晚年应当说是很孤独的。由于武则天的男宠张氏兄弟胡作非为，官员们看到用法律制裁不了，就准备用武力将其杀掉。

政变的目的起初并非为了推翻武则天，仅是为了杀掉张氏兄弟。宰相张柬之等五位朝廷的重要人物，联络御林军将领以及太子李显、相王李旦、太平公主等一大群势力，乘武则天卧病不起之机，攻占了玄武门，突入宫中，在武则天的迎仙宫搜出张易之、张昌宗，就地处死，完全控制了武则天。事情既已至此，就顺便把武则天请下皇位，迎立中宗。政变的第二天，武则天下《命皇太子监国制》，第三天，武则天宣布传位太子，第四天中宗宣布复位，武周政权即告结束。

公元 705 年 11 月，八十二岁的武则天在洛阳上阳宫愤恨而没。死前遗嘱："去帝号，称则天大圣皇后。"

第二年，其子唐中宗不顾众人的强烈反对，为母亲举行了隆重的葬礼，护灵柩回长安，与唐高宗合葬乾陵。

武则天称帝十五年，前后专政近五十年，在她掌握政权期间，为中国历史的发展作出了相当的贡献。她首先重视发展农业，推行均田制，抑制豪强和土地兼并，奖励垦荒，做得很有成效。在她统治期间，全国人口由三百八十万户增长到六百一十五万户。其次是发展科举制度，并亲自主持考试，选拔了一大批庶族地主出身的优秀人才，并开"武举"科，选拔有军事才能的人。唐太宗在位的二十三年间，共取进士二百零五人，而在唐高宗和武则天统治的五十五年间，取进士一千多人。她还极其重视文化教育事业，倡导编纂了许多文化典籍。她还重视加强边防，改善同少数民族的周边关系，对于维护国家统一、巩固边防、发展商业等都作出了积极的贡献。

当然，武则天晚年生活靡费很大，她让侄子武三思及男宠张氏兄弟把持朝政也造成了政治的混乱，尤其是她纵容女儿太平公主争权夺利，做了许多坏事。另外，她任用酷吏，大杀宗室大臣，李唐宗室近支被杀尽，除自己的亲生儿子李显、李旦以外，唐高祖、太宗、高宗的子孙全部诛除。十四年间的五十八个宰相，被杀被贬各有二十一人，占七成还多。

无论如何，武则天还是像一颗流星划过中国漫长的封建历史苍穹，闪烁着夺目的光辉，引发着后人无限的思考。她的所有的意义，就在于她是中国历史上唯一的一位女皇。

武则天以崭新的姿态出现在皇帝宝座上，给门阀士族势力以毁灭性的一击，使这块板结的土壤开始松动，也给黑沉沉的男人世界以沉重的一击，使中国的男人们终于被迫正眼看看女人，也重重地当众打了中国宗法观念的一记耳光，让中国男人从此不敢忘记中国女人的威力。

武则天逝去的一千二百多年以后，毛泽东这位创世纪的伟人对她作出了客观而公正的评价，这是时代的进步、历史的哲思！

4

"李白的诗，文采奇异，气势磅礴，有脱俗之气"

"你身体是不是好些了？妹妹考了学校没有？我还算好，比在北京时好些。登高壮观天地间，大江茫茫去不还。黄云万里动风色，白波九道流雪山。这是李白的几句诗。"

对于李白的诗，毛泽东极为赞赏。据毛岸青、邵华《回忆爸爸勤奋读书和练习书法》一文记述，毛泽东曾说过："李白的诗，文采奇异，气势磅礴，有脱俗之气。"[①]

毛泽东不仅爱读李白的诗，还抄录过许多李白的诗，在《毛泽东手书古诗词选》里，有 15 首。对于李白的许多诗，毛泽东的评价都很高。例如，对李白写的《将进酒》，毛泽东的评语是："好诗。"[②]

对《蜀道难》，毛泽东的评语是："此篇有些意思。"[③]

对于李白的一些著名的诗，毛泽东屡次谈及。1959 年 8 月 6 日，毛泽东在给刘松林的信中，引用了李白《庐山谣寄卢侍御虚舟》中的几句。该信全文如下：

---

① 毛岸青、邵华：《回忆爸爸勤奋读书和练习书法》，《瞭望》1983 年第 12 期。
② 《毛泽东读文史古籍批语集》，中央文献出版社 1993 年版，第 22 页。
③ 张贻玖：《毛泽东和诗》，春秋出版社 1987 年版，第 27 页。

娃：

你身体是不是好些了？妹妹考了学校没有？我还算好，比在北京时好些。登高壮观天地间，大江茫茫去不还。黄云万里动风色，白波九道流雪山。这是李白的几句诗。你愁闷时可以看点古典文学，可起消愁破闷的作用。久不见甚念。①

爸爸

八月六日

1961 年 9 月 16 日，在庐山写的一封信中，毛泽东再次引用李白的这几句诗：

"登高壮观天地间，大江茫茫去不还。黄云万里动风色，白波九道流雪山。"李白庐山谣一诗中的四句。登庐山，望长江，书此以赠庐山党委诸同志。②

毛泽东

一九六一年九月十六日

毛泽东也非常喜欢《蜀道难》，据杨建业《在毛泽东身边读书——访北京大学中文系讲师芦荻》一文记载：

对《蜀道难》这首诗，毛泽东曾说过：李白的《蜀道难》写得很好。有人从思想方面作各种猜测，以便提高评价，其实不必，不要管那些纷纭聚讼。这首诗主要是艺术性很高，谁能写得有他那样淋漓尽致呀！它把人带进祖国壮丽险峻的山川之中，把人带进神奇优美的神话世界，让人们也仿佛到了"难于上青天"的蜀道上面了。③

毛泽东还对李白的一些怀古诗做了具体的论述：

---

① 《老一代革命家家书选》，中央文献出版社 1990 年版，第 57 页。
② 《毛泽东手书古诗词选》，文物出版社、档案出版社 1984 年版，第 51—54 页。
③ 杨建业：《在毛泽东身边读书——访北京大学中文系讲师芦荻》，《光明日报》1978 年 12 月 29 日。

早几十年中国的国文教科书就说秦始皇不错了，车同轨，书同文，统一度量衡。就是李白讲秦始皇，开头一大段也是讲他了不起。"秦王扫六合，虎视何雄哉！挥剑决浮云，诸侯尽西来。"一大篇，只是屁股后头搞了两句："但见三泉下，金棺葬寒灰。"就是说他还是死了。你李白呢？尽想做官！结果充军贵州，走到白帝城，普赦令下来了。于是乎，"朝辞白帝彩云间"。其实，他尽想做官。《梁甫吟》说现在不行，将来有希望。"君不见高阳酒徒起草中"，"指挥楚汉如旋蓬"。那时神气十足。我加上几句，比较完全："不料韩信不听话，十万大军下历城。齐王火冒三千丈，抓了酒徒付鼎烹"，把他下了油锅了。[1]

这里提到的《梁甫吟》系李白被排挤出长安后所作。诗中控诉了权奸当道的黑暗政治，对自己的怀才不遇，报国无门和壮志难酬的心情作了酣畅淋漓的抒发。并通过引用吕尚（俗称姜太公）遇文王和高阳酒徒郦食其等人的事迹，说明有才能的人，只要有机会，就一定能实现自己的抱负。该诗气势磅礴，色彩缤纷，十分富有浪漫主义艺术特色，毛泽东历来爱读。

下面我们根据毛泽东提到的李白的一些诗和李白诗的艺术特点来对李白及其诗歌作简要的介绍，以便更好地领会毛泽东对李白的评价。

李白（公元 701—762 年），祖籍陇西成纪（今甘肃天水附近），少年时随家迁到四川，家境宽裕。李白少颖聪慧，读书涉猎甚广，不仅攻读儒学，五岁能"诵六甲"，十岁即"观百家"，十五岁开始学习剑术和试写诗文。他少有大志，自诩"怀经济之才"，能"济苍生"，"安社稷"，使"寰区大定，海县清一"（《代寿山答孟少府移文书》），希望成为管仲、晏婴一样的"辅弼之臣"。二十岁至二十五岁时，漫游四川各地，二十五岁时，为实现自己的政治抱负，"仗剑出国，辞亲远游"，行侠仗义，广交天下名士。但在开元年间第一次到长安求仕，还是失意而归，其间，他以安陆为中心。到过江、湘、洞庭、洛阳、太原以及山东的兖州等地，足迹踏遍了大半个中国。此时的李白，已是"剑非万

---

[1] 陈晋主编：《毛泽东读书笔记解析》下册，广东人民出版社 1996 年版，第 1271–1272 页。

人敌，文窃四海声"，这是所谓的"酒隐安陆，蹉跎十年"的时期。天宝元年（公元742年），由于道士吴筠的推荐，玄宗召他去长安，这使李白对未来充满了幻想，但三年的供奉翰林生活使他看清了朝廷的腐败。他醉酒狂放，由此而遭受谗言，被玄宗疏远，最后不得不要求还山。自天宝三年赐金放还至天宝十四年（公元755年）"安史之乱"发生止，是李白的"十年漫游"时期，以梁园为中心，遍游扬州、姑苏、绛州、宣城、华州、蓟门等地，饱览了祖国名山大川的奇丽景色。其间他与杜甫相逢，并在洛阳和兖州携手遨游数月，留下了中国诗歌史上的佳话。"安史之乱"爆发后，被迫隐居庐山避难。时肃宗的兄弟永王李璘起兵，邀他出山，他也怀着热情参加了李璘的军队。但后来肃宗以谋反罪消灭了李璘，李白被投入死牢。经人力保，减刑流放夜郎，在流放途中遇赦回到当涂，曾想参加李光弼讨伐安史叛军的军队，终因有病半途而返，不久，病死当涂。

在李白那里，无论是自然、怀古，还是酒、仙、梦等题材，都超越了一般的意义，而在这些题材中展现出李白的人格和时代的风貌，充满理想的浪漫激情、笑傲王侯的傲岸不驯、珍爱生命的纵情欢乐，以及蔑视世俗、恣意反抗、指斥人生、饮酒赋诗等。请看，李白的自我表现意识是多么的强烈啊，也许，只有在那为诗而存在的剑阁中才能感受到他心灵的律动：

噫吁嚱！危乎高哉！蜀道之难，难于上青天！蚕丛及鱼凫，开国何茫然！尔来四万八千岁，不与秦塞通人烟。西当太白有鸟道，可以横绝峨眉巅。地崩山摧壮士死，然后天梯石栈相钩连。上有六龙回日之高标，下有冲波逆折之回川。黄鹤之飞尚不得过，猿猱欲度愁攀援。青泥何盘盘，百步九折萦岩峦。扪参历井仰胁息，以手抚膺坐长叹。问君西游何时还？畏途巉岩不可攀。但见悲鸟号古木，雄飞雌从绕林间。又闻子规啼夜月，愁空山。蜀道之难，难于上青天，使人听此凋朱颜！连峰去天不盈尺，枯松倒挂倚绝壁。飞湍瀑流争喧豗，砯崖转石万壑雷。其险也如此，嗟尔远道之人胡为乎来哉！剑阁峥嵘而崔嵬，一夫当关，万夫莫开。所守或匪亲，化为狼与豺。朝避猛虎，夕避长蛇；磨牙吮血，杀人如麻。锦城虽云乐，不如早还家。蜀道之难，难于上青天，侧身西望长咨嗟！

——《蜀道难》

　　这里面不只有对自然的崇拜、对祖国的热爱、对现实的批判与希冀，更重要的是一种挣脱了一切栅栏和束缚的浪漫，是一种纯粹的心灵的解放。也许，你没有感受到它表达了什么具体的社会内容，但它直接诉诸自我、诉诸心灵、诉诸人的心理结构的最深层次，使人吟罢无所感而又无所不感，无端地充满了生命的力量。它那出人意料而又自然至极的夸张与想象，那转折跳荡、腾挪无方的心情意绪，那回旋往复、荡气回肠的旋律，似乎已经远远地超出了诗的规矩之外，直似肆行无忌的自由的生命。

　　李白"一生好入名山游"，祖国的名山大川、细草微木，只因遭遇了李白，凭空增添了许多灵性。在李白的山水诗中，我们有时可以感受到那种返璞归真的欣喜、逍遥与自适。"庐山东南五老峰，青天削出金芙蓉。九江秀色可揽结，吾将此地巢云松。"（《登庐山五老峰》）以天地为庐，以山水为家，人言秀色可餐，在李白那里成了秀色可"巢"，那份见秀丽山水而喜从心起的感觉已溢出纸外。"羌笛梅花引，吴溪陇水情。寒山秋浦月，肠断玉关声。"（《清溪半夜闻笛》）悠悠的羌笛吹出梅花三弄的撼人乐音，淙淙的溪水流出了吴溪陇水的无限深情，正所谓情到深处，其景自生。进而，李白融入了自然山水："久卧青山云，遂为青山客。山深云更好，赏弄终日夕。月衔楼间峰，泉漱阶下石。素心自此得，真趣非外惜。……"（《日夕山中忽然有怀》）"懒摇白羽扇，裸袒青林中。脱巾挂石壁，露顶洒松风。"（《夏日山中》）正所谓千古文人山水梦，人与自然山水的融合已成为人追求的最高精神境界。当然，这种逍遥与自适并不一定为世人所理解："问余何意栖碧山，笑而不答心自闲。桃花流水窅然去，别有天地非人间。"（《山中问答》）

　　但李白超然不群的气度已超越了世俗心理，自己仿佛是一位凌空而起的仙人，飘然远引，将雍容和缓的仙佛之气留在了人间，令人仰望。有时，这种逍遥自适又是通过在山水中怀古念远表现出来的：

　　群峭碧摩天，逍遥不记年。拨云寻古道，倚石听流泉。
　　花暖青牛卧，松高白鹤眠。语来江色暮，独自下寒烟。

——《寻雍尊师隐居》

在山水中怀古，又在思古的幽情中审视山水，景与情已浑然交融，营造出了一种古朴深邃的审美意境，令人沉迷其间而难以自拔。

夕阳明月与青山绿水也是李白思考现实，追寻人生的契机。"屈平辞赋悬日月，楚王台榭空山丘。兴酣落笔摇五岳，诗成笑傲凌沧洲。功名富贵若长在，汉水亦应西北流。"（《江上吟》）江边行吟，思接古今，李白终于明白了功名富贵的虚妄与精神追求的永恒。"床前明月光，疑是地上霜。举头望明月，低头思故乡。"（《静夜思》）月下思乡本身就是一种美丽的痛苦，是我们民族的一种思维定式和审美原型，望月怀乡，见月起情，亲情与人情，时间与空间，灵魂与肉体完全交融于一体。在李白那里，"问月"也似乎成了一个永恒的主题：

青天有月来几时，我今停杯一问之。人攀明月不可得，月行却与人相随。
皎如飞镜临丹阙，绿烟灭尽清辉发。但见宵从海上来，宁知晓向云间没。
白兔捣药秋复春，嫦娥孤栖与谁邻。今人不见古时月，今月曾经照古人。
古人今人若流水，共看明月皆如此。唯愿当歌对酒时，月光长照金樽里。

——《把酒问月》

在如水的月光下和自然山水中思接古今，感悟生命，体察实相，获得了精神的升华与自由。有时，李白又为自然所感发，希望遗世而去：

雨后烟景绿，晴天散馀霞。东风随春归，发我枝上花。
花落时欲暮，见此令人嗟。愿游名山去，学道飞丹砂。

——《落日忆山中》

见美景不能长存而悟人生不永，正是从反面表现了对美景与人生的热爱和执着。李白对祖国的山川自然、春花秋月、朝阳和落日是如此的热爱，以致他只能用学道、成仙的方式来表示，仿佛只有仙佛才能与这样的山水相映，否则，就无以表现自己的激情。

李白的诗歌具有浓厚的怀古情结。怀古情结不同于一般的怀古意识，它是文化心理的历史积淀，是李白在现实中难遂其愿的必然反映，也是李白文化理想的必然载体。怀古情结使李白的诗歌充满了崇高感，使其视野开阔，境界宏大，使李白作为浪漫诗人具备了心理优势，因而能够以一种高屋建瓴的气势来俯瞰现实和人生，同时使其浪漫主义的诗风增加了深沉的历史感、文化感和理想感。或许这正是李白浪漫主义的独特之处。

李白往往借对古人的赞扬来彰显自己的人格理想：他的挥洒不羁的天性使他自然地倾向纵横家式的人物，如鲁仲连、郦食其等；盛唐曾提供了一些寒士平步青云的范例，再加上他不屑科举的个性，所以勾起了他对君臣相知的幻想，姜子牙、管仲、诸葛亮等人的际遇使他艳羡不已；而他对道家的钟情又使他将功成身退的范蠡、张良和襟怀高洁、性情淡泊的隐士商山四皓、陶渊明等人引为同调。李白自诩有经天纬地之才，因此不屑"干谒"，而是以"古风"自期：

长啸《梁甫吟》，何时见阳春？君不见，朝歌屠叟辞棘津，八十西来钓渭滨。宁羞白发照清水，逢时壮气思经纶。广张三千六百钓，风期暗与文王亲。大贤虎变愚不测，当年颇似寻常人。君不见，高阳酒徒起草中，长揖山东隆准公。入门不拜骋雄辩，两女辍洗来趋风。东下齐城七十二，指挥楚汉如旋蓬。狂客落魄尚如此，何况壮士当群雄！

——《梁甫吟》

典型的"风云感会起屠钓"的理想。姜子牙垂钓渭滨的高逸姿态以及出将入相，终为帝王师的经历是李白理想的人生模式。那是多么诱人，多么令人向往啊！与李白所处的时代相比，人的尊严、自由和性情得到了怎样的尊重和发展啊！然而，现实是怎样的呢？"吟诗作赋北窗里，万言不直一杯水。世人闻此皆掉头，有如东风射马耳。鱼目亦笑我，谓与明月同。骅骝拳跼不能食，蹇驴得志鸣春风。折杨黄华合流俗，晋君听琴枉清角。巴人谁肯和阳春，楚地犹来贱奇璞。黄金散尽交不成，白首为儒身被轻。一谈一笑失颜色，苍蝇贝锦喧谤声。曾参岂是杀人者？谗言三及慈母惊。""孔圣犹闻伤凤麟，董龙更是何鸡狗？一生傲岸苦不谐，恩疏媒劳志多乖。"（《答王十二寒夜独酌有怀》）"子胥既弃吴江上，屈原终投湘水滨。陆机雄才岂自保，李斯税驾苦不早。华亭鹤唳讵可闻，上蔡苍鹰何足道。君不见吴中张翰称达生，秋风忽忆江东行。且乐生前一杯酒，何须身后千载名。"（《行路难》）李白正是在对历史的观照中来重新发现现实，所以，李白的怀古是他对于现实的浪漫，他的怀古情结甚至是他的浪漫主义的内在基础。李白不是生活在历史中，但却是生活在借历史酿造的理想情感中。文化理想向现实的积淀是历史发展的必然方式，因此，李白的怀古情结也就具有了不泯的意义。

酒对于李白的意义已如前述，由酒激发出来的激情，也为李白的浪漫主义添上了丰满的羽翼。当这种追寻施诸现实时，就显得更为深沉、奔放和精警动人：

君不见，黄河之水天上来，奔流到海不复回！君不见，高堂明镜悲白发，朝如青丝暮成雪！人生得意须尽欢，莫使金樽空对月。天生我材必有用，千金散尽还复来。烹羊宰牛且为乐，会须一饮三百杯。岑夫子，丹丘生，将进酒，杯莫停。与君歌一曲，请君为我倾耳听。钟鼓馔玉不足贵，但愿长醉不愿醒。古来圣贤皆寂寞，惟有饮者留其名。陈王昔时宴平乐，斗酒十千恣欢谑。主人何为言少钱？径须沽取对君酌。五花马，千金裘，呼儿将出换美酒，与尔同销万古愁。

——《将进酒》

李白尽情挥洒着天赋本真，醉酒使他撕破了灵魂的栅栏，破除了心灵的桎梏，酒将他引向了审美之维，使他能够面对本真的心灵和悲剧的真相：圣贤自古就是寂寞的，理想是永远无法完全实现的，这万古之愁是酒也化不开的。但是，李白的悲剧感不是消极的，他不仅在追问中体验到了超越的快乐，更通过对历史与现实的追寻和对不合理的因素的否弃而使自己的思想趋于澄明，使自己的人格和境界得以提高。因此，酒不仅使他的生命得以张扬，使他的人生趋于审美化，酒自身的文化内涵也发挥到了极致，酒也获得了真正的生命形式。这里，解脱了功业、生命和价值的桎梏，只有一股冲决一切、喷薄而出的激情。将人的自然情感发挥得酣畅淋漓，也使李白的诗歌登上了不可企及的浪漫主义的峰巅。

仙与梦的主题使李白的浪漫主义充满了奇情异彩，也构成了他的诗歌的鲜明的特征。读这一类的诗，使我们深切感到，梦境与仙境是他对人境的热爱与批判的自然生发：

海客谈瀛洲，烟涛微茫信难求。越人语天姥，云霞明灭或可睹。天姥连天向天横，势拔五岳掩赤城。天台四万八千丈，对此欲倒东南倾。我欲因之梦吴越，一夜飞度镜湖月。湖月照我影，送我至剡溪。谢公宿处今尚在，渌水荡漾清猿啼。脚著谢公屐，身登青云梯。半壁见海日，空中闻天鸡。千岩万转路不定，迷花倚石忽已暝。熊咆龙吟殷岩泉，栗深林兮惊层巅。云青青兮欲雨，水澹澹兮生烟。列缺霹雳，丘峦崩摧。洞天石扉，訇然中开。青冥浩荡不见底，日月照耀金银台。霓为衣兮风为马，云之君兮纷纷而来下。虎鼓瑟兮鸾回车，仙之人兮列如麻。忽魂悸以魄动，恍惊起而长嗟。惟觉时之枕席，失向来之烟霞。世间行乐亦如此，古来万事东流水。别君去兮何时还？且放白鹿青崖间，须行即骑访名山。安能摧眉折腰事权贵，使我不得开心颜。

——《梦游天姥吟留别》

这里蕴含着一个由梦入仙的心灵历程。境界越转越奇，愈幻愈真，最后作者幻境与实境冥然合一，不愿意再过实境之中的屈辱生活，终于发出了"安能摧眉折腰事权贵，使我不得开心颜"的宣言。李白借梦境和仙境来表示对污浊现实的鄙视和否弃，表现自己对理想世界的向往和追求，也使自己的个性得到了充分的张扬。

安史之乱使李白的诗歌创作发生了重要的变化。他正视血腥的现实，写出一些关注现实，反映安史乱军残暴罪行的诗篇。如《古风》第十九首：

西上莲花山，迢迢见明星。素手把芙蓉，虚步蹑太清。
霓裳曳广带，飘拂升天行。邀我登云台，高揖卫叔卿。
恍恍与之去，驾鸿凌紫冥。俯视洛阳川，茫茫走胡兵。
流血涂野草，豺狼尽冠缨。

仙境与现实处于胶着状态，充分地表现了李白对现实的深切关注以及由此产生的极度的痛苦，这不是李白追求个体自由和执着入世的态度的矛盾，而是以情感观照现实的必然结果，正是这种结果使他成为富有沉重现实意义的"诗仙"。这类的诗还有很多，如《经乱后将避地剡中，留赠崔宣城》："中原走豺虎，烈火焚宗庙……苍生疑落叶，白骨空相吊。"其愤怒与哀痛之情无以言喻。另外像《上崔相百忧章》《南奔书怀》《狱中上崔相涣》《万愤词投魏郎中》等也都写得沉痛苍凉。五律长诗《经乱离后天恩流夜郎忆旧游书怀赠江夏韦太守良宰》历叙平生交游行踪，委婉而沉痛，《唐宋诗醇》评论说："通篇以交情、时势至为经纬，汪洋浩瀚，如百川之灌河，如长江之赴海，卓乎大篇，可与《北征》并峙。"应该说，该篇在篇幅、章法以及现实主义的风格上的确可以与杜甫的《北征》相埒。

盛唐是政治本体化社会的黄金时代，那个时代给予了李白太多的希望和幻想，使得李白以情感的方式来把握现实，以充沛的诗情来观照现实。所以，他的浪漫是一种对现实的深情，他的理想是对现实的一种执着。我们只有深入地把握这一点，才能真正走进李白的心灵，进入李白的诗的世界。

李白的诗歌之美已经不仅仅是一种单纯的艺术风格之美，更多的是他的生命自然之美。使自己的本真生命情感自然而然地外化为清真自然的诗美，正是李白诗歌的独有的审美特质。

对自然美的崇尚是我们民族重要的审美传统，李白更是崇尚"清真"的自然之美，他甚至喊出了"清水出芙蓉，天然去雕饰"（《赠江夏韦太守良宰》）的口号，并以自己的天才的艺术实践将中国古代诗歌的自然之美推进到了一个新的高度，甚至创造出了后世不可企及的自然之美的典范。

李白对自然美的追求是十分自觉的。隋及初唐的一些史学家和政治家曾对六朝以来浮靡文风进行过严厉的批评，但并没有创作实践与之抗衡，从初唐四杰到陈子昂乃至整个初唐诗坛，也未能完全扭转这种风气，直到以李白为代表的盛唐诗人登上诗坛后，便洗尽了六朝铅华，使自然之美成为一种普遍的审美理想和创作追求。李阳冰《草堂集序》说："卢黄门云：'陈拾遗横制颓波，天下质文，翕然一变。'至今朝诗体，尚有梁、陈宫掖之风，至公大变，扫地并尽。今古文集遏而不行，唯公文章，横被六合，可谓力敌造化欤！"

李白不仅是伟大的诗人，同时还有着十分明确的创作主张。李白在《古风》组诗中较为集中地阐述了他的诗歌美学思想，主要是要恢复"古道"，反对"绮丽"、雕琢与做作的不良风气，倡导"清真""天真"和"一挥成斧斤"的自然之美。李白倡导的"清真"的自然美也在一定程度上受到了道家思想的影响，以老庄主张"自然无为"，提倡"道法自然"，反对人为。《老子》说："信言不美，美言不信。"认为未经雕饰的朴素的语言，才具有真美。李白对自然美的追求具体体现在他的"清真"诗风上。在李白那里，"清真"不仅是一种自然清纯的诗风，更重要的是一种质朴率真的生命状态，这种生命状态祛除了一切"雕饰"，留下了未经损伤的"天然"，了无滞碍地"立象尽意"，便有了李白的诗歌。

所以，李白的"清真"的诗风首先表现为对本真生命状态的无比自由的表达：

弃我去者，昨日之日不可留，乱我心者，

今日之日多烦忧。长风万里送秋雁，对此可以酣高楼。

蓬莱文章建安骨，中间小谢又清发。俱怀逸兴壮思飞。

欲上青天揽明月。抽刀断水水更流，举杯消愁愁更愁。

人生在世不称意，明朝散发弄扁舟。

——《宣州谢朓楼饯别校书叔云》

"弃我去者，昨日之日不可留，乱我心者，今日之日多烦忧。"这是一种怎样的情怀啊！逝者如斯，人生多悲，这永恒的悲剧意识，到了李白的笔下，再无遮蔽，脱口而出，真如"山从人面起，云傍马头生"（《送友人入蜀》），是那样的突兀，又是那样的自然，是那样的直率，又是那样的深沉。羲和不驻、青春不永的大悲与理想无觅、壮志难酬的烦忧熔铸在一起，使其悲、忧的情怀弥漫开来，塞满天地。然而，"目送归鸿，手挥五弦"的超迈与对楼酣歌的狂兀又使他的悲剧情怀流泻而出，使他壮思腾飞，青天揽月，抽刀断水，举杯消愁，在一声呐喊中，归隐扁舟。全诗写出了由悲而隐的心灵历程，以翻江倒海的伟力，在跌宕起伏中将其心灵世界巨细无遗地抖落于脚下。

在很多情况下，李白诗中的各句似乎并不相关，但通篇有着内在的艺术逻辑，难以句摘，是一个完整的艺术有机体。这不仅仅是各种浪漫主义艺术手法的巧妙组合，也不仅仅是所谓的意境的浑融，而是人的整体的生命自然的外化。如《庐山谣寄卢侍御虚舟》：

> 我本楚狂人，凤歌笑孔丘。手持绿玉杖，朝别黄鹤楼。
> 五岳寻仙不辞远，一生好入名山游。庐山秀出南斗傍，
> 屏风九叠云锦张。影落明湖青黛光，金阙前开二峰长。
> 银河倒挂三石梁，香炉瀑布遥相望。回崖沓嶂凌苍苍，
> 翠影红霞映朝日，鸟飞不到吴天长。登高壮观天地间。
> 大江茫茫去不还。黄云万里动风色，白波九道流雪山。
> 好为庐山谣，兴因庐山发。闲窥石镜清我心，
> 谢公行处苍苔没。早服还丹无世情，琴心三叠道初成。
> 遥见仙人彩云里，手把芙蓉朝玉京。先期汗漫九垓上，
> 愿接卢教游太清。

在此，李白式的想象与夸张已不是一种所谓的"艺术手法"，而是他的真诚的生命体验，是其心态的具象，是生命的形式。所以，李白诗歌的意象往往是一个浑融的整体，很难句摘。李白诗歌的这种整体上的奇情异彩是他超越性的人格的体现，也是他的浪漫主义的重要特色。

在中国古代诗歌中，有一种夸张是只属于李白的。李白式的夸张已经不是所谓的艺术方法，而是本真自我的自然的外化。你看，当他快乐时，就高喊："百年三万六千日，一日须倾三百杯"（《襄阳歌》），当他心有阴霾时，就说："一风三日吹倒山"（《横江词》），当他发泄怨恨时，就说："黄河捧土尚可塞，北风雨雪恨难裁"（《北风行》），当

他要排除郁结时，就说："剗却君山好，平铺湘水流"（《陪侍郎叔游洞庭醉后》）。还应该看到的是，李白式的夸张并不局限在某一个单纯的意象，往往是整体的夸张，例如，当他要抒发思念之情时，就让自己的心随风飘荡，随月寄寓："我寄愁心与明月，随风直到夜郎西"（《闻王昌龄左迁龙标遥有此寄》），"狂风吹我心，西挂咸阳树"（《金乡送韦八之西京》），要表现自己的悠然的心境，就说："问余何意栖碧山，笑而不答心自闲。桃花流水窅然去，别有天地非人间"（《山中问答》），要表现自己的随意与洒脱，就说："两人对酌山花开，一杯一杯复一杯。我醉欲眠卿且去，明朝有意抱琴来"（《山中与幽人对酌》）。这之所以成为李白式的夸张，是因为只有用这种纯朴自然而又无所羁縻的方式才能够充分表现李白的内心世界，当然，也只有李白才能把这种夸张发挥得淋漓尽致。

李白对自然美的追求使他更注重"逸兴"，如"俱怀逸兴壮思飞"（《宣州谢朓楼饯别校书叔云》），"三山动逸兴，五马同遨游"（《与从侄杭州刺史良游天竺寺》）、"作诗调我惊逸兴，白云绕笔窗前飞"（《醉后答丁十八以诗讥余捶碎黄鹤楼》）、"茫然起逸兴，但恐行来迟"（《寻鲁城北范居士失道落苍耳中见范置酒摘苍耳作》）、"狂客归舟逸兴多"（《送贺宾客归越》）、"逸兴横素襟，无时不招寻"（《经乱离后天恩流夜郎忆旧游书怀赠江夏韦太守良宰》）等。所谓"逸兴"，就是自然逸出的与意识形态无关的情绪、灵感和创作冲动，这也构成了李白"清真"的诗风内在的底蕴。

李白"清真"的诗风还表现为他的清丽自然的语言风格，它兼具清新和质朴两方面的含义。如《襄阳歌》：

落日欲没岘山西，倒著接蓠花下迷。襄阳小儿齐拍手，
拦街争唱白铜鞮。傍人借问笑何事，笑杀山翁醉似泥。
鸬鹚杓，鹦鹉杯。百年三万六千日，一日须倾三百杯。
遥看汉水鸭头绿，恰似葡萄初酦醅。此江若变作春酒，
垒麹便筑糟丘台。千金骏马换小妾，笑坐雕鞍歌落梅。
车傍侧挂一壶酒，凤笙龙管行相催。咸阳市中叹黄犬，
何如月下倾金罍。君不见晋朝羊公一片石，

龟头剥落生莓苔。泪亦不能为之堕，心亦不能为之哀。

清风朗月不用一钱买，玉山自倒非人推。

舒州杓，力士铛，李白与尔同死生。襄王云雨今安在，

江水东流猿夜声。

纯朴自然如乐府民歌，但其清新畅达和恣肆不羁又显然是文人所为，二者的融合正可以从某个方面来说明李白的"清真"诗风。

既无典故，也没有华丽的辞藻，只用朴素的语言来表达朴素的情感，但在平淡自然中，又让人抽绎出无限深长的意味。

在语言上，他受到了乐府民歌的深刻影响，把古朴森茂的汉魏乐府与清新明朗的六朝乐府熔为一炉，创造了新的诗歌语言。这种诗歌语言不只表现于语言本身，还表现在诗歌形式的突破上。在李白那里，一切所谓的"诗律"似乎都不复存在，或者是为他的情感而存在。李白是自由的，诗歌的格律和语言也因李白的自由而获得了自由。

李白的浪漫主义所展现出的是一种生命的本真之美。这是那个盛世之巅所提供的最高的审美理想，也是后世所不可复现的审美理想。它充溢着从本真的生命深处发出的自由的激情和青春的感性，它在本质上是一种对现实的浪漫。这种浪漫，使我们想到了文学发轫时代的《诗经》和《楚辞》，但《诗经》和《楚辞》是浑金璞玉，心灵之歌往往得不到充分的展现，而李白的浪漫主义则剥去了心灵的"雕饰"，只留下了"天然"，他要以一颗高度敏感的诗心去重新体验《诗经》《楚辞》时代的自然、纯朴、浪漫的生活，这就给我们留下了不尽的向往。这也许就是毛泽东为什么喜欢李白的诗的真正原因。

5

王勃 "这个人高才博学，为文光昌流丽"，
"很可以读"

> "以一个二十八岁的人，写了十六卷诗文作品，与王弼的哲学（主观唯心主义），贾谊的历史学和政治学，可以媲美。"

　　王勃（公元 650—676 年），字子安，绛州龙门（今山西省河津县）人。出身学术世家，祖父王通是隋代大儒，王通的兄弟王凝、王度、王绩都知名当时，王勃的父亲曾任太常博士。王勃早慧，九岁就能撰述，十五岁上书指陈时政得失，被叹为"神童"。乾封元年（公元 666 年），以幽素科对策及第，后因为沛王写《檄英王鸡》被英王（即高宗）下令逐出沛王府。王勃于总章二年（公元 669 年）五月辞别长安，前往巴蜀游览，文名渐大，官府屡次征辟，但因山水的陶冶，王勃已无意仕进，皆予谢绝。上元二年（公元 675 年），王勃前往交趾奉养父亲，路过洪都（今江西南昌），写下了著名的《秋日登洪府滕王阁饯别序》。同年渡海往交趾时溺水而卒，时年二十七岁。

　　《新唐书·王勃传》写道："勃属文初不精思，先磨墨数升，则酣饮，引被覆面卧。及寤，援笔成篇，不易一字。时人谓勃为腹稿"。毛泽东读这篇传记时，在这段记载下用红铅笔画着重线。在一本《初唐四杰集》里，毛泽东在王勃的《秋日楚州郝司户宅饯崔使君序》一文的标题前画着大圈，并写下一条长达一千多字的批注。这条批注有考证、有评价、有议论。从内容看，大约写于 1958 年之后，1960 年之前。

　　毛泽东的这则批注，先是考证了《秋日楚州郝司户宅饯崔使君序》的写作时间，毛

泽东认为王勃此文"是去交趾（安南）路上作的，地在淮南，或是寿州，或是江都。时在上元二年，勃年应有二十三四了。"①作《滕王阁序》时，王勃"应是二十四、五、六"，而不是像有些人说的是"十三岁，或十四岁"。批注写道："王子安集百分之九十的诗文，都是在北方——绛州、长安、四川之梓州一带，河南之虢州。在南方作的只有少数几首，淮南、南昌、广州兰地而已。广州较多，亦只数首。交趾一首也无，可见他并未到达交趾（安南）就翻船死在海里了。"批注从王勃的经历说起："他作过英王（应是沛王——引者）李贤的幕僚，官'修撰'，被高宗李治勒令驱逐，因为他为英王的斗鸡写了一篇檄某王斗鸡的文章。在虢州，因犯法，被判死，遇赦得免。"批注中，毛泽东还分析他的作品："这个人高才博学，为文光昌流丽，反映当时封建盛时的社会动态，很可以读。这个人一生倒霉，到处受惩，在虢州几乎死掉一条命。所以他的为文，光昌流丽之外，还有牢骚满腹一方。……为文尚骈，但是唐初王勃等人独创的新骈、活骈，同六朝的旧骈、死骈，相差十万八千里。他是七世纪的人物，千余年来，多数文人都是拥护初唐四杰的，反对的只有少数。"批注中赞扬道："以一个二十八岁的人，写了十六卷诗文作品，与王弼的哲学（主观唯心主义），贾谊的历史学和政治学，可以媲美。都是少年英发，贾谊死时三十几，王弼死时二十四。还有李贺死时二十七，夏完淳死时十七，都是英俊天才，惜乎死得太早了。"由王勃年轻有为引发，毛泽东在批注中满怀激情地一再阐述自己的观点："青年人比老年人强，贫人、贱人、被人们看不起的人，地位低的人，大部分发明创造，占百分之七十以上，都是他们干的。百分之三十的中老年而有干劲的，也有发明创造。这种三七开的比例，为什么如此，值得大家深深地想一想。结论就是因为他们贫贱低微，生力旺盛，迷信较少，顾虑少，天不怕、地不怕，敢想敢说敢干。如果党再对他们加以鼓励，不怕失败，不泼冷水，承认世界主要是他们的，那就会有很多的发明创造。"②

毛泽东圈划批注过王勃的许多诗作。在一本《注释唐诗三百首》中，在王勃的《送杜少府之任蜀州》的"海内存知己，天涯若比邻"句下，毛泽东连着划了三个圈，

---

① 《毛泽东读文史古籍批语集》，中央文献出版社1993年版，第7页。
② 孙东升、马京波：《毛泽东的读书之道》，人民出版社2014年版，第160-161页。

在天头上批道："好"。《秋日登滕王阁饯别序》（即《滕王阁序》）是王勃用骈体文写成的诗序，全文注重对仗，讲究声律，语言精炼，有很高的艺术技巧。文章的内容既细腻地描绘了湖光山色，又委婉地表露了自己怀才不遇的苦闷。毛泽东在"老当益壮，宁移白首之心；穷且益坚，不坠青云之志"等警句后面划着圈。尤其对"落霞与孤鹜齐飞，秋水共长天一色"这一优美的句子，表示了由衷的喜爱。60年代初，他在和次子毛岸青夫妇的一次谈话中，一边背诵这篇诗序中的佳句，一边评论，谈兴正浓时，坐到桌前，悬肘挥毫，为他们书写下这一具有诗情画意的千古名句，留下了珍贵的墨迹。①

王勃现存诗九十多首，其中多是五、七言小诗。王勃的诗多写自然风光，表达对自然的热爱之情和对自由不羁的生活的向往，有时表达伤感惆怅的情绪，往往随感而发，清纯自然。在音律上虽时有不和谐之处，但已接近后来的绝句。如：

客心千里倦，春事一朝归。还伤北园里，重见落花飞。

——《羁春》

山中兰叶径，城外李桃园。岂知人事静，不觉鸟声喧。

——《春庄》

山泉两处晚，花柳一园春。还持千日醉，共作百年人。

——《春园》

丘壑经涂赏，花柳遇时春。相逢今不醉，物色自轻人。

——《林泉独饮》

物外山川近，晴初景霭新。芳郊花柳遍，何处不宜春。

——《登城春望》

九日重阳节，开门有菊花。不知来送酒，若个是陶家。

——《九日》

---

① 孙东升、马京波：《毛泽东的读书之道》，人民出版社2014年版，第161-162页。

抱琴开野室，携酒对情人。林塘花月下，别似一家春。

——《山扉夜坐》

《山中》和《送杜少府之任蜀州》二诗历来为人们称道，是王勃的代表作：

长江悲已滞，万里念将归。况属高风晚，山山黄叶飞。

——《山中》

城阙辅三秦，风烟望五津。与君离别意，同是宦游人。
海内存知己，天涯若比邻。无为在歧路，儿女共沾巾。

——《送杜少府之任蜀州》

《山中》一诗写游子思归的传统题材。长江停滞不流，是为游子不能归乡而悲伤；秋深风高，人如黄叶飘零，但叶落归根，而游子不得归乡。在这迟暮之时，思乡与滞留形成了巨大的张力，物候与心境形成了巨大的反差，将思乡之情渲染得悲彻天地。《送杜少府之任蜀州》全诗意境雄浑开阔，意气轩昂，一股昂扬之气溢出纸外。胡应麟评论此诗说："终篇不著景物，而兴象宛然，气骨苍然。"（《诗薮·内编》）这两首诗应该说初具盛唐气象。

当然，王勃的一些诗歌也没有完全摆脱六朝诗文的影响，如著名的《秋日登洪府滕王阁饯别序》就是用骈文的形式写的，序后的诗也有着六朝诗歌的影响："滕王高阁临江渚，佩玉鸣鸾罢歌舞。画栋朝飞南浦云，珠帘暮卷西山雨。闲云潭影日悠悠，物换星移几度秋。阁中帝子今何在，槛外长江空自流。"如《临高台》《秋夜长》《采莲曲》等诗形式活泼，情感清新，对后世有一定的影响。如《临高台》：

临高台，高台迢递绝浮埃，瑶轩绮构何崔嵬，鸾歌凤吹清且哀。俯瞰长安道，萋萋御沟草，斜对甘泉路，苍苍茂陵树。高台四望同，帝乡佳气郁葱葱。紫阁丹楼纷照曜，璧房锦殿相玲珑。东弥长乐观，西指未央宫。赤城映朝日，绿树摇春风。旗亭百隧开新市，甲第千甍分戚里。朱轮翠盖不胜春，叠榭层楹相对起。复有青楼大道中，绣户文窗雕绮栊。锦衾夜不襞，罗帷昼未空。歌屏朝掩翠，妆镜晚窥红。为吾安宝髻，蛾眉罢花丛。尘间狭路黯将暮，云间月色明如素。鸳鸯池上两两飞，凤凰楼下双双度。物色正如此，佳期那不顾。银鞍绣毂盛繁华，可怜今夜宿娼家。娼家少妇不须矉，东园桃李片时春。君看旧日高台处，柏梁铜雀生黄尘。

在内容上，以铺张的方式渲染了权贵豪门宏丽的宅第、熏天的权势和穷奢极欲的生活方式，并寓讽刺于其中；在形式上，以三、五、七言交错使用，活泼流畅，深得乐府诗的神髓。

关于王勃的诗在历史上的地位，胡应麟在《诗数·内编》中说："王勃兴象宛然，气骨苍然，实首启盛、中妙境，五言绝亦抒写悲凉，洗尽流调，究其才力，自是唐人开山祖。"当然，唐诗的发展是一个历史的过程，不能归功于某一个人，但王勃对唐诗的影响还是不能忽视的。

毛泽东对王勃作为年轻人的成就，作为诗人的造诣，给予热情的赞扬和肯定；对王勃坎坷的一生，给予充分的同情。王勃的诗文、命运、气节和成就是毛泽东喜欢他的根本原因。

6

魏徵“懂得片面性不对”

> "唐朝人魏徵说过：'兼听则明，偏信则暗。'也懂得片面性不对。可是我们的同志看问题，往往带片面性，这样的人就往往碰钉子。"

魏徵是中国历史上的名臣，以敢于诤谏著名。魏徵年老病重，太宗送医送药，使者相望于道路，来往不绝，并和太子一起去他家探望，把衡山公主许配给他的儿子魏叔玉。魏徵去世后，太宗命朝中九品以上的官员都去吊唁，并为之亲自撰写碑文，刻于石上。太宗对他思念不已，他跟左右的大臣说了如下的名言："人以铜为镜，可以正衣冠，以古为镜，可以见兴替，以人为镜，可以知得失；魏徵没，朕亡一镜矣！"这恐怕是历代大臣中所享受的最大哀荣了！

毛泽东对魏徵也有所评论，他说："唐朝人魏徵说过：'兼听则明，偏信则暗。'也懂得片面性不对。可是我们的同志看问题，往往带片面性，这样的人就往往碰钉子。"①

"兼听则明，偏信则暗"，的确是一句至理名言，这不仅是实践经验的总结，也符合唯物辩证法。毛泽东历来注重实事求是，讲究客观全面地认识实际情况，因此，毛泽东重视魏徵的这句话，是与他的性格和工作作风紧密相连的。

魏徵不仅认为"兼听则明，偏信则暗"，更重要的是他要让皇帝"兼听"，所以，他抗颜直谏，并因此而成为中国历史上的名臣。

---

① 《毛泽东选集》第 1 卷，人民出版社 1991 年版，第 313 页。

魏徵，生于北周时代的静帝大象二年（公元 580 年）。其时，天下大乱，他出身于书香世家，父亲也是一位博学多才的人，曾经出仕隋朝，做过地方官，但很早去世了，所以，魏徵年轻时候的家庭生活十分清贫，但魏徵胸怀大志，总想干出一番事业来，于是，他就刻苦读书，勤奋学习，在学问和政治才干上打下了良好的基础。

魏徵三十八岁时参加了李密的起义军，但魏徵的地位很低，他没有任何发言权。当时，李密的瓦岗军声势浩大，占领了隋朝最主要的粮仓河南的洛口仓、回洛仓和黎阳仓，开仓救济饥民，使起义军发展到了全盛阶段。然而，隋朝大将王世充据守洛阳，与起义军展开了生死搏斗。魏徵清醒地看到了起义军中的许多不足，曾经主动进谏说："起义军虽有重大胜利，但伤亡也很大，军中费用紧张，储备有限，且赏罚不均，不宜于同隋军硬拼硬打。目前之计，在于深沟高垒，以待敌军粮尽，等敌军撤兵，再行追击，可获大胜。"李密决定速战，大军列营而不设垒，被王世充火攻加奇袭，惨遭失败。经此一役，瓦岗军彻底覆灭。

李密被迫率残部投降了李渊，李密开始尚受重用，后来渐被冷落。李密心有不甘，又到洛阳一带招抚旧部，重新起兵，反对李渊。不久，李密即兵败被杀。而魏徵认为李唐政权较有前途，就向李渊请求前去招抚李密的旧部，取得了很大的成功。后来，他在征得了李渊的同意之后，以国君之礼葬了李密，并为李密撰写了《唐故邢国公李密墓志铭》，把他比作垓下失败的项羽，意即虽然失败，也还是一位大英雄。魏徵如此评价李密，竟不怕李渊的追究，对李密，他也不以屡次拒纳正确建议为忤，而是实事求是地描述他的一生。他的这种态度和精神，得到了时人和后人的赞扬，并没有人指责他背叛李密，投降李渊。

后来，魏徵又受到起义军首领窦建德的器重和胁迫，在其军中历时一年半，随后，窦建德、王世充被李世民打败，魏徵就又与人一起再次投奔李渊。

魏徵原先招抚李密旧部有功，但被胁入农民军中一年半，再度归唐后就很难被重用。太子李建成听说魏徵既有才华又有才能，就把他找来，给了他一个管理图书经籍的小官，叫做洗马。在这一阶段，魏徵虽有文名，实际上并未发生多大的作用，只是给李建成提过一个建议，让他带兵去攻打不堪一击的刘黑闼，既可建立军功，又可暗结豪杰，太子听信了他的建议，结果取得了圆满的成功。

李唐政权把握了天下大势之后，李世民发动"玄武门之变"，杀死了哥哥太子李建成、弟弟齐王李元吉，自己当了太子。李世民也知道魏徵既是李建成的心腹，又非等闲人物，就立刻召见了他。责问他说："你为什么挑拨我们兄弟间的关系呢？"魏徵没有巧言机辩，而是据理回答，他说："人各为其主。如果太子早听信了我的话，就不会有今天的下场，我忠于李建成，又有什么错呢？管仲不是还射中过齐桓公的带钩吗？"

李世民听他说得既坦率又有理，尤其他举出了管仲射小白的历史故事，自己不能显得没有气度，就赦免了他，并封他为主簿，至此魏徵结束了他不得其主的生涯。

李世民即位为皇帝不久，就提升魏徵为谏议大夫，这真是得其所哉！唐太宗善于听取别人的意见，成就了魏徵的名声，魏徵敢于犯颜直谏，促成了唐太宗善于纳谏的性格，魏徵的进谏和唐太宗的纳谏同样名垂青史，这在中国历史上是绝无仅有的。

谏议大夫的职责是专门向皇帝提意见，这是个很奇特的官，它既无足轻重，又重要无比；它既无尺寸之柄，但又权力很大，而这一切都取决于谏议大夫的意见皇帝听还是不听。唐太宗任命魏徵为谏议大夫，表现了唐太宗对他的才能的认可和对他本人的信任与尊重，后来又把他提升为尚书丞，就更能使他随侍左右，时时处处提醒规劝皇帝了。

在政治方面，魏徵坚决主张怀柔招抚，反对镇压。当时，太子李建成的部下遍布全国，在"玄武门之变"过后，一时人心惶惶，许多人准备造反。魏徵向李世民建议说："要不计私仇，对他们要以公处之，否则杀之不尽，有无穷之祸。"李世民听信了他的话，就派他为特使，给以便宜行事的权力，让他去太子势力较为集中的河北一带安抚人心。他到了河北，见到两辆去长安的囚车里面装着"玄武门之变"中逃走的李建成的部下。魏徵说："我离开长安以前，朝廷就已下令赦免了李建成和李元吉的部下，如今又把他们逮捕，岂不是自食其言、失信于人吗？如今，我来招抚还恐怕人家不愿相信我，怎么能把人押送长安呢？临行的时候，太宗让我便宜行事，把李治安和李思行放了，让他们跟我一起去招抚别人，一定会有很好的效果。"别人都很同意魏徵的意见，他们就放了那两个人，并给唐太宗写了报告。由于魏徵的正确做法，很快就安抚了河北一带，出色地完成了任务。唐太宗很赞赏魏徵的做法，也就越加器重他。

在治理国家的方略上，魏徵主张轻徭薄赋，休养生息。魏徵认为，隋朝灭亡的教训在于扰民太多，国家赋税极重，徭役繁多，以至民不聊生。"静之则安，动之则乱"。因此，在整个贞观年间，朝廷的赋税和徭役不算太重，这是贞观年间社会安定、经济发展的基本保障之一。

在治理国家的整体方略上，尤其是在大乱之后拨乱反正，魏徵主张宜快不宜慢，宜急不宜缓。唐太宗即位之时，天下初定，百废待举，一天，他问魏徵说："贤明的君主治理好国家也该需要百多年的功夫吧？"魏徵不同意他的想法，他认为："圣明的人治理国家，就像声音立刻就有回音一样，一年之内就可见到效果，三年见效就太晚了，怎么要等百年才能治好呢？"尚书仆射封德彝认为："自古以降，人心江河日下，日趋奸诈，秦用严刑，汉用霸道，都没把人心教化成功，魏徵想用这些满是书生气的话来治理国家，那必然败亡。"魏徵则针锋相对地说："大乱之后治理国家，就像饿极了的人要吃东西一样，来得更快。如果人心是如流水一般向下堕落，今天的人也都成了鬼怪，还谈什么治理国家呢？行帝道则帝，行王道则王，事在人为，而不是人民是否可以教化。"唐太宗基本听从了魏徵的意见，积极采取有效措施，只过了两三年，唐朝就出现了"贞观之治"的局面，这在中国历史上是极为少见的。

在执法方面，魏徵主张宽缓明确。他坚决反对像秦朝那样实行严刑峻法，把人民当作鱼肉来宰割，但同时又坚决主张明正典刑，反对徇私枉法。一次，唐太宗任命卢祖尚为交州刺史，卢祖尚开始答应了，但又反悔托病辞命，唐太宗当面劝他，他还是不肯去。唐太宗一怒之下，当时就把他杀了。事后，唐太宗觉得做得太过分了，认为没按法律办事，魏徵就借议论北齐皇帝高洋批评唐太宗说："高洋觉得自己理亏了还能向别人认错，这也是他的长处。"唐太宗竟借机表示后悔。濮州刺史庞相寿是唐太宗做秦王时的老部下，在任上因贪污被人告发，受到了追回赃物、解除职务的处分。庞相寿向唐太宗求情，唐太宗觉得于心不忍，就送给他一百匹绢，让他继续去做刺史，只是告诉他以后千万不可再贪污了。魏徵知道后，就对唐太宗说："您这是徇私枉法了。庞相寿犯了罪，您还给他优厚的赏赐，让他留任原官，您做秦王时的部下很多，如果他们都照庞相寿的例子犯罪，那您怎么办呢？"他还对唐太宗说："奖赏的时候，不要忘了疏远的人；惩罚的时候，不要给亲贵留情。要以公平为规矩，以仁义为准绳，才能让人心服。"在魏徵的坚持下，唐太宗不得不同意原来的处理方案。

魏徵还主张取信于民，不要朝令夕改，让人无所适从。唐朝原定政策是十八岁的男子才能参加征兵服役，有一次，为了多征兵戍边境，唐太宗要求十六岁以上的男子全部应征，魏徵不同意。按照当时的规定，皇帝的命令要等与会的大臣全部签字以后才能生效，魏徵认为这个法令与唐朝以前的法令相冲突，而且过于苛刻，便屡次拒签。唐太宗十分生气，当面责问他为什么阻挠皇帝的命令，魏徵回答说："涸泽而渔，焚林而猎，是杀鸡取卵的做法。兵不在多而在精，何必为了充数，把不够年龄的人也弄来当兵呢？况且这也是失信于民。"唐太宗问自己是否有失信于民的事，魏徵列举了一串例子，证明他办了不少出尔反尔、失信天下的事，把唐太宗弄得张口结舌。最后，唐太宗不得不同意了魏徵的意见。

唐太宗知道自己很容易受情绪的左右，他就提醒周围的大臣注意纠正他偏激的决定，并把批评朝政制度化。他建立了前朝所没有的新制度，即允许谏官、史官参加政事堂会议。这种制度不仅能够保证谏官、史官能够及时了解朝政的内幕，使得有所劝谏，还起到了一定的监察作用，使宰相及其他官员不敢谎报政绩。这种制度还规定，在会议之上，不管是皇帝还是大臣，如有过失和不当之处，谏官可当面指出，予以辩论。再者，史官也了解皇帝大臣的许多情况，根据第一手材料写出起居注，对他们也是一种监督。

魏徵就是在这种相对宽松自由的环境里做谏官的，他劝谏的内容从长治久安的军国大计，直到皇帝个人的起居生活，涉及许多方面，对唐太宗及唐朝贞观年间的政治，可以说产生了很大的影响。

在使用人才方面，魏徵主张在不同的时期要对德才有所取舍。他对唐太宗说："在天下未定之时，用人的标准是重视才能，不过多地考虑他的品德操行；天下平定以后，则非德才兼备不可用。"在魏徵的影响下，唐太宗"内举不避亲，外举不避仇"，有一次，他还主动地对魏徵说："选择任用官吏，是不能轻率马虎的。用一个君子，那么君子就会纷纷而来；用一个小人，那么小人也就会钻营投奔而来。"

尤其在个人享乐方面，魏徵紧紧跟踪唐太宗，经常犯颜直谏，不让他大兴土木。有一次，唐太宗想去南山打猎，车马都准备好了，最后还是没敢去。魏徵问他为什么没有出去。唐太宗说："我起初是想去打猎，可又怕你责备，就不敢出去了。"

贞观四年（公元630年），唐太宗决定修建洛阳宫，中牟县县丞皇甫德参上书劝阻，言辞激烈。唐太宗发怒，要治皇甫德参的罪，魏徵连忙拿汉朝的贾谊为皇甫德参辩护，证明自古上书言辞不激烈就不能打动君主的心，唐太宗这才作罢。后来，河南、陕西一带大雨，泛滥成灾，偏在这时，唐太宗又要修建洛阳的正山宫，魏徵听说了，赶忙上奏说："隋朝所以很快灭亡，其主要原因就是隋炀帝大修亭台楼阁，百姓不堪役使，才起义反对他。如今，现有的宫观楼台已经足够居住的了，如果想到隋朝的灭亡，甚至还应该拆掉宫殿。如果舍不得拆掉，起码不该再修大的宫殿了。如果不想到得天下的艰难，不断地扩大宫殿建筑，追求华丽和享乐，增加百姓的劳役，那就会像隋朝一样的灭亡。"唐太宗接受了魏徵的建议，停修宫殿，把材料运到了灾区，帮灾民建造了房屋。

贞观十二年（公元638年），公卿大臣都请求太宗登泰山封禅，只有魏徵认为现在举行封禅仪式不妥。太宗对魏徵说："我希望您把自己的想法都说出来。难道是我的功劳不高吗？是我的德行不淳厚吗？是国家还没有平定吗？是远方的异族人不仰慕大唐的高义吗？是吉祥尚未降临吗？是农业没有丰收吗？为什么我不能封泰山呢？"魏徵说："陛下的功劳虽然是极高的，可是百姓并未感受到陛下的恩惠；陛下的德行虽是淳厚的，但陛下的德政尚未传及全国各地；全国虽然安定，但并不能为兴办事业提供足够的资财；远方的部族仰慕陛下的高义，但朝廷却没有能力满足他们的要求；吉祥的征兆虽然出现，但法网仍然密集；虽然连续几年农业丰收，但粮仓仍然空虚，这是我认为目前不宜封禅的原因。我不能用遥远的东西打比方，姑且用人作比喻。现在有个人患了十年的重病，到将要治愈时，已经瘦得皮包着骨头，马上让他扛起一石米，每天走一百里路，他一定不可能做到。隋朝天下大乱已经不止十年，陛下平定了全国的混乱局面，虽然现在天下已经平定，但国库尚不充实，在如此情况之下，向天地报告事业已经成功，我暗自对如此做法持怀疑态度。况且陛下若东封泰山，各国的使者都要聚集到那里，周边各国人，无不奔走相告。现在西起泗水、洛水流域，东到泰山、东海、荒草滩、沼泽地，苍茫千里，人烟断绝，鸡犬之声不闻，道路萧条，行进艰难，岂可招来城外部族之人，把我国的虚弱状况展示他们？即使我们用尽财物赏赐他们，也不能满足远方之人的愿望；即使连续两年免除徭役，也不能抵偿百姓的劳苦。如果遇到水旱灾害，风雨之变，服役的民夫横加议论，即使后悔，也无法挽回损失。岂止是我一个人恳请陛下免去封禅之事？成千上万的百姓都乞望陛下恩准。"太宗听了魏徵的一番话，也深感国家虽然初步安定，但生产远未恢复，国库仍然空虚，如此严峻的形势，有何功德以告慰天地？遂将封禅泰山之事搁置了下来。

有一次，唐太宗由长安去洛阳的显仁宫，因为当地供应的东西不好，唐太宗觉得很气愤。魏徵觉得如此下去将不好收拾，便对唐太宗说："隋炀帝就是因为无限制地追求享乐而灭亡的。现在因为供应不好就发脾气，以后必然上行下效，拼命供奉陛下，以求陛下满意。供应是有限的，商人的奢侈欲是无限的，如此下去，隋朝的悲剧又该重演了。"魏徵的这一番话使唐太宗悚然心惊，以后很注意节俭。

对于唐太宗个人的品德修养，魏徵也很重视。

有一次，魏徵直言不讳地对唐太宗说："居人上者，其身正，不令而行；其身不正，虽令不从。"魏徵还引用荀子的话对唐太宗说，君主似舟，人民似水，水能载舟，亦能覆舟。这句话对唐太宗震动很大，他牢记在心，并用这句垂诫太子，让他永志不忘。有一次，唐太宗问魏徵怎样才能做一个"明君"，而不要成为一个"暗君"，魏徵就给他讲了隋朝虞世基的故事。隋朝的虞世基专门投隋炀帝之所好，专说顺话，不讲逆耳之言；专报喜，不报忧，结果隋朝灭亡。由此，魏徵得出了一个著名的结论："兼听则明，偏信则暗。"

最著名的是魏徵关于忠臣和良臣的辩论。有一次，唐太宗听信了其他人的谗言，批评魏徵包庇自己的亲戚，经魏徵辩论，唐太宗知道自己错了。魏徵趁机说道："我希望陛下让我做一个良臣，不要让我做一个忠臣。"唐太宗听后很吃惊，就问："难道良臣和忠臣有什么区别吗？"魏徵说："区别很大。良臣身享美名，君主也得到好声誉，子孙相传，流传千古；忠臣得罪被杀，君主得到的是一个昏庸的恶名，国破家亡，忠臣得到的只是一个空名。"唐太宗听了以后，十分感动，他连声称赞魏徵的话很对，并送给了他好绢五百匹。

当然，唐太宗是人不是神，对魏徵的劝谏并不是每一次都能愉快地接受的，有时是既恨又怕，甚至还想干脆杀掉他！

有一次，唐太宗得到了一只好的鹞鹰，自己非常喜欢，就把他驾在手臂上玩。远远地看到魏徵来了，十分紧张，赶紧把鹞鹰捂在怀里，怕魏徵看到或是听到。其实呢，魏徵早就看到了，他为了不让唐太宗贪恋声色犬马，就故意没完没了地禀奏公事，估摸着鹞鹰差不多憋死了，他才离开。等魏徵走了，唐太宗赶忙从怀中取出鹞鹰，拿起一看，早已闷死了。这使他觉得十分窝火又说不出来。

长乐公主为长孙皇后所生，太宗特别疼爱。到长乐公主将要出嫁时，太宗命令有司，陪送的嫁妆要是长公主的一倍。魏徵进谏道："长公主，应该比公主尊贵，感情远近虽有差别，但礼仪是没有等级差别的。如果让长乐公主的礼仪超过长公主，恐怕于理不合，请陛下考虑。"太宗回到内宫后，把魏徵的话告诉了长孙皇后，皇后非常佩服魏徵，叹息着说："我听说陛下十分器重魏徵，但不了解其中的缘故，听陛下刚才说的事，我才知道他实在是能用义来制止皇上感情用事，他真称得上国家正直的大臣了。我与陛下是结发的夫妻，深受礼遇，情意深重，可是每当进言时，我还要看陛下脸色行事，不敢轻易冒犯陛下的威严，何况臣下感情比我与您要远，礼节上又有君臣之隔呢。魏徵实在是难得啊！韩非子为此称向君主进言难，专门写了文章来提醒君王注意，东方朔也说向君主进言不容易，确实是这样啊！忠言虽然逆耳，可是对行事有利。有关国家事务的意见，若采纳，则社会安定，若拒绝，则政局混乱。我诚恳地希望您仔细考虑，则天下人都十分幸运。"长孙皇后就是用这种方式来鼓励唐太宗听从忠臣的劝告的。她为了表明自己的态度，不让魏徵觉得因为减少自己女儿的嫁妆而对他有什么看法，就派内宫太监带着五百匹帛，前往魏徵的住宅赏赐给他。

有一次，唐太宗罢朝回来，气冲冲地对皇后说："我一定要杀了这个乡下佬。"皇后非常贤德，赶忙问要杀谁，唐太宗说："魏徵这家伙老是在朝廷上折辱我。"皇后听了这话，连忙回去换了一身朝服，恭恭敬敬地站在庭院里。太宗见了，十分惊讶，问她这是在干什么，皇后说："我听说只有圣明的君主才能有正直的臣下；现在魏徵正直敢言，全是由陛下的英明所致呀，我怎敢不表示我的祝贺呢？"太宗听了，觉得很高兴。

忠臣好做而良臣难当，何也？大概是因为想做忠臣只要有一颗忠君爱国之心就差不多了，但如果想做良臣可就不一样了，不仅要有忠君爱国之心，还要有经世济事的真本领和处理政事、侍奉君主的艺术，否则，在处处充满陷阱和危险的封建官场里，恐怕也只能是"杀身成仁"了。这里还涉及一个"大忠"和"小忠"的问题，所谓"大忠"就是忠国不忠君，忠事不忠人；所谓"小忠"，就是忠君不忠国，忠人不忠事。一个人只有达到了"大忠"的境界，才能真正地胸怀开阔，无私无畏，如果再有处事的艺术，也许就可以做一个良臣了。至于魏徵，在一定意义上应该说接近了"大忠"的境界，他虽然数易其主，但从来似乎没有人为此而责难他，因为他不是为了个人的名利或是苟延残喘而去朝秦暮楚。在他的心中，有一个准则，那就是上安君国，下报黎民。因此，魏徵应该算是中国历史上最为典型的良臣之一。

魏徵似乎成了一种象征，凡是谈直言忠臣的，没有不谈到魏徵的，凡是谈贞观盛世的，没有不谈到魏徵的。其实，千里马常有而伯乐不常有，说得何其沉痛哉！

"兼听则明，偏信则暗。"但历史上又有多少帝王能够"兼听"而不"偏信"呢？

7

"杜甫是站在小地主的立场"

> "我喜欢李白，但李白有道士气。杜甫是站在小地主的立场。""光搞现实主义一面也不好，杜甫、白居易哭哭啼啼"。

古人历来是李、杜并称，但与赞赏李白的诗形成对照，毛泽东对杜甫的诗评价不高。1942 年 4 月 13 日，毛泽东约见何其芳、严文井、周立波等作家时，严文井问："听说主席喜欢古典诗歌。您喜欢李白，还是杜甫？"毛泽东回答说："我喜欢李白，但李白有道士气。杜甫是站在小地主的立场。"[1]

1957 年 3 月，在成都会议期间，毛泽东游览了杜甫草堂，其间提到杜甫的诗，毛泽东不见贬义地称之为"政治诗"。同年在同臧克家等人的谈话中，毛泽东也毫不掩饰地表示对杜甫的诗"不甚喜爱"。1958 年 1 月 16 日，在南宁会议上，毛泽东在发表讲话时说："光搞现实主义一面也不好，杜甫、白居易哭哭啼啼，我不愿看，李白、李贺、李商隐，搞点幻想。我们党建党以来，几十年没正式研究过这问题。"[2]

古人对杜甫的评价主要是从艺术成就的角度来评论的，毛泽东主要是从阶级立场来评论的。其实，杜甫的诗还是有一定的"人民性"的。下面我们对杜甫的生平和诗歌进行简要的介绍。

---

[1] 何其芳：《毛泽东之歌》，《时代的报告》1978 年第 2 期。

[2] 陈晋主编：《毛泽东读书笔记解析》下册，广东人民出版社 1996 年版，第 1260 页。

杜甫（公元712—770年），字子美，生于河南巩县，自称少陵野老或杜陵布衣。杜甫出身世家，十三世祖杜预为经学大师，其下历代均有人做官，杜甫在《进雕赋表》中曾说："自先君恕、预以降，奉儒守官，未坠素业。"初唐著名诗人杜审言是其祖父，但延至杜甫的父亲这一代，仅做到了县令。他幼年发愤，穷而好学，七岁能诗，九岁善书，弱冠之年就与文士唱和，被时人视为班固、扬雄。他自己也曾经骄傲地说："诗是吾家事。"（《宗武生日》）因此，对诗名的向往和对功业的追求便构成了他人生的基本要素。

杜甫的一生大致可以分为读书漫游时期、困守长安时期、陷贼与为官时期、漂泊西南时期。青年时期的杜甫，致力于读书。二十岁时，杜甫就开始了历时十多年的漫游，足迹踏遍了吴、越、齐、赵等地，并于天宝三年（公元744年）在洛阳与李白相遇，结为至交。杜甫晚年写道：

东下姑苏台，已具浮海航。到今有遗恨，不得穷扶桑。
王谢风流远，阖庐丘墓荒。剑池石壁仄，长洲荷芰香。
嵯峨阊门北，清庙映回塘。每趋吴太伯，抚事泪浪浪。
枕戈忆勾践，渡浙想秦皇。蒸鱼闻匕首，除道哂要章。
越女天下白，鉴湖五月凉。剡溪蕴秀异，欲罢不能忘。

——《壮游》

此间瞻仰了文化遗迹，濡染了吴越风情，开阔了视野，增加了阅历，对他后来的思想和创作影响很大。此时的杜甫少年气盛，志气豪壮，不屑世俗，对未来充满了热望与激情。这一时期他写出了《望岳》《房兵曹胡马诗》《画鹰》《赠李白》等诗，已显示出诗人卓异的才华和沉郁的风格，并赢得了诗名。

杜甫于三十四岁时来到长安，此时的唐朝，尚处于盛世的假象之中，实际上政治腐败，尤其是奸臣当道，已使得唐王朝如厝火积薪。杜甫为了博得一官，不得不敛颜折腰，投诗献赋，但均无结果，生活日渐贫困。四十岁时，杜甫曾有机会向皇帝献上了三大礼赋（《朝献太清官赋》《朝享太庙赋》《有事南郊赋》），得到了玄宗的赏识，命待制集贤院，结果因李林甫作梗，又成泡影。《奉赠韦左丞丈二十二韵》中的某些诗句颇能传达出当时复杂的心态：

> 读书破万卷，下笔如有神。赋料扬雄敌，诗看子建亲。
>
> 李邕求识面，王翰愿卜邻。自谓颇挺出，立登要路津。
>
> 致君尧舜上，再使风俗淳。此意竟萧条，行歌非隐沦。
>
> 骑驴十三载，旅食京华春。朝叩富儿门，暮随肥马尘。
>
> 残杯与冷炙，到处潜悲辛。

这样的生活使杜甫初步认清了现实的真面目，对他的诗风产生了很大影响。四十岁时，曾卖药为生，四十一岁时写出了第一篇具有重大现实意义的杰作《兵车行》，四十二岁时作《丽人行》《醉歌行》等诗。天宝十四年（公元755年）杜甫四十四岁，终于得到了一个右卫率府胄曹参军的小官。此年11月，又赴奉先县看望妻子，作《自京赴奉先县咏怀五百字》，揭露统治阶级的骄奢淫逸，描绘了现实的悲惨状况，使其诗歌创作上升到了新的高度。

同时，形势急转，安禄山反于范阳，12月即攻陷东京。肃宗至德元年（公元756年）初，杜甫在长安，5月，至奉先避难，后闻肃宗在灵武即位，只身从芦子关奔赴肃宗灵武，途中为叛军所获，被送至已经陷落的长安，杜甫目睹了战乱的现实，写下了《哀王孙》等深刻地反映现实的诗篇。后来杜甫冒着生命危险间道逃往凤翔，见到了肃宗，拜为左拾遗，但不久就因上疏营救房琯而被贬为华州司功参军，永远离开了长安。这一时期的杰出作品有《哀江头》《悲陈陶》《悲青坂》《喜达行在所三首》《羌村三首》《北征》《行次昭陵》等诗。在他四十八岁时，弃官西去，自秦州赴同谷，又赴成都，岁暮抵达成都，寓居浣花溪寺。作有"三吏""三别"等诗。与困守长安的十年相比，这一时期只有五年，但由于广泛地接触了战乱中的现实，遭受了仕途上的打击，使他的诗歌发展到了现实主义的顶点。

杜甫在朋友的帮助下营建了草堂，与当地人民一同耕种，在《茅屋为秋风所破歌》

等诗中我们可以想见杜甫的艰苦生活。然而，这样的生活也不能继续，战乱迫使他再度迁徙，后来听说好友严武将再度镇蜀，遂返成都。在严武的帮助下，杜甫被任命为节度参谋、检校工部员外郎。不久，因严武病死，杜甫于五十五岁时移居夔州，并在此度过了两年的时光。后来由夔州出峡，在江陵、公安、岳州间漂泊。五十九岁时避乱入衡州、末阳，此年秋天到达了潭州，并沿湘江而下，冬天卒于潭州、岳州间的小舟中，《风疾舟中伏枕书怀三十六韵奉呈湖南亲友》是其最后的歌唱。漂泊西南时期的作品除上述之外还有《蜀相》《春夜喜雨》《江畔独步寻花七绝句》《戏为六绝句》《悲秋》《闻官军收河南河北》《登楼》《忆昔》《旅夜书怀》《秋兴八首》《咏怀古迹五首》《登高》《观公孙大娘弟子舞剑器行并序》《岁晏行》等。

"诗圣"与"诗史"是对诗歌与诗人的最高评价，在中国历史上，只有杜甫及其诗歌膺此殊誉，而这种评价的由来，不是某些人的随口訾誉，而是在漫长的历史过程中形成的。

"诗圣"是指杜甫的儒家人格，"诗史"则是指以儒家思想为指导客观地反映当时的历史状况，表现出对战乱的憎恶，对苛政的抨击，对劳动人民的深切同情和对美政理想的向往。他在著名的《自京赴奉先县咏怀五百字》说：

……彤庭所分帛，本自寒女出。鞭挞其夫家，聚敛贡城阙。圣人筐篚恩，实欲邦国活。臣如忽至理，君岂弃此物。多士盈朝廷，仁者宜战栗。况闻内金盘，尽在卫霍室。中堂舞神仙，烟雾蒙玉质。暖客貂鼠裘，悲管逐清瑟。劝客驼蹄羹，霜橙压香橘。朱门酒肉臭，路有冻死骨。荣枯咫尺异，惆怅难再述。……

诗人以愤怒的激情，谴责朝廷权贵的肆意挥霍。尤其"朱门"两句，以扛鼎之笔撕破了盛唐的面纱，集中揭露了统治者的聚敛和靡费所造成的"荣枯咫尺异"强烈反差。这种思想和情感，贯穿于杜甫的整个诗歌创作中，真实而深刻地反映了当时的历史状况，谓为"诗史"，实不为过。"武皇开边"的穷兵黩武给人民和社会带来的灾难比战乱的灾难更加深重，请看《兵车行》：

车辚辚，马萧萧，行人弓箭各在腰。爷娘妻子走相送，
尘埃不见咸阳桥。牵衣顿足拦道哭，哭声直上干云霄。
道旁过者问行人，行人但云点行频。或从十五北防河，
便至四十西营田。去时里正与裹头，归来头白还戍边。
边庭流血成海水，武皇开边意未已。君不闻，
汉家山东二百州，千村万落生荆杞。纵有健妇把锄犁，
禾生陇亩无东西。况复秦兵耐苦战，被驱不异犬与鸡。
长者虽有问，役夫敢伸恨。且如今年冬，未休关西卒。
县官急索租，租税从何出。信知生男恶，反是生女好。
生女犹得嫁比邻，生男埋没随百草。君不见，青海头，
古来白骨无人收。新鬼烦冤旧鬼哭，天阴雨湿声啾啾。

天宝以后，唐王朝对边疆少数民族的战争越来越频繁，连年征伐，给边疆少数民族和广大中原地区的人民都带来深重灾难。诗歌似乎娓娓道来，但蕴含着长歌当哭的激越情绪，其悲愤、忧患、反抗与执着自然地流溢出来，深深地打动着无数读者的心灵。

这方面的杰作还有"三吏"、"三别"、《兵车行》、《丽人行》等。在《新安吏》中，诗人目睹征兵的残酷现实，疾呼天地无情：

客行新安道，喧呼闻点兵。借问新安吏，县小更无丁。
府帖昨夜下，次选中男行。中男绝短小，何以守王城。
肥男有母送，瘦男独伶俜。白水暮东流，青山犹哭声。
莫自使眼枯，收汝泪纵横。眼枯即见骨，天地终无情。

在《潼关吏》中，诗人谴责了草菅人命的边将：

艰难奋长戟，千古用一夫。哀哉桃林战，百万化为鱼。

而《石壕吏》更是描绘出一幅怪诞而又真实的悲惨图景：

暮投石壕村，有吏夜捉人。老翁逾墙走，老妇出门看。

吏呼一何怒，妇啼一何苦。听妇前致词，三男邺城戍。

一男附书至，二男新战死。存者且偷生，死者长已矣。

室中更无人，惟有乳下孙。有孙母未去，出入无完裙。

老妪力虽衰，请从吏夜归。急应河阳役，犹得备晨炊。

夜久语声绝，如闻泣幽咽。天明登前途，独与老翁别。

——《石壕吏》

孔子曾说"苛政猛于虎"，此处的征兵暴政恐怕比孔子所说的"苛政"有过之而无不及。

对人民的深切关怀，对残暴政治的批判，正是儒家思想的精华。由于杜甫把这种基本精神深深地沉积到他的诗歌中，所以，他的诗歌才深深地植根于民族文化的深处。才有着恒久的魅力。杜甫以己度人，将普通的人情极大地扩展开来，形成了"大庇天下寒士俱欢颜"博大慈爱的胸怀。请看《又呈吴郎》：

堂前扑枣任西邻，无食无儿一妇人。不为困穷宁有此，

只缘恐惧转须亲。即防远客虽多事，便插疏篱却甚真。

已诉征求贫到骨，正思戎马泪盈巾。

杜甫之所以被称为"诗圣"就是因为他使诗歌与传统文化的主流发生了内在的关联，这是杜诗"沉郁"的基本特征。如《登高》：

风急天高猿啸哀，渚清沙白鸟飞回。无边落木萧萧下，不尽长江滚滚来。

万里悲秋常作客，百年多病独登台。艰难苦恨繁霜鬓，潦倒新停浊酒杯。

首联起句突兀，如狂飙来自天外，那大化流行的气势，刚健不息的底蕴，跌宕起伏的节奏，将全诗笼罩在沉郁悲壮的气氛中，但又透显出廓大而又深邃的情感追求。颔联之所以具有打动人心的力量，在于它表现了典型的中国式的悲剧意识：个体的生命也许没有希望了，但天道是永恒的，只要将个体的生命与价值融入永恒的天道，个人也就可以获得某种永恒。中国悲剧意识的基本特征是在暴露人的困境的同时又在弥合这种困境，使人不至于彻底绝望。而是在超越中得到归宿，但这种超越又不是廉价的，往往要在"艰难苦恨"中完成，所以，在颈联和尾联中，杜甫尽情地抒发了个人的悲剧感。然而，因为有了首联、颔联的铺垫，杜甫的悲剧感便获得了审美性的超越，他的"悲秋""多病""苦恨""潦倒"也就成了超度他的梯航。从"沉郁"来讲，全诗表现出一种儒者的悲剧情怀和超越意识；从"顿挫"来讲，不仅音韵上抑扬顿挫，其结构上也有着内在的回旋张弛，与"沉郁"共同构成了节奏的起承转合。再如《秋兴八首》（之一）：

玉露凋伤枫树林，巫山巫峡气萧森。江间波浪兼天涌，塞上风云接地阴。
丛菊两开他日泪，孤舟一系故园心。寒衣处处催刀尺，白帝城高急暮砧。

首联从自然运转、山川气象着眼，而秋霜化为"玉露"，枯树变作"枫林"，在德配天地的仁者的眼中，秋天只能徒增凝重与爽厉之美。颔联虽有"波涛"和"风云"，但并没有不祥的凶险和黑暗，而是透显出大化流行的气势与厚重。颈联并不是一般的对故乡的思念，在前两联的映衬下，这种思念演绎成了被放逐的孤舟对精神家园的渴求。尾联的确是对普通人事的描写，但在"暮砧"的敲打声中，你不更加容易趋向心灵的家园吗？全诗以天道始，以人道终，天道与人道首尾相接，合二为一，尽显出其沉郁顿挫之美。

吊古伤今、借古抒怀方面的七律也十分优秀，如《蜀相》写道：

丞相祠堂何处寻，锦官城外柏森森。映阶碧草自春色，隔叶黄鹂空好音。
三顾频烦天下计，两朝开济老臣心。出师未捷身先死，长使英雄泪满襟。

诗作心接古人，沉雄悲慨，将那种自诩稷契而难申其志的情感表现得酣畅淋漓。杨伦《杜诗镜铨》卷七引俞犀月评云："真正痛快激昂，八句诗便抵一篇绝大文字。"在写景抒情方面，杜甫的七律作出了突出的贡献。上面引述的《秋兴八首》和《登高》也是这方面的代表作。对于《登高》，胡应麟说："（此章）五十六字，如海底珊瑚，瘦劲难名，沉深莫测，而精光万丈，力量万钧。通章章法、句法、字法、前无昔人，后无来学……此诗当为古今七言律第一，不必为唐人七言律第一也。"（《诗薮》内编卷五）《闻官军收河南河北》更是以抒情为主的名篇：

剑外忽传收蓟北，初闻涕泪满衣裳。却看妻子愁何在，漫卷诗书喜欲狂。
白日放歌须纵酒，青春作伴好还乡。即从巴峡穿巫峡，便下襄阳向洛阳。

此诗被称作杜甫平生第一快诗。前半部分实写即兴感受，后半部分侧重于抒写回乡迫切心情，全诗紧紧围绕一个"喜"字，将一连串密切相关的事项，按时间先后的顺序纵向串联起来，事项一个接一个、情感一环套一环，一气流转，痛快淋漓地表现出他那喜不自禁的心情。

杜甫的心忧苍生社稷的伟大人格，杜甫现实主义的诗风和光辉的艺术成就在中国诗歌史上产生了深远的影响。如元、白的新乐府运动，晚唐的现实主义诗歌，宋代的爱国诗派和词派，元好问的思想和诗风，明末清初的顾炎武、屈大均等人，都受到了杜甫的巨大影响。在艺术上更是开诸派之先河，孙仅《读杜工部诗集序》说："公（杜甫）之诗，支而为六家。孟郊得其气焰，张籍得其简丽，姚合得其清雅，贾岛得其奇僻，杜牧、薛能得其豪健，陆龟蒙得其赡博。"宋代杜甫更是受到了空前的重视，苏轼的以议论入诗和江西诗派生新瘦硬的诗风也与杜甫的影响有关。对于杜甫的七律诗的影响，《岘佣说诗》评论说："少陵七律，无才不有，无法不备。义山学之，得其浓厚；东坡学之，得其流转；山谷学之，得其奥峭；遗山学之，得其苍郁；明七子学之，佳者得其高亮雄奇，劣者得其空廓。"在一定意义上说，杜诗的影响几乎笼罩了其后的整个诗坛。

8

白居易 "与琵琶演奏者有平等心情"

> "江州司马，青衫泪湿，同在天涯。作者与琵琶演奏者有平等心情。白诗高处在此，不在他处。"

白居易是唐代著名的现实主义诗人，有着崇高的地位。对于白居易的诗，毛泽东历来十分爱读，并用阶级的观点进行评价："江州司马，青衫泪湿，同在天涯。作者与琵琶演奏者有平等心情。白诗高处在此，不在他处。其然岂其然乎？"[①]

这是说白居易有和人民平等的思想，即白居易 "与琵琶演奏者有平等心情"，在毛泽东看来，这正是该诗高明的地方。应该说，毛泽东的评价是十分精到和客观的。

毛泽东还特别爱读白居易的《放言五首》之三："赠君一法决狐疑，不用钻龟与祝蓍。试玉要烧三日满，辨材须待七年期。周公恐惧流言日，王莽谦恭下士时。向使当年身便死，一生真伪复谁知。"毛泽东在讲话中不止一次提到过该诗。1939 年 5 月 30 日，在延安庆贺模范青年大会上，毛泽东做了题为《永久奋斗》的演讲，其中说："要奋斗到死，没有死就还没有达到永久奋斗的目标。从前有一首诗说：'周公恐惧流言日，王莽谦恭下士时，倘使当年身便死，一生真伪有谁知？'这在我们的历史学家那里叫做 '盖棺论定'，就是说，人到死的时候，才能断定他是好是坏。假使周公在那个谣言流传的时候就死了，人家一定会加他一个 '奸臣' 的头衔；又若王莽在那个谦让卑恭的时候死了，

[①]《毛泽东读文史古籍批语集》，中央文献出版社 1993 年版，第 21 页。

那后世人一定会赞扬他的。不过我们现在不是讲历史，那两个人究竟孰好孰坏，我们不论，然而它说明了人只有到死，才可以论定他的功罪是非。"①

在1972年批判林彪时，针对林彪的阳奉阴违，毛泽东也引这首诗的后四句，用以讽刺林彪，并说明认识一个人要有一定过程的。

另外，对白居易的《赋得古原草送别》，毛泽东也很喜爱。在四五本诗集中，毛泽东对这首诗都作了圈点。毛泽东在读《通鉴纪事本末》卷一百七十二《太宗平吐谷浑》载时也作了批语。该卷载："贞观九年（公元635年）夏闰四月，唐朝军队在一次战斗中打败了吐谷浑的军队，吐谷浑可汗伏允'悉烧野草'，带领所部退入沙漠。唐军有些将领认为，因为马无草，不可深入。但李靖听从侯君集建议，入漠穷追，直至黄河源，屡败吐谷浑军，终于打得伏允兵败自杀。"毛泽东读到这一段，批道："夏烧野草，随烧随长，况烧可尽乎？"②

可见毛泽东对此诗的重视。

但有时毛泽东又不太喜欢白居易。1958年1月16日，在南宁会议上的讲话中，毛泽东说："光搞现实主义一面也不好，杜甫、白居易哭哭啼啼，我不愿看，李白、李贺、李商隐，搞点幻想。"③

那么，白居易及其诗歌究竟是怎样的呢？我们做一下客观的描述。

白居易（公元772—864年），字乐天，号香山居士，祖、父都以明经出身。白居易少年时代因战乱而经历了一段流离的生活，对他以后的创作和人生道路都有很大的影响。白居易的思想以儒家为主，同时杂有佛、道。他自幼有"兼济"之志，但又向往所谓的"独善"，这也决定了他的诗歌的复杂性。

白居易的一生可以四十四岁被贬为江州司马为界分为前后两期。前期仕途十分顺利，"十年之间，三登科第，名入众耳，迹生清贵"，此时"兼济之志"在其思想中占据了主

① 《毛泽东文集》第2卷，人民出版社1993年版，第191页。
② 《毛泽东读文史古籍批语集》，中央文献出版社1993年版，第305页。
③ 陈晋主编：《毛泽东读书笔记解析》下册，广东人民出版社1996年版，第1260页。

导地位，写出了许多揭露黑暗现实，同情劳动人民，讽刺权贵的讽喻诗。在任赞善大夫之职时，因所谓的越职奏事而被贬为江州司马，真正的原因是他写了那些使权要人物"扼腕"、"切齿"的讽喻诗。正如他自己所说："始得名于文章，终得罪于文章。"后期从被贬到去世，此时"独善"思想占据了主导地位，他自己所说的"世事从今口不言""世间尽不关吾事""面上灭除忧喜色，胸中消尽是非心"，颇能表达他这一时期的生活态度，写出了大量的"闲适诗"和"感伤诗"。不过，该时期他还是以积极的态度为人民做过一些好事。

白居易曾将自己五十一岁以前所写的一千三百多首诗分为讽喻、闲适、感伤、杂律四类。其中成就最高、影响最大的是新乐府五十首、《秦中吟》十首以及感伤诗中的《长恨歌》《琵琶行》等。在上面的四类诗中，最有价值的是讽喻诗，所谓新乐府运动也主要是指这类诗的创作。"新乐府"一名是白居易首先提出的，但乐府诗及其传统却由来已久。乐府诗源于汉代"缘事而发"的汉乐府，汉末曹操等人借汉乐府旧题而写时事，唐代杜甫"因事立题"，继承乐府反映现实的精神，突破了旧题的限制。中唐初期元结、顾况与杜甫同声相和，至白居易则明确地提出了新乐府。新乐府的特点是从精神上继承了汉乐府民歌的"感于哀乐，缘事而发"的现实主义传统，但不受旧题限制，而是立新题，写时事，不入乐，故以"新"相标。

应该说，白居易的诗歌创作很好地体现了他的诗歌主张。在揭露和抨击黑暗现实、反映民生疾苦、同情劳动人民、表现爱国热情方面，白居易的讽喻诗确实具有独特的价值。大多数讽喻诗确实是"感于哀乐，缘事而发"，大多数讽喻诗前面都有小序，表明作诗的缘起和诗的主旨，所谓"一吟悲一事"，"首句标其目，卒章显其志"。这不仅是讽喻诗的突出的艺术特色，也是讽喻诗的基本思想特征。如《卖炭翁》：

卖炭翁，伐薪烧炭南山中。满面尘灰烟火色，
两鬓苍苍十指黑。卖炭得钱何所营？身上衣裳口中食。
可怜身上衣正单，心忧炭贱愿天寒。夜来城外一尺雪，
晓驾炭车辗冰辙。牛困人饥日已高，市南门外泥中歇。

翩翩两骑来是谁？黄衣使者白衫儿。手把文书口称敕，

回车叱牛牵向北。一车炭，千余斤，宫使驱将惜不得。

半匹红纱一丈绫，系向牛头充炭直。

《新唐书》卷二十五记载："有赍物入市而空归者。每中官出，沽浆卖饼之家皆撤肆塞门。"可见，白居易选取的"一事"都是极具代表性的。《卖炭翁》通过卖炭老翁之遭遇，以极形象化之手法反映百姓被欺压之苦，同时刻画了人物复杂的心理，尤见细腻真切。在写作方法上，《卖炭翁》所写的是生活的横断面，其表达方式与杜甫《石壕吏》极相似，"直书其事，而其意自见，更不用著一断语。"（《唐宋诗醇》卷二十），通篇不置议论而感染力极强，达到了"欲见之者易谕""欲闻之者深戒"的讽喻目的。又如《新丰折臂翁》等。这样的诗还有很多。如《杜陵叟》的小序云："伤农夫之困也。"诗中揭露了苛政猛于虎的悲惨现实，喊出了"剥我身上帛，夺我口中粟。虐人害物即豺狼，何必钩爪锯牙食人肉"的愤怒的呼声。《红线毯》的小序云："忧蚕桑之费也。"诗中对统治者的奢侈享乐进行了抨击，对中唐危害日重的贡奉弊政进行了揭露："宣城太守知不知？一丈毯，千两丝。地不知寒人要暖，少夺人衣作地衣！"这些诗确实都充满了强烈的人民性。

白居易对一些不合理的传统封建制度也进行了揭露，对深受戕害的下层人民表示了深切的同情。如《上阳白发人》：

上阳人，上阳人，红颜暗老白发新。

绿衣监使守宫门，一闭上阳多少春。

玄宗末岁初选入，入时十六今六十。

同时采择百余人，零落年深残此身。

忆昔吞悲别亲族，扶入车中不教哭。

皆云入内便承恩，脸似芙蓉胸似玉。

未容君王得见面，已被杨妃遥侧目。

妒令潜配上阳宫，一生遂向空房宿。

宿空房，秋夜长，夜长无寐天不明。

耿耿残灯背壁影，萧萧暗雨打窗声。

春日迟，日迟独坐天难暮。

宫莺百啭愁厌闻，梁燕双栖老休妒。

莺归燕去长悄然，春往秋来不记年。

唯向深宫望明月，东西四五百回圆。

今日宫中年最老，大家遥赐尚书号。

小头鞋履窄衣裳，青黛点眉眉细长。

外人不见见应笑，天宝末年时世妆。

上阳人，苦最多。

少亦苦，老亦苦，少苦老苦两如何！

君不见昔时吕向《美人赋》，又不见今日上阳白发歌！

题下原注："天宝五载已后，杨贵妃专宠，后宫人无复进幸矣。六宫有美色者，辄置别所，上阳是其一也。贞元中尚存焉。"元和四年三月，白居易的奏章中有《请拣放后宫内人》一则，可见白居易并非只知写诗，确实有"兼济"的实际行为。

他的感伤诗中有两首杰作，即《长恨歌》和《琵琶行》两篇叙事长诗。《长恨歌》取材唐明皇和杨贵妃的爱情，对白居易《长恨歌》的主题，新中国成立以来学界多次展开讨论，综合各家观点可分为三派，其一讽刺说，其二爱情说，其三双重主题说，这里取双重主题说，即一是讽刺唐明皇重色误国，一是歌颂了他们真挚的爱情。

讽刺唐明皇重色误国和歌颂真挚的爱情的双重主题不是机械的叠加，双重主题间的张力才是《长恨歌》产生恒久艺术魅力的根源。自由恣肆的爱情与理性规范的政治之间是很难并存的，前者属于理想的范畴，而后者则是必须遵循的现实规律，唐明皇的九五之尊，杨贵妃的倾国之姿，二人因相爱而导致的一系列的非理性行为，将这种矛盾推向了极为显豁的极致状态，引起了人们深切的关注与思考，江山与美人不可兼得，似乎成为一种令人"长恨"的悲剧性的象征，《长恨歌》正是将这种象征表现到了无以复加的程度。

诗歌在艺术上语言清丽晓畅，叙事层次清楚，情感细腻真挚，又兼取材于重大的历史事件，将历史巨变与个人爱情结合起来，更重要的是有着深厚的文化底蕴，所以取得了很大的成功，对后世的许多文艺作品产生了影响。

《琵琶行》是白居易被贬江州的次年写的，表现了对一个妓女的不幸命运的同情。

白居易以《新乐府》为代表的讽喻诗以及他的诗歌理论在当时的影响并不大，"时人罕能知者"（元稹《白氏长庆集序》），但在后世却产生了巨大的影响，晚唐的皮日休、陆龟蒙、罗隐、聂夷中等人就是他的直接继承者。他的诗风人格，也为宋初的王禹傅所仰慕，并以"本与乐天为后进"自诩。南宋文学家胡仔说："国初沿袭五代之余，士大夫皆宗白乐天诗。"（《苕溪渔隐丛话》前集卷二十二）宋人周必大说："本朝苏文忠公不轻许可，独敬爱乐天，屡形诗篇。盖其文章皆主辞达，而忠厚好施，刚直尽言，于人有情，于物无着，大略相似。谪居黄州，始号东坡，其原必起于乐天忠州之作也。"（《二老堂诗话》）这都说明了白居易及其诗的影响。清初的吴伟业用长庆体写《圆圆曲》，使得白居易的影响在清代有所扩大。另外，白居易的诗歌远播海外，在日本等国产生了重大影响。

9

读韩愈的诗 "可以知为诗之不易"

"韩愈以文为诗；有些人说他完全不知诗，则未免太过，如《山石》、《衡岳》、《八月十五酬张功曹》之类，还是可以的。据此可以知为诗之不易。"

韩愈不仅是杰出的散文家，还是在中唐诗坛上能够别开生面的诗人。他与孟郊诗风相近，尚险尚怪，又多联句之作，时人称之为韩孟诗派，与这一诗派相关的还有贾岛。有人批评韩愈的诗 "以文为诗"，实际上，韩愈是想突破在当时影响甚大的大历十才子的空虚平庸的诗风，想像倡导古文运动那样来为诗歌寻求新的出路。尽管韩愈的诗歌多有 "缺点"，但他还是对探索新的诗风作出了有益的尝试。

毛泽东对韩愈的诗作出了较为客观公正的评价："韩愈以文为诗；有些人说他完全不知诗，则未免太过，如《山石》、《衡岳》、《八月十五酬张功曹》之类，还是可以的。据此可以知为诗之不易。"①

那么，在诗歌史上，对韩愈的诗究竟应该怎样评价呢？

韩愈（公元 768—824 年），字退之，河阳（今河南孟县）人。他虽然出身 "名门"，但韩愈的祖父和叔父官位并不高，他的父母早亡，三岁而孤，韩愈 "惟兄嫂是依"。他的哥哥韩会，颇有抱负，被时人列为 "四夔" 之一，但年轻时就被贬死岭南。韩愈八岁时与他的哥哥去岭南，后来又 "就职江南"。总的看来，韩愈的童年是很悲苦的，但正是这

---

① 《毛泽东年谱》第 8 卷，中央文献出版社 2023 年版，第 513 页。

种生活培养了韩愈的观察和思考社会、政治的现实精神。由于他的叔父和兄长受到李华和萧颖士的影响，都是倾向复古的人物，韩愈也耳濡目染，自幼便以复古主义者自命。贞元二年，韩愈十八岁，才到洛阳（东都）、长安（首都）应试求官。贞元八年考取了进士，但此后多次不能通过吏部复试，仕途困顿。他曾多次托人求官，但直到二十九岁时始登仕途，此后，在宦途的二十多年中，韩愈历任学官、御史、县令、史官、刺史以及侍郎等职。其间曾经数次被贬，都是由于直言进谏，比较突出的是他因"极论宫市之弊害"而被贬山阳令，而"谏迎佛骨"因触怒宪宗，几乎被杀，最后使他被贬潮州。唐穆宗即位后，奉诏还京，先为兵部侍郎，后转吏部侍郎。韩愈一生，积极求官，努力为文，不仅为了衣食，更重要的是为了实现自己的理想。

应该说，韩愈前期的诗就有散文化倾向，所以有"以文为诗"的指责。同时，韩愈诗还有衿博炫学，多发议论，造语生新，格调拗折等特点，其实，这些都是"以文为诗"的表现。到了元和以后，更向险怪方面发展。但这决不是说韩愈的诗就没有独特的成就，相反，正是他的"以文为诗"和造语生新等创作方法和艺术手法造就了一种对后世产生深远影响的新的诗风，正如沈德潜所说，他的诗能在李、杜之后"别开境界"。

那么，什么是"以文为诗"呢？韩愈善于以古文章法为诗，即是以古文谋篇、布局、结构之法来写诗歌，像他的散文一样，讲究奇正虚实、纵横捭阖、转折呼应，如贞元末年被贬山阳令遇赦归来时所写的《八月十五夜赠张功曹》：

纤云四卷天无河，清风吹空月舒波。

沙平水息声影绝，一杯相属君当歌。

君歌声酸辞且苦，不能听终泪如雨。

洞庭连天九疑高，蛟龙出没猩鼯号。

十生九死到官所，幽居默默如藏逃。

下床畏蛇食畏药，海气湿蛰熏腥臊。

昨者州前捶大鼓，嗣皇继圣登夔皋。

赦书一日行万里，罪从大辟皆除死。

迁者追回流者还，涤瑕荡垢清朝班。

州家申名使家抑，坎轲只得移荆蛮。

判司卑官不堪说，未免捶楚尘埃间。

同时辈流多上道，天路幽险难追攀。

君歌且休听我歌，我歌今与君殊科。

一年明月今宵多，人生由命非由他。

有酒不饮奈明何！

　　该诗是以散文为诗典范，其中散文、赋的铺陈手法与诗的比兴手法相结合，使之呈现出了"铺张宏丽"的大境界。诗歌以"主客对话"的形式结构，分作三段表述，前四句写景开篇，中间二十句铺写张署的歌辞，最后五句为诗人的劝辞。在诗中，本欲赠张署的歌辞却让被赠者以过半的篇幅纵情歌唱，这正是古文章法中"反客为主"的技巧，而这种借他人之口言自己心中之块垒的手法使得虚实相生，使该诗具有了一般诗歌所不具有的抑扬顿挫和畅达含蓄之美。又如《山石》：

山石荦确行径微，黄昏到寺蝙蝠飞。

升堂坐阶新雨足，芭蕉叶大栀子肥。

僧言古壁佛画好，以火来照所见稀。

铺床拂席置羹饭，疏粝亦足饱我饥。

夜深静卧百虫绝，清月出岭光入扉。

天明独去无道路，出入高下穷烟霏。

山红涧碧纷烂漫，时见松枥皆十围。

当流赤足踏涧石，水声激激风生衣。

人生如此自可乐，岂必局促为人鞿，

嗟哉吾党二三子，安得至老不更归。

全诗按时间顺序记叙了他到山寺的所见所闻所感，颇似记游散文，清朗奇崛，瑰丽新鲜，均是自出机杼。但其奇崛与瑰丽又不是散文所能表达出来的，所以，司空图说："愚常览韩吏部歌诗数百首，其驱驾气势，若掀雷扶电，撑抉于天地之间，物状奇怪，不得不鼓舞而徇其呼吸也。"（《司空表圣文集卷二·题柳柳州集后》）较为准确地概括了韩愈诗的审美特征。其他如《石鼓歌》《雉带箭》《岣嵝山》等，都是以古文章法为诗的成功之作。

毛泽东所说的《衡岳》诗不知是哪一首，应该是《谒衡岳庙遂宿岳寺题门楼》。该诗这样写道：

五岳祭秩皆三公，四方环镇嵩当中。

火维地荒足妖怪，天假神柄专其雄。

喷云泄雾藏半腹，虽有绝顶谁能穷。

我来正逢秋雨节，阴气晦昧无清风。

潜心默祷若有应，岂非正直能感通。

须臾静扫众峰出，仰见突兀撑青空。

紫盖连延接天柱，石廪腾掷堆祝融。

森然魄动下马拜，松柏一径趋灵宫。

粉墙丹柱动光彩，鬼物图画填青红。

升阶伛偻荐脯酒，欲以菲薄明其衷。

庙令老人识神意，睢盱侦伺能鞠躬。

手持杯珓导我掷，云此最吉馀难同。

窜逐蛮荒幸不死，衣食才足甘长终。

侯王将相望久绝，神纵欲福难为功。

夜投佛寺上高阁，星月掩映云 [瞳][昽]。

猿鸣钟动不知曙，杲杲寒日生于东。

本诗风格与上面的《山石》相近，艺术上较为出色。

应该说，韩愈的诗歌基本上纠正了大历以来的平庸诗风，开创了一种影响深远的新的诗境。这种诗境在实质上是要求情中含理，以理显情，将人的情感引向更为深入的理性的思考，并以此建构更为深刻的精神家园。韩愈的诗不仅对中唐诗歌影响甚大，还成为宋诗效法的楷模，并一直影响至晚清。至于所谓作诗崇尚才学、议论和险怪，那本是学韩的末流。

10

"大驴子还是被小老虎吃掉了"

> "柳宗元曾经描写过的'黔驴之技'，也是一个很好的教训。一个庞然大物的驴子跑进贵州去了，贵州的小老虎见了很有些害怕。但到后来，大驴子还是被小老虎吃掉了。"

毛泽东极其善于从历史故事中吸取经验教训，这是他指导中国革命成功的法宝之一。有一次，毛泽东将日本比喻成驴子一样的庞然大物，而将八路军和新四军比喻成可以吃掉驴子的小老虎。这个比喻新颖独特，发人深思。毛泽东是这样说的："柳宗元曾经描写过的'黔驴之技'，也是一个很好的教训。一个庞然大物的驴子跑进贵州去了，贵州的小老虎见了很有些害怕。但到后来，大驴子还是被小老虎吃掉了。我们八路军新四军是孙行者和小老虎，是很有办法对付这个日本妖精或日本驴子的。目前我们须得变一变，把我们的身体变得小些，但是变得更加扎实些，我们就会变成无敌的了。"[1]

另外，据何其芳《毛泽东之歌》所记，同年5月30日，毛泽东到鲁迅艺术学院讲话时说："你们快毕业了，快要离开鲁艺了。你们现在学习的地方是小鲁艺，还有一个大鲁艺。只在小鲁艺学习还不够，还要到大鲁艺去学习。大鲁艺就是工农兵群众的生活和斗争。广大的劳动人民就是大鲁艺的老师。你们应当认真地向他们学习，改造自己的思想感情，把自己的立足点逐步移到工农兵这一边来，才能成为真正的革命文艺工作者。农

---

[1] 《毛泽东选集》第3卷，人民出版社1991年版，第883页。

民的脚踩过牛屎，但却比知识分子干净。""你们从小鲁艺到大鲁艺去，就是外来干部。不要瞧不起本地的干部，不要以为自己是洋包子，瞧不起土包子。知识分子不要摆知识架子。"接着，毛泽东讲了《黔之驴》的故事，将驴比做"洋包子"，将老虎比做"土包子"，以强调"洋包子"不要看不起"土包子"。①

毛泽东所说的柳宗元是唐代的大文学家，是著名的"唐宋八大家"之一。他的寓言散文十分著名，毛泽东举出的"黔驴之技"的例子就是柳宗元的寓言散文。

柳宗元（公元773—819年），字子厚，河东（今山西永济县）人。世称柳河东。于唐德宗九年（公元793年）进士及第，曾任集贤殿正字、蓝田尉、监察御史等职。顺宗时官至礼部员外郎。他参加了王叔文革新集团，和刘禹锡等人积极进行朝政改革，反对宦官专政和藩镇割据。王叔文失败后，柳宗元被贬为永州司马，做了许多有利于人民的好事，十年后调任柳州刺史，病逝于任所，终年四十七岁，因又称柳柳州。柳宗元"以愚得罪"，一生耿直狷介。不合流俗，因而不被启用。在被贬以后，他的思想有了很大的发展，在坚贞与抑郁中创造出了优秀的贬官文学。

柳宗元的创作也非常丰富，由于他的创作实绩，终于成为古文运动的主将之一。从体裁上来看，他的散文可以分成议论文、游记、传记和寓言。

柳宗元的山水游记是十分著名的，继承了郦道元的《水经注》而又有所发展，形成了自己鲜明的个性，奠定了游记散文的坚实基础，从而开创了一种较为纯粹的审美化的散文体式，为中国散文的发展作出了杰出的贡献。柳宗元山水游记的代表作是他在被贬永州期间所作的《永州八记》。《永州八记》的重要特色是"借山水以抒幽愤"，曲折地表现了作者无端被贬的愤慨心情、怀才不遇的感慨、对民生疾苦的关怀以及故乡之思等丰富的情感。例如，《钴鉧潭西小丘记》这样写道：

潭西二十五步，当湍而浚者为鱼梁。梁之上有丘焉。生竹树。其石之突怒偃蹇，负土而出，争为奇状者，殆不可数。其嵌然相累而下者，若牛马之饮于溪；其冲然角列而

---

① 何其芳：《毛泽东之歌》，《时代的报告》1978年第2期。

上者，若熊罴之登于山。丘之小不能一亩，可以笼而有之。问其主，曰："唐氏之弃地，货而不售。"问其价，曰："止四百。"余怜而售之。李深源、元克己时同游，皆大喜，出自意外。即更取器用，铲刈秽草，伐去恶木，烈火而焚之。嘉木立，美竹露，奇石显。由其中以望，则山之高，云之浮，溪之流，鸟兽之遨游，举熙熙然回巧献技，以效兹丘之下。枕席而卧，则清泠之状与目谋，潧潧潜潜之声与耳谋，悠然而虚者与神谋，渊然而静者与心谋。不匝旬而得异者地者二，虽古好事之士，或未能至焉。

噫！以兹丘之胜，致之沣、镐、鄠、杜，则贵游之士争买者，日增千金而逾不可得。今弃是州也，农夫渔父过而陋之；贾四百，连岁不能售。而我与深源、克己独喜得之，是其果有遭乎！书于石，所以贺兹丘之遭也。

显然，这被"农夫渔父过而陋之"的小丘，这被人遗弃的无人赏识的自然美，正是作者遭遇的象征。作者把一个普通的小丘描绘得如此富有血肉灵魂，正是他因愤慨而移情山水的结果，同时也深刻地表现出了他的沉郁愤激的情绪。至于最后写小丘之美被发现，正如清人何焯所说："兹丘犹有遭，逐客所以羡而贺也，言表殊不自得耳"（《义门读书记》），在愤慨中自慰，也寄托着一定的希望。

在艺术上，柳宗元的山水游记文笔清新优美，富有诗情画意，善于用极其简洁的语言对景物作细致入微的描写，对景物的形状、色彩、声音、位置都能穷形极象。如《至小丘西小石潭记》：

从小丘西行百二十步，隔篁竹，闻水声，如鸣佩环。心乐之，伐竹取道，下见小潭，水尤清冽。全石以为底，近岸，卷石以出，为坻、为屿、为嵁、为岩。青树翠蔓，蒙络摇缀，参差披拂。潭中鱼可百许头，皆若空游无所依；日光下照，影布石上，怡然不动；俶尔远逝，往来翕忽，似与游者相乐。潭西南而望，斗折蛇行，明灭可见，其岸势犬牙差互，不可知其源。坐潭上，四面竹树环合，寂寥无人，凄神寒骨，悄怆幽邃。

写景状物，生动传神，精美异常，达到了很高的艺术水平。《始得西山宴游记》也是游记名篇，它不仅有《至小丘西小石潭记》景物描写上的特点，在谋篇布局上更加独到。游记以侧面衬托和铺垫的手法来表现主旨，以自然山水之美与作者的人格之美相辉映，既记游览的经过，又突出了作者的精神感悟，从而赞美了作者特立独行的高洁品格。在写景上，笔墨简洁而描绘生动，对西山的高峻，不作正面描绘，而是采用了侧面衬托的手法，以众山与西山对比，表现西山的非凡气势。同时，文章开篇并不切入正题，先写平日游览众山的情景，以此作为铺垫，来反托宴游西山的经过和在其中获得的感悟。而"始得"二字。在文中或明或暗、或正或反地点题，使文章既脉络清晰，又文气凝聚。从上述诸方面可以看出，柳宗元的山水游记在艺术上已经相当成熟。

柳宗元的寓言在文学上的贡献也是很大的。他继承了先秦寓言传统，有意识地大量创作寓言，使寓言成为一种独立、完整的文学体裁。柳宗元的寓言具有强烈的政治讽刺精神，如著名的《三戒》：

临江之人，畋得麋麑，（音眉倪，鹿子也。）畜之。入门，群犬垂涎，扬尾皆来。其人怒，怛之。自是日抱就犬，习示之，使勿动，稍使与之戏。积久，犬皆如人意。麋麑稍大，忘己之麋也，以为犬良我友，抵触偃仆，益狎。犬畏主人，与之俯仰甚善，然时啖其舌。（啖，音淡。）三年，麋出门，见外犬在道甚众，走欲与为戏。外犬见而喜且怒，共杀食之，狼藉道上，麋至死不悟。

——《临江之麋》

黔无驴，有好事者船载以入。至则无可用，放之山下。虎见之，庞然大物也，以为神。蔽林间窥之，稍出近之，然莫相知。他日，驴一鸣，虎大骇远遁，以为且噬己也，甚恐。然往来视之，觉无异能者。益习其声，又近出前后，终不敢搏。稍近，益狎，荡倚冲冒，驴不胜怒，蹄之。虎因喜，计之曰："技止此耳！"因跳踉大阚，（虎槛切。）断其喉，尽其肉，乃去。噫！形之庞也类有德，声之宏也类有能。向不出其技，虎虽猛，疑畏，卒不敢取。今若是焉，悲夫！

——《驴》

永有某氏者，畏日，拘忌异甚。以为己生岁直子，鼠，子神也。因爱鼠，不畜猫犬，禁僮勿击鼠。仓廪庖厨，悉以恣鼠不问。由是鼠相告，皆来某氏，饱食而无祸。某氏室无完器，椸无完衣，饮食大率鼠之余也。昼累累与人兼行，夜则窃啮斗暴，其声万状，不可以寝，终不厌。数岁，某氏徙居他州。后人来居，鼠为态如故。其人曰："是阴类恶物也，盗暴尤甚，且何以至是乎哉！"假五六猫，阖门撤瓦，灌穴，购僮罗捕之。杀鼠如丘，弃之隐处，臭数月乃已。呜呼！彼以其饱食无祸为可恒也哉！

——《永某氏之鼠》

《永某氏之鼠》和《临江之麋》讽刺那些依仗大人物的庇护而为所欲为的小人在得势时不知天高地厚，呈尽了丑态，一旦冰山倒塌，他们必将落得彻底灭亡的可悲下场。《黔之驴》则是讽刺那些外强中干、无德无才、徒具吓人气派的饭桶官吏，嘲讽他们"形之庞也类有德，声之宏也类有能"的假象，并给予了有力的诅咒。《罴说》与当时藩镇割据的现实密切相关，警告朝廷不要像靠摹仿野兽的叫声来吓走其他的野兽的没有打猎本领的猎人那样，如果不励精图治，最终只能被藩镇吞噬。

在艺术上，柳宗元的寓言善于抓住现实中平凡事物的特征加以想象和夸大，创造出了符合现实生活逻辑的鲜明生动的艺术形象，故事完整，寓意明确，针对性很强。

柳宗元在当时就产生了很大的影响。在贬谪以前，上门求教的人就很多，遭贬以后，"衡湘以南为进士者，皆以子厚为师"，在他的影响下，出现了一批优秀的文人。他不仅与韩愈一起推动了古文运动，他的山水游记和寓言还开创了两种新的文体，他的政治思想和哲学思想对后世也产生了积极的影响。

11

毛泽东爱读刘禹锡的诗

毛泽东背诵刘禹锡的《西塞山怀古》："王濬楼船下益州，金陵王气黯然收。千寻铁锁沉江底，一片降幡出石头。人世几回伤往事，山形依旧枕寒流。今逢四海为家日，故垒萧萧芦荻秋。"

毛泽东十分爱读刘禹锡的诗。在一本《唐诗别裁集》中，对于刘禹锡的《酬乐天扬州初逢席上见赠》，编者写了这样一个注解："沉舟二语，见人事不齐，造化亦无如之何。悟得此旨，终身无不平之心矣。"毛泽东注意到这个注解，在"造化亦无如之何"下画了着重线，批注道："此种解释是错误的。"①

刘禹锡有一首题为《蜀先主庙》的诗："天地英雄气，千秋尚凛然。势分三足鼎，业复五铢钱。得相能开国，生儿不像贤。凄凉蜀故妓，来舞魏宫前。"对于这首诗，毛泽东作的批语是："略好。"②

刘禹锡的很多诗，毛泽东都圈画过五六遍以上。如《乌衣巷》："朱雀桥边野草花，乌衣巷口夕阳斜。旧时王谢堂前燕，飞入寻常百姓家。"毛泽东圈画过六次。再如，1975年春，北京大学中文系教师芦荻被调到毛泽东身边工作，为毛泽东读书。初次见面，问过姓名之后，毛泽东问她："会背刘禹锡的《西塞山怀古》这首诗吗？"接着毛泽东自己

---

① 陈晋主编：《毛泽东读书笔记解析》下册，广东人民出版社1996年版，第1289页。
② 《毛泽东读文史古籍批语集》，中央文献出版社1993年版，第24页。

吟诵起来："王濬楼船下益州，金陵王气黯然收。千寻铁锁沉江底，一片降幡出石头。人世几回伤往事，山形依旧枕寒流。今逢四海为家日，故垒萧萧芦荻秋。"①芦荻的姓名，恰好镶嵌在这首诗的最后一句里，因此毛泽东由芦荻的姓名，想到了这首他所熟悉的诗。对于这首诗，毛泽东先后也圈画过六遍。

刘禹锡是唐代的著名诗人，其怀古诗尤为出色。

刘禹锡（公元 772—842 年），字梦得，洛阳人。幼而好学，浏览百家，谙熟儒学。贞元九年（公元 793 年）与柳宗元同时进士及第曾任太子校书、监察御史等职。因参加王叔文倡导的"永贞革新"而被一贬再贬在外二十多年，晚年迁太子宾客。当时与他一起遭贬的还有王叔文、王伾、柳宗元等，史称"二王刘柳"，又称"二王八司马"之贬。刘禹锡没有因遭贬而屈服，也没有沉沦，仍然以积极、乐观的态度对待生活。他在《秋词》中写道："自古逢秋悲寂寥，我言秋日胜春朝。晴空一鹤排云上，便引诗情到碧霄。"一扫古代诗词中的悲秋情绪，身处逆境而心胸坦荡，胸襟开阔。在被贬十年后召回京城，在游玄都观后，写了《元和十年自朗州至京，戏赠看花诸君子》一诗："紫陌红尘拂面来，无人不道看花回。玄都观里桃千树，尽是刘郎去后栽。"因以桃树讽刺了新得势的权贵，再度被贬十四年。但十四年后重回京城时，他又写了一首《再游玄都观》："百亩庭中半是苔，桃花净尽菜花开。种桃道士归何处，前度刘郎今又来。"对新贵的讽刺比前首更为辛辣，可见其不屈不挠的性格。在这方面最著名的还是《酬乐天扬州初逢席上见赠》：

巴山楚水凄凉地，二十三年弃置身。怀旧空吟闻笛赋，到乡翻似烂柯人。沉舟侧畔千帆过，病树前头万木春。今日听君歌一曲，暂凭杯酒长精神。

唐敬宗宝历二年（公元 826 年），刘禹锡罢和州刺史，在贬官二十多年后被召回京城洛阳，途经扬州，与白居易相遇。此是在筵席上写给白居易的一首赠诗。诗作感慨深沉，

---

① 孙东升、马京波：《毛泽东的读书之道》，人民出版社 2014 年版，第 74 页。

情绪低昂顿挫，但又悲而不哀，时现慷慨奔放之气，是"贬谪诗"的佳作。

刘禹锡最著名和对后世影响最大的还是他的怀古诗。他将咏史与咏怀结合在一起，并继承了杜诗的端绪，进一步将咏史诗导向"览古""述古""怀古"，其取材更为广泛，从历史胜迹和地方风物起笔，评古论今，借古人之针砭，讥现实之痼疾。他写怀古诗的宗旨可以用他自己的诗句来概括："兴废由人事，山川空地形。"（《金陵怀古》）如：

朱雀桥边野草花，乌衣巷口夕阳斜。

旧时王谢堂前燕，飞入寻常百姓家。

——《乌衣巷》

山围故国周遭在，潮打空城寂寞回。

淮水东边旧时月，夜深还过女墙来。

——《石头城》

王濬楼船下益州，金陵王气黯然收。千寻铁索沉江底，一片降幡出石头。

人世几回伤往事，山形依旧枕寒流。从今四海为家日，故垒萧萧芦荻秋。

——《西塞山怀古》

将略兵机命世雄，苍黄钟室叹良弓。遂令后代登坛者，每一寻思怕立功。

——《韩信庙》

台城六代竞豪华，结绮临春事最奢。万户千门成野草，只缘一曲后庭花。

——《台城》

潮满冶城渚，日斜征虏亭。蔡洲新草绿，幕府旧烟青。

兴废由人事，山川空地形。后庭花一曲，幽怨不堪听。

——《金陵怀古》

这些怀古诗慨叹世事兴亡，深寓历史教训，借景抒情，由情及理，令人叹惋不已。这些诗之所以具有那样的影响力，还在于它们契合了中国人重自然而轻人事的文化心理结构。自然的真实与人事的虚幻，自然的神圣庄严与人事的卑下荒诞，自然的永恒与人事的短暂，在自然与人事的比照中，透显出浓烈的悲剧意识。中唐晚期的士大夫们正是在振兴无望的心态中重新思考起自然与人事的关系，展露出这种美丽的伤感。

另外，刘禹锡学习民歌，变革诗体的做法对后世也有启发意义。他的《竹枝词》当时就流播遐迩，而且历代都有拟作者。据胡仔记载："予尝舟行苕溪，夜闻舟人唱吴歌。"歌词中有"东边日出西边雨，道是无晴还有晴"两句，胡仔遂疑曰："岂非梦得之歌，自巴渝流传至此乎？"（《苕溪渔隐丛话》后集卷十二）由此可知，起码至南宋时还有人歌唱《竹枝词》。

12

《题乌江亭》引出的历史人物评价

> "项羽尚有一个缺点，从前有一个人在他自杀的地方做了一首诗，问他为什么要自杀，可以到江东去再招八千兵来打天下。我们不学汪精卫、张国焘，要学项羽的英雄气节，但不自杀，要干到底。"

　　杜牧是唐朝著名的诗人，尤其以咏史诗著名。杜牧的一些咏史诗善于翻历史旧案，更能出新，所以往往引起毛泽东很大的兴趣。例如，毛泽东多次谈到杜牧的《题乌江亭》："楚霸王项羽在中国是一个有名的英雄，他在没有办法的时候自杀，这比汪精卫、张国焘好得多。但项羽尚有一个缺点，从前有一个人在他自杀的地方做了一首诗，问他为什么要自杀，可以到江东去再招八千兵来打天下。我们不学汪精卫、张国焘，要学项羽的英雄气节，但不自杀，要干到底。"①

　　关于《题乌江亭》，清吴景旭的《历代诗话·话五十二庚集七》中引录了《渔隐丛话》的一段评论："至《题乌江亭》，则好异而叛于理。项氏以八千渡江无一还者，谁肯复附之，其不能卷土重来决矣！"毛泽东读书至此，不同意这种看法，批道："此说亦迂。"②

　　在楚汉相争中，与项羽相比，刘邦有"六不如"：声望不如，势力不如，英勇不如，仁义不如，信义不如，对士卒的亲爱不如。刘邦虽然在上述的六个方面远远比不上项羽，

---

① 赵以武主编：《毛泽东评说中国历史》，人民出版社 2010 年版，第 115 页。
② 《毛泽东读文史古籍批语集》，中央文献出版社 1993 年版，第 39 页。

但刘邦却有项羽比不上的一样好处，就是刘邦善于使用人才，使得手下强将如云，谋士如林，而项羽则有一范增亦不能用，最后兵败垓下，乌江自刎。

毛泽东认为项羽是英雄，但有缺点，这个缺点就是自杀。毛泽东不主张自杀，主张"干到底"，表现了革命的韧性，对于那种认为项羽不可能卷土重来的说法，毛泽东认为是"迂"。毛泽东所领导的革命实践经历了无数的失败，最终走向胜利，充分说明了毛泽东思想的正确性。

杜牧作为一位著名的诗人，他的好多诗确实值得我们研读。

杜牧（公元803—853年），字牧之，京兆万年（今陕西西安）人。居长安城南樊川别墅，世称杜"樊川"。杜牧是中唐名相杜佑之孙，为人性格豪爽，才兼文武，志在经济，爱谈兵论政。二十三岁时就写了著名的《阿房宫赋》，大和二年（公元828年）进士及第，受牛僧孺器重，征辟为淮南节度掌书记，后来受李德裕排挤，出为黄州刺史，转池州、睦州，仕途蹭蹬。李党失势后，官终中书舍人。杜牧与李商隐是晚唐诗坛上杰出的诗人，后人往往将二人并称为"小李杜"。杜牧秉性刚直，有济世之志，与李商隐有很大不同。他在《长安秋望》一诗中写道："楼倚霜树外，镜天无一毫。南山与秋色，气势两相高。"正表现了他的刚劲爽朗的性格风貌。

杜牧的咏史诗十分著名。因其"雄姿英发"，所以不拘历史陈见，有些咏史诗往往翻历史旧案，令人有振聋发聩之感。如：

折戟沉沙铁未销，自将磨洗认前朝。

东风不与周郎便，铜雀春深锁二乔。

——《赤壁》

前人对周瑜在赤壁之战中以少胜多，以弱胜强给以极高评价，认为由此而奠定了三国鼎立的局面，所以前二句记叙写得平平淡淡，毫无新奇之处，但在精通武略的杜牧看来，周瑜只不过是侥幸取胜而已，所以后两句令人耳目一新。又如《题乌江亭》：

胜败兵家事不期，包羞忍耻是男儿。

江东子弟多才俊，卷土重来未可知！

项羽兵败垓下，乌江自刎，一向被认为是英雄悲壮之举，但此诗一反常论，认为项羽自杀，算不上是真正的英雄。诗歌阐发了这样一条人生道理：胜败乃兵家之常事，能够包羞忍辱，能够随时屈伸，方可成大器。《题商山四皓庙一绝》这样写道：

吕氏强梁嗣子柔，我于天性岂恩雠。

南军不袒左边袖，四老安刘是灭刘。

也与上面的《赤壁》一样，重新审视历史人物的功过是非，显得精警而多智。杜牧集中此类七绝颇多。这些诗理趣隽永，情韵深长，但又往往从正面抒发议论，言尽意尽，余蕴较少。杜牧的这些诗对后世影响很大，如宋代的王安石、苏轼就写了不少这样的诗，以至七绝成为翻案诗的主要形式之一。

对历史上帝王将相的荒淫误国的尖锐揭露和辛辣的讽刺也是杜牧咏史诗的重要内容。杜牧善于在历史的得失成败中总结教训，表现出自己鲜明的观点和爱憎，这同样表现了其"雄姿英发"的诗风。如《过华清宫绝句》三首：

长安回望绣成堆，山顶千门次第开。一骑红尘妃子笑，无人知是荔枝来。

新丰绿树起黄埃，数骑渔阳探使回。霓裳一曲千峰上，舞破中原始下来！

万国笙歌醉太平，倚天楼殿月分明。云中乱拍禄山舞，风过重峦下笑声。

《新唐书·杨贵妃传》记载："妃嗜荔枝，必欲生致之，乃置骑传送，走数千里，味未变已至京师。"杜牧借用典型的历史情景，将唐明皇、杨贵妃骄奢淫逸的生活艺术地再现出来，也揭示了安史之乱产生的根源。第二首紧承上首，再次表现了荒淫误国的主题，而以"舞破中原始下来"作结，极为精警，令人回味无穷。杜牧有的咏史诗除了进行揭露和讽刺以外，还对历史进行了深入的追寻和思考。表现出深沉的历史感。如《汴河怀古》："锦缆龙舟隋炀帝，平台复道汉梁王。游人闲起前朝念，折柳孤吟断杀肠。"讽刺隋炀帝和西汉梁王的奢侈和恣意横行，并借游人的闲思对历史表现出无限的伤感。

杜牧的咏史诗在内容和艺术风格上之所以表现出这样的特点，与他的政治抱负和对现实的关怀是密切相关的。这些诗以诗论史，议论精到，见解独特，情感鲜明，表现出了"豪纵""雄姿英发"的特点，开创了咏史诗的新的风格。

杜牧的诗在当时就享有盛名，人们对他的放浪与颓废虽不无微辞，但对他的诗却无不交口称誉，尤其是写景、怀古的七言绝句，更是著名。他的诗风格俊爽清丽，不像李商隐醉心于展示人物内心世界的幽深曲奥。但李商隐赠给杜牧的诗中说他"刻意伤春复伤别，人间惟有杜司勋"（《杜司勋》），应该说抓住了杜牧这类诗歌的特征。真正代表杜牧诗歌审美特色的，还应该是这些诗。由此看来，即使像杜牧这样"豪纵"的诗人，也摆脱不了时代的影响。至于李商隐，则是晚唐诗歌的典型代表了。

13

李贺为"英俊天才，惜乎死得太早了"

"李贺除有很少几首五言律外，七言律他一首也不写。李贺诗很值得一读，不知你有兴趣否？"

　　李贺是毛泽东最喜欢的诗人之一，毛泽东的一些诗词风格深受李贺的影响，有时候还化用了李贺的诗句。

　　在读王勃的《秋日楚州郝司户宅饯崔使君序》所用的批语中，毛泽东称李贺为"英俊天才，惜乎死得太早了"。[1]1958 年 1 月 16 日，在南宁会议上的讲话中，毛泽东说："光搞现实主义一面也不好，杜甫、白居易哭哭啼啼，我不愿看，李白、李贺、李商隐，搞点幻想。"[2]1958 年 3 月 22 日，毛泽东在成都会议上谈到要大胆创造，不要迷信的时候说，中国的儒学家，对孔子就是迷信，不敢称孔丘。唐朝李贺就不是这样，对汉武帝直写其名，曰刘彻、刘郎，称魏夫人为魏娘。一有迷信就把我们的脑子镇压住了，不敢跳出圈子想问题。

　　毛泽东非常爱读李贺的诗，经他圈画过的李贺诗达 83 首，其中有些圈画过四五遍。在毛泽东故居的书房里，藏有多种版本的李贺诗集，如《李长吉歌诗集》《李长吉集》《李昌谷诗集》《李昌谷诗注》等，在每一本上，毛泽东都圈画过。1965 年 7 月 21 日，毛

---

① 《毛泽东读文史古籍批语集》，中央文献出版社 1993 年版，第 11 页。
② 陈晋主编：《毛泽东读书笔记解析》下册，广东人民出版社 1996 年版，第 1260 页。

泽东在致陈毅的信中说："李贺除有很少几首五言律外，七言律他一首也不写。李贺诗很值得一读，不知你有兴趣否？"①

李贺的确是诗坛奇才，他的诗风格独特，在中国诗坛上独树一帜，值得我们好好研读。

李贺的出现是中国文学史上的一个奇迹。他似乎不循任何理路，不遵任何规范，像雨后的彩虹，凭空而来。又倏尔逝去。当我们试图去解释他时，我们所感到的往往是思维的窘迫和语言的匮乏。李贺在我们的生命之上，又在我们的生命之下，惟独不在我们的生命之中。但是，当我们试图超越生命或深入生命时，我们又是那样真实地感受到李贺的存在。

李贺（公元790—816年），字长吉，河南昌谷（今宜阳）人，故世称李"昌谷"，其远祖应为唐高祖李渊的叔父大郑王李亮，父李晋肃，曾当过县令，是没落的皇族家庭的后裔。李贺自幼才华出众，抱负颇大，十五岁左右就以乐府诗著名，十八岁时曾携《雁门太守行》到洛阳拜见韩愈，受到赏识。二十一岁参加河南府试，因成绩优异而被荐应进士举。仅因"晋肃"之"晋"与"进士"之"进"同音，"肃"与"士"音近，李贺便以有讳父名而遭人议论攻击，韩愈还转为此写了《讳辩》一文，但在强大的社会舆论的压力下，李贺还是不得参加进士考试。

"雪下桂花稀，啼乌被弹归。关水乘驴影，秦风帽带垂。入乡试万里，无印自堪悲。卿卿忍相问，镜中双泪姿。"（《出城》）

此诗形象地描绘了李贺像小鸟一样被弹而归的情景。元和六年（公元811年）春，李贺重返长安，但仅得到了一个从九品的太常寺奉礼郎的小官，李贺认为那是像姬妾一样奉箕帚的差使，因不堪其辱，不到三年就告病辞官。"草暖云昏万里春，宫花拂面送行人。自言汉剑当飞去，何事还车载病身。"（《出城寄权璩、杨敬之》）此诗反映了他

①《毛泽东书信选集》，中央文献出版社2003年版，第572页。

辞官时伤感与愤懑的心情。李贺家贫，甚至受过催租之苦，也曾到友人张彻处寄食三年。他身体病弱，其志不遂，又兼苦吟成癖，死时仅二十七岁。有《李长吉歌诗》，存诗二百五十余首，除少量伪作外，可确定为他本人所作的约有二百四十首。

李贺虽然年命不永，但由于他早慧而敏感，又一生沉沦下潦，所以不仅诗作较多，内容也很丰富，而且无论是对现实的关注还是对生命的体味，大都言无虚发，像春蚕吐丝一般，抽绎自心灵的深处，构成了一个意蕴深邃、层次丰富的诗的世界。

李贺是个关心时事，抱负远大的人，他也继承了乐府、《楚辞》的传统，所以他对现实有着较为深刻的关注，对劳动人民的苦难也有所反映。如《老夫采玉歌》等。"感士不遇"是中国诗歌的传统主题，李贺素有雄心壮志，而又生不逢时，有志难申，因此，李贺将这种情感宣泄到诗中：

男儿何不带吴钩，收取关山五十州。请君暂上凌烟阁，若个书生万户侯。

——《南园十三首》其五

寻章摘句老雕虫，晓月当帘挂玉弓。不见年年辽海上，文章何处哭秋风。

——《南园十三首》其六

此马非凡马，房星本是星。向前敲瘦骨，犹自带铜声。

——《马诗二十三首》其四

大漠沙如雪，燕山月似钩。何当金络脑，快走踏清秋。

——《马诗二十三首》其五

在这方面最著名的还是《致酒行》：

零落栖迟一杯酒，主人奉觞客长寿。主父西游困不归，家人折断门前柳。
吾闻马周昔作新丰客，天荒地老无人识。空将笺上两行书，直犯龙颜请恩泽。
我有迷魂招不得，雄鸡一声天下白。少年心事当挐云，谁念幽寒坐鸣呃。

李贺最有影响的还是他那些强烈的生命悲剧意识的诗作。正所谓"日月飞逝于上，体貌日衰于下"，病弱的身躯与强大的灵魂构成了巨大的反差，李贺似乎常常感受到死神的降临而对生命表现出无限的焦灼、深刻的思索和强烈的渴望。钱钟书先生在《谈艺录》中说："细玩昌谷集，含侘傺牢骚，时一抒泄而外，尚有一作意，屡见不鲜。其于光阴之速，年命之短，世变无涯，人生有尽，每感怆低徊，长言永叹。"他对自己的衰病反复吟咏："日夕著书罢，惊霜落素丝。镜中聊自笑，讵是南山期。""壮年抱羁恨，梦泣生白头。""病骨犹能在，人间底事无？""秋姿白发生，木叶啼风雨。""咽咽学楚吟，病骨伤幽素。""吴霜点归鬓，身与塘蒲晚。"因此，他唯恐时光流逝，要"长绳系日"，使"老者不死，少年不哭"，有时甚至要"碚碎千年日长白"，要"一日作千年，不须流下去"，进而"酒酣喝月使倒行"。当然，他也完全明白，"彭祖巫咸几回死"，"天上几回葬神仙"。所以，死亡的意象在他的诗中显得那样地密集与沉重："一方黑照三方紫，黄河冰合鱼龙死"，"桂叶刷风桂坠子，青狸哭血寒狐死"，"津头送别唱流水，酒客背寒南山死"。这就给他的诗歌染上了浓郁的生命悲剧意识，使任何一个思索生命的人都无法轻松地超迈过去。

因此，李贺要沟通神仙和幽冥两个世界，以无所羁绊的诗性想象来祈求生命的永恒。那幽冥世界是阴森恐怖的，冥界之中，同样有怀才不遇的幽愤，尤其是苏小小那凄艳无比而又孤寂无依的灵魂：

幽兰露，如啼眼。无物结同心，烟花不堪剪。

草如茵，松如盖。风为裳，水为珮。油壁车，夕相待。

冷翠烛，劳光彩。西陵下，风吹雨。

——《苏小小墓》

苏小小生前为南齐时钱塘名妓。古乐府《苏小小歌》："我乘油壁车，郎跨青骢马。何处结同心，西陵松柏下。"这郎才女貌的佳偶生不为世所容，死亦不成眷属。只有那飘忽不定的鬼火令人心碎肠断的苦风凄雨，伴随着苏小小那徘徊于西陵松柏之下的孤独落寞的灵魂。也许，神仙的世界会更好一些：

天河夜转漂回星，银浦流云学水声。玉宫桂树花未落，仙妾采香垂珮缨。秦妃卷帘北窗晓，窗前植桐青凤小。王子吹笙鹅管长，呼龙耕烟种瑶草。粉霞红绶藕丝裙，青洲步拾兰苕春。东指羲和能走马，海尘新生石山下。

——《天上谣》

这是一种无以言喻的美丽，任何语言的解释都只能破坏这已达至极致的诗境与仙境，我们所能做的，仅是安静下来，慢慢地体味，让我们自己渐渐地消融在其中。然而，当精神的旅程即将结束的时候，我们会猛然发现，我们并不能在诗境中获得永恒，"东指羲和能走马，海尘新生石山下"，那沧桑的巨变还存在，还在等待着我们。当诗人从天上俯瞰人间时，人间是那样的渺小与变动不居：

老兔寒蟾泣天色，云楼半开壁斜白。玉轮轧露湿团光，
鸾佩相逢桂香陌。黄尘清水三山下，更变千年如走马。
遥望齐州九点烟，一泓海水杯中泻。

——《梦天》

在梦中，天降微雨，仿佛是月中的老兔寒蟾为天色的惨淡而哭泣，薄云荡开，露出了天门倾斜的白壁；月亮仿佛是滚动的车轮，轧湿了水雾，光晕朦胧，诗人来到了天上，与仙女相逢在飘着桂香的小路上；俯视下界，看到的是蓬莱三山下的黄尘与清水、桑田与沧海走马灯般的变革；中国的九州，也不过像点点的烟雾，浩淼的大海，也仅像上天泻下的杯水而已。诗作轻盈流畅，仿佛毫不着力，但那深沉的感慨，悲伤的情绪，乃至些许的无奈与绝望，都被无遗漏地表现出来。

其实，无论走到哪里，李贺所祈求的"劫灰飞尽古今平"的永恒世界从来就没有找到。于是，变动不居，时光易逝，生命短促就成为李贺反复歌吟的主题：

晓声隆隆催转日，暮声隆隆呼月出。汉城黄柳映新帘，柏陵飞燕埋香骨。

碰碎千年日长白，孝武秦皇听不得。从君翠发芦花色，独共南山守中国。

几回天上葬神仙，漏声相将无断缘。

——《官街鼓》

可以说，这是一首时间之歌，诗作对于人生的短暂与时间的永恒进行了反复的渲染，有着撼人心魄的艺术效果。在这方面最著名的，还是《金铜仙人辞汉歌》：

茂陵刘郎秋风客，夜闻马嘶晓无迹。画栏桂树悬秋香，三十六宫土花碧。

魏官牵车指千里，东关酸风射眸子。空将汉月出宫门，忆君清泪如铅水。

衰兰送客咸阳道，天若有情天亦老。携盘独出月荒凉，渭城已远波声小。

铜人远去，长安远去，辉煌的历史再也不会重现了。诗作意象奇瑰纷繁，变幻多姿，构思出天外而又落于目前，造语奇峭而又妥帖自然，句式参差错落而又绵密有致，可谓诸美并臻，是李贺诗的重要代表作。

李贺无法超越社会，无法超越时间，无法超越生死，因此也就无法超越哀愁，哀愁也成为他的诗作的一个主题。如《开愁歌》：

秋风吹地百草干，华容碧影生晚寒。我当二十不得意，

一心愁谢如枯兰。衣如飞鹑马如狗，临歧击剑生铜吼。

旗亭下马解秋衣，请贳宜阳一壶酒。壶中唤天云不开，

白昼万里闲凄迷。主人劝我养心骨，莫受俗物相填豗。

胸中的愁苦愤懑之情犹如决堤的洪水，滚滚而出，一泻千里。愁闷填塞于天地昼夜，化解不开，消释不去，但蕴含于其中的愤懑不平与豪情壮志，还是在不经意间就流溢出来了。再如《浩歌》：

南风吹山作平地，帝遣天吴移海水。王母桃花千遍红，彭祖巫咸几回死。

青毛骢马参差钱，娇春杨柳含细烟。筝人劝我金屈卮，神血未凝身问谁。

不须浪饮丁都护，世上英雄本无主。买丝绣作平原君，有酒惟浇赵州土。

漏催水咽玉蟾蜍，卫娘发薄不胜梳。看见秋眉换新绿，二十男儿那刺促。

正当二十的男儿，面对杨柳含烟的美景，忽发浩歌，追寻、感慨、悲伤、讽刺以及豪气与不屈一时俱发，扑面而来，大有掀翻天地之势。然而，少年的英侠之气并不能完全取代他的悲剧感，有时反而愈加悲伤。于是，"借酒浇愁"也成为李贺消解悲剧意识的一种方式：

琉璃钟，琥珀浓，小槽酒滴真珠红。烹龙炮凤玉脂泣，

罗屏绣幕围香风。吹龙笛，击鼍鼓，皓齿歌，细腰舞。

况是青春日将暮，桃花乱落如红雨。劝君终日酩酊醉，

酒不到刘伶坟上土。

——《将进酒》

名物精美，辞采瑰丽，想象奇诡，极具形象的暗示性。最后两句猛然翻出，似与上文极不协调，但正所谓乐极生悲，最后两句正是上文情绪发展的必然结果，人间的乐事既反衬出死的悲哀，也凸显出人间乐事的可贵。其实，在李贺那里，即使"终日酩酊醉"也是无法消解"况是青春日将暮，桃花乱落如红雨"带来的强烈悲剧感，因为这不仅是李贺的困惑，也是人类的困惑。

在中国文学史上，李贺的诗呈现出极为独特的精神价值和艺术风貌。在李贺那里，盛世不复，壮志不遂，时光不再，生命不永等种种因素共同整合成了生命的悲剧意识，使我们每个人在试图真切地体味生命时，都会深切地感受到李贺的存在。在唐诗史上，李贺仿佛是一个叛逆，他要离开种种所谓正统的诗风而另辟田园，他要追寻和思考一些我们本应思考但却淡忘的东西，他要以诗的方式带我们探索生存与生命的本真面目，要

使我们的灵魂无处可逃，逼迫我们思考和回答，他也给我们提供了一种另类的也是真正的诗性的世界。应该说，有了李贺，唐诗才算完整和深刻。也正是因为如此，李贺的诗才具有了不可替代的魅力。

具体说来，李贺诗的主要艺术特点在于他将视觉、听觉、味觉、触觉等各种感觉极为大胆而又奇妙地结合起来。这种结合有时接近于幻觉，正是这种类似幻觉的通感的手法才使他创造出了瑰丽、冷艳、瘦硬、奇崛的诗境。如以听感写视感："烹龙炮凤玉脂泣""银浦流云学水声""羲和敲日玻璃声""兰脸别春啼脉脉""竹啼山露月""木叶啼风雨"。以视感写听感，如《听颖师弹琴歌》："别浦云归桂花渚，蜀国弦中双凤语。芙蓉叶落秋鸾离，越王夜起游天姥。暗佩清臣敲水玉，渡海蛾眉牵白鹿。"至于《李凭箜篌引》，就将通感的艺术手法运用得更为典型：

吴丝蜀桐张高秋，空山凝云颓不流。江娥啼竹素女愁，李凭中国弹箜篌。
昆山玉碎凤凰叫，芙蓉泣露香兰笑。十二门前融冷光，二十三丝动紫皇。
女娲炼石补天处，石破天惊逗秋雨。梦入神山教神妪，老鱼跳波瘦蛟舞。
吴质不眠倚桂树，露脚斜飞湿寒兔。

——《李凭箜篌引》

全诗使用通感的艺术手法，将对箜篌声抽象的感觉、感情转化成各种可感的形象，在描绘音乐方面，达到了空前绝后的艺术境界。

李贺追求意象的跳跃，诗中的想象和比喻有时根本找不到逻辑联系，但能使人心领神会，如"画弦素管声浅繁""松柏愁香涩""荒沟古水光如刀"等等。《秋来》一诗写道：

桐风惊心壮士苦，衰灯络纬啼寒素。谁看青简一编书，不遣花虫粉空蠹。
思牵今夜肠应直，雨冷香魂吊书客。秋坟鬼唱鲍家诗，恨血千年土中碧。

桐叶刷风，壮士心苦，衰灯烛寒，络纬啼素；青编谁看，诗章空蠹；思牵肠直，香魂吊客；秋坟鬼唱，鲍照不死，恨血千年，苌弘化碧。这些想象和比喻破空而来，它们之间仿佛绝无关系，但却在幽独无偶、知音难觅的生命之悲的主题下整合起来，使人在触目惊心的感觉中接受并理解，还充分体会到了意象的跳跃而形成的内在张力。

李贺的诗还具有瑰丽奇崛，精彩绝艳的特点。如《雁门太守行》：

黑云压城城欲摧，甲光向日金鳞开。角声满天秋色里，塞上燕脂凝夜紫。
半卷红旗临易水，霜重鼓寒声不起。报君黄金台上意，提携玉龙为君死。

黑云、甲光、金鳞、燕脂、紫血、红旗，色彩交相辉映，声音低昂跌宕，将边塞特有的战斗场面显现出来。又如《秦宫诗》：

越罗衫袂迎春风，玉刻麒麟腰带红。楼头曲宴仙人语，帐底吹笙香雾浓。人间酒暖春茫茫，花枝人帘白日长。飞窗复道传筹饮，十夜铜盘腻烛黄。秃衿小袖调鹦鹉，紫绣麻鞋踏哮虎。斫桂烧金待晓筵，白鹿青苏夜半煮。桐英永巷骑新马，内屋深屏生色画。开门烂用水衡钱，卷起黄河向身泻。皇天厄运犹曾裂，秦宫一生花底活。鸾篦夺得不还人，醉睡氍毹满堂月。

写东汉权臣梁冀的连夜盛宴和其嬖奴秦宫的骄奢淫逸，色彩艳丽，意象奇诞，可谓如梦如幻。

韩愈当时就称赞李贺，声誉很高。后世学李贺者不乏其人，如宋末的谢皋羽，还有杨维桢的铁崖体更是受到了李贺的长吉体的影响，徐渭的七言诗也学李贺。李贺诗在语言上奇瑰的风格对后世诗歌语言有着潜在的影响。

14

毛泽东熟悉李商隐的诗

> "他知我已忘记了，便笑着，自己代我念出，曰：'如何四纪为天子，不及卢家有莫愁。'由此一事可知，对李商隐的诗，毛泽东很熟悉。"

据史学家周谷城讲，他 1965 年在上海见到毛泽东时，谈论旧体诗，"我们谈到了李商隐，我当即忘乎所以，随便把李商隐的一首七言律诗，用湖南腔调哼起来，曰：'海外徒闻更九州，他生未卜此生休。空闻虎旅传宵柝，无复鸡人报晓筹。此日六军同驻马，当时七夕笑牵牛。'把五六两句哼了几遍，七八两句居然哼不出来。他知我已忘记了，便笑着，自己代我念出，曰：'如何四纪为天子，不及卢家有莫愁。'"由此一事可知，对李商隐的诗，毛泽东很熟悉。[①]

李商隐是晚唐时期的著名诗人，其诗风格绵邈，极具特色。

李商隐（公元约 813—约 858 年），字义山，号玉谿生，怀州河内（今河南沁阳）人。十六岁著《才论》《圣论》等，以古文知名。从祖父起，迁居郑州（今属河南郑州市）。父亲李嗣曾任获嘉（今河南获嘉县）县令。文宗大和三年（公元 829 年），李商隐谒令狐楚，受到赏识。18 岁时，受牛党天平军节度使令狐楚之辟，聘入幕府，且亲自指点文章，助其中进士。令狐楚病逝后，李商隐入泾原节度使王茂元爱其才而将女儿嫁给他。当时牛李党争激烈，令狐父子和王茂元分属牛李两党，因而李商隐被牛党骂为"背恩"。此后

牛党一直执政，骂其背恩。李商隐辗转幕府，潦倒终生。李商隐在朝廷仅任九品的秘书省校书郎、正字、太学博士。为时均很短。从入仕到去世，二十年辗转于各处幕府。最后，妻子早逝，子女寄居他处，更使他感到痛苦。大中十二年前后罢职回郑州闲居，不久病卒。

李商隐早年胸怀大志，写出了不少关注现实的文章和诗篇，咏史诗是这方面的诗作，这些诗历来受到推崇，而内容则多是针对封建统治者的淫奢昏愚进行讽刺的。如：

宣室求贤访逐臣，贾生才调更无伦。

可怜夜半虚前席，不问苍生问鬼神。

——《贾生》

一笑相倾国便亡，何劳荆棘始堪伤。小怜玉体横陈夜，已报周师入晋阳。

巧笑知堪敌万机，倾城最在著戎衣。晋阳已陷休回顾，更请君王猎一围。

——《北齐二首》

乘兴南游不戒严，九重谁省谏书函？春风举国裁宫锦，半作障泥半作帆。

——《隋宫》

紫泉宫殿锁烟霞，欲取芜城作帝家。玉玺不缘归日角，锦帆应是到天涯。

于今腐草无萤火，终古垂杨有暮鸦。地下若逢陈后主，岂宜重问《后庭花》？

——《隋宫》

其中对历代帝王都有讽刺，而对隋炀帝的逸游和荒淫的揭露与抨击尤为激烈和尖锐，而且在含蓄委婉的抒情中寓有深刻的思致，令人回味无穷。

安史之乱后，唐王朝迅速走向衰败，李商隐对玄宗的失政感到极为痛心，讽刺也特别尖锐。如《马嵬》：

海外徒闻更九州，他生未卜此生休。空闻虎旅传宵柝，无复鸡人报晓筹。

此日六军同驻马，当时七夕笑牵牛。如何四纪为天子，不及卢家有莫愁！

但晚唐时期的社会政治已处于风雨飘摇之中，与李商隐同时的诗人许浑所写的"山雨欲来风满楼"（《咸阳城东楼》）的诗句，正是此时的真实写照，再加上个人的失意，因此，孤独、无望、多愁善感成了李商隐诗的主调。如：

云母屏风竹[烛]影深，长河渐落晓星沉。

嫦娥应悔偷灵药，碧海青天夜夜心。

——《嫦娥》

荷叶生时春恨生，荷叶枯时秋恨成。

深知身在情长在，怅望江头江水声。

——《暮秋独游曲江》

客散酒醒深夜后，更持红烛赏残花。

——《花下醉》（节选）

秋阴不散霜飞晚，留得枯荷听雨声。

——《宿骆氏亭寄怀崔雍崔衮》

这些诗都表现了他的这种情绪，这种由细腻的情感和独特的意象铸成的伤感，在晚唐诗歌中独树一帜。

对后世影响最大的还是他的爱情诗，如《锦瑟》：

锦瑟无端五十弦，一弦一柱思华年。庄生晓梦迷蝴蝶，望帝春心托杜鹃。

沧海月明珠有泪，蓝田日暖玉生烟。此情可待成追忆，只是当时已惘然。

诗中的爱情，犹如水晶碧玉，并由爱情升华出更为广阔的情感天地。《锦瑟》开篇就透显出一种莫名的执着，"无端"是对生命的价值与意义的追问，"思华年"则是对人生道路的反省、追寻，在这种追寻中，"一弦一柱"都化作对"华年"的一声声感喟。颔联以蝴蝶、杜鹃的意象将梦境与现实加以对比，正体现了诗人的迷惘、郁闷与探索。颈联营造出了一片混沌、如梦如幻而又澄澈空明的意境，使鲛人与诗人、泪珠与珍珠、现实与想象，在沧海月明和良玉生烟之中融为一境，将朦胧之美推向极致。尾联直写那种如轻烟薄雾般掠过瞬间即逝的不确定的感受，将人的无比新鲜、神秘的情感用否定的方式表现出来。其他的《无题》诗也有这样的特点，如《无题三首》（之一）：

> 昨夜星辰昨夜风，画楼西畔桂堂东。身无彩凤双飞翼，心有灵犀一点通。
> 隔座送钩春酒暖，分曹射覆蜡灯红。嗟余听鼓应官去，走马兰台类转蓬。

该诗应该是写诗人与一位贵家姬妾的暗恋。首联写与心上人相会时的情景，温馨而绮丽；颔联宕开一笔，写自己对非同寻常的恋爱有着极其深刻而独特的感受，因其比喻新颖贴切而成为不朽的名句。颈联兜底抄回，再写二人在宴会上传递爱意的种种微妙举动，将心神相会、情意相通的情景描绘得栩栩如生。尾联写诗人不得不走马从公，点卯应官，"类转蓬"的慨叹表现出他对恋人的依恋之情。诗作创造了一个开放性的深情绵邈的艺术境界。《无题三首》中的另外两首也十分优秀：

> 相见时难别亦难，东风无力百花残。春蚕到死丝方尽，蜡炬成灰泪始干。
> 晓镜但愁云鬓改，夜吟应觉月光寒。蓬山此去无多路，青鸟殷勤为探看。

> 飒飒东风细雨来，芙蓉塘外有轻雷。金蟾啮锁烧香入，玉虎牵丝汲井回。
> 贾氏窥帘韩掾少，宓妃留枕魏王才。春心莫共花争发，一寸相思一寸灰。

前一首首联写暮春时节对恋人的思念和感叹，锦绣而绮丽，颔联写两人之间的刻骨相思，浓墨重彩，深哀剧痛，无以复加，遂为千古名句。颈联则是想象其恋人因想念自己的情景，尾联是说与恋人不能相见，只有托情青鸟。后一首所写的对象就更加不确定，但我们可以从中感受到那种情人的铭心刻骨的思念。

李商隐的爱情诗似有所寄托而又无可索解。元好问《论诗》说："诗家总爱西昆好，独恨无人作郑笺。"说的就是这些诗的隐晦曲折。尽管如此，我们还是可以从中感受到某些共同的东西。其实，对于审美来讲，根本就不需要坐实，坐实了反而失去了原有的美感，倒是近人梁启超的话说得明白而有见地："义山的《锦瑟》、《碧城》、《圣女祠》等诗，讲的什么事，我理会不着。拆开一句一句叫我解释，我连文义也解不出来。但我觉得它美，读起来令我精神上得一种新鲜的愉快。须知美是多方面的，美是含有神秘性的，我们若还承认美的价值，对于此种文字，便不容轻轻抹煞。"（《中国韵文内所表现的情感》）

诗至晚唐，已不像盛唐那样寓情于景或通过对景物、事件的忠实来描写。

15

傅说、吕望比"马周才德，迥乎远矣"

> 毛泽东是个具有非凡见解的政治家，他不同意欧阳修对马周的这种评价。

《新唐书》作者欧阳修在《马周传》后评论说：马周由"一介草茅"，得到唐太宗的赏识和提拔，一跃而为皇帝得力的助手，"其自视与筑岩、钓渭亦何以异！""然（马）周才不逮傅说、吕望，使后世未有述焉，惜乎！"这里涉及了两个历史上著名的人物，一是傅说，他是公元前1200多年的商朝人，相传他本是奴隶，武丁在傅岩这个地方发现他，提拔他为宰相，后来协助武丁大治天下。二是吕望，俗称姜太公，因曾受封于吕地，改姓吕，名望。他年老隐居，经常垂钓于渭水之阳，文王出猎时发现他，便以隆重的礼节聘请他，立他为师。他智勇双全，协助周武王灭纣，建立了大功。但欧阳修在这里却认为，马周虽自比为傅说和吕望，但才能不及他们，所以后世很少记述他的事迹。

毛泽东是个具有非凡见解的政治家，他不同意欧阳修对马周的这种评价。在欧阳修这段话的天头上，毛泽东批注："傅说、吕望，何足道哉。马周才德，迥乎远矣。"[1]

在《旧唐书·马周传》的天头上，毛泽东还用粗重的笔迹写着："马周，年四十八。"[2]

在《旧唐书》、《新唐书》的《马周传》中，毛泽东有许多圈圈点点，又批又注，对马周极为赞赏。

---

[1] 赵以武主编：《毛泽东评说中国历史》，人民出版社2010年版，第276页。
[2] 赵以武主编：《毛泽东评说中国历史》，人民出版社2010年版，第274页。

毛泽东高度评价的是贞观六年（公元 633 年），马周给唐太宗的奏折。在《新唐书》这一段的天头上，毛泽东批注："贾生《治安策》以后第一奇文。宋人万言书，如苏轼之流所为者，纸上空谈耳。"①

贾生是指西汉的贾谊，他写的《治安策》被毛泽东评价为："全文切中当时事理，有一种颇好的气氛"，"是西汉一代最好的政论"。②

毛泽东认为马周的奏折是《治安策》后的"第一奇文"，这种评价是极高的。毛泽东把马周和贾谊联系起来，我们可以看到他十分重视年轻人才，而他们都是对处理现实问题具有真才实学的人。

那么，马周是个什么样的人，又有什么样的经历呢？

唐太宗贞观五年，天下大旱。有一段时间，唐太宗李世民浑身燥热，坐立不安。按传统的老规矩，认为这一定是朝廷政治出了问题导致的，所以上天才会示警，要求皇帝检查自己是否有什么过错。所以唐太宗便颁布诏书，令文武百官上书，允许畅所欲言，揭露、指责皇帝和朝廷的一切毛病。

对于官员们来说，这是一次显示才干的好机会，于是纷纷上书，奏章雪片般地飞落皇宫。却有一位官员抓耳挠腮，十分为难。原来，这人是中郎将常何。常何是个武夫，虽然官职不小，但没有文化，不知该说些什么，就是对朝政有些不同的看法，也写不出来，连怎么说也不知道。出人意料的是，唐太宗不久即收到常何的奏章。他知道常何写不出什么来，但为了表示自己的诚心，还是漫不经心地打开来看了，但马上被其中洋洋洒洒的议论吸引住了。文章写得极有条理，批评和建议罗列了二十多条，都是很中肯、很有价值的。唐太宗很兴奋，又很奇怪说："常何什么时候变得这么有能耐？"随即传旨宣常何上殿。

常何也不知是福是祸，见到皇帝十分紧张。太宗问道："这奏章很好！是您写的吗？"常何心里舒了一口气，老老实实地回答说："我哪有这个本事！是我的门客马周替

---

① 《毛泽东读文史古籍批语集》，中央文献出版社 1993 年版，第 235 页。
② 《毛泽东书信选集》，中央文献出版社 2003 年版，第 497 页。

我写的。"

马周是山东人。从小孤独一人，贫困潦倒，他曾经流落新丰，在集市上酤饮，但无人能够理解他的才华。前些日子流浪到长安，寄居在常何家中作门客。

那天，见常何在室内发愁，便进去问他自己能帮些什么忙。问明情况后，便答应立即代他起草了那个奏章。

马周的奏折向唐太宗提出的问题和建议是：

第一，建议唐太宗节俭治国，力戒奢侈，关心百姓的疾苦，并要身体力行。他从历史上夏、商、周至魏、晋、隋统治天下的时间长短，总结经验教训说："然自古明王圣主，虽因人设教，而大要节俭于身，恩加于人，故其下爱之如父母，仰之如日月，畏之如雷霆，卜祚遐长，而祸乱不作也"。毛泽东在《旧唐书》《新唐书》的这一部分密加圈点，并在"节俭于身，恩加于人"处，逐字加上了套圈，天头上连画三个大圈，说明对此段极其重视。在奏章中，马周列举了尧、禹、汉文帝、汉景帝节俭的事例，对他们加以赞扬，对照当时的情况，马周十分尖锐地指出："今京师及益州诸处，营造供奉器物，并诸王妃主服饰，皆过靡丽"，还指出老百姓所服的徭役太重，百姓"颇嗟怨"。马周直言不讳地说，"陛下少处人间，知百姓辛苦，前代成败，目所亲见，尚犹如此，而皇太子生长深宫，不更外事，即万岁后，圣虑之所当忧也"，这是对唐朝后世的担忧，应该说，这些是使唐太宗感动并接受的主要原因。毛泽东在"陛下少处人间……目所亲见"处，字字都加了旁圈。在天头上画了三个大圈。他对马周实事求是的态度，是十分赞赏的。

第二，建议唐太宗分封诸王、功臣要得当，要加强郡县基层的人选，要对他们有正当的待遇，否则就会引起不平和争议。马周非常同意贾谊《治安策》中有关分封诸侯的意见，认为对诸王和功臣，不可"树置失宜"，要"预为节制"，即将他们预先掌握在皇帝的手中。他还举曹操宠爱曹植，曹丕即位后，曹植备受猜忌，郁郁而死为例，认为那是由于"先帝加恩太多，故嗣王疑而畏之也"造成的。毛泽东对这一句加了旁圈。马周希望唐太宗不要"前车既覆，而后车不改辙也"。毛泽东对这一句又加了旁圈，在天头上还画了三个圈。马周建议加强郡县的人选，强调说："臣闻天下者，以人为本。必也使百姓安乐，在刺史、县令耳。县令既众，不可皆贤，但州得良刺史可矣"。毛泽东在这些话下逐字加了旁圈。马周批评："今独重内官，县令、刺史颇轻其选。又刺史多武夫勋人，或京官不称职始出补外"，"所以百姓未安，殆在于此"。唐朝的官制，地方设州县两级，州设刺史，县设县令。马周这种加强基层政权的主张对于中国当时的情况是有相似之处的，也是毛泽东最为赏识的地方。

第三，马周在奏章中建议唐太宗重视人民群众的作用。他说："自古以来，国之兴亡，不由积蓄多少，在百姓苦乐也。"毛泽东在此处天头上也画了三个圈，逐字加了旁圈。马周举例说："隋虽有洛口贮仓米，东都织布帛，西京库金银，但由于政治的腐败，这些财物不仅没有能够帮助隋朝，反而当李密、王世充起来造反，这些都成了帮助造反者的财物。"而且，"但贮积者，固有国之常，要当人有余力而后收之，岂人劳而强敛之以资寇邪？"毛泽东对这段引文逐字加了旁圈。马周指出，而今百姓有怨言，"以为陛下不忧怜之"，这是由于"今营为者，多不急之务故也"，"若人既劳，而用之不息，万一中国水旱，而边方有风尘之警，狂狡窃发，非徒旰食晏寝而已"。马周这种以"百姓苦乐"决定"国之兴亡"的观点，在封建社会中是很难得的，很受毛泽东的重视。

贞观之治是唐朝的鼎盛时期，马周和贾谊一样居安思危，看到当时政治上的种种弊端和隐患。他在奏折中提出的问题，切中时弊，说理透彻。提出的建议，具有清醒的洞察力和卓越政治家的远见。特别是他不计个人得失，以国家利益为重，敢于批评时政中重要问题的无畏精神。凡此，都被毛泽东称誉为才德高于傅说、吕望，他的奏折也被称誉为《治安策》后"第一奇文"。

《旧唐书》《新唐书》中对马周的记载并不多，但他在贞观之治中所起的作用不容磨灭。毛泽东认为他的才德远比傅说、吕望为高，这虽是他一个人的评价，未必能够取得史学界的赞同，但这并不重要，重要的是从这里我们可以看到毛泽东评价马周这位历史人物的立场、观点和思想感情，也可以看到毛泽东读史的特点，更可以受到有益的启发。

16

为什么说冯道是五代"风俗之坏极"的代表？

> "五代纲维横决，风俗之坏极矣，冯道其代表也。宋兴稍一振，然犹未也。"

　　毛泽东非常重视人的道德品质，在他执政期间，从来都极为重视思想道德建设。在评价历史人物的时候，也是这样。他曾经说过："五代纲维横决，风俗之坏极矣，冯道其代表也。宋兴稍一振，然犹未也。逮范文正出，砥砺廉节，民黎始守纲常而戒于不轨。其至也，朱程礼义之士兴，天下风俗，骎骎比隆东汉焉。"①

　　那么，毛泽东为什么说冯道是五代"风俗之坏极"的代表呢？

　　其实，国学大师钱穆先生在研究了中国历史后也指出，中国古代最无耻的时代是五代。的确，这是一个乱哄哄的时期，各色人等都容易显示其本色。五代时期，就出了一个臭名昭著的儿皇帝石敬瑭。然而，这还不是最无耻的，最无耻的应该算是虽然没有当儿皇帝但却历时五代而不倒的官场不倒翁冯道。

　　仔细读一读《五代史·冯道传》和《新五代史》及《资治通鉴》中的有关篇章，冯道这个官场不倒翁的形象就会栩栩如生地展现在我们的面前。

　　冯道，字可道，瀛州景城（今河北省交河县东北）人，生于唐僖宗中和二年（公元882年）。他的家庭，可能是一个能够自给自足的小康之家，据记载，"（冯道）早先一边

---

① 中共中央文献研究室、中共湖南省委《毛泽东早期文稿》编辑组编：《毛泽东早期文稿（1912—1920）》，湖南人民出版社2013年版，第534页。

耕种土地，一边读书学习，并不忙于操持生活家业。冯道自幼性格纯厚，爱好学习，善于写文章，不以穿破衣服、吃粗劣的饭食为耻。"他的祖先也不是名门士族，据查，连一个县令以上的先人也找不出来。可见，冯道在这样的家庭出身条件下，想跻身官场，其难度是可想而知的。

唐朝末年，军阀割据，战乱频仍，李克用割据晋阳，独霸一方，从欧阳修的《五代史伶官传序》里可以看出，李克用是一个有着雄才大略的人，其子李存勖在灭梁前期，也还是颇有作为的。大概是因为冯道看到了这一点，才投奔了李存勖，以图求得前程。在这以前，冯道先在离家乡较近的幽州做小吏，当时，幽州军阀刘守光十分凶残，杀人成性，对于属下，也是一言不合，即加诛戮，甚至杀了之后，还叫人"割其肉而生啖之"，冯道与这样的人相处，自然是很危险的。

一次，刘守光要攻打易、定二州，冯道却敢劝阻，结果惹怒了刘守光，几被杀死，经人说情，被押在狱中。由此可见，当时的冯道还是较为正直的。冯道经人帮助，逃出牢狱，投奔了太原，投在晋大将张承业的门下，经张承业的推荐，冯道成为李存勖的亲信。从此，冯道踏上了仕途。

冯道起初担任晋王府中的书记，负责起草收发各种政令文告、军事信函。不久，李存勖看到朱温建立的后梁政权十分腐败，就准备灭掉后梁。晋王和后梁的军队在黄河两岸对峙，战斗打得十分激烈残酷，冯道身为李存勖的亲信，却能以身作则，率先过简朴的生活。据历史记载，他"在军中，盖了一个小小的茅草屋，连床席都没有，只睡在一束干草之上"。应当说，这种精神还是值得赞赏的。

冯道也还善于处理君臣之间的纠纷。在消灭后梁的军队时，晋王的军饷十分匮乏，因为陪李存勖吃饭的将领太多，主管人员弄不来那么多供应，十分为难。大将郭崇韬对李存勖说："供应紧张，能不能少几个陪着吃饭的人？"李存勖发火说："我想为那些替我卖命的人弄顿食吃都不成，哪里还能当主帅呢？"郭崇韬吓得不敢作声，冯道在一边说："粮饷供应确实困难，郭崇韬这么说，也是对大王的一片忠心啊！"这场风波就此消弭。

但李存勖灭掉后梁建立后唐以后，只重视那些名门贵族出身的人，对冯道这样的没有"来历"的人，并不重用，冯道这时当了个什么官，并不重要，重要的是他听到父亲死后只能徒步奔丧，其困窘的程度是可想而知的。直到庄宗李存勖被杀，明宗即位，他才被召回。明宗鉴于前朝教训，重用有文才的人，想以文治国，冯道这才被任命为宰相，真正发迹。

在冯道当宰相的七年间，应该说做了一些好事。一天，明宗问臣下年景如何，臣下们大多说了些粉饰太平的话，但冯道却给明宗讲了一个故事，冯道说："我当年在晋王府的时候，奉命到河北中山一带公干，途中要路过井陉。我早就听说过井陉是个很难走的地方，人马到了那里，多发生被绊倒摔伤的事，我就十分小心平安地走过了井陉。没想到过了井陉，到了平地，却被从马上摔了下来，差点摔死，我这才明白要处处小心，时时提防。我的事虽小，却可以用来比喻大的事情，望陛下不要以为五谷丰登，河清海晏就可以高枕无忧了。要兢兢业业，不要放纵享乐，这是我们臣下所希望的呀！"

又有一次，明宗问冯道："天下百姓的日子怎么样？"冯道趁机进言说："谷贵饿农，谷贱伤农，此常理也！唐朝有位叫聂夷中的诗人，写了一道《伤田诗》：'二月卖新丝，五月粜秋谷，医得眼前疮，剜却心头肉。我愿帝王心，化作光明烛，不照绮罗宴，偏照逃亡屋'。"明宗听后，连说好诗，并命人抄录，经常诵习。

但冯道虽为宰相，还是为时人瞧不起，残留在人们意识中的门阀士族观念还未肃清，由于冯道出身低微，因此经常受到人们的奚落。一天，冯道下朝回家，一个出身于"衣冠门第"的工部侍郎跟在他的后面起哄道："宰相走得太快了，必定要从腰里掉下一本《兔园策》来！"

在当时，《兔园策》是一本乡校里儒用来教农夫和放牛的孩子的读本，这么说冯道，明摆着是讥刺他出身低微。一个小小的工部侍郎竟敢在大庭广众之下奚落宰相，在等级森严的封建社会里，一般是不可能发生的。从这件事里，可以看到冯道当时所处的环境。

后唐明宗去世以后，他的儿子李从厚即位。从此以后，冯道就丧尽了正直向上之气，一味地为做官而做官了。闵帝即位不到四个月，同宗李从珂即兴兵来伐，要夺取帝位，李从厚得到消息后，连臣下也来不及告诉，就慌忙跑到自己的姨父石敬瑭的军中。第二天早上，冯道及诸大臣来到朝堂，找不到皇帝，才知道李从珂兵变，并率兵往京城赶来。

冯道这时的做法真是一反常态，极其出人意料，他本是明宗一手提拔，从寒微之族被任命为宰相，按常理说，此时正是他报答明宗大恩的时候，况且李从珂起兵实属大逆不道。但冯道没有考虑这些，他所想的，是李从珂拥有大军，且性格刚愎，而李从厚不过是个小孩子，即位以来尚未掌握实权，为人又过于宽和优柔，在权衡了利弊之后，他决定率领百官迎接李从珂。

冯道身为宰相，权位为诸官之首，又兼一些官吏为他所亲手提拔，他一倡议坚持，多数人也不好说什么。但个别正直官吏还是出言诘问。中书舍人卢导首先抗言说："哪有天子在外，大臣反去劝别人当皇帝呢？我们是不是该去投奔天子？"丞相李愚等人也随声附和。但冯道却要大家认清当前的形势，不要固执己见。大多数人无奈，只得跟冯道一起到洛阳郊外去列队迎接李从珂，并献上了请李从珂当皇帝的劝进文书。就这样，冯道由前朝的元老重臣摇身一变，又成了新朝的开国功臣。只是李从珂对他实在不放心，不敢委以重任，把他放到外地任官。后来又觉得过意不去，把他调回京中，给了他一个没有多大实权的司空之职。

不久，石敬瑭同李从珂发生了冲突，石敬瑭想借恢复闵帝的旗号打倒李从珂，但石敬瑭兵力很单薄，不能同李从珂抗衡，为了夺取帝位，石敬瑭也不顾一切，竟派使者赴契丹向契丹主耶律德光求援，并许下三个条件，事成之后，一是向契丹称臣，二是石敬瑭向耶律德光称儿子。三是割让雁门关以北诸州给契丹。耶律德光正想插手中原，石敬瑭主动去求，正中下怀，便约定等中秋以后倾国赴援。在契丹人的支持下，石敬瑭打败了李从珂，做了中国历史上臭名昭著的"儿皇帝"。

石敬瑭以恢复闵帝为号召，在当皇帝后，就把原闵帝朝的官吏大多复了职，冯道也被任命为宰相。不知石敬瑭对冯道侍奉李从珂这段历史怎么考虑，也许是因为冯道未受李从珂重用的缘故吧，反正石敬瑭来了个既往不咎，冯道更是乐得当官。

石敬瑭当皇帝后的第一件大事，就是实现对耶律德光许下的诺言，否则，王朝就有倾覆的危险。尤其是自称"儿皇帝"，上尊号于契丹皇帝与皇后，实在是一个说不出口的事。据载，写这道诏书的官吏当时是"色变手颤"，乃至于"泣下"，可见这是一种奇耻大辱。至于派人去契丹当册礼使，更是一个既要忍辱负重，又要冒生命危险的事。石敬瑭想派宰相冯道去，一是显得郑重，二是冯道较为老练，但石敬瑭很为难，恐怕冯道拒绝。谁知他一开口，冯道居然毫不推辞地答应了，这真使石敬瑭喜出望外。

其实，石敬瑭哪里知道冯道的"苦衷"。冯道十分清楚，只有结交好耶律德光，他在石敬瑭那里的位置才能保得稳，把"爸爸皇帝"笼络好了，这"儿皇帝"也就好对付了，从这一点看，冯道对于长保富贵，的确算得上有胆有识。

冯道可以说极其圆满地完成了这次外交任务。他在契丹被阻留了两个多月，经多次考验，耶律德光觉得这个老头实在忠诚可靠，就决定放他回去。谁知冯道还不愿回去，他多次上表，表示对耶律德光的忠诚，想留在契丹。越是这样，耶律德光就越觉得应当让他回去，好让他在石敬瑭那里为自己办事。经过多次反复，耶律德光一定要让他回去，冯道这才显出一副依依不舍的样子，准备启程。一个月以后，他才上路，在路上又走走停停，走了两个多月，才出契丹的国境。他的随从不解地问他："能活着回来，恨不得插翅而飞，您为什么要走得这么慢呢？"冯道说："一旦走快，就显出逃跑的样子，即使走得再快，契丹的快马也能追上，那有什么用呢？反不如慢慢而行！"随从人员这才佩服冯道的深谋远虑。

这趟出差回来，冯道可真的风光了，甚至连石敬瑭都得巴结他。石敬瑭让冯道手掌兵权，"事无巨细，悉以归之"，不久又加冯道为"鲁国公"，终石敬瑭一朝，石敬瑭对冯道是"宠无与为比。"

石敬瑭的后晋政权只维持了十年多一点就完蛋了。后晋出帝开运三年，耶律德光率三十万军队南下，占领了汴京。冯道大概觉得契丹人可以稳坐中原江山吧，就从襄邓主动来投靠耶律德光，冯道满以为耶律德光会热烈欢迎，没想到北方夷狄不懂中原的人情世故，耶律德光一见冯道，就指责他辅佐后晋的策略不对。这可把冯道吓坏了，连忙换上一副卑躬屈膝的笑脸，小心服侍。耶律德光问："你为什么要来朝见我呢？"冯道说："我既无兵又无城，怎敢不来呢？"又问："你这老头是个什么样的人？"答曰："是个又憨又傻无德无才的糟老头！"冯道以老朋友的姿态装憨卖傻、卑辞以对，弄得耶律德光哭笑不得，就没有难为他。

不久，耶律德光见中原百姓生灵涂炭，便问冯道说："怎样才能救天下百姓呢？"冯道见机会来了，就装出一副真诚的样子说："这时候就是如来佛出世，也救不了此地的灾难，只有陛下才能救得！"大概爱听谄谀之辞是人的本性之一，耶律德光慢慢地相信并喜欢上了冯道，让他当了辽王朝的"太傅"。后来曾有人检举揭发他曾参与过抵抗契丹的活动，耶律德光反为冯道辩护说："这人我信得过，他不爱多事，不会有逆谋，请不要妄加攀引。"

契丹人十分残暴，"纵胡骑四出，以牧马为名，分番剽掠，谓之'打草谷'。丁壮毙于锋刃，老弱委于沟壑，自京西两畿及郑、滑、曹、濮，数百里间，财畜殆尽。"契丹的三十万大军，无正常的军需渠道，只靠剽掠为生，因而激起了广大人民的强烈反抗。大概连冯道也看出契丹人如此下去长久不了，就开始为自己的后路着想。他想方设法地保护了一批投降契丹的汉族地主，为自己日后的仕途留下了退路。他这种做法，以至连欧阳修都认为"契丹不夷灭中国之人者，赖（冯）道一言之善也。"

在人民的反抗之下，契丹人被迫撤回。冯道随契丹兵撤到恒州，趁契丹败退之际，逃了回来。

这时，石敬瑭的大将刘知远趁机夺取了政权，建立了后汉政权。刘知远一方面想安定人心，笼络势力，一方面冯道也因保护别人而得赞誉，刘知远就拜冯道为太师。

五代时期的政权更迭，真如走马灯一般，令人眼花缭乱。刘知远的后汉政权刚刚建立四年，郭威就扯旗造反，带兵攻入汴京。这时候的冯道，又故技重施，准备率百官迎接郭威。他做了后唐明宗的七年宰相，尚且不念旧恩，何况只做了不到四年的后汉太师，更是不足挂齿。

于是，他率百官迎郭威进汴京，当上了郭威所建的后周政权的宰相，并主动请缨，去收服刘知远的宗族刘崇、刘赟等手握重兵的将领。刘赟果然相信了冯道，认为这位三十年的故旧世交，总不会欺骗他，没想到一走到宗州，刘赟就被郭威的军队解除了武装。冯道又为后汉的稳固立了一大功。

但没过几年，郭威病死，郭威的义子柴荣继位为周世宗。割据一方的后汉宗族刘崇勾结契丹，企图一举推翻后周政权。根据冯道半个世纪的经验，此次后周是保不住了，肯定又得改朝换代，自己虽已近苟延残喘之年，还是要保住官位爵禄。

柴荣当时只有三十四岁，年纪不大，却很有胆识气魄。当刘崇、契丹联军袭来时，一般大臣都认为皇帝新丧，人心易摇，不可轻动，但柴荣却一定要亲征。别人见柴荣意志坚定，便愿随出征，不再多说，只有冯道在一边冷嘲热讽地"固争"，下面的对话很能刻画出冯道的心态：柴荣说："过去唐太宗征战，都是亲自出征，难道我就不能学学他吗？"冯道说："不知陛下是不是唐太宗。"柴荣又说："以我兵力之强，出击刘崇、契丹联军，犹如以山压卵，如何不胜？"冯道说："陛下能为山吗？"

这些莫名其妙的话说得柴荣大怒，他私下里对人说："冯道太看不起我了！"

其实，冯道倒不是看不起柴荣，而是在为自己在下一个什么朝代做官留下一条后路，弄一点投靠新主子的资本。

谁知柴荣还真不怕邪，亲率军队，于高平之战中大败刘崇、契丹联军，以事实给了冯道一个响亮的耳光，就在柴荣凯旋之时，冯道也油尽灯枯，对在下一个王朝做官失去了信心。也许他因自己的判断失误而伤心吧，柴荣高平之战的胜利终于送了他的老命。

冯道死在自己的家里，死后无哀荣，身后境况凄凉。

冯道死于公元954年，一生度过了七十三个年头。

冯道是封建官场的不倒翁，也是一个"长乐老"。

在任后汉宰相时，冯道作一篇《长乐老自叙》，这是中国封建官场上的无耻宣言。在这一宣言里，冯道把自己的履历表填得一清二楚，洋洋得意地罗列自己的历任官职及封号，甚至还包括契丹政权授予他的"伪官"，可谓有实事求是的精神了！

冯道的确是一位"长乐老"。中国人说"知足者常乐"。冯道是有官就长乐。中国人说"无官一身轻，有子万事足"，冯道是无官不能活，有官万事足。

冯道的一生，就是一部"做官学"，他本人就是一位官场常胜将军，是一部活的教材，他一生的意义也许就是教人怎样做官，用他一生的实践在向人们宣告着官场不倒的秘密：良心丧尽＋善于投机。

毛泽东一生反对机会主义者。什么是机会主义呢？机会主义就是没有原则，没有理想，就是见风使舵，就是有奶便是娘。因而，从一定意义上说，机会主义者是最无耻的。例如，今天有些商人没有原则和理想，什么赚钱就做什么，结果是好则树不起什么品牌，成不了什么气候，坏则一败涂地，甚至锒铛入狱，这就是商业上的机会主义者。冯道是政治上的机会主义者，用今天的话说就是旧政客。毛泽东一生坚持革命理想，最不能容忍的就是政客，因此，他将冯道称为五代"风俗之坏极"的代表，也就可以理解了。

17

"本朝人编本朝史，有些事不好说，
也可以叫做不敢说"

> *"而每一部史书，都是由封建的新王朝臣子奉命修撰的，凡关系到本朝统治*
> *者不光彩的地方，自然不能写，也不敢写。"*

在读历史时，毛泽东往往以其敏锐而犀利的见解令人震撼佩服。我们在读史时一般都将所谓"正史"当作天条，不敢怀疑，但毛泽东却以历史唯物主义的态度指出了一些真正的历史事实。如他说："而每一部史书，都是由封建的新王朝臣子奉命修撰的，凡关系到本朝统治者不光彩的地方，自然不能写，也不敢写。如宋太祖赵匡胤，本是后周的臣子，奉命北征，走到陈桥驿，竟发动兵变，篡夺了周的政权。《旧五代史》（宋臣薛居正等撰）却说他'黄袍加身'，是受将士们'擐甲将刃'、'拥迫南行'被迫的结果，并把这次政变解释成是'知其数而顺乎人'的正义行为。"[1]

毛泽东在这里提出了两个问题，一是所谓的"为尊者讳"，二是"陈桥兵变是一次不光彩的政变"。

下面我们就历史事实来具体分析这两个问题。

赵匡胤是宋太祖，是宋朝的开国皇帝。他出身贫贱，但勇武有力，人也十分机智。曾过了一段流浪生活，当时郭威拥兵自立，准备取后汉而代之。

---

[1] 芦荻：《毛泽东谈二十四史》，《光明日报》1993 年 12 月 20 日。

在拥立郭威的过程中，作为禁军中的一员，赵匡胤表现十分突出。郭威在将领们的拥立之下当了后周太祖，赵匡胤也被提拔为东西班行首，当了一个中级禁军军官，总算有了安身立命之地。其实，这是次要的，主要的是通过这次事变使他知道了禁军的重要性，知道了禁军发动政变可以推立皇帝。

在军阀战争中，赵匡胤总算有了用武之地，他作战十分勇敢，可以说身先士卒，能冲锋陷阵，又兼他机变百出，智谋迭现，为后周立下了汗马功劳。尤其他对大将柴荣表现得非常忠诚，逐渐取得了柴荣的信任。不久，郭威病死，养子柴荣继位，是为周世宗。周世宗一当皇帝，即提拔赵匡胤为殿前都点检。

这个职位是禁军的最高首领，和郭威当年在后汉所处的位置是完全一样的。不久，周世宗又病死，七岁幼子柴宗训继位，孤儿寡母秉政，其艰难是可想而知的，而这时正是赵匡胤窃取帝位的千载良机。

赵匡胤在周世宗病死前就精心组织了这支禁军队伍，他受周世宗的委托，在军中选择最为精壮的军士编成"殿前诸班"，由于他亲自组织建立起了这支军队，再加上他尽心结纳军士和军官，因此，这支军队中布满了他的亲信，他也就牢牢地掌握了这支精锐之师。周世宗死后，后周王朝中就没有一个人能同他争锋了。

公元959年11月，赵匡胤以镇州、定州的名义谎报军情，说割据山西的北汉汇合契丹人向后周发动进攻，宰相范质、王溥等昏庸无能，不辨真假，立命赵匡胤率大军出征阻挡。该月初三，赵匡胤率军出发，当晚到达离开封东北四十里的陈桥驿。陈桥兵变，黄袍加身的历史事件就要发生了。

当天晚上，赵匡胤的亲信赵普和弟弟赵匡义在军队中散布舆论说，当今皇上年幼，不明世态人情，即便将士们拼死征战，回来也难以领功受赏。如果能拥立赵匡胤为皇帝，再去打仗，情况就不一样了，立功的将士一定会有高官厚禄。军队中本来就有很多赵匡胤的亲信，这么一煽动，绝大部分人都同意了。于是，赵普和赵匡义严令将领，严格管束军士，兵变后不得抢掠烧杀，要绝对保证"兴王易姓"的顺利进行。

这天晚上，赵匡胤假装不知，喝得大醉，沉沉睡去，到了第二天早上还未醒来。等他慢腾腾地爬起来，赵普和赵匡义把早已准备好的黄袍"强行"披到他的身上。赵匡胤假意推辞责怪，赵普就率百官跪拜恳求，赵匡胤据说是不好拂逆众意，才勉强答应下来。这就是历史上著名的"黄袍加身"事件。

这也真是报应不爽，郭威以禁军兵变夺取了后汉的政权，事隔八九年，郭威的部下赵匡胤即以其人之道，还治其人之身，也仿效郭威，以禁军兵变夺了后周孤儿寡母的皇位。

赵匡胤是明智的。前代的"兴王易姓"，将士们趁机抢掠，弄得新王声名狼藉，赵匡胤很善于接受前代的教训，在率军回开封时，他勒住马对将领们说："你们因为贪图富贵而拥立我，但你们必须服从我的命令，否则，这个皇帝我是不能当的！"将士们一心领功受赏，好不容易找了个当拥立功臣的机会，怎肯错过，就都答应了赵匡胤的要求。赵匡胤命令说：一、不得抢掠百姓；二、对太后和小皇帝"不得惊犯"；三、对后周的公卿"不得侵凌"；四、对"朝市府库，不得侵掠"。赵匡胤派人同守卫开封的禁军将领石守信、王审琦联系，二人也巴不得立功，赵匡胤一到，便立即开门迎接，个别将领想反抗，即被杀死。宰相范质等人无奈，只得帮助赵匡胤举行了禅让仪式。因赵匡胤在后周任归德军节度使的任所在宋州，就以"宋"为国号，这就是中国历史上宋朝的开始。

赵匡胤很会收揽人心，他既兵不血刃地占了开封，又对前朝重臣大加笼络。他把原后周皇帝改为郑王，对宰相范质等人给以优厚的赏赐，并让他们官保原职。这样，洛阳很快就安定了下来。外藩中也多所归附，至于个别反对的藩镇节度使，也因不得人心，很快被平定下去。赵匡胤遂坐稳了北宋的龙廷。

由此看来，"陈桥兵变是一次不光彩的政变"，主要是指赵匡胤欺负了人家的孤儿寡母，与人之常情不合，再就是说"黄袍加身"实际上是一个阴谋。由这两层意思即可说"陈桥兵变""不光彩"，是阴谋。而史书却美化赵匡胤，赵匡胤做皇帝是民心所向，因此史书上的话不可尽信。

其实，在宋朝，像赵匡胤这样的事还不止一二件。赵匡胤的弟弟赵匡义，就对他的哥哥即以其人之道还治其人之身。

赵匡义是赵匡胤的胞弟，与赵匡胤不同，赵匡义因为有哥哥的经济支持而读了好多年的书，所以，他比哥哥少了许多武功，但在文采学识方面，却明显地优于他的哥哥。

赵匡胤当后周禁军首领时，赵匡义就已进入核心，成为赵匡胤的得力助手。在陈桥兵变、"黄袍加身"拥立赵匡胤做皇帝的事件中，赵匡义是其主谋之一。因为拥立有功，赵匡胤也就十分重视他这个胞弟，有意栽培提拔，先把他任命为殿前都虞侯，领睦州防御史，后来又任命他为开封府尹。开封府尹是个十分重要的官职，在这一位置上，既可通上，又可达下，对于经营自己的势力，十分有利。赵匡义在这一位置上培植大批私人势力，这在他即位以后所任用的官吏中即可看出，而这些人也确实为巩固他的地位发挥了巨大作用。

关于赵匡胤之死，官修的宋史均是语焉不详，此原因恐怕是自宋太宗赵匡义以后北宋皇帝均是由太宗一支人继承有关。这些人既不愿说清事实，又不好胡编历史，最妙的办法就是绕过去。但一些非官方的记载和传说却很丰富。

宋代有个叫文莹的山林老僧写了一本书，叫做《湘山野录》，其中记载了赵匡胤之死。说赵匡胤听信了一个术士的话，知道自己气数已尽，便召胞弟赵匡义入宫安排后事。当时，赵匡胤患病在身，他把宦官和宫人赶得远远地，自己和赵匡义对酌饮酒。宦官和宫人远远地看去，只见烛光之下，赵匡义时时避席而走，似有激动难忍之状，又像是推辞不受的样子，后来又见赵匡胤拿柱斧砍在雪地之上，大声对赵匡义说："好做，好做。"最后，赵匡胤入内就寝，当夜留赵匡义在宫内住宿。刚入睡时，赵匡胤鼾声如雷，天还未明，便无声息。内侍急忙人内查看，只见赵匡胤已死去多时。

还有的传说赵匡胤十分宠爱攻破后蜀得来的原后蜀主的花蕊夫人费氏，在赵匡胤死前的那天晚上，赵匡胤召赵匡义进宫问事，并留宫侍候。赵匡义见哥哥睡熟，就乘机调戏花蕊夫人。赵匡胤被惊醒，就用玉斧去砍赵匡义。皇后和太子闻声赶到，赵匡胤已气息奄奄，第二天清晨就去世了。

关于赵匡义即位，也是众说不一。有人说他在灵前即位。有人说赵匡胤病危之时，派宦官王继隆召他的儿子秦王赵德芳来见，王继隆却跑到开封府，找来了赵匡义。皇后见王继隆回来，忙问："德芳来了吗？"王继隆却说："晋王（赵匡义）到了。"赵匡胤和皇后都大吃一惊，皇后哭着对赵匡义说："我们母子的性命，都交给官家（皇上）了。"赵匡义安慰皇后说："共保富贵，不必担忧。"

　　还有一个"金匮之盟"的传说企图为赵匡义继承皇位作"合理"的注解，把子承父业变成兄终弟及的转化说成是维持赵宋王朝的要求。

　　赵普是宋朝的开国功臣，深受宋太祖赵匡胤的宠信，但他利用职权，做了许多违法的事，赵匡胤知道后，就撤了他宰相的职务，到太宗赵匡义即位后，他仍郁郁不得志。于是他说出了一个"金匮之盟"的故事来，赵匡义按他说的地方去找，果真找到了这个"金匮"，发匮得书，果如赵普所言。

　　据赵普说，早在太祖建隆二年之时，皇太后杜氏病危，曾召入赵匡胤和赵普，问赵匡胤说："你知道这宋朝的天下是怎么得来的吗？"赵匡胤说："自然都是靠祖宗和太后的功德了。"皇太后说："不是这样，这是因为柴氏让幼儿寡母执政的缘故。如果后周立的是一位年长的君主，你能把后周的天下得到手吗？你百年之后，应该传位给光义（赵匡义），光义再传位给光美，光美再传给德昭。你如果能如此传位，使北宋不至有年幼的君主，那是天下的大福了。"

　　赵匡胤表示一定不违反母亲的指教，百年之后一定传位给弟弟。太后就让赵普当场记下这些话，作为誓书，并藏在一个金匮子里，交给一位可靠的宫人保管。

　　但宋人已不相信这个传说，是否赵普想靠假造"金匮之盟"献上一功，博得赵匡义的重用，也未可知。但无论如何，赵匡义能在舆论上取得自己即位的合理支持，是十分高兴的。由此，烛光斧影中，"金匮之盟"内，宋太宗赵匡义即位遂成千古之谜。

　　其实，从常理度知，就知这是一个阴谋。首先，如果太祖赵匡胤想传位给弟弟，在当时完全可以光明正大地公诸朝堂，没有任何阻碍，何必弄得这样鬼鬼祟祟，又是烛光，又是斧影，绝无必要。其次，那"金匮之盟"早就订好，何必要等赵匡义即位五六年后才弄出来，赵普一直好好地在开封待着，又不健忘，为什么不在赵匡义即位之时就公布出来，也好免去许多议论？由此看来，赵匡义夺了哥哥的位子，即便不是蓄谋将他害死，也是趁他生病之时伺机篡位，只是未像其他人那样笨拙，搞得血淋淋地罢了！

　　"为尊者讳"是我国固有的传统，更何况是写本朝的皇帝呢？毛泽东说："本朝人编本朝史，有些事不好说，也可以叫做不敢说。所以历史上的书，本朝写本朝的大抵不实，往往要由后一代人去写。你看《通鉴》最后一段写了赵匡胤，也只是说太祖皇帝如何勇敢，如何英明，如何了不得，简直白玉无瑕，十全十美，全信行吗？"①

所谓尽信书不如无书，尽信史也不如无史。毛泽东的批判精神和实事求是的精神是值得我们学习的。

历史上也有不"为尊者讳"的史学家，这就是司马迁。司马迁恐怕是中国历史上最伟大的书生，何也？就是因为他"不以成败论英雄"。在《史记》中，刘邦虽然成功了，但还是流氓；项羽虽然失败了，仍不失为盖世英雄。这就是"秉笔实录"，"不虚美，不隐恶"的精神！

---

① 孙东升、马京波：《毛泽东的读书之道》，人民出版社2014年版，第136页。

18

"知识分子"为什么"没有出息"

> "可不要看不起老粗，知识分子是比较没有出息的。历史上当皇帝，有许多是知识分子，是没有出息的。"

1964 年 3 月 24 日，毛泽东在一次谈话中，评点知识分子，说："可不要看不起老粗，知识分子是比较没有出息的。历史上当皇帝，有许多是知识分子，是没有出息的。隋炀帝就是一个会做文章、诗词的人；陈后主、李后主，都是能诗能赋的人；宋徽宗，既能写诗又能绘画。一些老粗能办大事情，成吉思汗、刘邦、朱元璋。"①

在上述的没有出息的"知识分子"当中，宋徽宗赵佶较为典型。我们先来看看宋徽宗赵佶的基本履历。

宋徽宗赵佶（公元 1082—1135 年）北宋第八代皇帝。公元 1100—1125 年在位。年号先后为建中靖国、崇宁、大观、政和、重和、宣和。宋神宗赵顼之子，哲宗赵煦之弟。哲宗元符三年（公元 1100 年）以端王入继帝位。在位时广收古物和书画，网罗画家，扩充翰林图画院。他十分擅长书画，正书自称"瘦金书"，也写狂草，绘画长于工笔花鸟。庙号徽宗。他任用蔡京、童贯等人主持国政，其间穷奢极欲，兴建华阳宫等宫殿；尊信道教，大建道观，自称教主道君太上皇帝；又搜刮民脂民膏，大兴"花石纲"之役，于京师筑园，名艮岳。在这种情况下，阶级矛盾激化，爆发了方腊、宋江等农民起义。宣

---

① 邓振宇等编：《毛泽东评点二十四史人物精选》，时事出版社 1997 年版，第 1420 页。

和七年（公元 1125 年）底，金兵南下，赵佶传位给其子赵桓，自称道君太上皇帝，南逃镇江，后来返京。靖康二年（公元 1127 年），汴京（今河南开封）城被金人攻破，与钦宗赵桓及后妃、大臣被金兵所俘，最后死于五国城（今黑龙江依兰）。

那么，宋徽宗赵佶这个"知识分子"到底是怎样"没有出息"的呢？下面我们就具体分析一下。

宋徽宗赵佶这样的"知识分子"、艺术家虽然不能治理好国家，但却很好侍奉，只要摸准了他的脾气，比起皇帝政治家来，那可就好糊弄得多了。在中国历史上，这一类的事例极多，宋徽宗时期的童贯，就应当算作是一个典型。

童贯在太监中是个很特殊的人物，他虽是太监，但却没有一点太监的模样。据说他身躯高大，声如洪钟，而且"其劲如铁"，不知怎么弄的，他的嘴唇上居然还长出了几根胡子。有这个得天独厚的条件，就极容易讨到妃子、宫女的欢心，再加上童贯生性豪爽，不惜财物去结纳众人，而且度量很大，一般不去计较小是小非，所以，宫廷内部上上下下都很喜欢他，他赢得了"良好的人际关系"。

童贯善于察言观色、拍马奉迎的本领直到宋徽宗即位后才发挥得得心应手，他瞅准机会，一拍即准，终于在徽宗时期发了迹。他主持枢密院，掌握兵权长达二十年，他与宰相蔡京互为表里，狼狈为奸，权势之大，其实还在宰相之上。由于蔡京是男人，称为公相；因为童贯是阉人，所以人们称他为"媪"（即"母"）相。

宋徽宗赵佶即位之后，觉得天下再也无人能够"压抑他的艺术才华"了，就派遣童贯去搜罗天下名画，以供他观赏摹画。当时，书画艺术最为发达的地区是在东南沿海尤其是江浙苏杭一带，于是，童贯就来到了杭州。童贯去办这趟差使，真是千载难逢的好机会，他知道宋徽宗酷爱书画艺术，只要能投其所好，肯定会受到宠信。童贯不愧是富有经验而又深谙人情世故的官场老手，他的分析是极有道理的，艺术家往往不顾其他理性因素，只要能在情感上相通，便即置一切于脑后。童贯在苏杭一带把先朝名画和时人杰作源源不断地送到宋徽宗的面前，徽宗在大饱眼福之后，对这位使者的尽心尽力也十分感激。

不久，童贯在杭州遇到了逐臣蔡京。蔡京是个奸诈狡猾的投机分子，在宋神宗时，他投机于变法派，后来，司马光当权，罢除新法，当时开封府的蔡京又积极响应司马光，迅速废除了新法，由此获得了司马光的赏识。在绍圣年间，哲宗又恢复新法，新党上台得势，蔡京就又积极支持新法。这条行为无一定之轨的政治"变色龙"终于在徽宗刚刚即位时被向太后赶出了朝廷，到杭州任知州去了。童贯此次来到杭州，便与蔡京交接起来，没想到竟是一见如故，十分投机，童贯就想借此机会荐举蔡京。

恰巧，蔡京也精于书法，还通绘画。在中国的书法史上，北宋有苏、黄、米、蔡四大书法家，苏指苏轼，黄指黄庭坚，米指米芾，蔡就是蔡京，只是后人因为蔡京是奸臣，不愿把书法家这一桂冠套在他的头上，往往把他换成姓蔡的另一个人。童贯就利用蔡京的这一特长，每次送给徽宗的书画中都带有蔡京的作品，并附上吹嘘蔡京的奏章。徽宗见了蔡京的书画，本就喜欢，再加上童贯的吹捧，就决定拜蔡京为相。正巧，朝内新、旧两党斗争不休，徽宗即借调和两党关系之因由，罢免了宰相韩彦忠，于公元 1102 年 7 月，任蔡京为宰相。

蔡京当了宰相后，又打起了变法的旗号，恢复了熙宁、元丰年间的所行法令，连神宗想改革而未及改革的问题，蔡京也极力主张改革，在同时，对于旧党一派的所谓元祐党人则大加迫害，把司马光等一百二十人定为奸党，由宋徽宗亲自书写，刻于石上，置于皇宫的端礼门，称为元祐党籍碑。把其中活着的人贬谪到偏远穷困的山区，对已死者也追贬官职，连苏轼的文集也下令焚毁。后来，蔡京又把元祐、元符年间主张恢复旧法的人合为一籍，共三百零九人，刻于朝堂。有些得罪蔡京的人也被打成"党人"，甚至连章惇这样的变法激进派、迫害狂也被蔡京视为"党人"而加以攻击。至此，从神宗以来的朝廷党争至此得到了恶性发展，宋朝的政治日益衰微下去。

蔡京因童贯的极力荐举而得以再度为相，当然对童贯感激不尽，再加上宋徽宗对童贯恩宠有加，于是两人心照不宣，互为表里，从此狼狈为奸起来。蔡京在当上宰相后，除了镇压"元祐党人"，还立刻策划对西北用兵。在当时，作为将军打仗，是个非常危险的苦差事，但作为太监去做监军，却是个既能立功又能捞军权的美差，这样，蔡京就极力荐举童贯做监军，说他一来对皇上无限忠诚，二来智勇双全，三来对陕甘一带的情况十分熟悉。于是，徽宗便派童贯为监军，命王厚为大将，率十万人马出征。

　　军队刚行至湟川附近，京城的宫廷里突然发生了大火，徽宗认为这是不祥之兆，不宜出兵征战，就派人火速追入军中，令他停止前进，等待命令。但童贯邀功心切，不愿就此停止前进，他看完手令之后，立即把它塞进靴筒，别人问是什么事，童贯撒谎说："皇上命我们快点进军，以便早日取得胜利。"童贯这次出征，竟然收复了四座城池，可算是为朝廷立了大功，也为朝廷大火冲了晦气。因此，他被提升为景福殿使、襄州观察使。观察使在当时是一项特殊的荣誉，以太监身份兼任此职，就始自童贯。不久，童贯竟又升为武康军节度使。

　　宋徽宗对童贯的巧于奉迎十分满意，尤其对他善于搜罗书画，供己玩赏，更是感谢不已，因此，对他的恩宠有增无减。后来，徽宗又想授予童贯以开府仪同三司的权力，蔡京就以前朝无此先例为由，表示反对，并拒绝草诏，弄得徽宗没了办法。原来，这时的童贯已大非昔此，他居功自傲，专横跋扈，视朝中若无人，选拔以及降黜军官，全凭个人的主观好恶，根本不向朝廷请示。他这种专权的做法，不仅引起了朝中一些正直大臣的反对，连蔡京也感到自己的权力和地位受到了威胁，因此，当皇帝要授予他更大的权力时，蔡京便出头作梗了。

　　但蔡京和一些朝臣的反对并不能阻止徽宗对童贯的信任和重用。公元1111年，童贯被任命为检校太尉，徽宗想让他出使契丹，这引起了一些正直大臣的强烈反对，有人说："使者是一个国家的象征，如今派一个宦官去做使者，岂不要被人耻笑，说我们国中无人了吗？"徽宗说："契丹人听说童贯打败了羌人十分佩服，想见见他，所以才派他去做使者。"童贯终于被派出完成这项外交使命。出使归来，童贯觉得自己更是为国立了大功，有了政治资本，也愈加骄横跋扈，徽宗对他也更加宠信，让他以太尉的身份兼任陕西、河东、河北宣抚使，开府仪同三司，不久又主管枢密院，节制九镇，被封为太傅、晋国公。这一连串的头衔，使他的职位差不多等同宰相，在权势上更是超过了宰相。此时，人们开始戏称他为"媪相"。

　　童贯在掌握了军政大权以后，因急于邀功，轻启战端，屡遭失败，但在镇压农民起义方面却屡建"功勋"。公元1120年，方腊在江浙一带发动了农民大起义，由于人们无法忍受当时的残酷统治，纷纷揭竿而起，起义军很快就发展到百余万人，占领了六州五十二县，所到之处，杀死贪官污吏，城池望风而降，整个东南为之震动。朝廷大臣见已无法隐瞒，只好奏明徽宗，派童贯前去镇压。童贯先是奏请徽宗罢除花石纲之役，以减轻人民的负担，然后率领山西、陕西一带的精兵十五万人火速赶赴东南。在童贯的残酷镇压之下，方腊农民起义终于被扑灭，方腊本人也被俘牺牲。

但童贯在边境战争上却屡遭败绩。他在镇压了方腊大起义以后，以为余勇可贾，可以进攻辽国，于是，他轻启战端，率兵攻辽。其结果呢，是连吃败仗，被辽人打得一塌糊涂。其实，早在此以前，他就多次被北方诸民族打败。在他主管枢密院后不久，他就催令大将刘法攻打西夏。刘法是西北名将，深知其中的利害，认为根据当时的情况不宜出兵，但童贯新官上任，为了捞取政治资本，他不顾客观情况，催逼刘法开战。他写信跟刘法说："当年您在京城，曾亲手接过了皇帝的命令，并说一定能打胜仗，如今怎么反而不愿开仗呢？"刘法被逼无奈，只得率军进攻，其结果是一出战即遭埋伏，军队损失惨重，刘法本人也阵亡。刘法一死，整个西北都大为震动，弄得人心惶惶。但童贯却隐瞒实情，向徽宗奏告刘法打了胜仗，满朝文武均知刘法惨败，只是惧于童贯的权势，不敢以实相告，反倒一个个假装不知，纷纷向徽宗拜贺。

北宋的腐败在金兵南下之时被淋漓尽致地暴露出来。金国在灭辽之后，大举南下，准备一举灭亡北宋。公元1125年，金兵南下，太原首当其冲，作为广阳郡王的童贯，正在太原，童贯一听金人要来，根本就不思备战，只是赶忙派人到金朝去求和，金人当然不会答应，反派来使，要童贯割让土地，童贯平日趾高气扬，而在趾高气扬的金国使者面前，他只有唯唯诺诺，低声下气。当金兵来到太原城下时，他更是吓破了胆，便想临阵脱逃，太守张孝纯劝他说："金人背信弃义，公然犯我疆土，王爷应该带领官兵同金人大战。如果扔下太原，岂不是把河东也扔给了金人了吗？"童贯听后，怒气冲冲地说道："我是宣抚使，不是守疆卫士。你要我留在太原，还要你们主将干什么？"张孝纯听了此话，无言以对，只是长叹了一声说："我一向佩服童太师的威望，可没想到会胆小如鼠，临阵脱逃，您即便逃到京师，又有什么脸去见皇上呢？"童贯为了活命，也顾不上这些讥刺了。

徽宗因"拒敌无方"，又因酷爱绘画，就把皇帝让给了儿子赵桓，是为宋钦宗。钦宗倒是有些志气，想御驾亲征，打退金人的入侵，尚未出发，就见童贯狼狈逃回。钦宗让他一起出征，他固然不肯，就是让他留守京师，他也不肯，而是和徽宗一起向南逃去。

童贯不战而逃，引起了朝野上下的愤怒，在逃跑当中的表现，则成了他败亡的直接导火索。童贯为了保护自己的安全，在西北一带招募了数万勇士，称为胜捷军，实是他的私人卫队。童贯在与徽宗一起逃跑时，两人的卫队争上浮桥，童贯竟令自己的卫队向徽宗的卫队放箭，霎时间，中箭倒毙者一百多人。这件事不仅引起了宋徽宗的愤怒，许多正直的朝臣也骂他大逆不道。在舆论压力下，宋钦宗只好把他贬为右卫上将军，但是，许多坚决反对宦官的大臣不肯罢休，继续要求罚处童贯，宋钦宗只得把他贬为昭化军节度副使，后又将他流放到英州、吉阳郡。不久，宋钦宗为了顺民意，收民心，又列举了童贯的十大罪状，终于令御史将他杀死在流放途中。

正像古人说过的一样，君子是可以用一定的方法来欺骗的，童贯、蔡京就是抓住了他的艺术家的心理特点，投其艺术家之所好，然后再利用这位艺术家的至高无上的皇权，去兴风作浪，可谓巧妙之极矣！

在中国历史上，取宠于皇帝的方法有多种多样，至于阴谋诡计不说，就是诱导皇帝醉心于声色犬马、沉溺于奢侈淫靡，也是一种常用的取宠之术，但像童贯、蔡京之流，以卑微乃至罪恶的目的投宋徽宗高雅的艺术爱好而得宠，在历史上也算是鲜见的了！他们不是为了把宋徽宗的绘画艺术提高到一个新的品位，更不是为了使他成为一个出色的政治家，而是把艺术家的赵佶当作一个傀儡，一个玩偶，借此攀上皇帝宋徽宗的权力的肩膀。

原来，宋徽宗赵佶这样的"知识分子"并不是我们今天所说的知识分子，仅仅是追求享乐、耽于一己爱好、不理国政的人。封建制度把他们送上了皇位，他们又可以利用封建制度来发展自己的爱好，但他们并没有管理国家的能力和热情，因此，历史上就出现了这样一批"没有出息"的皇帝"知识分子"！

19

岳飞等"以身殉志，不亦伟乎"

> "'命系庖厨'，何足惜哉，此言不当。岳飞、文天祥、曾静、戴名世、瞿秋白、方志敏、邓演达、杨虎城、闻一多诸辈，以身殉志，不亦伟乎！"

对于历史上的民族英雄和硬骨头人物，毛泽东历来都是十分尊敬的。对于岳飞，他就多次赞扬。如："'命系庖厨'，何足惜哉，此言不当。岳飞、文天祥、曾静、戴名世、瞿秋白、方志敏、邓演达、杨虎城、闻一多诸辈，以身殉志，不亦伟乎！"①

1950 年，毛泽东率领中国党政代表团赴苏联访问。曾向斯大林介绍中国共产党军队在革命战争年代"不畏艰险，视死如归"的精神。翻译费德林不明白"归"字是"回到原来状态"的意思。这句话即是说："藐视一切困难和痛苦，像看待自己回到原本状态一样看待死亡。"并进一步解释说，这是 12 世纪古代中国的一位著名统帅岳飞使用过的一种说法。岳飞以抗击女真人入侵的军事远征而出名。斯大林明白意思后，也不禁小声说道："看来这是一位天才的统帅，表现出大无畏的精神和雄才大略。"②

岳飞是伟大的民族英雄，他精忠报国，视死如归的精神鼓励了无数的后代人。对于他和秦桧的故事，我们很熟悉了，但他具体的军事才能，我们还未能详知。下面仅举一例。

---

① 《毛泽东读文史古籍批语集》，中央文献出版社 1993 年版，第 237 页。
② 费振刚、董学文主编：《毛泽东批注圈阅史传诗文集成》下卷，吉林人民出版社 1997 年版，第 2030 页。

岳飞不仅是人所共知的民族英雄，还是一位十分出色的军事家。据说，他曾经留下了一部兵书，叫做《武穆遗书》，其中论述用兵作战很有可取之处。在他波澜壮阔的抗金斗争中，也曾用过反间计。

岳飞作战英勇，常常身先士卒。靖康元年（公元1126年），金军大举南下，意欲消灭北宋。岳飞随军前往，在李固渡一带，岳飞率领三百名骑兵打退了金兵的进攻，杀死了一员敌将。在增援开封的途中，在滑州黄河冰面上，岳飞率领一百名骑兵，突然与大队金兵遭遇，岳飞对部下说："金兵虽多，但并不知道我们的虚实，我们应乘其立足未稳，可向金兵发起进攻。"岳飞一马当先，挥刀将一金将挑于马下，乘势击溃了金兵。后来，岳飞又转战到曹州。由于岳飞作战英勇、武艺超群，很快便由从九品的承信郎升为从七品的武翼郎。

岳飞很受当时的抗金名将宗泽的赏识，但宗泽也对他不顾生死的冲锋陷阵表示担忧。一次，宗泽对岳飞说："你智勇双全、才艺兼备，就是古之良将也很少能够与你相比，但你作战身先士卒，这样做是自己不爱惜自己，很不妥当。"然后，他送给岳飞御敌的阵图，希望他能依图作战。岳飞当时就说："先列阵而后同敌人开战，这是兵法常理，但如何运用兵阵，则全在主将的智谋。"宗泽听了他的话，十分赞赏，更觉得他不是个一般的人才。

岳飞聪颖好学，深通用兵之道，他曾说："勇不足恃，用兵之道在于谋略。"他注重用兵的谋略，在作战中常常能出奇制胜，以少胜多，即使猝然临敌，也能处变不惊，往往可以化险为夷。

建炎四年（公元1130年），金兀术率大军南下，攻建康（今江苏南京），克临安（今浙江杭州市），宋高宗十分惊慌，逃往海上。在韩世忠的奋力抗击下，金兀术向北败走，退向建康，岳飞乘机率军于建康城南的牛头山（今江苏江宁县西南）设伏，到深夜，岳飞派一百人身穿黑衣混入金军大营，四处喊杀，搅得营中大乱，使金兵自相残杀，金兀术只好退守龙湾。岳飞率骑兵三百、步兵两千赶到新亭（今江苏南京市南），大败金兵，金兀术逃往淮西，岳飞乘机收复了建康。这就是历史上有名的牛头山大捷。

在宗泽死后，他归杜充统辖。宋高宗逃到临安后，杜充也就要放弃开封，向南撤退。

岳飞坚决反对说："中原土地，一寸也不能放弃。如果我们一走，此地就再也不是我们的了，他日想收回，没有数十万人马是办不到的。"绍兴三年（公元 1133 年），伪齐政权派李成依仗金人的势力入侵，攻破了襄阳，岳飞提出了自己的战略意图："襄阳等六郡是恢复中原的根本，现在应先取六郡，再消灭杨么。"后来宋高宗采取了岳飞的战略，收复了襄阳。

这时候，皇帝对岳飞还是很信任的，他曾对岳飞说："大军进退时机，朕不遥控。""中兴之事，就全托付给你了。"而实际上，他很害怕将领的威望太高，兵权太大，不好控制。尤其是他害怕打败了金人，再把徽、钦二帝迎了回来，他可就作不成皇帝了。所以，在秦桧的干扰破坏下，岳飞并未能兴师北伐。

岳飞一直在寻找机会来消灭刘豫的伪齐政权。当岳飞得知刘豫与粘罕交往甚密，而金兀术厌恶刘豫时，他便设计了一个除掉刘豫的反间计。

绍兴七年（公元 1137 年），岳家军抓住了金兀术派来的一个间谍，岳飞便乘机实施了反间计。他灵机一动，先假装认错人，不动声色地责备那个间谍说："你不是我派去的张斌吗？我以前派你去刘豫那儿，约他把四太子金兀术引来杀掉，你一去便不回来。我正怀疑你有什么变化呢！我已经派人去问过了，刘豫已经答应我，今年冬天要以会合寇江为名，把兀术骗到清河杀掉。你拿了刘豫的书信却不来找我，是不是想背叛我？那金兀术到底给了你什么好处？从实招来。"

那间谍本来觉得自己已是死定了，没有想到竟然会出现这种局面，真是喜出望外。他当然就顺势答应着承认下来，连连表示自己的忠心，并随机应变，编造理由，说自己没有找到机会出来报信。岳飞假装相信了他的话，要他将功折罪，便做了个蜡丸书，写明要同刘豫一道杀掉金兀术。岳飞对那个间谍说："我今天饶了你，你回去找到刘豫，问清楚举兵时间。如果再有延误，一定加倍处罚。"

间谍从岳飞军中出来，直奔金营，他回去后，便将蜡丸书交给了金兀术，当时，岳飞的军队占有优势，金兀术认为刘豫已经动摇，有可能背叛他，他本来对刘豫就怀有戒心，看了这封密信以后，大惊失色，马上向金熙宗报告，金熙宗立即下令废掉刘豫。

其实，岳飞的反间计只是局部的，暂时的；而金人的"反间计"却是长久的，因为他们在南宋朝廷内埋下了一颗定时炸弹，这就是秦桧。金人不杀徽、钦二帝，也是大有深意的，他们是为了要挟南宋朝廷的皇帝，一旦他们敢决心抗金，他们就送还徽、钦二帝，使南宋朝廷无法处置，这也是十分厉害的杀手锏。秦桧的奸计所以能够得逞，也是与此有密切关系的。

20

"秦桧不过是执行皇帝的旨意"

> "主和的责任不全在秦桧，幕后是宋高宗。秦桧不过执行皇帝的旨意。高宗
> 不想打，要先'安内'，不能不投降金人。"

对于历史，毛泽东历来是采取实事求是的态度的。例如，我们一般都认为秦桧是投降派，是秦桧害死了岳飞，但毛泽东根据《宋史》的有关记载，提出了自己的看法："主和的责任不全在秦桧，幕后是宋高宗。秦桧不过执行皇帝的旨意。高宗不想打，要先'安内'，不能不投降金人。文徵明有首词，可以一读。是赵构自己承认：'讲和之策，断自朕意，秦桧但能赞朕而已。'后来史家是'为圣君讳耳'，并非文徵明独排众议，他的《满江红》：'慨当初，倚飞何重，后来何酷。果是功成身合死，可怜事去言难赎'，一似丘浚《沁园春》所说：'何须苦把长城自坏，柱石潜摧。'"①

毛泽东说这段话的具体的历史情景是这样的。1957年6月，毛泽东约见了冒广生和舒湮，冒广生向毛泽东汇报说，舒湮在抗战时于上海写了个话剧，名字叫《精忠报国》，用意是以秦桧来影射汪精卫。由此引发毛泽东说了上面的那段话，并对宋室南渡后的和战问题进行了评说。毛泽东引诗评史，念起了文徵明的《满江红·拂拭残碑》：

拂拭残碑，敕飞字，依稀堪读。慨当初，倚飞何重，后来何酷。果是功成身合死，

---

① 舒湮：《1957年夏季我见到了毛泽东主席》，《文汇月刊》1986年第9期。

可怜事去言难赎。最无辜，堪恨更堪悲，风波狱。　　岂不念，中原蹙；岂不恤，徽钦辱。但徽钦既反，此身何属。千古休谈南渡错，当时自怕中原复。笑区区，一桧亦何能，逢其欲。

这是文徵明看到宋高宗赵构褒奖岳飞时所赐的手诏石刻后写的。该词是关于岳飞冤死风波亭的有名的翻案文字，认为其咎在宋高宗，宋高宗贪恋帝位，力主和议，故杀岳飞。而区区秦桧，只不过是投其贪恋帝位之"欲"而已。

诗史结合，是毛泽东读书的一个重要特点。他指出了宋高宗自白的"讲和之策，断自朕意"的历史真实性，进而肯定了文徵明不"为圣讳"，在词里大胆而准确地揭示了这一历史真实性。

南宋宋高宗在位时，是金国兴盛的时期。金对南宋一直采取攻势，南宋则采取守势。公元1130年以后，金军多次南下，金宋之间互有胜负，而宋军也打过几次大胜仗。特别是岳飞屡建战功，战果辉煌。宋军在战场上的一切胜利，都不能改变宋高宗退让求和的打算。他对抗金将领产生疑忌。任用秦桧为相，策划对金求和的步骤。公元1139年，接受了金朝的诏书，约定每年宋向金纳银二十五万两，绢二十万匹。绍兴十一年，宋高宗与秦桧诬构谋反罪状，杀害岳飞。对宋室南渡后的和战一事，历史上不少人将投降主和一事，归于秦桧。但毛泽东不囿于已有的结论，不盲从前人的是非，而是去芜存菁，去伪存真，见解独到。

但民间关于秦桧有众多的传说。在岳飞墓前和岳王庙里，秦桧、万俟卨等人被塑成十分丑恶的形象，囚跪在铁栅栏或是铁笼子里。据说连现在的油条，也是宋人发明的"油炸桧"演变。当时，人们用面捏成秦桧的形象，放在油里炸来吃，后来简化得只剩下两条腿，就是现在油条的样子了。

清朝时，演出秦桧陷害岳飞的戏时，就多次发生观众上台把饰演秦桧的演员打倒的事。民间的许多传说也很有意思，即便现在，每当说起某人既好又坏时，还往往说他"坏得像秦桧似的"。传说明朝有一人在杭州屠场里见到一口猪，被杀掉刮去毛后，肚皮竟现出"秦桧十世身"等字样。铁鞭打秦桧的故事也很有名，故事叙述了岳飞的友人张先生梦人岳王庙，在与岳飞恳谈之后告辞出来，走到庙后树林中，忽听有求救之声，过去一看，原来是一力士正执鞭抽打秦桧。秦桧说："岳王派人每天打我一百鞭，你与岳王友好，能否讲情免了今天的一百鞭？"张先生答应了，前去讲情，没想到被岳飞责怪说："我被秦桧害死，你只是幸免，何故替他讲情？还是快走吧。看在故人的分上，姑且宽恕了你！"张先生惭然而退，经过树林时，见又多了一人，上前一问，才知是岳飞恼怒秦桧托人求情，再加罚一百鞭。张先生惊恐而醒，第二天感到脸热心跳，急忙到岳王庙中去谢罪，才没有得病。

历史上的秦桧和岳飞的关系是怎样呢？我们可以通过一些基本的史料来具体分析。

秦桧，字会之，生于1090年（宋哲宗元祐五年），江宁人。其父是一个七品县令，由于出身低微，秦桧早年生活较为坎坷，曾经当过乡村教师，他对这一职业可谓牢骚满腹，曾怨愤道："若得水田三百亩，这番不做猢狲王。"在徽、钦二帝被擒时，他已官至御史中丞，已算是个不小的权臣了。

公元1126年，钦宗即位掌权未过多久，金军副元帅斡不离就带兵包围了汴京（今河南开封），宋钦宗慌了手脚，准备车驾，企图逃走。主战派李纲等人看见，连忙劝阻，要求钦宗留下，以安定人心。钦宗虽然留下了，但极为软弱，倾向于主和派的意见。当时，斡不离提出了如下议和条件：（1）输金五百万两，银五千万两，牛马万头，绸缎一百万匹。（2）尊称金帝为伯父，要钦宗做侄皇帝。（3）割让中山、太原、河间三镇。对于金人的苛刻条款，北宋朝廷内部展开了激烈的争论，尤其是割地问题，关系到国防大计，尤为敏感。这时的秦桧，尚未露出卖国贼的嘴脸，他主张只能割燕山一路，余地不能割。

在作为使者与金人谈判的过程中，秦桧也还能坚持上述意见，回北宋后又升为殿中侍御史、左司谏。公元1127年，粘罕与斡不离会师于东京城下，钦宗遍调四方兵力救援京师，但终因兵微将寡，且远水不解近渴，东京城被金人攻破，徽、钦二帝被掠。公元1127年3月7日，金人立北宋遗臣张邦昌为"大楚"皇帝，以取代北宋政权。

这时的秦桧，还有正直之心，他认为，若立张邦昌为帝，"则京师之民可服，天下之民不可服；京师之宗子可灭，天下之宗子不可灭"。天下英雄必会群起而讨之，张邦昌也不会长久。金人不听，秦桧反对立张邦昌为帝，被粘罕和斡离不捉去。

在被金捉去的第一年里，秦桧侍奉徽、钦二帝，尚未见有什么劣迹。不久，徽宗听说康王赵构即位，便修书与金世宗议和，并派秦桧前往。金世宗留下了秦桧，并把他转送给自己的弟弟挞懒，从此，秦桧鬼使神差一般，追随挞懒，成为挞懒的忠实仆人，在挞懒被杀后，他仍忠于金国，以出卖南宋为己任。

公元1130年，挞懒带兵攻打南宋的北方重镇正阳（即今江苏的淮安），带秦桧一同前往，其意是放秦桧南归。当时有人问挞懒为什么把秦桧放回去，挞懒说："我曾经多次把秦桧放在军前考验，觉得这个人表面上有些不驯服，可内心里总能委曲求全，做事很合我的意愿。如今要灭亡南宋，只靠武力还不够，还应该内外夹攻，里应外合，如果秦桧能在南宋朝廷中做个内应，我们取南宋岂不是容易多了吗？"他这番话说服了众人。

秦桧与他的夫人王氏一起"逃"回南宋，在路过涟水时，被南宋水寨统领丁祀抓住，要杀死他。秦桧慌乱说："我是前朝的御史中丞秦桧，你们应该知道我！"这时，船中的一穷秀才上来凑趣，装作认识他的样子，一见面就大作其揖说："中丞回来了，这些年辛苦了！"并与他亲密交谈。丁祀见有人认识他，便送他到了朝廷，就这样，秦桧回到了南宋。

但对于他的归来，大多数人持怀疑态度。因为秦桧说自己杀死了看守人员，和王氏连逃了二千八百里，回归南宋，朝中许多大臣认为这不太可能，一路之上，金人盘查严密，岂容一对汉人夫妇自由往来？再问起同被俘获的朝臣情况，他也支吾不清，有许多地方不符实情。秦桧的密友、宰相范宗尹和李回都极力为他辩护，再加上在前朝给人留下的较好的印象，高宗赵构还是很信任他。

宋高宗赵构的政府一诞生，历史就决定了其尴尬的命运。当时北宋灭亡，南宋危险，朝野上下抗金情绪高涨，为了收拢人心，高宗表示要抗金，要做出抗金的姿态来。他又不愿意坚决同金人作战，其道理很简单，万一打败了金国，徽、钦二帝还朝，他的皇帝就做不成了。宋朝一直重文轻武，如果积极抗金，许多将领可能就会趁机壮大势力，形成尾大不掉之势，甚至比金人还可怕。在这种情况下，宋高宗的南宋王朝必然是先做做抗金的样子，然后再妥协投降。

秦桧回到南宋之时，宋高宗早已惶惶然如丧家之犬。先是苗傅、刘正彦两位将军带兵闯进宫去杀人威逼，要求他让皇位于太子，由太后听政，后幸得张浚等人起兵讨伐苗、刘二将，他才得以复位。金兵继攻克扬州之后，高宗慌忙逃到镇江，后又逃到临安，再逃至明州、越州。这时，秦桧携带妻奴来到越州，见到高宗。秦桧介绍了徽、钦二帝在金国的情况，并献上了早已准备好的《与挞懒求和书》。

高宗正被金兵追得无立足之地，见到了秦桧，仿佛见到了救命稻草一般，况且秦桧又自吹跟随挞懒数年，深谙挞懒秉性，信函一到，必能议和成功。在召见秦桧后不久，高宗竟与人说道："桧忠仆过人，与其一谈，朕高兴得夜不能寐。"

秦桧在做了礼部尚书、参知政事以后，更加体会高宗的心意，弄得高宗心中十分熨帖，在 1131 年又被提升为右相。这时，秦桧提出了"南人归南，北人归北"的策略，按照这一观点，就等于把北方的土地拱手送给了金人。当时，南宋军队中的将领主要是由河北、山东等地的军人组成，这些人不愿回去受金人的统治，因而，他这一策略遭到了广泛的反对。秦桧为了解决这一问题，又具体提出了"二策"，即以南宋的河北人归还给金国，中原人送给刘豫（刘豫是金人建立的傀儡政权）。他这"二策"果然轰动了朝野，弄得大臣士民纷纷公开反抗。在强大的舆论压力之下，高宗不得不于 1132 年的 6 月，以专主和议、植党专权的罪名罢免了秦桧的宰相职务。后来，金人的使节来到南宋，提出的议和方法竟与秦桧的主张如出一辙，由此可以看出秦桧是早与金人串通好了的。

秦桧被罢相之后，采取的方式是静观以待其变。他深深地知道，金人灭亡南宋的决心是不会改变的，南宋迟早还会主张议和，他也就会被重新起用。果然，在 1135 年，金主粘罕死，其弟挞懒得势，过了几年，挞懒又恃兵威胁南宋，早已被吓破了胆的宋高宗，又起用了秦桧为相，让他主持议和。对于任秦桧为相，朝廷上的许多正直大臣表示忧虑，许多人上书劝阻，但高宗企图让秦桧来往于两国之间，救护南宋小朝廷。

1138 年（高宗绍兴八年）5 月，金人再派来使，重申前几次提出的议和条件，态度十分蛮横强硬。秦桧见高宗态度明朗，形势在逐步朝有利于自己的方面发展，他就准备不顾群臣，只抓住高宗一人，强行推行议和政策。在与金人谈判的前夕，秦桧再来试探高宗，也再三地促成他下定与金人和谈的决心。在几次朝会之后，秦桧都是一个人独自留下来与高宗密谈。

第一次密谈时，秦桧说："臣僚们多是畏首畏尾的人，不足以与他们讨论大事，和议之事，请陛下只与我一人商议决断，不要让其他的人干预。不知可否？"高宗说："我只派你一个人来主持此事。"

秦桧又说："我对这件事是有信心的，只是不知陛下是否下定了决心。请陛下考虑三天再定，免得我行事时有不方便之处。"

过了三天，他们进行了第二次谈话。高宗说："我的信心已经很坚定了！"

秦桧说："我恐怕还有考虑不周，别的方面还有不方便之处，请陛下再考虑三天！"

又过了三天，他们进行了第三次密谈，秦桧觉得高宗的信心不再动摇了，就去坚定地实行他的投降方针。

秦桧先拿出他准备好的议和方案，让高宗签了字，然后一个人主持议和谈判，不许其他大臣干预。在议和时，金国派来的"谕江南使"和"明威将军"带来了议和国书，非要求高宗跪拜不可，否则，议和不成。正在万分为难之际，朝臣中有人引经据典，说是高宗守丧三年未满，不能处理国家大事，如果行此大礼，既属不孝，又属不吉，金朝使者这才勉强应允，由秦桧代行皇帝职权，跪在金使面前，在和约上签字。

金朝统治集团内部的斗争也十分激烈，粘罕死于政敌之手，挞懒又死于政敌金兀术之手。金兀术以"与宋交通、倡议割地"为理由，处死了挞懒，当然，金朝也就不再以议和为方针，而是要长驱直入，灭亡南宋。于是，在秦桧签订和约之后一年，金兀术就率兵南下，直取河南、陕西，陕西、河南诸州纷纷陷落。这不仅惊醒了高宗的安乐梦，也使秦桧十分震惊。金人撕毁盟约，秦桧议和无效，恐怕要遭贬黜了。他为了弄清高宗对金兀术入侵的真正态度，就找了一位心腹大臣，前去试探。

此人见到高宗，试探着问："金军长驱直入，陕、豫诸州陷落，张浚虽有陷州之责，但毕竟忠勇，尚可委以重任，使之领导抗金。"

高宗听了此话，拍案大怒说："宁可亡国，我也不用此人！"

秦桧得到了这一消息，心也就放回肚子里去了。原来，张浚是一位坚定主张抗金的将领，失陷陕西诸州，并非张浚的责任，乃是由于金兵势大，高宗不用张浚，说明高宗并非真想抗金，还是希望议和。正在此时，抗金名将岳飞出现在河南一带，在刘锜的协助下，在1140年的五六月间，岳家军和金军进行了几次大战，结果使金军的十万人马死伤过半，收复了蔡州、郑州、洛阳等地。金兀术闻岳家军到来，就恐惧后逃，真有闻风丧胆之势，很多金将，已准备降宋，在这种形势下，岳飞准备乘胜追击，他豪迈地与诸将说："直抵黄龙府，与诸君痛饮耳！"

前线的胜利却吓坏了秦桧和高宗。秦桧怕金兀术向他问罪，高宗在经历了苗傅和刘正彦两位将军的叛乱之后，也心有余悸，深恐将领势大，难以控制，所以也不愿岳飞继续北上。正当岳飞雄心勃勃地准备大举进攻之际，秦桧却以高宗的名义命令刘锜、岳飞"择利班师，不可轻进"。不久，岳飞又在朱仙镇大败了金兀术，准备渡过黄河，乘胜追击，秦桧慌了手脚，在一天之内，连下了十二道金牌，催逼岳飞撤军。所谓金牌，就是木牌朱漆黄金字，使者把金牌举过头顶，骑马奔驰，见者让路，一天要走五百里。其催逼之急，可以想见。岳飞无奈，只得仰天长叹，痛惜十年之功，毁于一旦。1141年（宋高宗绍兴十一年）4月，秦桧以明升官职，暗夺军权的办法把韩世忠、岳飞、张浚召入朝廷，"论功行赏"，任命韩世忠、张浚为枢密使，岳飞为枢密副使，削去了他们的兵权。金兀术听到了南宋这一自毁长城的消息后，十分高兴，当即又做出一副重整军马、进攻南宋的样子，威胁南宋把淮河以北的土地全部割让给金国，并要杀掉抗金最为坚决的将领。于是，秦桧开始精心组织安排，准备杀掉岳飞等人。

他先派谏官万俟卨，制造、收集伪证，然后又串通张浚，收买了岳家军的重要将领张宪的部将王贵、王俊等，令王贵、王俊诬告张宪和岳飞的儿子岳云，把张宪和岳云捕入狱中。在送交高宗的"罪证材料"中，有一封伪造的书信，其中有岳飞令张宪举兵之辞，高宗看了，惊惧不已，立即批准逮问岳飞。

岳飞被人骗入大理寺，他看到岳云、张宪遍体鳞伤，不禁怒火中烧。他袒出脊梁，露出母亲所刻的"精忠报国"四个字，在场诸人无不震惊。问官何铸在审查材料时见所告不实，就向秦桧请求撤销此案。秦桧当然不肯，把案子转交死党万俟卨审理。岳飞等人虽经严刑拷打，始终一言不发。

在迫害岳飞的过程中，秦桧已代表南宋同金兀术签订了"和约"，规定两国以淮水为界，割唐、邓二州与陕西诸地；岁贡银两、绢匹各二十五万；北方人流寓江南者，任其归回旧地。

高宗没想到条件如此低，不仅满口答应，甚至还心存感激，连忙发誓同意，这就是宋金对峙史上的第二个"和约"，史称"绍兴和约"。

岳飞被关已两月有余，秦桧等人还是找不到足够的证据，在逼迫岳飞签字画押时，岳飞写下了"天日昭昭、天日昭昭"八个大字。后来，秦桧在老婆王氏的怂恿下，发出密令，将岳飞、张宪、岳云等人处斩。在行刑之时，还特嘱多设防卫，以免有人劫法场。对岳飞的亲朋故旧，也不放过，杀戮流放，极尽迫害之能事。

对于岳飞的被害，当时就引起了公众的愤怒。韩世忠已被罢职，但他还是当面质问秦桧说："岳飞到底犯了什么罪？有何证据？"秦桧说："莫须有。""莫须有"是宋时的口语，意思是也许有。韩世忠听了，十分气愤地说："'莫须有'三字，怎可服天下人！"

秦桧就是这样一个十恶不赦的奸徒，他之所以能在南宋时期兴风作浪，实在跟他纵奸有术大有关系。

首先，他在总的方面抓住了金强宋弱的特点，利用南宋积弱不振的局面和朝廷里多有主和派的形势来为金朝卖力。他还深深地抓住了高宗极怕迎还"二圣"或是金人让钦宗在北方立朝的心理，牵制高宗，让他乖乖地跟着自己走。即使有一时的不便，他也不丧失信心，而是等待时机，以求一逞。

其二，他严酷地迫害政敌，且必欲把对手置于死地而后快。例如，大学士胡铨任枢密院编修，对秦桧的投降行为极为愤慨，就上书高宗，要求斩秦桧以谢天下。秦桧立刻把他贬到昭州。后来陈纲上书附和胡铨，秦桧又借小故把他贬往当时称为"死地"的安远，终于使他死在贬所。邵隆对秦桧主持签订的"绍兴和约"很不满意，秦桧就先行贬官，再用毒酒毒死他。总之，秦桧对反对他的人毫不容情，被他杀死的人不知有多少。

其三，他善于见缝插针，造谣离间，拨弄是非，借此制造群臣间的矛盾，拉拢自己的势力。张浚本来是赵鼎的好朋友，曾推荐赵鼎做宰相，经过秦桧的离间，赵鼎与张浚反目成仇，反去帮助秦桧排挤张浚。后来，赵鼎也被秦桧排挤，两人晚年在贬所相会，谈起前因后果，才恍然大悟，知道为秦桧所骗。就这样，秦桧在朝廷之中竟能左右逢源。

其四，是他发语不多，言出必中。他在与人讨论问题时，一旦觉得对方反对自己，就住口不说，等对方说完，他寻找破绽，出语攻击。例如，大臣李光在讨论政事时顶撞秦桧，秦桧就沉默不语，等李光说完，秦桧才慢慢地说："李光没有做大臣的礼法。"结果使得高宗对李光十分不满。秦桧的这种做法看来很简单，但要掌握到火候上则十分不易，一旦使用纯熟，往往能生出奇效。

其五，是他严密防范，不使自己的名声受损。一次，秦桧举行家宴，请戏班子唱戏，在演戏的情节中，一演员头上的饰环落地，没有去捡，另一演员问道："那是什么环？"答道："那是二胜环（同徽、钦二帝还朝的'二圣还'谐音）"。另一演员就说："你坐了太师椅，为什么把'二胜环'丢在了脑后？"这话涉及秦桧，满座震惊。散戏后，秦桧就把演员找来，严加责打，并不准再演这出戏。对于其他诗文词赋，只要涉及他，他就大兴文字狱。在秦桧的晚年，他曾以"诽谤罪"诛死了许多朝臣，受株连的贤人名士多达五六十人。

1155年（高宗绍兴二十五年），秦桧病死。他两次为相，长达十九年之久，在他活着的时候，他的卖国行为和奸邪的面目就被人们清楚地认识到。有一个叫施全的军人，手提大刀，截在秦桧上朝的路上，等秦桧出现，挥刀迎面砍去，不幸只砍断了桥边的柱子，被秦桧捉住杀死。在秦桧死后，真可谓"哀荣"无限，应了那句"不能流芳百世，也要遗臭万年"的话！

秦桧是一代奸臣，而且纵奸有术，正因为他有术，才成为千古大奸。他被永远钉在了历史的耻辱柱上，这是中华民族所做出的最公正的裁决。中华民族虽历遭磨难，也有许多昏君奸相当道，但其正义感始终不灭，正是因为有这不灭的正义感在支撑着我们，这座民族的大厦才能久经风雨雷震而不坍塌。

历史上的事实确如毛泽东所说的"秦桧不过执行皇帝的旨意"，但在百姓的心中，秦桧则是罪魁祸首。这倒不是百姓不辨是非，而是百姓的情绪总要找一个日子来宣泄。秦桧虽然不是"主犯"，但也毕竟是帮凶，而且是自觉自愿的主动的帮凶。没有秦桧，也许岳飞不一定会被冤杀。所以，从这一意义上讲，秦桧并不是皇帝的替罪羊，而是罪有应得！

21

陆游是"南宋了不起的大诗人"

> "试仿陆放翁曰：人类今娴上太空，但悲不见五洲同。愚公尽扫饕蚊日，公祭无忘告马翁。"

对于陆游的诗，毛泽东是十分喜欢的，这大概与陆游的豪气和雄心极有关系。有一次这样说："革命尚未全成，同志仍须努力。港台一带，饕蚊尚多，西方世界，饕蚊成阵。安得起全世界各民族千百万愚公，用他们自己的移山办法，把蚊阵一扫而空，岂不伟哉！试仿陆放翁曰：人类今娴上太空，但悲不见五洲同。愚公尽扫饕蚊日，公祭无忘告马翁。"[①]

陆游的一生是为恢复中原而奋斗的一生，陆游的诗词必然会引起毛泽东的共鸣。

陆游（1125—1210 年），字务观，号放翁，越州山阴县人。陆游出身于一个书香士绅世家，祖父陆佃和父亲陆宰都有文学方面的专门著作，陆游幼而聪敏好学，正如他自己所说："吾生学语即耽书，万卷纵横眼欲枯。"（《解嘲》）

陆游出生以后的第二年，金人攻陷了汴京，又过了一年，北宋的徽、钦二帝被金人俘虏，挟持北去，陆游一家也从荥阳逃回浙江的故乡山阴。陆游少逢丧乱，又屡奔窜，对他日后的思想产生了极大的影响。他在《三山杜门作歌》中说："我生学步逢丧乱，家在中原厌奔窜。淮边夜闻贼马嘶，跳去不待鸡号旦。人怀一饼草间伏，往往经旬不炊

[①]《毛泽东文集》第 7 卷，人民出版社 1999 年版，第 459 页。

爨。"陆游少有壮志，尤其注意学习经世济时的学问，研读兵法，还十分喜好练剑，他在《醉歌》中说："学剑四十年，虏血未染锷。"约在十七岁的时候，已在南宋的诗坛上知名，二十五岁时又师从当时著名爱国诗人曾几学习，逐步奠定了他爱国主义的诗歌基调。

绍兴二十三年（1153 年），陆游到临安参加进士考试，因其成绩优秀，列为第一，排在秦桧之孙的前面，更兼陆游喜论"恢复"，故而遭秦桧的嫉恨，被其罗织罪名黜落，秦桧死后，陆游任枢密院编修官等职，但因多次上书宋高宗，喜论恢复，终被免官。孝宗即位后，提倡抗金，陆游被召见起用，并特赐进士出身。陆游积极参与朝政，支持张浚北伐。但随着北伐的迅速失败，陆游也被罗织罪名而罢官。乾道六年（1179 年），陆游被任命为夔州通判，任满后受四川宣抚使王炎之邀，在其幕府中任干办公事之职，积极并参加各种军事活动，希图能够对抗金大业有所推进。但不久王炎被调回临安，陆游的愿望也即落空。此后，陆游还署理过蜀州（今天的四川省崇州市）、嘉州（今天的四川省乐山市）的州务。淳熙二年（1175 年），范成大调任四川制置使，邀请陆游任幕府参议官。二人本是故交，因此诗酒相和，不拘礼数，结果被腐儒们讥为"恃酒颓放"（见《宋史·陆游传》），陆游因此被朝廷罢官，并索性自号"放翁"，意为颓废放达的老人。实际上，时人和后人都未作这种理解，而是将其理解为雄放、豪放、旷放之意，这与他的为人为文是十分切合的。

淳熙五年（1178 年），陆游在江西任上开官仓赈济百姓，遭到弹劾，旋被免官，回山阴故乡闲居了六年，于淳熙十三年（1186 年）被任命为严州知事，三年后任满回乡。接着，陆游又被调入临安任官，不久又遭到弹劾去职。此次罢官的罪名是所谓的"嘲咏风月"，实际上是因为陆游坚决主张抗金。陆游回到山阴故乡后干脆把自己的居所命名为"风月轩"。自此以后，陆游只任了不到一年的史官的公职，便终老于故乡山阴。在闲居故乡二十多年的时间里，他既参加农村的生产劳动，关心下层劳动人民的生活，同时壮怀不减当年，仍然一直密切地关心着抗金大业，即使在逝世前的绝笔诗里，陆游还这样写道：

死去元知万事空，但悲不见九州同。王师北定中原日，家祭无忘告乃翁。

充分表现出了一位一生都从事复国事业的爱国诗人的崇高情怀。

陆游诗歌的内容是十分丰富的，其题材也十分广泛。大致可以分为抗金复国，吊古述怀，关心民生疾苦和吟咏闲情逸致等若干个方面。陆游的"素志"并不是要做一位诗人，他在其著名的《书愤》诗中这样写道：

早岁那知世事艰，中原北望气如山。楼船夜雪瓜洲渡，铁马秋风大散关。

塞上长城空自许，镜中衰鬓已先斑。出师一表真名世，千载谁堪伯仲间。

他一生当中一直以抗金复国为己任，所以，陆游爱国诗篇的最主要的特征就是那种"一身报国有万死"的牺牲精神和"气吞残虏"、"铁马横戈"的大无畏英雄气概。他在《夜读兵书》中这样写道："平生万里心，执戈王前驱。虏死士所有，耻复守妻孥。"表现了他甘愿捐身于国，不计个人得失的崇高情操。即使在八十二岁的高龄，陆游仍然心驰疆场，"一闻战鼓意气生，犹能为国平燕赵"（《老马行》），抒发了他永不服老的豪情壮志。甚至在死后，他也还要做"鬼雄"：

白发萧萧卧泽中，只凭天地鉴孤忠。厄穷苏武餐毡久，忧愤张巡嚼齿空。

细雨春芜上林苑，颓垣夜月洛阳宫。壮心未与年俱老，死去犹能做鬼雄。

——《书愤》

诗歌表现出了一种与天地同在，与日月同辉的爱国主义精神，其以身许国，虽死不已的坚忍不拔的精神令人至为感动。陆游对于敌人以及奸佞之臣的痛恨在中国古代诗人中也是最为突出的，他在诗中说："肝心独不化，凝结变金铁。铸为上方剑，衅以佞臣血……三尺粲星辰，万里净妖孽。"陆游继承了以屈原为代表的爱国主义传统，又把屈原的哀怨悱恻乃至温柔敦厚的传统发展成一种刚烈雄壮的风格，在中国传统诗歌中独树一帜。

陆游爱国诗歌的另一重要特色是对投降派猛烈的抨击。坚决的斗争和对腐败政治的无情的揭露。陆游诗歌的这一特色与他所生活的特定时代密切相关。在所谓隆兴和议后的十五年，陆游悲愤的写下了著名的《关山月》：

和戎诏下十五年，将军不战空临边。朱门沉沉按歌舞，
厩马肥死弓断弦。戍楼刁斗催落月，三十从军今白发。
中原干戈古亦闻，岂有逆胡传子孙？遗民忍死望恢复。
几处今宵垂泪痕。

正所谓"战马死槽枥，公卿守和约"（《醉歌》）。陆游对广大渴望恢复家园的下层士兵和人民给予了热情的赞扬。至于他自己，陆游更是显得抑郁与苦闷的："生逢和亲最可伤，岁辇金絮输胡羌"（《陇头水》），"诸公尚守和亲策，志士虚捐少壮年"（《感愤》）。对于以秦桧为首的投降派的揭露的诗歌虽然为数不多，但却构成了陆游诗歌中独特而又极有光彩的一面。如他在《夜读范至能揽辔录》中说："公卿有党排宗泽，帷幄无人用岳飞。遗老不应知此恨，亦逢汉命解沾衣。"在《追感往事》中说："诸公可叹善谋身，误国当时岂一秦？不望夷吾出江左，新亭对泣亦无人。"对秦桧、黄潜善、汪伯彦等投降派及其他主和派的抨击与深沉的历史感慨和沉郁的现实忧愤结合起来，就显得特别的精警动人。

陆游爱国诗歌的又一突出特点是借梦境来表达自己的爱国热情，如《五月十一日夜且半梦从大驾亲征尽复汉唐故地》：

天宝胡兵陷两京，北庭安西无汉营。五百年间置不问，
圣主下诏初亲征。熊罴百万从銮驾，故地不劳传檄下。
筑城绝塞献新图，排杖行宫宣大赦。岗峦极目汉山川。
文书初用淳熙年。驾前六军错锦绣，秋风鼓角声满天。
芝菅峰前尽停障，平安火在交河上。凉州女儿满高楼，
梳头已学京都样。

363

陆游在诗歌中描绘的这幅乐观的情景在现实当中显然是无法实现的，但这却表达了他浓烈的爱国热情。他在梦中所想象的亲临战场的情景也十分令人感动，"三更枕上忽大叫，梦中夺得松亭关"（《楼上醉书》），"更呼斗酒作长歌，要遣天山健儿唱"（《九月十六日夜梦》），即使在将近七十的衰迈之年，陆游仍然老当益壮，梦思报国：

僵卧孤村不自哀，尚思为国戍轮台。

夜阑卧听风吹雨，铁马冰河入梦来。

——《十一月四日夜风雨大作》

吊古述怀一类的作品在陆游的诗歌中占有一定的比重，但与中国历史上的其他诗人相比，陆游的此类诗歌更侧重于借追述历史往事更加深刻地批判现实，抨击南宋小朝廷的投降苟安。如《武昌感事》《哀郢》《登白帝城楼怀少陵先生》《游诸葛武侯书台》等。

陆游诗歌有着自己突出的艺术特色。首先是他对现实深切的关注和对美好理想的不懈追求，由此构成了他诗歌的独特的现实主义风格。陆游历来对杜甫极为推崇，他的诗歌确实也有接近杜甫诗歌的地方，但又比杜甫多了几分雄壮和浪漫；在对理想的追求方面有几分像屈原，但又比屈原多了几分战斗精神。陆游就是以这种沉郁悲慨的现实主义风格写下了南宋一代的"诗史"。陆游往往把巨大的历史内容和深刻的个人感受压缩在一首很短的律诗里，如著名的《关山月》就是突出的代表。与这一抒写方式相联系的，必然是十分善于概括，像"天下可忧非一事，书生无地效孤忠"（《溪上作》）等。既不具体指哪一件事，但又非常尖锐明确，这就是陆游诗歌善于集中概括的特色。

陆游诗歌的另一重要艺术特点是强烈的浪漫主义色彩，在当时就有"小李白"的称号。实际上，陆游既继承了屈原、李白等人的优秀浪漫主义传统，又深深地扎根于自己的时代精神之中，形成了他雄奇豪放而又沉郁悲慨的浪漫主义风格。陆游的诗歌有着瑰丽而丰富的想象，如"天为碧罗幕，月作白玉钩。织女织庆云，裁成五色裘。"（《江楼吹笛饮酒大醉中作》）"手把白玉船，身游水晶宫。方我吸酒时，江山入胸中。"（《醉歌》）这些诗确实令人想起了李白，但这种浪漫主义是以抗金为基调的，所以很少李白诗歌的青春浪漫的色彩，更多了一些时代的悲慨。陆游的诗歌有着奇特大胆的夸张，如"起倾斗酒歌"（《出塞》），"弹压胸中十万兵"（《弋阳道中遇大雪》），"胸中太华蟠千仞"（《冬夜读书有感》），"十年学剑勇成癖，腾身一上三千尺"（《融州寄松纹剑》），"逆胡未灭心未平，孤剑床头铿有声"（《三月十七日醉中作》）等等。另外，陆游善于抒写梦中所见也构成了其浪漫主义的一大特色，据清人赵翼统计，陆游诗歌中的记梦诗有近百首之多。这些记梦诗以梦中所见所闻为依托，充分展开浪漫想象的翅膀，对于表现诗人浓烈的主观意志起到了很大的作用。

陆游的诗歌在当时和后世都产生了很大的影响。由于陆游诗歌一扫江西诗派的积弊，把诗歌从象牙之塔中解放出来，成为现实斗争中的号角和武器，更兼于南宋一代的特殊历史情况，因此，甚至整个南宋诗坛都是在陆游的笼罩之下发展的。与陆游同时稍后的江湖诗派在诗风和思想倾向上都受到陆游的很大影响。他诗歌的强烈的爱国主义精神对后世的影响尤其重大，每当国难当头的时候，人们便情不自禁地想起陆游。清末的梁启超面临着深重的民族危机，在《读陆放翁集》一诗中写道："诗界千年靡靡风，兵魂销尽国魂空。集中十九从军乐，亘古男儿一放翁。"由此可见，陆游诗歌对后世的影响不仅仅在诗歌艺术方面，更重要的是在其思想精神方面。

其实，陆游的词也写得很好，毛泽东也很喜欢，毛泽东的那首著名的咏梅词（"风雨送春归，飞雪迎春到"）就借鉴了陆游的《卜算子·咏梅》。陆游的词是这样写的：

驿外断桥边，寂寞开无主。已是黄昏独自愁，
更著风和雨。无意苦争春，一任群芳妒。
零落成泥碾作尘，只有香如故。
此词清雄旷达，别有韵致。

对于陆游的各个方面，毛泽东都是持赞扬的态度的。例如："这是陆游写的一首词：《钗头凤·红酥手》。他是南宋一位了不起的大诗人，年轻时就立志'上马击狂胡，下马草军书。'他的表妹唐琬，也是一位有才华重感情的妇女。他们的爱情悲剧在《齐东野

语》里有记载。"①

《钗头凤》全词是这样的：

红酥手，黄縢酒，满城春色宫墙柳。东风恶，欢情薄，
一怀愁绪，几年离索。错、错、错！春如旧，人空瘦，
泪痕红浥鲛绡透。桃花落，闲池阁，
山盟虽在，锦书难托。莫、莫、莫！

这首词有人认为是为唐琬（陆游的夫人，后因陆游的母亲反对而离婚）而作的，也有人认为与此无关。不管怎样，其中总是包含了作者对人生的某种真切体验，才能把一对被阻隔的有情人的心理，写得如此感人。

---

① 权延赤：《红墙内外》，昆仑出版社 1989 年版，第 172 页。

22

"词有婉约、豪放两派，各有兴会，应当兼读"

> "词有婉约、豪放两派，各有兴会，应当兼读。读婉约派久了，厌倦了，要改读豪放派。豪放派读久了，又厌倦了，应当改读婉约派。我的兴趣偏于豪放，不废婉约。"

根据毛泽东的性格，毛泽东说他对词的兴趣"偏于豪放"，是不难理解的。其实这一点也反映在他读辛弃疾的词上。毛泽东故居的藏书中圈画得最多的也是辛弃疾的词，加起来约有 98 首。1959 年中华书局影印出版的《稼轩长短句》，共有 4 册，毛泽东在每册的封面上几乎都用红铅笔画了读过的圈记。书中有 60 多首词的标题上也画了各种记号。毛泽东经常翻阅的几部《词综》里，对其中的辛弃疾的词也反复圈点。

毛泽东最重视的辛弃疾的两首词是《永遇乐·京口北固亭怀古》：

千古江山，英雄无觅、孙仲谋处。舞榭歌台，风流总被，雨打风吹去。斜阳草树，寻常巷陌，人道寄奴曾住。想当年金戈铁马，气吞万里如虎。元嘉草草，封狼居胥，赢得仓皇北顾。四十三年，望中犹记，烽火扬州路。可堪回首，佛狸祠下，一片神鸦社鼓。凭谁问廉颇老矣，尚能饭否？

《南乡子·登京口北固亭有怀》：

何处望神州？满眼风光北固楼。千古兴亡多少事？

悠悠。不尽长江滚滚流！年少万兜鍪，

坐断东南战未休。天下英雄谁敌手？

曹刘。生子当如孙仲谋。

1957年3月22日下午，毛泽东由南京飞往上海，当飞机飞临镇江（即登京口北固亭今址）上空时，他书写了这首词，还向同行工作人员解释了这首词的意义和所用典故。

毛泽东说："词有婉约、豪放两派，各有兴会，应当兼读。读婉约派久了，厌倦了，要改读豪放派。豪放派读久了，又厌倦了，应当改读婉约派。我的兴趣偏于豪放，不废婉约。婉约派中有许多意境苍凉而又优美的词。范仲淹的上两首，介于婉约与豪放两派之间，可算中间派吧；但基本上仍属婉约，既苍凉又优美，使人不厌读。婉约派中的一味儿女情长，豪放派中的一味铜琶铁板，读久了，都令人厌倦的。人的心情是复杂的，有所偏但仍是复杂的。所谓复杂，就是对立统一。人的心情，经常有对立的成分，不是单一的，是可以分析的。词的婉约、豪放两派，在一个人读起来，有时喜欢前者，有时喜欢后者，就是一例。睡不着，哼范词，写了这些。"[1]

辛弃疾是宋代最著名的豪放词人，对当时和后世的词风影响极大。下面我们简要介绍辛弃疾的生平、词作和词风。

辛弃疾（1140—1207年），原字坦夫，后改字幼安，号稼轩，原籍甘肃狄道（故址在今甘肃临洮），出生于金国初期的济南府历城县。辛家世代仕宦，先世曾任武职，祖父仕金，知开封府。祖父辛赞因"以族众拙于脱身"，被污仕金。但他常怀念故国，领辛弃疾等人登高望国，鼓励辛弃疾等人归正，"以纾君父不共戴天之愤"（《进美芹十论扎子》）。辛弃疾自幼受家庭的影响，老师的教诲，又深受儒家思想的熏陶，具有强烈的爱国热情。依照祖父的安排，辛弃疾曾先后两次赴燕京参加进士考试，目的却是探查金人统治中心

---

[1]《毛泽东读文史古籍批语集》，中央文献出版社1993年版，第27—28页。

的虚实，为将来起事做准备。

绍兴三十一年（1161 年）九月，金主完颜亮大举南侵，金国后方军民趁机"屯聚蜂起"，纷纷起义，其中济南农民耿京的农民起义军声势最大，很快发展到了几十万人。此时，辛弃疾二十二岁，也毅然组织族亲民众二千人起义，并同奔耿京，任掌握全军文告的掌书记之职。辛弃疾的朋友义端和尚经辛弃疾动员也归属了耿京，后来义端偷取耿京大印逃往金营，被追捕处决。后来辛弃疾代表义军与南宋联系，并上条陈大计，引起了高宗的重视。当他北归时，耿京已被叛徒张安国谋害，并劫持了部分义军归金。辛弃疾邀请王世隆等人，率五十余人突入五万人的金营，将叛徒张安国缚于马上，并当场号召上万义军反正，渡淮归附南宋。"壮声英概，懦士为之兴起，圣天子一见三叹息"（洪迈《稼轩记》）。辛弃疾的这一作为，振奋了当时的南宋。

辛弃疾富有政治头脑和军事才能。南归初期，辛弃疾任江阴签判，在主战派虞允文受孝宗重用时，辛弃疾于乾道元年（1165 年）写《美芹十论》献给宋孝宗，分析敌我形势，提出北伐措施，极具见地。五年后，辛弃疾在建康通判任上又向朝廷上《论阻江为险须藉两淮疏》和《议练民兵守淮疏》，对淮南重要的战略地位以及依靠民兵巩固两淮防务的重要性进行了论证。辛弃疾抗战北伐的期望寄托在曾战胜过金人的宰相虞允文身上，向他呈上了有名的北伐计划书——《九议》。《九议》分析了宋、金形势，有力地批驳了苟安妥协的思想，提出了具体的政治、军事见解。但因"持论劲直，不为迎合"（《宋史本传》），没有被朝廷采纳。

辛弃疾还在自己的任上进行了切实有效的准备工作，他曾经历任滁州知府、江东、江西、京西、湖北、湖南、两浙、福建等地安抚使、转运副使、提点刑狱等职，作了很多好事。如"宽征薄赋，招流散，教民兵，议屯田"（《宋史·辛弃疾传》），还不顾众议，"起盖寨栅、招步军二千人，马军五百人"，创建了一支"飞虎军"（《宋史·辛弃疾传》）。但宋金对峙渐趋稳定，主和派一直占据上风，再兼辛弃疾是所谓的"归正"人员，一直得不到信任，南宋政府只是利用其才能来治理地方。

辛弃疾多年担任方面大员，才能卓越而又刚正不阿，因此得罪了不少权贵，处境孤危。淳熙八年（1181 年），辛弃疾因弹劾落职，以四十二岁的有为之年退居江西上饶带湖，自号稼轩。十年后，辛弃疾被起用为福建提点刑狱，曾向光宗上《论荆襄上流为东南重地疏》，希望光宗在各个方面加强北伐的准备，得到了光宗的重视。但在绍熙五年（1196年），再次被弹劾落职，被迫闲居八年，其间移居带湖附近的铅山瓢泉。后朝廷内部发生变化，宰相韩侂胄想以北伐来提高自己的声望，辛弃疾又被起用，使任浙东安抚使、镇江知府等职。此时距辛弃疾归宋已四十三年了。辛弃疾正积极准备北伐，韩侂胄又莫名其妙地将其免职。开禧三年（1207年），朝廷曾诏命辛弃疾仕兵部侍郎，不久又决定起用他为枢密都承旨，辛弃疾力辞，并已患病。韩侂胄北伐大败后，辛弃疾反而受到指责，此年，辛弃疾在悲愤中赍志而没。

辛弃疾存词六百二十多首，为两宋词人之冠，有四卷本的《稼轩词》和十二卷本的《稼轩长短句》。

清代陈廷焯在《白雨斋词话》中赞叹辛弃疾说："辛稼轩，词中之龙也！"（卷一）实不为过。《稼轩词》存词六百多首，虽然有闲适词、农村词和艳情词等，但抗战词是其最主要的部分，他以词为武器来表达自己强烈的爱国热情，将苏轼开启的豪放词发展到了一个新的高峰。

在内容上辛词最突出的特征是以慷慨悲歌、壮志难酬但又乐观豪放的情绪来表现其强烈的爱国热情和对投降派的憎恶。翻阅《稼轩词》，触目都是这类的词句。如《破阵子》的情感就更为激烈：

> 醉里挑灯看剑，梦回吹角连营。八百里分麾下炙，
> 五十弦翻塞外声。沙场秋点兵。马作的卢飞快，
> 弓如霹雳弦惊。了却君王天下事，赢得生前身后名。
> 可怜白发生！

约作于与陈亮唱和《贺新郎》之后不久，辛弃疾时任福州知府兼福建安抚使。开篇虚拟，亦"醉"亦"梦"。写出沙场点兵之豪迈气概。继之激烈战斗场景，征尘劈面，气势逼人。词作接连用挑灯看剑、连营吹角、麾下分炙、弦翻塞声、的卢飞快、霹雳弦惊

等一系列意象，表现了将军点兵待发的勇武气概。结构也很特别，传统写法是上片主要写景，下片主要抒情，而辛弃疾打破了分片的限制，从开头到"赢得生前身后名"，形成了一组内容完整、意境清晰的画面。最后写"可怜白发生"，梁启超说："无限感慨，哀同父，亦自哀也。"（《艺蘅馆词选》）将词的情感提高到了一个新的层次。《菩萨蛮·书江西造口壁》则表现出伤心与坚韧的情绪：

郁孤台下清江水，中间多少行人泪。西北望长安，可怜无数山。青山遮不住，毕竟东流去。江晚正愁余，山深闻鹧鸪。

上片分写山水，由清江之水而及人之清泪，诉不尽的国耻民辱，书不完的伤心泪史；写山则暗用唐代李勉"望阙"之意，寓万劫不易的耿耿忠心。下片山水合写，以不住的江流喻时光的易逝，时事的变易。最后两句写晚闻鹧鸪，更衬托出国愁与乡愁，意境更加沉郁。

在艺术上，辛弃疾最突出的特点是一扫词境尖新的旧论，创造出雄奇廓大的意境，"气魄极雄大，意境却极沉郁"（陈廷焯《白雨斋词话·卷一》），都深刻地指出了辛词最突出的审美特征。如著名的《永遇乐·京口北固亭怀古》：

千古江山，英雄无觅，孙仲谋处。舞榭歌台，

风流总被，雨打风吹去。斜阳草树，寻常巷陌，

人道寄奴曾住。想当年金戈铁马，气吞万里如虎。

元嘉草草，封狼居胥，赢得仓皇北顾。

四十三年，望中犹记，烽火扬州路。

可堪回首，佛狸祠下，一片神鸦社鼓。

凭谁问，廉颇老矣，尚能饭否？

该词作于开禧元年（1205年），时在镇江知府任上。词人于3月到任后，立即积极投入备战工作，希望能够实现北伐抗金的夙愿。京口即今江苏镇江，北固亭在镇江城北北固山上。北固山下临长江，形势十分险要。此词堪称豪壮悲凉的怀古词之杰作。面对壮

丽江山而大起浩叹，起句气势宏大，与苏轼的赤壁怀古词有相似之处。通过对古代英雄业绩的深沉的缅怀，既表现了词人对历史上英雄人物的无限向往，也表现他企盼杀敌报国实现夙愿的心意。辛词善于以吊古伤今、登高怀远、运用典故的方式来营造廓大的词境。如《水龙吟·登建康赏心亭》：

> 楚天千里清秋，水随天去秋无际。
>
> 遥岑远目，献愁供恨，玉簪螺髻。
>
> 落日楼头，断鸿声里，江南游子。
>
> 把吴钩看了，栏杆拍遍，无人会，登临意。
>
> 休说鲈鱼堪脍，尽西风，季鹰归未？
>
> 求田问舍，怕应羞见，刘郎才气。
>
> 可惜流年，忧愁风雨，树犹如此！
>
> 倩何人、唤取红巾翠袖，揾英雄泪？

此词体现了辛词的早期风貌。上片写山水之势，雄浑清丽而又富有绵长顿挫之致。"落日"七句，背景廓大苍凉，凸显出一位孤寂而又不屈强的爱国者形象，给人以一气呵成之感。下片抒壮志难酬的情绪，委婉曲折而又悲情四涌，在一波三折中反复唱叹，给人以荡气回肠之感。此词既有登高，又有怀远，既吊古又伤今，但悲中见壮，伤感中寄寓豪放，在绵延低回中尽显英雄气概，实有"词中之龙也"的气象。

辛词长于比兴寄托，这主要是由他所处"孤危"的地位决定的。他继承了香草美人的传统，往往托"儿女之情，写君臣之事"，这反倒使他的词在慷慨豪放中呈现出细腻婉约的风貌，如《摸鱼儿》（淳熙己亥，自湖北漕移湖南，同官王正之置酒小山亭，为赋）：

> 更能消几番风雨，匆匆春又归去。惜春长怕花开早，
>
> 何况落红无数。春且住，见说道、天涯芳草无归路。
>
> 怨春不语。算只有殷勤，画檐蛛网，尽日惹飞絮。

长门事，准拟佳期又误。蛾眉曾有人妒。

千金纵买相如赋，脉脉此情谁诉？

君莫舞，君不见、玉环飞燕皆尘土！

闲愁最苦。休去倚危栏，斜阳正在，烟柳断肠处。

　　这是辛词中独特的爱国词名篇，词境在开阔宏大中又蕴含着细腻深微的情感，明显的婉约词的影响，词作摧刚为柔，融豪放于婉约，是辛词的重要代表作。

　　辛弃疾在一定意义上可以说是宋词的集大成者。辛词不仅取自豪放和婉约两派，还兼及六经、楚辞、庄子及前代诸诗人，其语言也是熔经铸史、兼取前代诗人、词人之长，《稼轩词》中，各种词体几乎无所不备，在中国词史上只有辛弃疾一个人达到了这种境界。宋词到了辛弃疾的手中更加成熟，单以表现手法而论，他的词可谓词坛之冠。所以，如果说苏轼为词立法，辛弃疾则是集宋词之大成。

　　辛弃疾出现之后，立即吸引了一批追随者，他们成为一个声势浩大的爱国词派，历史上称为辛派词人。其中主要有陈亮、刘过、韩元吉、杨炎正、刘克庄、刘辰翁等。陈亮的《龙川词》、刘克庄的《后村别调》、刘辰翁的《须溪词》都较有影响。

23

"《水浒传》要当作一部政治书看"

> "也不要当《水浒传》上的白衣秀士王伦，他也是不准人家革命。凡是不准人家革命，那是很危险的。白衣秀士王伦不准人家革命，结果把自己的命革掉了。"

毛泽东对于许多古代文学名著都有着精深的研究和独到的见解。对于《水浒传》，他发表了很多评论，甚至在他的重要著作和讲话中也屡次提及。在诸多的论述中，最重要的是"《水浒传》要当作一部政治书看"："《水浒传》要当作一部政治书看。它描写的是北宋末年的社会情况。中央政府腐败，群众就一定会起来革命。当时农民聚义，群雄割据，占据了好多山头，如清风寨、桃花山、二龙山等，最后汇集到梁山泊，建立了一支武装，抵抗官军。这支队伍，来自各个山头，但是统帅得好。"[1]

毛泽东再次分析了农民起义的必然性，肯定了其革命的性质，并认为起义队伍领导得好。毛泽东从一部优秀的文学作品中看出了农民革命的历史和必然性，应该说是独具慧眼的。

"逼上梁山"也被毛泽东用来解释中国革命为什么会发生。1964 年 1 月，毛泽东在同安娜·路易斯·斯特朗的谈话中，说自己原先是湖南省的一个小学教员，是被逼迫成为革命者的。在 1955 年 10 月七届六中全会上，毛泽东说："也不要当《水浒传》上的白衣

---

① 薄一波：《回忆片断》，《人民日报》1981 年 12 月 26 日。

秀士王伦，他也是不准人家革命。凡是不准人家革命，那是很危险的。白衣秀士王伦不准人家革命，结果把自己的命革掉了。"①

提倡革命，反对压制革命，是毛泽东的一贯做法。有时，毛泽东又以水浒故事来鼓励人们："我们要保持过去革命战争时期的那么一股劲，那么一股革命热情，那么一种拼命精神，把革命工作做到底。什么叫拼命？《水浒传》上有那么一位，叫拼命三郎石秀，就是那个'拼命'。我们从前干革命，就是有一种拼命精神。"②

甚至还将水浒故事与革命的组织工作联系起来。1938 年，毛泽东在一次关于保卫工作的讲话中说，《水浒传》梁山上有军队、有政府，也有保卫侦察这些特务工作。108 位高级将领中就有做特务工作的。梁山的对面，朱贵开了一间酒店，专门打听消息，然后报告上面。如果有大土豪路过，就派李逵去拿了回来。有时，毛泽东又将《水浒传》中的一些故事与革命的策略联系起来："谁人不知，两个拳师放对，聪明的拳师往往退让一步，而蠢人则其势汹汹，劈头就使出全副本领，结果却往往被退让者打倒。《水浒传》上的洪教头，在柴进家中要打林冲，连唤几个'来''来''来'，结果是退让的林冲看出洪教头的破绽，一脚踢翻了洪教头。"③

从小说的打斗中看出了中国革命战争的战略问题，可谓善于读书了。1942 年 11 月 12 日，毛泽东在讲话中，借用三打祝家庄的故事，强调统一战线的重要性，强调合法斗争和秘密斗争必须结合起来。因为"堡垒最容易从内部攻破"④，孙立、孙新等假装投降祝家庄，里应外合，最后破了这个庄子。1942 年 10 月，延安平剧院成立不久，毛泽东指示，让该院根据他在《矛盾论》中对三打祝家庄的分析，创作剧本。为此，1944 年 7 月初，正式成立了《三打祝家庄》剧本小组，并从毛泽东那里借来了一百二十回本《水浒》。毛泽东在听取创作汇报时，指示该剧要写好这样三条：第一，要写好梁山主力军；第二，要写好梁山地下军；第三，要写好祝家庄的群众力量。1945 年 2 月 22 日，《三

---

① 赵以武主编：《毛泽东评说中国历史》，人民出版社 2010 年版，第 477 页。
② 赵以武主编：《毛泽东评说中国历史》，人民出版社 2010 年版，第 477 页。
③ 《毛泽东选集》第 1 卷，人民出版社 1991 年版，第 203 页。
④ 《毛泽东年谱》第 9 卷，中央文献出版社 2023 年版，第 24 页。

打祝家庄》在延安公演，毛泽东写信祝贺："我看了你们的戏，觉得很好，很有教育意义。"①1959 年 2 月，毛泽东在一次讲话中再次讲到三打祝家庄的故事。毛泽东借用这个故事，提醒全党要善于发现矛盾，认识矛盾，解决矛盾，处理好现实中存在的问题。他说："《水浒传》上宋江三打祝家庄，两次都因情况不明，方法不对，打了败仗。后来改变方法，从调查情形入手，于是熟悉了盘陀路，拆散了李家庄、扈家庄和祝家庄的联盟，并且布置了藏在敌人营盘里的伏兵，用了和外国故事中所说木马计相像的方法，第三次就打了胜仗。《水浒传》上有很多唯物辩证法的事例，这个三打祝家庄，算是最好的一个。"②

将小说故事引入到庄严的哲学著作，可谓大胆而新颖，颇为耐人寻味。

将《水浒传》与革命文艺工作联系在一起，可以说是毛泽东的一大贡献。1944 年 1 月，毛泽东看了延安平剧院演出的京剧《逼上梁山》，连夜写信祝贺。该信如下：

"（杨）绍萱、（齐）燕铭同志：看了你们的戏③，你们做了很好的工作，我向你们致谢，并请代向演员同志们致谢！历史是人民创造的，但在旧戏舞台上（在一切离开人民的旧文学旧艺术上）人民却成了渣滓，由老爷太太少爷小姐们统治着舞台，这种历史的颠倒，现在由你们再颠倒过来，恢复了历史的面目，从此旧剧开了新生面，所以值得庆贺。郭沫若在历史话剧方面做了很好的工作，你们则在旧剧方面做了此种工作。你们这个开端将是旧剧革命的划时期的开端，我想到这一点就十分高兴，希望你们多编多演，蔚成风气，推向全国去！

敬礼

毛泽东

一月九日夜④

---

① 赵以武主编：《毛泽东评说中国历史》，人民出版社 2010 年版，第 474 页。
②《毛泽东选集》第 1 卷，人民出版社 1991 年版，第 313 页。
③ 按：根据《水浒传》所述林冲上梁山经过改编的京剧《逼上梁山》
④《毛泽东书信选集》，中央文献出版社 2003 年版，第 199 页。

那么,《水浒传》到底是一部什么书,我们应该怎样来理解呢?

关于《水浒传》的主旨,历来有所争论,且不说出于某种具体的目的而批判其投降思想或是赞扬其阶级意识等,就是较为正常的学术讨论,也聚讼纷纭,如有泄愤说、倡乱说、替天行道说、忠义两全说、天罡地煞历劫说等等。如果我们能够从文化的角度对其加以分析,也许会发现一些更为深层的东西。

毋庸讳言,《水浒传》具有十分深刻的社会意义。《水浒传》所反映的北宋时期的社会现实,确实可以用"乱自上作"和"逼上梁山"来概括,皇帝昏庸,奸臣当道,政治黑暗,吏治腐败,社会混乱,民生凋敝,是这一时期基本的社会政治特征,《水浒传》正是通过林冲、晁盖、宋江、杨志等人的经历来揭示农民起义发生的社会根源,并显示了农民起义是怎样由零碎的复仇星火发展成燎原之势的。但《水浒传》更为深层的文化意蕴主要不在这里,而在于它通过对起义的悲剧性描写显示了传统社会的存在状态,即社会理想与现实伦理之间的悖谬关系。这种悖谬,不仅是造成梁山泊农民起义失败的根源,也是一切社会理想无法变成现实的最重要的阻碍力量。

《水浒传》的最难理解之处在于招安问题。《水浒传》让梁山义军在两赢童贯、三败高俅的大好形势下,十分主动地接受了朝廷的招安,但接着又以冷峻客观的笔触描写了招安之后被迫攻打其他义军、遭受奸臣陷害、最后义军将领死亡殆尽的悲惨结局,用血的事实昭示出招安的下场。这不是自相矛盾,正是历史的真实所在,《水浒传》的伟大之处就在于它深刻地揭示了这一历史的悲剧性。如果只有前半部,或是将后半部改成大团圆的结局,那么,《水浒传》充其量也只能是平庸的武侠小说或是廉价的幻想作品。

梁山泊义军的宗旨是"替天行道",关于这一点,无论是作者还是历史都给予了肯定的评价。《水浒传》每当描写英雄的杀人、抢劫、落草等等一切违法乱纪却又符合正义原则的壮举时,往往要写一首诗词来加以解释和歌颂。如第十六回写到晁盖等人决定劫取梁中书送给当朝太师蔡京价值十万贯的生辰纲时,作者便赋诗一首,其中两句是:"取非其有官皆盗,损彼盈余盗是公。"在叙述宋江为晁盖通风报信后,也有一首诗赞道:"保正缘何养贼曹,押司纵贼罪难逃。须知守法清名重,莫谓通情义气高。雀固畏鹯能害雀,猫如伴鼠岂成猫。空持刀笔称文吏,羞说当年汉相萧。"第31回作者以浓情的笔墨描绘了武松杀贪官污吏之后，更特意赋诗赞扬："金宝昏迷刀剑醒，天高帝远总无灵。如何庙郎多凶曜，偏是江湖有救星。"不仅如此，《水浒传》在叙事上还加进了神秘的宇宙意识和术数思维，给梁山义军涂上了天人感应的色彩，如九天玄女授天书。将36天罡、72地煞合成了一百单八将等，使梁山义军的行动与"天道"相合。

这种正义和天道又无法彻底变为现实。因为宋江的反抗有其鲜明的局限性，在九天玄女授予宋江的起义纲领中。便可看出："汝可替天行道，为主全忠仗义，为臣辅国安民，去邪归正。"意味帝王被蒙蔽时，你可以替天行道，暗辅君王，一旦帝王悔悟，便要接受招安，听从调遣。袁无涯夹批"数语是一部作传根本"（《袁无涯百二十回刻本》：第四十二回），可谓独具慧眼。小说中连宋徽宗都说得十分明白："寡人闻宋江这伙，不侵州府，不掠良民，只待招安，与国家出力。"他亲笔的招安诏书也说："切念宋江、卢俊义等，素怀忠义，不施暴虐，归顺之志已久，报效之志凛然。虽犯罪恶，各有所由，察其衷情，深可怜悯。"至此，上述的社会理想意义上的替天行道蜕变成"只反贪官，不反皇帝"的"忠义"。

问题是现实的皇帝绝不是天道的化身。别的且不论，招安后面临的一个最大难题就是"自古权奸害善良，不容忠义立家邦。"作者在情感上希望义军能有一个美满的结局，但历史毕竟不以人的意志为转移，最终完成了"煞曜罡星今已矣，谗臣贼相尚依然"的悲剧叙事。

何以"忠""义"不能两全，这是由"忠""义"互不相容的内涵决定的。"义"分两重，一是属于社会理想层面上的"替天行道"的大义，一是蜕变为一般性的社会道德伦理规范，是小义。"大义"与"小义"之间不仅有着本质的区别，而且是冰炭不相容的。而《水浒传》恰恰将这两者视同一义，使人们渴望社会理想的大义，但又从情感上摆脱不了现实伦理规范的小义的束缚。

"忠"也有两重意义，忠道与忠君，忠事与忠人。《水浒传》又把这两种"忠"混为一体，使人不知忠于谁，如何忠。

"义"与"忠"的两重意义本来是相互对应的，但在现实当中，"义"由于更多地属于思想领域，所以其"大义"的一面还是比较容易显现出来的，而"忠"由于属于政治秩序的领域，受到了严格的限定，其"大忠"的一面不仅难以显现，还往往被视作大逆不道。因此，"忠"就蜕变为政治秩序和现实的道德伦理，与"小义"有着本质上的共通点。

李逵与宋江的关系极具典型性，当李逵听说宋江强娶民女时，怒发冲冠，扯碎杏黄旗，抡斧径奔宋江而来，要杀了这个贪色的不义之徒，这是以兄弟的私情小义服从社会正义之大义；但他又惟宋江是从，每每称道："哥哥剐我也不怨，杀我也不恨。除了他，天也不怕！""我梦里也不敢骂他。他要杀我时，便由他杀了罢。"当宋江毒其致死，还要归枢楚州，"死了也只是哥哥部下一个小鬼"。这与"君叫臣死臣不得不死，父叫子亡子不得不亡"的封建伦理秩序有什么区别？事实上，宋江与李逵的关系最后已经由社会理想的大义蜕变成了现实伦理的君臣关系。

在晁盖和宋江那里，"忠""义"有本质不同的含义，这在第四十七回和第七十一回中说得非常清楚。在第四十七回中，晁盖说："俺梁山泊好汉，自从火并王伦之后，便以忠义为主，全施仁德于民。"而在第七十一回中作者有明确的交代："在晁盖恐托胆称王，归天及早；惟宋江肯呼群保义，把寨为头。休言啸聚山林，早愿瞻依廊庙。"与晁盖的"恐托胆称王"相比，宋江的"忠义"无疑就是小忠小义了。

由于社会理想与现实秩序的矛盾，与之相对应的"忠""义"往往不能并存，因此，在现实中，"忠""义"实际上不能两全。由于宋江等人所"忠"的封建王朝绝不可能容纳义军所追求的社会理想意义上的"义"，所以，宋江和义军的悲剧是无法避免的。

还应该看到的是，宋代的经济和文化的特征造就了这种独特的忠孝观念。宋元时期，佃户与主人之间事实上还存在着主仆名分，庄主和庄客之间还有一层相互保护的关系。《水浒传》一百单八将中没有一个是佃户型的庄客或伴当，而当时的佃户要占户口的35%以上，《水浒传》中对庄客、伴当也不称兄弟，而是称之为"孩儿们"、伴当之类。因此，《水浒传》中忠孝观念和对伦理人格的追求不仅是这种社会等级观念的反映，也是雅文化系统的思想意识的反映。其次，宋代是理学盛行，是忠孝观念、道德伦理观念强化的时代，这些观念已经变为普遍的社会心理，因此在小说中也必然会反映出来。例如，朱熹认为"尽己之心而无隐，所谓忠也。以其出乎内者而言也"，宋江最后确实是"尽心"

了，李贽在评论《水浒传》时屡屡说宋江"有些道学气味"，应是别有见地的。

宋江等人想在招安的"忠义双全"中实现价值的圆满，但恰恰因此而以悲剧告终。鲁迅说："一部《水浒》说得很分明，因为不反对天子，所以大军一到，便受招安，替国家打别的强盗——不'替天行道'的强盗去了，终于是奴才。"（《三闲集·流氓的变迁》）从挖掘国民性的角度看，是正确的。

《水浒传》之所以成为历代皆禁的小说，"倡乱"、"倡盗"等罪名只是其表面的原因，真正深层的原因，是它表现出了与封建专制制度相对立的具有一定理想色彩的民主意识。这种民主意识主要表现在以下几个方面：一、其领导方式颇富民主气氛，四次排座位突出了"随才器使"的民主性人才观和儒家的圣王理想朴素的民主意识。在梁山上，不是谁当首领谁就正确，而是谁有才德、谁的功劳大谁就当首领，显然，这是"天下为公"，与世代相传的封建皇帝的家天下——"天下为私"——是对立的。《水浒传》何以会成为名著，恐怕最重要的原因就在于它率先以小说这一文学形式，形象地超时代地表现了以儒家伦理为依托的民主意识，开了文学写民主的先河。二、《水浒传》的"替天行道"也突出地表现了民主意识。虽然小忠小义导致了起义的悲剧结局，但其中凸现出来的强烈的反叛精神仍然是小说发挥积极影响的重要因素，具体表现在：其一，皇权如果不义，人可替天行道，可取而代之；其二，人人皆可参与政治，可替天理财。这与封建皇权私相传授的神圣不侵可犯性有着根本的龃龉。

一般说来，雅文化系统的社会理想偏重于政治伦理，俗文化系统的社会理想偏重于经济伦理，如上所述，《水浒传》反映了北宋时期庄主与庄客的等级关系，具有浓厚的雅文化意味，但它要建构梁山泊这样一个现实社会，又必然以俗文化的方式来实现。于是，水泊梁山这一农民的理想王国的社会制度和观念就在偏重于雅文化的政治伦理和偏重于俗文化的经济伦理的撞击中形成了。大家互为兄弟，大碗喝酒，大块吃肉，大秤分金，小秤分银，生活资料免费供给，没有私有财产和分配不均，不存在等级特权和贵贱贫富，这是一种充分表达农民理想的军事共产主义的经济生活和道德准则。在起义事业发展到顶峰而"排座次"以后，《水浒传》对这种"八方共域，异姓一家"的理想社会进行了热情的描写和讴歌：

八方共域，异姓一家。天地显罡煞之精，人境合杰灵之美。千里面朝夕相见，一寸心死生可同。相貌语言，南北东西虽各别；心情肝胆，忠诚信义并无差。其人则有帝王神孙，富豪将吏，并三教九流，乃至猎户渔人、屠儿刽手，都一般儿哥弟相称，不分贵贱；且又有同胞手足，捉对夫妻，与叔侄郎舅，以及跟随主仆、争斗冤家，皆一样的酒筵欢乐，无问亲疏。或精灵，或粗鲁，或淳朴，或风流，何曾相碍，果然识性同居；或笔舌，或刀枪，或奔驰。或偷骗，各有偏长，真是随才器使。

然而，支持这种"随才器使"的政治制度与财产公有的经济制度的却是旧的政治伦理，具体说来，这种政治伦理就是上述的小忠、小孝、小义。首先，"忠心报答赵官家"的思想就已经否定了梁山泊理想社会存在的合理性。其次，"义"在起义的后期主要已不再是号召人们替天行道的纲领，而是蜕变成了束缚人的身心的封建伦理，"义只是知事亲如此孝，事长如此弟"，"知得事亲不可不孝，事长不可不弟，是为义之本"。（《朱子语类》卷二十《学而上篇》）不许询问，只有遵守，因此，李逵虽然时有"杀去东京，夺了鸟位"的呐喊，终于还是出于"义"的禁锢，心甘情愿地被宋江毒死。这在实质上还是封建伦理，在这种强调封建秩序的政治伦理基础上，任何具有平等意识的民主思想的闪光都必然蜕变成封建专制，任何公有制的经济思想也都必然蜕变成无偿奉献的奴隶意识。

"忠""义"不能两全，宋江以小忠害大义，博得了一个"尽心"的伦理人格，却演绎了一出历史的悲剧；旧伦理不能建立新社会，梁山泊的理想社会也终于不能长存。社会理想与现实伦理之间就是存在着这样的历史性的悖谬。从理智上讲，社会理想是诱人的，从情感上讲，现实伦理是不忍割舍的，理想与现实的冲突，或许是所有悲剧的共同特征，而作为悲剧的《水浒传》，它的悲剧的原因、悲剧的力量、悲剧的启示，也都在这里。

24

"婉约派中有许多意境苍凉而又优美的词"

> "词的婉约、豪放两派，在一个人读起来，有时喜欢前者，有时喜欢后者，就是一例。睡不着，哼范词，写了这些。"

作为一个伟大的无产阶级革命家，毛泽东偏爱以辛弃疾为代表的豪放词，是自然而然的事。但同时毛泽东也是一位杰出的诗人，因此，他对于优秀的文学作品都有很强的接受和鉴赏能力。具体到词来说，豪放和婉约两种风格他是都很喜欢的。他说：词有婉约、豪放两派，各有兴会，应当兼读。读婉约派久了，厌倦了，要改读豪放派。豪放派读久了，又厌倦了，应当改读婉约派。我的兴趣偏于豪放，不废婉约。婉约派中有许多意境苍凉而又优美的词。范仲淹的上两首，介于婉约与豪放两派之间，可算中间派吧；但基本上仍属婉约，既苍凉又优美，使人不厌读。婉约派中的一味儿女情长，豪放派中的一味铜琶铁板，读久了，都令人厌倦的。人的心情是复杂的，有所偏但仍是复杂的。所谓复杂，就是对立统一。人的心情，经常有对立的成分，不是单一的，是可以分析的。词的婉约、豪放两派，在一个人读起来，有时喜欢前者，有时喜欢后者，就是一例。睡不着，哼范词，写了这些。①

在这段话里，毛泽东提出了 3 个问题：一是认为词史上有豪放词，并偏爱豪放词，通过对其他资料的研究，我们知道毛泽东最喜欢的豪放词人是辛弃疾；二是有介于豪放

---

① 《毛泽东读文史古籍批语集》，中央文献出版社 1993 年版，第 27—28 页。

和婉约中间的词，"可算中间派"，他本人也很喜欢，范仲淹就是典型；三是词史上有婉约词，且毛泽东本人的兴趣是不废婉约。

豪放与婉约的问题历来是学术界长期争论的问题，应该说毛泽东的观点代表了学术界的主流观点。关于豪放词，我们在"词有婉约、豪放两派，各有兴会，应当兼读"一节中已有论述。我们现在来看看他所说的以范仲淹为代表的介于豪放和婉约之间的"中间词"。

范仲淹（989—1052 年），字希文，苏州吴县人，为北宋著名的政治家和文学家。二岁而孤，随母改适淄川朱氏。后知其家世，泣而辞母，入学苦读，真宗大中祥符八年（1015 年）中进士，始迎母归养，始父范姓。曾守睦州、苏州。曾因上书触犯宰相吕夷简而贬知饶州。于仁宗康定元年（1040 年）出任陕西经略安抚副使兼知延州（治今陕西延安），抗击西夏，与韩琦协力疆防。庆历三年（1043 年）任枢密副使，参知政事，与杜衍、韩琦、富弼同时执政，条陈十项改革措施，称为"庆历新政"。后因新政多罢，范仲淹自请外任，卒于赴任徐州的途中。

范仲淹当时并不以词知名，但流传下来的为数不多的几首词却已经廓大深沉，很受重视。像《苏幕遮》：

碧云天，黄叶地，秋色连波，波上寒烟翠。

山映斜阳天接水，芳草无情，更在斜阳外。

黯乡魂，追旅思，夜夜除非，好梦留人睡。

明月楼高休独倚，酒入愁肠，化作相思泪。

描绘秋景，抒羁旅乡思，本是诗词惯用的题材，但范词却以激越豪迈之情盖过了孤独与忧伤，为词开辟了新的意境。又如《御街行》：

纷纷坠叶飘香砌。夜寂静、寒声碎。

真珠帘卷玉楼空，天淡银河垂地。

年年今夜，月华如练，长是人千里。

愁肠已断无由醉。酒未到、先成泪。

残灯明灭枕头欹。谙尽孤眠滋味。

都来此事，眉间心上，无计相回避。

写秋夜怀人，描绘出了一幅清澈寂寥的秋境，但又在其中透显出豪迈与豁达的情感追求。而《渔家傲》则表现出另一种词风：

塞下秋来风景异，衡阳雁去无留意。

四面边声连角起。千嶂里，长烟落日孤城闭。

浊酒一杯家万里，燕然未勒归无计。

羌管悠悠霜满地。人不寐，将军白发征夫泪。

该词作于镇守西北边疆之时，以边塞生活入词，表现了报效国家的雄心和英雄气概，情调苍凉而悲壮，上承盛唐边塞诗，下启北宋豪放派。

范仲淹存词虽少，但意义并不小。他的词不仅上承盛唐边塞诗，下启北宋豪放派，也开启了以文为词、以诗为词、以议论入词的先河。具有词风改革的重要意义。

婉约派的典型代表是李清照，此外还有秦观、贺铸等人。我们也作简要的介绍。

李清照（1084—1155年？），自号易安居士，山东济南人。生于仕宦门第，其父亲李格非，进士出身，耿直狷介，曾受知于苏轼，精通经史，官至礼部员外郎。其母王氏亦善诗文。李清照早慧，少时即以诗词知名，后与太学生赵明诚结婚，婚后夫妻恩爱。赵明诚是金石家，夫妻共同收集、研究金石书帖，可谓志同道合。赵明诚和李清照的关系也较为平等，对妻子的文学爱好和创作从不束缚限制，夫妻生活中充满了学术气氛和诗情画意，使李清照的创作得以发展，也使她积累了丰富的艺术鉴赏和艺术审美经验。

但李清照过门不久，李格非便被卷入了新旧党争，名字被刻于党人碑上，李清照随父回原籍，继而蔡京罢相，李清照又由原籍回汴京。后赵明诚的父亲因事入狱，赵家失势，赵明诚、李清照回山东青州赵氏故家居住了十余年，夫妻二人烹茶读书，情好弥笃。宣和三年（1121年），赵明诚知莱州，不久李清照也到任所随住。

靖康二年（1127年）三月，赵明诚赴建康奔母丧，8月知江宁府事。此年年底，青州兵变，李清照只身带十五车的金石书画南渡，在途经镇江时遇盗。建炎元年（1127年），赵明诚、李清照在家乡所存书画古器等十余屋被焚。建炎三年（1129年）赵明诚奉旨知湖州，8月卒于建康。李清照得到消息后悲痛欲绝，再加大病，"仅存喘息"。

绍兴二年（1132年）李清照居临安，因孤零无依，以四十九岁之年，于夏天改嫁监诸军审计司张汝舟。张汝舟婚后对李清照百般虐待，李清照不堪忍受，又发现张有贪赃罪行，遂告官并要求离异。按宋代法律，妻告夫即使属实也要判两年刑，张汝舟被判刑，李清照也入狱九天。后李清照漂泊于杭州、金华一带，度过了孤苦的晚年。宋刊《漱玉词》已散失，现在辑录的词有七十多首。

李清照的词以南渡为界分为前后两期。她的词作虽然有的很难编年，但从其情感上大致可以判断出属于哪一个时期。前期主要写她天真烂漫的少女生活和夫妻间的爱情，后期则多表现国破家亡的哀痛。前期的词如《点绛唇》塑造了一位顽皮活泼而又心思细致的少女形象：

蹴罢秋千，起来慵整纤纤手。露浓花瘦，
薄汗轻衣透。见客人来，袜刬金钗溜。
和羞走，倚门回首，却把青梅嗅。

有反映少女、少妇的日常生活的。如《如梦令》：

昨夜雨疏风骤，浓睡不消残酒。试问卷帘人，
却道海棠依旧。知否，知否，应是绿肥红瘦。

小令描述了一个完整的生活小故事。再如《如梦令》：

常记溪亭日暮，沉醉不知归路。兴尽晚回舟，
误入藕花深处。争渡，争渡，惊起一滩鸥鹭。

把动人的瞬间剪裁下来，寥寥数笔，将人物和情景刻画得栩栩如生，给人以历历在目之感。

表现对丈夫的离别相思也是李清照前期词的重要内容。《醉花阴》：

薄雾浓云愁永昼，瑞脑销金兽。佳节又重阳，
玉枕纱橱，半夜凉初透。东篱把酒黄昏后，
有暗香盈袖，莫道不销魂，帘卷西风，人比黄花瘦。

上片写词人在重阳节一天的生活感受。先写室外天气的阴霾暗淡，以"愁"字，映照全词，然后转用曲笔写室内，将重阳节阴郁迷离氛围渲染得酣畅淋漓。下片写黄昏饮酒赏菊，在人与黄花的比较中，突出了词人的相思之情。而"人比黄花瘦"即景取譬，振起全篇，醒明题旨，将全词的抒情色彩提到了新的境界，成为古今同赏的精警之句。"莫道不销魂，帘卷西风，人比黄花瘦"三句，已成为思念爱人的经典名句。又如《一剪梅》：

红藕香残玉簟秋。轻解罗裳，独上兰舟。
云中谁寄锦书来，雁字回时，月满西楼。
花自飘零水自流。一种相思，两处闲愁。
此情无计可消除，才下眉头，却上心头。

"一种"句将异地同心、遥相思念的深情寓于工整对仗之中，而"此情"三句一泻直下，成为千古名句。

后期的词主要表现因国破家亡和个人的不幸遭遇带来的种种悲苦。后期的词在艺术

上更加成熟，她以女性特有的敏感的心灵，将国破家亡的沉痛，夫死流离的伤悲与孤寂表现得那样的深切动人，如《声声慢》：

> 寻寻觅觅，冷冷清清，凄凄惨惨戚戚。
>
> 乍暖还寒时候，最难将息。三杯两盏淡酒，
>
> 怎敌他晚来风急？雁过也，正伤心。
>
> 却是旧时相识。满地黄花堆积，憔悴损，
>
> 如今有谁堪摘？守著窗儿，独自怎生得黑！
>
> 梧桐更兼细雨，到黄昏、点点滴滴。
>
> 这次第，怎一个愁字了得！

故国之痛、乡土之思、亡夫之哀、飘零之苦，一时俱发，在低回婉转中，喷薄而出，有不禁之势。该词是千古激赏的好词，将种种感受融合为一天的生活实录，富个性又深寓时代苦难的深悲巨痛。

而她的代表作《永遇乐》还表现了对现实的不满和对国家的关切：

> 落日熔金，暮云合璧，人在何处？
>
> 染柳烟浓，吹梅笛怨，春意知几许。
>
> 元宵佳节，融和天气，次第岂无风雨？
>
> 来相召，香车宝马，谢他酒朋诗侣。
>
> 中州盛日，闺门多暇，记得偏重三五。
>
> 铺翠冠儿，捻金雪柳，簇带争济楚。
>
> 如今憔悴，风鬟雾鬓，怕见夜间出去。
>
> 不如向帘儿底下，听人笑语。

这是李清照晚年流寓临安（今杭州市）时以元宵为题所写的一首慢词。全词通篇对

比，从今到昔，又从昔返今，层层展开，抒写家国身世之悲，将两种元宵佳节，两种人物心情抒写得酣畅淋漓，因此映衬出对国事的关心。上片以元夕乐景和词人寂寞愁苦情怀作了四层对比。前三层是三组排比句，每组前两句为工整对偶，描绘景色，后一句写情。在对句描绘中对美景作了强烈否定，形成鲜明反差。"次第岂无风雨"则是疑惧世事难料，将词人的悲己与忧国融为一体在铺叙与反诘句中使得词作在情绪上跌宕起伏。下片是今昔对比，先写汴京元夕的盛况，然后以"如今"作一顿转，在追昔后，抒伤今之怀。可谓处处对比，而又自然妥帖，不言悲而悲极，极具感染力。又如《武陵春》：

风住尘香花已尽，日晚倦梳头。物是人非事事休，

欲语泪先流。闻说双溪春尚好，也拟泛轻舟。

只恐双溪舴艋舟，载不动、许多愁。

上片写暮春的景和愁情，落红化为泥土，余香仍在，把花事阑珊与词人惜春之悲融合。"物是"句写情，尤为沉痛，以"是"与"非"的反义词构成"物"与"人"的对比，再以"事事休"作结，调催人泪下。下片写内心活动，借游消愁，反更增愁绪，连用"闻说"、"也拟"、"只恐"六个虚词，表现出其微妙的心理变化，增添了反复咏叹之妙。

总的来看，李清照词继承了秦观等人的婉约词风，但她又能破其藩篱，无论从词境的营造还是语言的使用上，都可以看出她在传统的婉约词风的基础上又发展出清新自然的风格。李清照的词，从实质上讲，是从她的感性生命的深处自由流溢出来的心音。

秦观（1049—1100年），字少游，扬州高邮（江苏高邮）人。熙宁末年，曾到彭城（今江苏徐州）拜谒，为赋《黄楼赋》。苏轼赞其"有屈、宋才"（《宋史本传》），后经常来往，谊如师友，因苏轼推荐，曾为太学博士，后因党争，连遭贬斥，死于滕州。秦观创作颇多，但"性不耐聚稿"，故所存不多。只有《淮海居士长短句》（又称《淮海词》《淮海琴趣》等）三卷，现共存词八十多首。

表现爱情是秦观词的主要内容。秦观词在审美上独具特色，在艺术上有着特出的

成就。他十分善于营造凄迷忧伤、沉郁苍凉的意境，词境深远，有不尽之意。如《满庭芳》：

山抹微云，天粘衰草，画角声断谯门。暂停征棹，聊共引离尊。多少蓬莱旧事，空回首、烟霭纷纷。斜阳外，寒鸦万点，流水绕孤村。销魂。当此际，香囊暗解，罗带轻分。谩赢得、青楼薄幸名存。此去何时见也，襟袖上、空惹啼痕。伤情处，高城望断，灯火已黄昏。

词写离别之情，极尽凄婉缠绵，因"山抹微云"一句而被称为"山抹微云"君。王国维说："少游词境，最为凄婉。"他还在比较了晏几道和秦观之后说："小山所以愧淮海者，意境异也。"又说："古今人词……之以境胜者，莫若秦少游。"（《人间词话》附录）又如《踏莎行》：

雾失楼台，月迷津渡，桃源望断无寻处。
可堪孤馆闭春寒，杜鹃声里斜阳暮。
驿寄梅花，鱼传尺素，砌成此恨无重数。
郴江幸自绕郴山，为谁流下潇湘去？

词作伤贬谪寂寞之苦，苏轼激赏最后两句，并自书扇面，叹曰："少游已矣，虽万人何赎！"（见宋胡仔《苕溪渔隐丛话》前集卷五十引《冷斋夜话》）再如《千秋岁》：

水边沙外，城郭春寒退。花影乱，莺声碎。
飘零疏酒盏，离别宽衣带。人不见，碧云暮合空相对。
忆昔西池会。鹓鹭同飞盖。携手处，今谁在。
日边清梦断，镜里朱颜改。春去也，飞红万点愁如海。

其中"飞红万点愁如海"一句可谓凄迷已极。而南宋诗人范成大最欣赏"花影乱，莺声碎"一句，专门为建"莺花亭"。这类词句在秦观词中极多，如"绿荷多少夕阳中，知为阿谁凝恨背西风。"（《虞美人》》"烟暝酒旗斜，但倚楼极目，时见栖鸦，无奈归心，暗随流水到天涯"（《望海潮》）等。秦观词多是写斜月冷晖、寒鸦流水、飞红败叶、残更幽梦、雾霭楼台等意象，极易营造凄迷幽婉的意境。

秦观的词还十分善于抒情，含而不露，深沉雅致，情韵兼胜，但又显得自然畅达，了无滞碍。上面引述在词作也具有这一特点，又如《浣溪沙》：

漠漠轻寒上小楼，晓阴无赖似穷秋。淡烟流水画屏幽。

自在飞花轻似梦，无边丝雨细如愁。宝帘闲挂小银钩。

隐约的春愁，轻轻的寂寞和淡淡的哀怨，细微、奥妙、难以捉摸。但秦观却用具体的景物和形象的比喻作了细腻的表现。再如他描写爱情的名作《鹊桥仙》：

纤云弄巧，飞星传恨，银汉迢迢暗度。

金风玉露一相逢，便胜却人间无数。

柔情似水，佳期如梦，忍顾鹊桥归路。

两情若是久长时，又岂在朝朝暮暮。

快人快语，倾泻而出，作情语而有此爽利，并不多见。

秦观词少用典故，语言清丽自然，柔和妩媚而又十分规范，可谓情胜于辞。如《江城子》：

西城杨柳弄春柔。动离忧，泪难收。

犹记多情，曾为系归舟。

碧野朱桥当日事，人不见，水空流。韶华不为少年留。

恨悠悠，几时休。飞絮落花时候、一登楼。

便做春江都是泪，流不尽，许多愁。

其他如"夜月一帘幽梦，春风十里柔情。"（《八六子》）"轻寒细雨情何限，不道春
难管。"（《虞美人》）"东风里，朱门映柳，低按小秦筝。"（《满庭芳》）等，都十分缠
绵、委婉、含蓄又自然。

秦观一生仕途蹭蹬，大有伤心之处，这对他的词风也有影响。清冯煦说："淮海、小
山，古之伤心人也。其淡语皆有味，浅语皆有致。求之两宋词人，实罕其匹。"（《宋
六十一家词选例言》）但晏几道的"伤心"究竟不如秦观，所以秦观虽受花间派及柳永影
响，又能师法苏轼，破其藩篱，终于使词真正显示出了婉约的风格。但有人说他"以气
格不高为病"，也是中肯的。

贺铸（1052—1125年），字方回，原籍山阴（今浙江绍兴），生长卫州（今河南汲
县）。曾任泗州、太平州通判。性格狂放耿介，故仕途蹭蹬。晚年退居苏州，自号庆湖遗
老。著有《东山词》，其词风格多样，兼具婉约秾丽、豪壮粗放的艺术特色，宋人张耒
为贺铸词作序，曾称其中的婉约词篇"盛丽如游金（金日磾）、张（张汤）之堂，而妖冶
如揽嫱（王嫱）、施（西施）之祛"（《东山词序》），可以概括他的词风。如《青玉案》。

凌波不过横塘路，但目送、芳尘去。

锦瑟华年谁与度？

月台花榭，琐窗朱户，只有春知处。

碧云冉冉蘅皋暮，彩笔新题断肠句。

若问闲情都几许？

一川烟草，满城风絮，梅子黄时雨。

风格与秦观有相似之处。此词当时大受赞赏，黄庭坚曾亲手抄录此词放在案头。
秦观去世后，黄庭坚曾寄诗给贺铸说："解道江南断肠句，只今惟有贺方回。"正说明

秦、贺词风的相似。贺铸也因此词而获"贺梅子"的美称。另外，他的《踏莎行》也很典型：

> 杨柳回塘，鸳鸯别浦，绿萍涨断莲舟路。
>
> 断无蜂蝶慕幽香，红衣脱尽芳心苦。
>
> 返照迎潮，行云带雨，依依似与骚人语。
>
> 当年不肯嫁春风，无端却被秋风误。

秾丽而又清新，在咏荷花中寄寓了深长的身世之感，让人叹惋沉思。毛泽东说："婉约派中有许多意境苍凉而又优美的词"，"婉约派中的一味儿女情长，豪放派中的一味铜琶铁板，读久了，都令人厌倦的。人的心情是复杂的，有所偏袒仍是复杂的"。[①] 这些话是既符合词史的事实也符合人的心理特点的。人是既需要豪放，也需要婉约的。毛泽东以其深厚的文学修养道出了文学创作和鉴赏的真谛。

---

① 《毛泽东读文史古籍批语集》，中央文献出版社1993年版，第27—28页。

第四篇 毛泽东读明清史的学问

滚滚长江东逝水，浪花淘尽英雄。

是非成败转头空，青山依旧在，几度夕阳红。

白发渔樵江渚上，惯看秋月春风。

一壶浊酒喜相逢，古今多少事，都付笑谈中。

【明】杨慎《临江仙》

1

"明太祖朱元璋皇帝做得最好"

> "元末，朱元璋是一和尚，平时睡着了常作'天子'字形，郭子兴见而奇之。收为部下后代子兴而起。初犹能代表农民利益，以后遂变为代表地主的利益了，故能贵为天子。"

在历代封建皇帝中，毛泽东推崇秦始皇、刘邦、朱元璋等人。对于秦始皇，毛泽东主要是从其历史贡献的角度来评价的，而对于刘邦和朱元璋，则更多是从他们的领导艺术和施政方式的角度着眼的，更重要的是，刘邦和朱元璋起自下层，布衣出身，最终领导农民起义成功，且在一定程度上代表了农民的利益，与毛泽东当时的情景和需要较为吻合。

早在 1926 年，毛泽东就这样说过："元末，朱元璋是一和尚，平时睡着了常作'天子'字形，郭子兴见而奇之。收为部下后代子兴而起。初犹能代表农民利益，以后遂变为代表地主的利益了，故能贵为天子。"[1]

关于朱元璋平时睡着了常作"天"字形，其实是传说。据说朱元璋睡觉时胳膊左右平伸，与枕头形成两横。两腿岔开，因此像个"天"字。当时的义军将领郭子兴见了。感到很奇特，以为是"天子"下凡，将来必有出息，就收留了他。其实，这应该是朱元璋做皇帝时为了神话他而编造的故事，并不值得相信。就是朱元璋真的睡觉时作"天"

---

① 黎永泰：《毛泽东与大革命》，四川人民出版社 1991 年版，第 429 页。

字形，也是他的睡姿不好，与成为皇帝没有什么联系。至于毛泽东说他"初犹能代表农民利益"应该是他能取得政权的重要原因之一。

其实，朱元璋早年能够顺利地发展，与他的夫人马氏有很大的关系。如果没有马氏，朱元璋甚至早就死无葬身之地了。这也许就是历史的必然和偶然的统一。

朱元璋早年寄身寺中，暂作和尚，穷困潦倒，后见郭子兴起兵反元，就投到郭子兴的军中。郭子兴见朱元璋气宇不凡，相貌出众，也十分看重。朱元璋作战勇敢，智勇兼备，打了不少胜仗，郭子兴对他就更加器重。后来郭子兴曾同夫人张氏谈及朱元璋的军功，张氏说："朱元璋的才能，我不太了解，但看他的相貌，将来必定有一番作为，应该加以厚恩，使他感恩图报，方肯为我们出力。"郭子兴说："我已提拔他作队长了。"张氏说："依我所见，这还不足，听说他已二十五六岁，尚未成家，何不将义女马氏配给他，一可使壮士效诚，二可使女有所归，也算是一举两得之事。"郭子兴思虑了一会儿，觉得不错，就挑了个机会，告诉了朱元璋，朱元璋当然十分高兴。

马氏不是郭子兴的亲生女儿，而是他收养的义女。在郭子兴微贱的时候曾与宿州的马公结成了生死之交。马公是宿州新丰的富豪，为人慷慨仗义，疏财济贫，天长日久，家业就衰落下去，他的妻子生下一女，不久就病死了。此女从小无人照管，过惯了贫苦的日子。后来，马公杀人复仇，为了避祸，就把女儿寄养在郭子兴的家里，后来郭子兴听说马公客死异乡，就收马氏作义女，加以抚养。好在此女聪慧，郭子兴教她文字，张氏教她针线，一经指导，无不立会，到了十六岁，既出落得一副好身材，更兼知书达理、勤劳贤惠，可谓慧外秀中。马氏早就听说朱元璋之名，朱元璋也知马氏是郭子兴的义女，二人相互倾慕，结婚后十分和睦。

朱元璋做了郭子兴的乘龙快婿，不久就被提升为镇抚，再加上他战功赫赫，大家都尊称他为朱公子。郭子兴见朱元璋威势日重，倒还没有多想，他的两个儿子看了却心怀嫉妒，再加上朱元璋同他们称兄道弟，他俩更觉不满。于是，这弟兄两人密谋定了，想驱除朱元璋。俗语说，疏不问亲，兄弟俩编造谎言，屡屡在郭子兴面前谗毁朱元璋，起初郭子兴不听，但说得多了，郭子兴不免起疑，尤其是郭子兴的性格不够大度，偏怀苛刻，遇事不能明辨，易听人言，所以，郭子兴害怕朱元璋真的擅权自专，将来会危及自已。而这时朱元璋并不知道郭子兴对他已起疑心，在军事会议上还是率而发言，不免有顶撞郭子兴的地方。郭子兴发怒，找了个借口，把他关了起来。郭子兴的两个儿子听说了，觉得害死朱元璋的时机已经到来，便偷偷嘱咐膳夫，不要给朱元璋送饭，把他活活饿死。

朱元璋未能回家，马氏便探知了此事。她偷偷地跑进厨房，拿了一块刚刚下锅的热饼，准备送给朱元璋吃。谁知刚出门就撞见了父母，她怕被义母看破，连忙把热饼塞进怀中，热饼烫在皮肤之上，疼痛难忍。马氏一面向义母请安，一面眼睛瞅着别处，脸上也显出很不自然的神情。义母见她神情有异，却偏偏叫住她寻根问底，后来实在烫痛难忍，就伏地大哭，说明了原委。等取出饼来一看，胸乳都被烫烂了。义母了解到这一情况，连忙劝告郭子兴，郭子兴也觉得关禁朱元璋显得过分，两个儿子再加暗害更于情理不容，于是放出了朱元璋，对两个儿子大加训诫。朱元璋知道了马氏揣饼烂胸的事以后，大为感动，尤其是马氏以此打动义母，再由义母说动郭子兴，救出了朱元璋的性命，还能使他恢复原职，朱元璋更觉得马氏德足可敬、才足可佩了。

公元1353年，郭子兴由于受彭大、赵均用两个将领的排挤，到滁州驻守，赵均用一直想加害郭子兴，亏得朱元璋用计贿通了赵均用的左右，接郭子兴来到滁州，朱元璋等人共推郭子兴为滁阳王，当地的所有军马，都归朱元璋节制。但只过了一月，郭子兴就对朱元璋渐渐地冷淡起来了，周围的人大多都被郭子兴录用，就连朱元璋的记室李善长也得到了提拔，惟独朱元璋坐了冷板凳。朱元璋感到大惑不解，十分忧郁。

朱元璋带领军队驻守滁阳（今安徽省合肥市东北）时，嫉恨朱元璋的人散布谣言，说朱元璋手握重兵，为了保全实力，不肯出战，就是出战，也不尽力。郭子兴性情耿直暴躁，信以为真，把朱元璋的得力战将都调动到自己的部队，削弱了朱元璋的兵权，对朱元璋也冷淡起来，遇到战事，也不和朱元璋商议，致使二人互相猜忌。

有一次，朱元璋打了胜仗，向郭子兴报功，但郭子兴只是冷淡地敷衍了几句。朱元璋非常懊丧，回到自己家中，长吁短叹。朱元璋的妻子见了，就关切地问："听说夫君打了胜仗，我正为你高兴，为什么夫君却闷闷不乐？难道有什么不顺心的事吗？"朱元璋说："你怎会知道我的事？"马氏说："莫非是我义父薄待了你？"朱元璋被妻子猜到心事，更加烦闷，说："你既然知道，又有什么用呢？"马氏说："你可知道义父为什么这样对待你吗？"朱元璋说："以前怕我专权，已削了我兵权。现在怀疑我不肯尽力，我却争先杀敌。虽然打了胜仗，你义父仍然对我冷淡。我不知道什么地方得罪了他，也不知道应该怎样做才好。"

马氏想了一会儿，问："你每次出征回来，有没有给义父礼物？"朱元璋听了一愣，说："没有。"马氏说："我知道其他将帅，回来时都有礼物献给义父，夫君为什么与别人不一样？"朱元璋忿然说："他们是掳掠来的，我出兵时秋毫无犯，哪里会有礼物！就是有从敌人那里夺来的财物，也应该分给部下，为什么要献给主帅？"马氏说："体恤民生，慰劳将士，理应如此。但义父不知道这些，见别人都有礼物，只有夫君没有任何表示，反而怀疑你私吞金帛，因此心中不高兴，这才薄待了夫君。我有一个办法，可以使你与我的义父前嫌尽释。"朱元璋问："你能有什么办法？快讲出来！"马氏说："我这里还有一些积蓄，把它们献给义母，请义母向义父说明情况，义父一定高兴，不会再难为你。"朱元璋觉得十分过意不去，说："这样做太委屈你了，就按你说的办吧！"

第二天，马氏将自己积蓄的贵重首饰等物品一一捡出，送给义母张氏，并且说是元璋孝敬义父、义母的一点儿心意。张氏满心欢喜地告诉郭子兴，郭子兴神色怡然地说："元璋这么有孝心，以前倒是我错疑了他。"自此以后，郭子兴对朱元璋疑虑渐释，遇到战事，都和朱元璋商议。翁婿和好，滁阳城从此巩固。

然而，郭子兴的两个儿子却觉得朱元璋的权力太大，威望太高，十分嫉恨朱元璋，总想找个机会除掉他。不久，郭子兴的两个儿子邀请朱元璋出去饮酒，马氏嘱咐朱元璋说："这两个人几次三番想害你，这次一定没安好心，你一定不要喝他的酒。"经马氏提醒，朱元璋就想了一个计策。等他和郭氏兄弟一起走到半路，朱元璋忽然从马上一跃而下，对天喃喃而语，若有所见，过了一会，翻身上马，驰骋而回。郭氏兄弟在后面追喊，朱元璋回喊道："我不负你，你何故设计害我，如今天神告我，说你们二人，在酒中下毒，令我勿往！"郭氏兄弟听了，真吓得汗流浃背，私语道："置毒酒中，我俩未对任何外人说过，他怎地知道，难道真有天神助他？"从此，两人再不敢陷害朱元璋了，就是在郭子兴的面前，也不谈及朱元璋的功过。

后来，郭子兴病死，朱元璋逐渐成为主帅，马氏成为朱元璋的重要参谋之一。史书记载，马氏仁德慈善，有智计鉴断之能，爱好文史，朱元璋每次出征，文书之类均交马氏管理，即使在紧张仓促之中，马氏也未尝丢弃过。公元 1355 年，朱元璋率兵从滁阳渡江攻太平，滁阳空虚，马氏料定元兵必来劫掠义军的家属，便未经请示，就率领义军家属渡过长江。果不出所料，马氏的队伍刚过完，元军就向滁阳进攻。

1360 年，朱元璋同陈友谅会战于南京。当时，陈友谅的势力比朱元璋强大得多，很多人都认为很难取胜，城中人心惶惶，竟有人挖地窖埋藏金银。马氏却把自己的金帛拿出来鼓励将士，激励士气，结果，朱元璋大胜，消灭了陈友谅建立的"大汉"政权。1367 年，朱元璋又攻克了苏州，俘虏了张士诚，于是，在扫平群雄之后，朱元璋于 1368 年做了大明的开国皇帝，册封马氏为皇后。

在朱元璋的一生中，马氏似乎是他的福星，有了马氏，朱元璋好像处处能够逢凶化吉，遇难呈祥。有时，人的命运就是在这样的合力中造就的。

对于朱元璋的有些方针和政策，毛泽东赞赏有加。特别是对于他的"广积粮，高筑墙，缓称王"的决策，几乎原封不动地照搬，以至成为当时的政策。毛泽东说："朱洪武是个放牛娃出身，人倒也不蠢，他有个谋士叫朱升，很有见识，朱洪武听了朱升的话'广积粮，高筑墙，缓称王'。最后取得民心，得了天下。"①

1972 年 12 月 10 日，中共中央在转发国务院《关于粮食问题的报告》时，传达了毛泽东关于"深挖洞，广积粮，不称霸"的指示。②

其实，历史上朱元璋的兴起，不仅借助于朱升的建议，刘基的贡献也是很大的。

在郭子兴死后，朱元璋的势力得到了迅猛的发展，他接受了朱升的"广积粮、高筑墙、缓称王"的正确建议，避开了蒙古人的锋芒，迅速壮大起来。

朱元璋十分注意军队的纪律，建立了良好的威望，而且每到一处，十分重视访求当地的贤达，罗致帐下，以为己用。占据处州以后，朱元璋访得刘基正在青田老家隐居，

---

① 王鹤滨：《紫云轩主人——我所接触的毛泽东》，中共中央党校出版社 1991 年版，第 88 页。
② 《毛泽东军事文集》第 6 卷，军事科学出版社、中央文献出版社 1993 年版，第 408 页。

便专使往请。刘基虽也早已听说朱元璋的名声，但毕竟缺乏了解，再加上他二十年做官的坎坷经历，似乎不愿再出山了，所以，他拒绝了朱元璋的第一次邀请。朱元璋并未气馁，再派总制孙炎前往邀请，朱元璋备以聘礼书信，极言求贤若渴之情，再加上孙炎对朱元璋的雄才大略、鸿鹄之志的一番描述，刘基终于被感动。于是，刘基说："我过去曾经辞官在西湖闲住，见西北方向有异样云气，我曾说那是天子之气，十年之后应当在金陵。现在朱氏创业兴旺，又礼贤下士，应天顺人，恐怕将有大成。"就这样，刘基经过朱元璋的部将胡大海和朱元璋的三次邀请，终于应聘。刘基在见朱元璋之前，就已经对天下大势进行了详细的分析研究，针对朱元璋的情况，提出了十八条建议，在见到朱元璋之后，他立刻提出了他的所谓"时务十八策"，朱元璋听了，兴奋不已，认为刘基未到军中，就已把天下大势看透，实在是不世之才，立即下令修建礼贤馆，把他待为上宾，引为心腹知己。

当时，朱元璋东有张士诚，西有陈友谅，两支军队的势力都比朱元璋强大，而且想合力消灭朱元璋，因此，朱元璋的军队虽生气勃勃，但仍处在东西夹击的危险境地中，怎样对付张士诚和陈友谅，就成了朱元璋的当务之急。如果能采取正确的策略，朱元璋就可能继续发展，弄不好，就会像包饺子一样被张、陈两支军队吃掉。就这个问题，朱元璋虚心请教了刘基，朱元璋说："我为天下麻烦先生。把您请了出来，真是委屈您了，希望先生不要抛弃我！如果您有什么指教，请直言不讳，我一定虚心接受。"

刘基说："明公占据了金陵，甚得地势之便，但东南有张士诚，西北有陈友谅，多次骚扰侵凌明公。如此看来。要想取得天下，当务之急，先除此二人！"朱元璋正在考虑这一问题，却十分犯难，不知如何是好，就皱着眉头对刘基说："这两人势力强大，怎样才能剿灭呢？"

刘基说："抵御敌人，应当权衡缓急，用兵应当有先后次序，如今应当先对付陈友谅，后收拾张士诚。"朱元璋说："张士诚弱小而陈友谅强大，诸将多认为应当先除弱者，剪除陈友谅的羽翼，而且先弱后强，是用兵的常法，先生何故舍弱而图强呢？"

刘基说："如今之势，不可拘泥于兵法。张士诚只是一味守汉罢了，他胸无大志，只求自安，不愿多事，如果你集中力量攻击陈友谅，他也不会乘虚攻金陵，不敢轻举妄动。

而陈友谅劫主称帝，没有一时一刻忘记金陵，且占据长江上游，可以顺流而下。他野心勃勃，企图扫荡群雄，因此他才是目前最主要的敌人。如果你集中兵力对付张士诚，陈友谅乘虚而入，明公还有退路吗？如果先灭陈友谅，则张士诚的存亡全操于我手，还有何惧呢？先灭陈，后扫张，继而西攻陕西，北上大都，天下岂不可定了吗？"

这一番话，实不亚于诸葛亮的"隆中对"，把朱元璋说出了一身汗。此后，朱元璋就按照刘基定下的这一策略，平定了天下，建立了明朝。

在具体的战役中，刘基也屡立大功。刘基到朱元璋军中不到两月，陈友谅就挟持徐寿辉率大兵来攻，并联合张士诚东西夹击。当时，敌兵浩大，朱元璋势小，因此诸将主张不一，有主战的，但更多的是主逃，甚至主降。在众人议论纷纷时，刘基旁立不语，朱元璋最后问及刘基的意见，刘基斩钉截铁地说："先斩言降者和言逃者，才能取胜。陈友谅挟徐寿辉而来，乃是向我示威，逃无处逃降则死无葬身之地，如今之计，只有决一死战。陈友谅虽说势大，但属不义之兵，士气不振，且又远行深入，疲惫不堪。而我们则是守卫疆土，将士齐心合力，以逸待劳，再多设埋伏，一定会成功。况且陈友谅骄悍有余，智计不足，正应了骄兵必败、悍兵必败的古训。以此看来，战之必胜。"刘基的这番话，坚定了朱元璋和诸将士的必胜信念，也确实符合当时的形势，道出了胜败的根源。陈友谅进军初期，因其势太大，打了一些胜仗，在占领了太平以后，就使人诛杀了徐寿辉，自立为帝，国号为汉。后来深入朱元璋的防地，被刘基困住，弄得束手束脚，施展不开，屡吃败仗，最后退至江州。

江州临水而建，城墙多建在水中，易守难攻，朱元璋攻了数日，城完如故，陈友谅以为固若金汤，便放心回去睡觉了。谁知刘基暗中测量了城墙高度，造了许多坚梯，载于船尾，趁黑暗缓缓移至水中的城墙边，军士顺利登上城头，一举攻克。陈友谅还以为天降神兵，忙携带妻子，乘船逃往南昌。在后来的鄱阳湖大战中，刘基又多出奇计，帮助朱元璋杀败了陈友谅，并将其杀死于湖中，彻底消灭了陈友谅的大汉政权。在奉韩林儿为小明王问题上，刘基与朱元璋等人的看法完全不同。朱元璋接受韩林儿的封爵，其目的是为了不招人眼，把元兵的矛头都指向韩林儿、陈友谅等人，他这样做，确实为自己赢得了发展的时间，但随着形势的推移，再尊奉韩林儿，就有害无利了。

1361 年正月，朱元璋在金陵中书省设座，遥拜小明王，刘基独傲立不拜。朱元璋问其故，刘基说："韩林儿虽是韩山童（红巾军重要首领）之子，但自身并无建树，只是一个牧童罢了，且他姓韩不姓赵，却诡称宋裔。宋亡已久，人心不归，何必要假借前代年号？大丈夫要成就一番事业，必须摆脱别人的牵制。如果继续尊他的名号，将无以自立。"朱元璋当时未做什么表示，但他已深受刘基的影响。后来因救韩林儿而差点被陈友谅趁虚打败，才愈加相信刘基的话。最后，朱元璋干脆杀了韩林儿，自树一帜。这在当时看来，也是一个正确的策略。

对于朱元璋，毛泽东还说，明朝皇帝搞得好的只有两个，一个是太祖，一个是成祖。明太祖朱元璋皇帝做得最好，他一个字不识，是个文盲；明成祖皇帝做得也不错，是一个半文盲，识字也不多。

那么，朱元璋好在哪里？我想除了上述的原因外，朱元璋自己是一个少有的军事家，也是得到毛泽东青睐的重要原因。

历数中国的开国帝王，能够算上军事家的并不多。这些开国皇帝大多善于使用人才，善于调度将领，自己并不一定十分适于指挥作战。应该说，明太祖朱元璋是其中的佼佼者。他不仅知人善任，自己还是一位出色的军事家。他亲自指挥、亲身参与的打败陈友谅、张士诚的两个战役，都应该算作是中国军事史上的杰作。

元至正二十年（1360 年），陈友谅占领太平城，杀害了其主徐寿辉，自称皇帝，国号为汉，占据江西、湖广等地域，声势浩大。此后陈友谅派使者约请张士诚出兵，攻打朱元璋的首府应天。张士诚考虑到如果消灭了朱元璋，自己就成了陈友谅的目标，就没有立刻答应。陈友谅得到使者回报，大怒，说："盐贩子（张士诚曾经贩过私盐）不来，我难道就拿不下应天吗？"

于是，陈友谅在江州调集大批舰船，从头到尾，蜿蜒数里，直逼应天，使得应天城震惊。

朱元璋立即召集众人商议对策。当时，两者的势力差别是很大的，有些人感到害怕，提议出城迎降，还有一些胆怯的人说不如暂时放弃应天，以避开敌人锋芒。朱元璋说："敌军没有到，仗还没有打，就说投降逃跑，这是扰乱军心。再有这种提议，推出斩首！"

朱元璋命诸将再议。有人说："陈友谅来势猛烈，正面迎战，恐怕难以抵敌。不如引兵攻打太平，牵制陈友谅，缓解应天危急。"这话听起来好像很有道理，但朱元璋摇头分析说："此法不行。陈友谅占据长江上游，水军十倍于我，仓促之间，不可能收复太平。如果不能收复太平。那我们就无家可归了。"又有将领说："主帅出应天迎战敌人，可保应天无忧。"朱元璋又摇头说："这也不行。如果我去迎战敌人，陈友谅用偏师与我纠缠，而大军顺流东下，半日就到金陵，我们是陆军，行动较慢，难以回兵相救。况且百里趋战，兵法所忌，这不是对策。"诸将想不出好方法，都望着朱元璋，不知应该怎样才好。

朱元璋倒是十分镇定地说："诸将少安毋躁，我自有破敌方法。范常、康公留下听令，大家先回去好好休息。"朱元璋命令范常火速传信给胡大海，让他攻打信州，牵制陈友谅。朱元璋又对康茂才说："听说康公与陈友谅从前交情不错，我想让陈友谅速来，你可愿意写诈降书给他？"康茂才遵命，按照朱元璋的吩咐写好诈降书，派自己的老仆人前去送信。陈友谅接到康茂才的信，读后大喜，说："我如果有了内应，破敌就指日可待了。"然后他问老仆人说："康公现在何处？"老仆回答说："守江东木桥。"陈友谅说："你回去告诉康公，我到江东桥，连声呼喊'老康'，就倒戈响应，不可误事。"老仆人很快回到应天，报告康茂才。

朱元璋得到康茂才禀报，连夜将江东木桥改建成石桥，上书"江东桥"三个大字，说："陈友谅已入我套中。"

第二天，朱元璋升帐，对诸将说："陈友谅不日就到，诸公听令！"分派常遇春率领五翼军埋伏在石灰山，徐达率军埋伏在南门外，张德胜带领舰船水军出龙江关。朱元璋扎营卢龙山，亲自指挥。

不久，陈友谅果然连舟来到大胜港，见岸上有重兵把守，就向江东桥驶去。距桥不远，望见"江东桥"三字，但并不是木桥，而是石头砌成。陈友谅产生了怀疑，来到桥边，连声呼喊"老康"，无人回应，就知道中计，急忙下令退向龙湾，派万人登岸，安营扎寨，朱元璋诸将在卢龙山看到陈友谅正安营扎寨，说这是夺寨的好时机，就想下山。朱元璋说："天将下雨，你们安心吃饭，等会儿乘雨进击。"诸将见烈日当头，听说有雨，都莫名其妙。过了一会儿，突然刮起了大风，黑云滚滚而来，倾盆大雨从天而降。朱元璋一声号令，众将士人人奋勇，杀下山去，与登岸敌人战在一起。雨停后，朱元璋又摇旗擂鼓，常遇春、徐达立即从伏龙山、南门外杀到，三路人马，汇合到一处，将陈友谅登岸人马，全部追杀到江中。

陈友谅驾船接应，救援落水士兵。此时，张德胜也率领水军杀到，陈友谅急忙整治舰船迎战，不料正逢落潮时分，陈友谅的船只许多是大船，潮水一退，大船全部搁浅。陈友谅见失败已经成了定局，无计可施，就换乘小船逃走。朱元璋水陆夹击，歼敌俘虏敌兵无数，缴获战船上百艘。

之后，朱元璋乘势收复了太平，攻占了安庆，胡大海也攻下了信州。陈友谅狼狈不堪地逃回了江州。

朱元璋打败陈友谅后，与张士诚为邻，当时张士城自称吴王，建都平江（今江苏省苏州市），但他将政事委托给弟弟张士信，自己很少过问。

张土信不是个有雄心大志的人，他贪财好色，重用王敬夫、叶德新、蔡彦夫三个儒生，而这三个人都善于逢迎拍马，谩上压下，蒙蔽真相，为非作歹。朱元璋听到这个情况后，说："我没有一件事不经心，有时还被人欺骗，张九四（张士诚的字）整年不出门过问政事，哪有不失败的呢？"于是召集诸将商议讨伐张士诚。

右丞相李善长认为张士诚还不够腐败，应该再等一等，条件再成熟一些才可以进攻。徐达说："张氏骄横，暴珍天物，奢侈无度。这正是上天让他灭亡之时。他所任用的人都不难对付，而王、蔡、叶三个参军都是迂腐书生，不知大计。臣依靠主上威德，宣告其罪状，率军讨伐，三吴可计日而定。"

朱元璋大喜，说："你的看法正合我意，这件事一定能成功！"

元至正二十六年（1366 年）8 月，朱元璋任命徐达为大将军，常遇春为副将军，率领二十万军队讨伐张士诚。出发前，朱元璋告谕出征将士说："攻破敌城之日，不要任意杀人抢掠，不要毁坏房舍，不要挖掘坟墓。我听说张士诚的母亲埋葬在平江城外，不要侵犯毁坏她的坟墓。"

临行以前，他又专门召见徐达、常遇春，问道："你们这次行动，打算首先向哪里进兵？"常遇春毫不犹豫地说："驱赶猛枭要捣毁它的老窝，赶走老鼠要熏烧它的洞穴，这次行动应当直捣璋江，其余诸郡可以不劳而下。"朱元璋不同意他的意见，说："你想错了。现在的情况有所不同。张士诚由盐贩起家，与张天骐、潘原明等人如同手足，张士诚处境危险，张天骐等人害怕同归于尽，一定会合力去援助他。如今若不先分割其势力，就骤然进攻平江，如果张天骐从湖州出兵，潘原明从杭州出兵，援兵从四方会合，我们是难以取得胜利的。依我来看，不如先进攻湖州，使他们疲于奔命。等到剪除了张士诚的羽翼，然后再去进攻孤立的平江，平江城一定会被我们攻破。"

徐达、常遇春听了他的这一番话，觉得十分有道理，就按照朱元璋的想法安排军事行动，带领军队率先进攻湖州城。

湖州守将李伯升及张天骐得到战报，分兵三路迎战徐达。徐达得到了情报，经过谋划，除了分兵三路应对外，又暗中派遣一支军队绕到敌人后面，阻断了敌人回湖州城的道路。后来，敌人战败，向城中溃逃，正好被徐达设置的伏兵截住。敌人回城无路，只得回头再战徐达。徐达四路大军合围，将出城作战的敌兵全部消灭，俘虏了二百多名将官，然后包围了湖州城。

张士诚得到湖州被包围的消息，立即派遣他的儿子五太子和得力战将吕珍等率领六万人马来救援湖州，在城东设立五座大营。针对这种情况，徐达派常遇春在姑嫂桥筑起十座营垒，守住通往湖州城的关口。吕珍等不敢贸然进攻，常遇春也不主动出击，但已经在暗中派兵切断了吕珍运送粮饷的通道。

张士诚的女婿潘元绍押送粮草来到乌镇，常遇春乘夜偷袭成功，潘元绍狼狈逃走。不久，张士诚的大将徐志坚率领水兵袭击姑嫂桥，反而中了常遇春的埋伏，徐志坚被活捉。张士诚见事态危急，亲自带领精兵来救援吕珍。徐达在皂林截住张士诚，将他杀得大败而逃。徐达乘胜追击，又攻破了敌人的一些水陆营寨。五太子、吕珍已经看不到什么出路，只好缴械投降。常遇春报告给徐达，徐达命令吕珍等人到湖州城下劝说李伯升、张天骐投降。李伯升、张天骐见大势已去，只剩下投降这条活路，于是打开城门，迎接徐达。

不久，朱元璋的大将李文忠也攻下了杭州，守将潘原明也投降了朱元璋。朱元璋得到湖州和杭州，又发出了进攻张士诚的命令。

这年11月，徐达接到命令，带领大军从太湖出发，来攻张士诚的老巢平江城。徐达见平江城防牢固，又有张士诚的勇胜军把守，短时间难以攻破，就将敌城紧紧包围起来。他派常遇春驻扎虎丘，郭兴驻扎娄门，华云龙驻扎西门，康茂才驻扎北门，耿炳文驻扎敌城东北，仇成军驻扎敌城西南，何文辉驻扎敌城西北。徐达自己屯兵葑门指挥全军，在敌城四周筑起一道首尾相连的围墙，昼夜攻城。又架起数座木质塔楼，俯瞰敌城，并根据报告随时调整进攻计划。

敌人用飞石炮还击，于是徐达制成一种木屋，士兵躲在木屋中既可以躲避飞石的袭击，又不妨碍攻击敌城。不久，徐达又想出了攻击敌人更好的办法。他命令军队筑起高出敌人城墙三成的台子，台上设置弓弩火筒和巨型大炮。巨炮所击之处，所有东西都被击成碎片，敌人非常恐慌。

张士诚见困守城池，持续下去只有死路一条，决定突围。他派徐义、潘元绍率领精锐部队勇胜军潜出西门，绕道至虎丘，偷袭常遇春，却被常遇春手下大将王弼杀得大败。张士诚赶来救援他们，结果被常遇春逼退到沙盆潭。张士诚被自己的乱军挤得连人带马掉到潭水中，都快要淹死了，勇胜军中的"十条龙"赶到，急忙下水相救，把张士诚打捞上岸，部下把他抬回城中。

李伯升派说客劝说张士诚投降，张士诚考虑了一个晚上，不肯投降。第二天又率兵从胥门突围，还是以失败告终。

过了三天，张士诚的弟弟张士信在城楼上督战，忽然飞来一颗炮弹击碎了他的脑袋。张士信死后，城中一片慌乱。于是，徐达下令攻城。敌城即将攻破时，徐达又告诫全军将士说："掠民财者死，毁民居者死，离营二十里者死。"不久，徐达率领的部队首先攻破了葑门，紧接着常遇春也攻破了阊门，随后各路人马爬上城墙，平江城终于被攻破。最后只剩下张士诚率领着仓促收集起来的二三万残兵，在万寿东街与徐达进行巷战。很快，徐达就瓦解了敌人，张士诚仓皇逃回内城府第，身边只剩下几个亲兵。

张士诚的妻子刘氏在平江城被攻破时，让乳母抱着两个幼儿逃走后，就将张士诚的群妾、侍女驱赶到齐云楼上，放火烧毁了齐云楼。刘氏自己也上吊死了。当天傍晚，张士诚也关上房门上吊，被他的部将救了下来，当了徐达的俘虏了。徐达数次派李伯升、潘元绍等人劝说张士诚归顺朱元璋。张士诚总是两眼紧闭，不吐一个字。于是徐达派部下用旧盾牌将张士诚抬到船上，送往应天去见朱元璋。

张士诚从上船开始，拒绝进食。到应天后，他乘人不备，还是上吊死了。

朱元璋嘉奖徐达等有功将士，赦免投降归顺的将领。三个月后，朱元璋登基做了皇帝，是为明朝。

应该说，朱元璋的这两大战役对毛泽东的战略战术思想的形成有相当大的影响。就其过程来看，朱元璋确实比他的两个对手都高出了一筹，应该说他有军事家的才干。在应战陈友谅时，他的处境实际上是十分危险的，在当时，不论采取守还是逃或是硬干的策略都只能导致失败的结果。在处于军事上的劣势的情况下，他所采取的策略实际上有点像第二次国内革命战争时期的前四次反"围剿"的军事策略，既不是"御敌于国门之外"，也不是逃跑，而是把敌人放进来，在运动中寻找战机，相机消灭敌人。可以说，这是第二次国内革命战争时期的前四次反"围剿"所能采取的最好的军事策略，也是朱元璋当时所能采取的最好的军事策略。毛泽东之所以佩服朱元璋，恐怕有其深层的原因。

2

晚年朱元璋"应该写得好点"

> "朱元璋是农民起义领袖。是应该肯定的，应该写得好点，不要写得那么坏（指朱元璋晚年）。"

毛泽东在 1936 年 2 月写了一首著名的《沁园春·雪》，其中下阕这样写道："江山如此多娇，引无数英雄竞折腰。惜秦皇汉武，略输文采；唐宗宋祖，稍逊风骚。一代天骄，成吉思汗，只识弯弓射大雕。俱往矣，数风流人物，还看今朝。"[①] 毛泽东是用文学的形式对历史上的著名帝王进行了评价，对其举出的五个封建帝王的长短一一进行评说，可谓极为精到。

在上面的五个帝王中，唐宗宋祖似乎更为有名。唐宗指唐太宗李世民，他勇武仁爱，善于纳谏，被看作是理想明君的象征。宋祖指宋太祖赵匡胤，他统一中国，加强文治，在中国的政治史上也算是个划时代的人物。但他们并非完人，不仅不是完人，在某些历史时期，在一定的情况下，他们还是昏庸嗜杀的暴君。尤其是一些能够得享天年的君主，晚年更是昏聩暴虐。说来也很有意思，翻开帝王谱看看，封建帝王能够长寿的很少，一般来说，能够中寿而死就已经很不错了。

但毛泽东是否就关注这些所谓著名的帝王呢？不是的。例如朱元璋虽非秦皇汉武、唐宗宋祖，但也是著名的帝王了，他的晚年同样存在问题。对朱元璋的晚年，毛泽东也

---

① 《毛泽东诗词集》，中央文献出版社 1996 年版，第 68-69 页。

有清醒的认识。他曾经说："朱元璋是农民起义领袖。是应该肯定的，应该写得好点，不要写得那么坏（指朱元璋晚年）。"①

那么，朱元璋的晚年究竟做了些什么呢？

首先是为固权而杀戮功臣。

关于为子孙计，用朱元璋所做的一件小事情可以给出绝好的说明。在朱元璋要赐死开国功臣李善长时，太子朱标曾向朱元璋进谏说："皇父诛杀的人太多太滥了，恐怕有伤于和气。"朱元璋听了，默无一语。第二天，他又把太子叫来，将一根长满刺的荆棍扔在地下，要太子捡起来，太子面有为难之色，朱元璋笑道："我让你拿着棘杖，你认为棘杖上有刺，怕伤了你的手，若是把棘刺除去，就可以不必担忧了。我现在诛戮功臣，便是替你把刺去掉，你难道还不明白我的用意吗？"

谁知太子却是一位饱读圣贤之书的书生，听了父亲这话，大不以为然，反而叩头道："上有尧舜之君下有尧舜之民！"这话明摆着说朱元璋是一个昏暴的君主，朱元璋哪能不怒，即提起身前的几案，就要投到太子的身上。太子见了，惊慌万分，连忙把怀里的一卷东西掏出扔在地上，拔腿就跑。朱元璋拾起这卷东西，展开一看，原是负子图，不觉大恸，才未追究太子的罪责。原来，当年朱元璋同陈友谅大战，以二十万大军对陈友谅的六十万大军，形势非常危急，马皇后背负太子作战，终于战胜了陈友谅。事后，朱元璋让人绘成负子图，以纪念这段艰难的历史。多亏这张负子图救了太子的性命，否则，太子便有一百颗脑袋，也是保不住的。

朱元璋以一介平民而至开国帝王，实属不易，更为难能可贵的是，他不仅善于治军，还善于治国，使一个满目疮痍的国家走上正轨，谈何容易。虽然杀戮过多，倒也似不得已而为之。

其次是建立国家制度。

明朝初立之时，朱元璋确实是宵衣旰食，他每天忙到深夜，早上又早早起床，接见大臣，批阅奏章，没有什么文化娱乐活动，衣食起居也十分俭朴。尽管如此，在战争中

---

① 范忠程主编：《博览群书的毛泽东》，湖南出版社 1993 年版，第 231 页。

崛起的新的地主、官僚还是用各种方法营私舞弊，盘剥农民，一些跟随朱元璋南征北战的功臣宿将也恃功自傲，恃权自专，或是徇私枉法，或是巧取豪夺，刚刚缓和的农民矛盾又趋尖锐，许多地方竟爆发了小股农民起义，再加上北方元朝的残余势力还在不断骚扰，东南沿海一带又有倭寇出没，使刚刚建立的明朝处于内忧外困之中。在这种情况下，朱元璋采取了一系列的固权措施。

其一是改革官制，削弱了中书省和大都督府的权力。把这两个主管行政和军事的要害部门分成几块，又把亲王派往各地监军，这样，大权就集中到皇帝一人的手中了。

其二是建都察院，下设十三道监察御史，施行严刑峻法。都察院的权力是纠察百官的得失，监察御史的官品虽然只有七品，但什么话都可以说，什么大官都可以告，凡是大臣奸邪、擅作威福，小人构陷、扰乱视听，以及贪赃枉法，变乱祖制和学术风气等都在纠劾的范围之内。《明律》中的许多规定，在今天看来，确实是十分残酷的，例如：凡奸邪进谗言使未犯死罪而致死的人处斩；如有人犯了死罪，有人用巧言进谏，使之免于死罪的，进言者也要被处斩；即使是掌管刑律的官员，如果听从了上司的主使，减轻或是加重了罪犯的刑罚，也要被处死，并将其妻子充作官奴，家产没入官府。对于贪污，朱元璋的认识十分深刻，认为直接关系到政治风气乃至国家的生死存亡，他说："吏治之弊，莫过于贪墨"，认为此弊不除，欲行善政，绝无可能。于是，《明律》规定，官吏必须廉洁奉公，即使因公出差乘坐公车，也不能捎带私人财物，附载衣服等不得超过十斤，每超过五斤打十鞭，十斤加一等，直至笞至六十。凡贪污者，至轻之罪也要发配到北方边地，如果贪污数额折价超过六十两银子以上，处以枭首、剥皮、实草之刑。其具体的做法是把犯官先砍去头，然后再剥下皮，把头挂在杆子上，把皮包上草秸，放在衙门口旁边的土地庙外，或是摆在公座之旁，其用意是警告后来的官吏，不得再行贪污。朱元璋的这一招虽不太"人道"，但却十分有效，这种法令实行不久，吏治果然有所好转。

但尽管如此，还是有些官吏胆敢以身试法，1385年（洪武十八年），有人告发北平承宣布政使司李彧与提刑按察使司赵全德与户部侍郎郭桓勾结贪污，朱元璋迅速查勘，追出赃粮七百万石。朱元璋大怒，把六部左右侍郎以下的官吏全部处死。经过拷掠，又牵连了许多人，最后杀人总数，包括官吏和地主竟达数万人之多。在这种严刑峻法和"运动"打击结合的综合治理下，洪武年间的吏治总算呈现出了新的面貌。

其三是对官吏实行特务统治。朱元璋设立了巡检司和锦衣卫，让巡检司专门负责盘查全国各地的过往行人，人们被限制在方圆一百里的活动范围之内，如有超出，须事先弄得"路引"，这是防止人民串连造反的重要措施。锦衣卫则是专门负责监视百官的动静的，就连街衢之上，也满布锦衣卫，这样，吏民的一言一行都逃不过皇帝的耳目。

一次，博士钱宰罢朝回家，在路上信口吟道："四鼓咚咚起着衣，午门朝见尚嫌迟，何时得遂田园乐，睡到人间饭熟时？"第二天上朝，朱元璋对钱宰说："昨天做得好诗！不过我并未'嫌'你啊，改作'忧'字怎么样？"钱宰一听，连忙跪下叩头，吓得出了一身冷汗。好在朱元璋并不是要追究他的罪责，而是要显示自己的无所不知，钱宰才算没有倒霉。

吏部尚书吴琳告老还乡，已是无所作为，但朱元璋还是不放心，常派锦衣卫去监视他。

一天，一个特务向田间插秧的一个老农夫问询道："这里可有个退了休的吴尚书吗？"那老人措手答道："我吴琳便是。"朱元璋得到了这一消息，知道吴琳并无异志，十分高兴，奖赏了吴琳。

大学士宋濂是著名的学者，对朱元璋可谓赤胆忠心，但朱元璋竟还不放心，经常派特务监视。

一天，宋濂在家请客，特务竟把赴宴人等乃至菜肴全都列单汇报给了朱元璋，第二天上朝，朱元璋问宋濂请客及菜肴的情况，宋濂把所请客人和菜肴情况一一据实回答，朱元璋听后十分满意地说："宋学士所说皆实，没有骗我！"国子监祭酒宋讷有一天在家生闷气，监视他的人认为有可能是对皇上不满，就偷偷地把他生气的样子画了下来，交给了朱元璋，第二天上朝时，朱元璋问他何故生气，宋讷做了解释，朱元璋知道他生闷气与朝事无关，才不追究。宋讷非常奇怪地问太祖怎么知道他的家事，太祖就把那张画像拿出来给他看，结果宋讷几被惊倒。就这样，朱元璋掌握了臣下的一言一行，臣下深恐动辄得咎，真正做到了前人所谓的"慎"、"独"，哪里还敢有不臣之心呢？

其四是实行舆论控制，以建立他在人们意识中的崇高地位。在时人看来，朱元璋的出身十分微贱，祖祖辈辈都是替地主干活的农夫，而且朱元璋本人还做过和尚，因此，朱元璋做皇帝，不仅不符合当时的标准，简直对民众还是一种污辱，尤其是许多贵族出身的文人，更是看不起朱元璋。至于出来做明朝的官，他们更是不干。对于这部分文人，朱元璋毫不留情。例如贵溪儒士夏伯启叔侄两人为了找借口不出来做官，竟致把手指截断，朱元璋听说了，就特意把他们召来，当面质问："过去世道动乱的时候，你们住在哪里？"他们回答说："红寇窜乱之时，我们住在闽、赣一带。"朱元璋一听，勃然大怒，他起自红巾军，夏伯启竟敢把红巾军称为寇，实是胆大包天，当即下令把他们处死，并命令凡是不听征召，不与政府合作的知识分子，一律杀头抄家。

朱元璋识字不多，却特别忌讳文字上冲撞他，对于能合他心意的一些诗文词句，他也格外见爱。一次，朱元璋微服出访，到了江淮一带的多宝寺，见寺中多宣多宝如来的佛号，就对侍从说："寺名多宝，有许多多宝如来"。随行的学士江怀素知道太祖又在考较群臣，就马上趋奉道："国号大明，无更大大明皇帝"。朱元璋一听大喜，把江怀素提升为吏部侍郎。

朱元璋在江淮一带遇到以前的故友陈君佐，陈君佐少有才名，朱元璋就带他出入淮扬一带，一天，朱元璋在一家小店吃饭，忽有所思，又出对道："小村店三杯五盏，没有东西。"陈君佐脱口而出对道："大明君一统万方，不分南北。"朱元璋极其高兴，想让他随侍左右，当一词臣，陈君佐却过惯了逍遥自在的生活，不愿意，朱元璋也未勉强。又过了几天，朱元璋遇一士人，见他文采风流，相问之下，知他是重庆府监生，朱元璋便命他属对，自出上联道："千里为重，重水重山重庆府。"那士人也不假思索，开口对道："一人为大，大邦大国大明君。"朱元璋闻言大喜，第二天，就遣人送去了千两黄金。

如果无意当中冒犯了他，甚至被人无中生有地构陷，朱元璋也横加杀害。例如，尉氏县教谕许元为本府作的《万寿贺表》中有"体乾发坤，藻饰太平"之句，其中"发坤"读作"发髡"，即剃去头发，朱元璋怀疑是讽刺自己当过和尚，"藻饰太平"与"早失太平"同音，这位教谕当然也就成了枉死城里的新鬼。怀庆府学训导吕睿为本府作《谢赐马表》中有"送瞻帝扉"，"帝扉"可读作"帝非"，朱元璋也怀疑这是吕睿暗示他不能当皇帝，也将之杀头。亳州训导林云为本州作《谢东宫赐宴笺》中有"式君父以班爵禄"，其中"式君父"可读作"失君父"，祥府县学谕贾翥为本县作《正旦贺表》中有"取法象魏"，其中"取法"可读作"去发"，朱元璋都以为是对自己不敬，均处以死刑。

逢年过节或是谢恩上表，总免不了要写一些歌功颂德的话，谁知这些文人却大遭其殃。最为怪诞的是杭州学府教授徐一夔为本府起草的《贺表》里有"光天之下，天生圣人，为世作则"之句，这本是极尽颂扬的话，谁知朱元璋见了大发其火，他说："'生'者，僧也，这是骂我当过和尚；'光'则秃也，说我是个秃子，'则'音近贼，是说我当过盗贼。"这位拍马屁拍到驴腚上的教授，只好呜呼哀哉了。在这种严酷的文字狱的统治之下，文人学士只好缩头缩脑，别说高谈阔论，发表什么政治见解，就是平时说话作文，也要小心万分，否则，不知什么时候，横祸就会飞到自己的头上。

朱元璋用这些手段改善了吏治，巩固了他的统治，树立了他的威信。同时，他对于一些谋反或是不驯的功臣，也决不手软，胡惟庸谋反案和蓝党大狱，不仅是明朝的两次大狱，也是中国历史上著名的大狱，这两次大狱共杀死了四五万人，朝廷官员几乎为之一空。自此以后，朱元璋的权力"棘杖"上的确没有扎手的硬刺了。

实事求是地讲，朱元璋的晚年有功有过。功劳在于对于巩固封建统治、稳定社会、发展经济作出了积极的贡献；过错在于杀戮过多，政令过于苛刻。史学界往往注意其残暴的一面，对其积极的一面看得较少，毛泽东提出晚年朱元璋"应该写得好点"，是有道理的。

3

海瑞是明朝的左派

有人说我这个人又提倡海瑞，又不喜欢海瑞，有一半是真的，右派海瑞说的不听。我是偏听偏信，只听一方面的。海瑞历来是左派，左派海瑞我喜欢。现在站在马克思主义立场批评缺点，是对的，我支持左派海瑞。

海瑞之所以在这个时代出名，是因为一出名叫《海瑞罢官》的戏剧，而《海瑞罢官》之所以出名，又是因为一场冤案和一场运动。吴晗因《海瑞罢官》而获罪。

毛泽东曾这样论述过海瑞，海瑞搬了家了，海瑞是明朝的左派，代表市民阶级和经营商业中的大官僚。现在搬到右倾司令部去了，向着马克思主义作斗争。这样的海瑞，是右派海瑞。有人说我这个人又提倡海瑞，又不喜欢海瑞，有一半是真的，右派海瑞说的不听。我是偏听偏信，只听一方面的。海瑞历来是左派，左派海瑞我喜欢。现在站在马克思主义立场批评缺点，是对的，我支持左派海瑞。

这样看海瑞，恐怕就有些说不清楚了。那么，海瑞是什么样的人呢？

海瑞（1514—1587年），字汝贤，一字应麟，号刚峰，广东琼山人。回族。小官僚家庭出身，家境贫寒。嘉靖二十八年（1549年）举于乡。入都上《平黎策》，议开道置县。初任现教谕，后任浙江淳安知县，有政绩。因供给权贵不厚，谪兴国州（今湖北阳新）判官。四十五年（1566年），升户部主事。因上疏劝谏嘉靖不要迷信道教而被捕入狱，世宗死后获释。隆庆三年（1569年）以右金都御史巡抚应天（今江苏南京）十府，兴利除弊，疏浚吴淞江，抑制豪强，扶植贫弱，均赋役，颁行一条鞭法，曾令权贵退田。后因被张居正、高拱排挤，革职闲居十六年。万历十三年（1585 年）再起，先后任南京吏部右侍郎和南京右佥都御史，力主严惩贪污。十五年，病死于任上。谥忠介。著有《备忘集》《元祐党人碑考》《海瑞集》等。

那么，海瑞到底是个什么人，可不可以赞扬，看看下面的历史记载就会得出结论了。他不仅是明朝著名的清官，也是中国历史上著名的清官。

海瑞为人十分正直，敢于和权贵争斗，并多次上书皇帝，触犯龙颜，因而被多次罢官。他三起三落，因此而成为中国历史上的名臣。

海瑞是明朝嘉靖年间的举人，开始的时候任南平教谕，后来逐渐升官至户部主事。这时候，他给嘉靖上了一道《治安疏》，结果"获罪"下狱。不久嘉靖去世，海瑞也就被放了出来。隆庆三年（1569 年），以右佥都御史巡抚应天。在那里，他抑制豪强，整顿赋税，并疏浚了吴淞江，取得了很大的政绩。但同时也得罪了许多豪强地主和达官贵人，因而遭受到了弹劾，结果被罢官。万历年间，他再度被起用任京佥都御史和南京吏部侍郎。他不仅是一位著名的清官，还著有许多谋略方面的著作，在治国治民方面都是很有见解的，如《驿传议》《治安疏》《乞治党邪言官书》《革募兵疏》等。

下面要讲的是两个小故事，从中既可以看出海瑞的为人，也可以看出他独特的智慧。

在海瑞于江南任职的时候，都御史鄢懋卿曾借总理全国盐运的机会去南方巡游来到了浙江。明朝前期的吏治还是比较好的，由于朱元璋的严刑峻法，使得一般的官吏不敢胡作非为，但到了中后期，吏治就很腐败了。这位都御史鄢懋卿大概在京城里没有多少油水可捞，便想趁此机会大发横财。一路上，他受到地方官员的恭迎，要他们进献大量财宝、美女，弄得民怨沸腾。海瑞对此很是愤恨，听说他将要到自己的辖区，就准备好好地惩治他一下。

这日，鄢懋卿耀武扬威地开进淳安县，他已经习惯别的官吏奉迎，以为此次还会受到隆重的欢迎，但没有想到行至县城附近，也不见有官员前来迎接。在他正感到十分奇怪的时候，前面走来了两位衣衫褴褛、形似乞丐的人向他参谒。鄢懋卿一见，非常愤怒，厉声喝道："你们是什么人？"走在前面的那个人昂然答道："下官便是海瑞，前来恭迎御史大人。"鄢懋卿一听，更是火上浇油，他明知这个人就是知县，却故作疑问地说：

"淳安知县哪里去了？为何不来见我？"海瑞神情自若地答道："下官正是淳安知县，怎么敢不来迎接大人呢？"鄢懋卿见海瑞竟然不卑不亢，便大声呵斥道："你目中还有朝廷法纪么？如此破烂装束，连官轿也不乘，哪里还有为官的体统？你不敬上官，难道是有意要羞辱本官吗？"

海瑞的目的正是要顺水推舟。他不紧不慢地回答说："下官只知治理百姓，百姓安了，就自以为为官得体，别的一概不知，今蒙大人垂训，才茅塞顿开，只是不知违反了朝廷的哪一样法纪？"鄢懋卿这才知道海瑞是早有准备的，并不好对付，他也想让海瑞言语有失，便故意找茬说："难道治理淳安，都是你一人的功劳吗？"海瑞说："我岂敢贪天之功，据为己有，只是食朝廷俸禄，躬行皇命而已。大人明鉴，官以民为本，小小淳安县，地瘠民贫，本来就没有什么物产，又屡遭倭寇蹂躏，已经凋敝不堪，下官实在不忍再扰民，才减免一切官员的车服贺仪，伏请大人原谅！"

海瑞的回答天衣无缝，鄢懋卿无言以责，到此他已经明白了不会在这里占到什么便宜了，只好勉强说道："你说的也有些道理。但我奉命前来巡察，暂且在你贵公署住上一晚，恐怕不为过吧！"海瑞忙说："理当如此，下官已经准备好了。但小县实在贫乏，难以拿出什么好的东西来款待大人，还希望大人原谅！"说完就将鄢懋卿领入县衙之中。

十分滑稽的是，海瑞没有找什么差人，而是自己充当差役，还叫来自己的妻子、女儿，以婢女的身份在一旁侍奉，除了茶饭酒肉以外，没有更多的东西，更不用说送上什么礼物了。

由于海瑞礼数十分周到，鄢懋卿找不出他的什么差错，只好干生闷气，随行的几个妻妾见捞不到什么好处，咒骂之声不绝，第二天一大早，鄢懋卿便不辞而别了。

如果说像这样的事还仅仅是不奉迎上官的话，那么，下面这件事就有点"胆大包天"了。

海瑞被任命为浙江省严州府淳安县知县以后，十分注意惩治地方上的恶霸和豪强，因为淳安县虽然很贫穷，但因为位于水陆交通要道，往来的客商、朝廷使臣以及各类官僚大员很多，接待这些人一直是历任知县最感头痛的问题。达官贵人们来到这里，因为交通的缘故，一般都要停留几天，没有不想趁机捞上一把的，因此，淳安县早已不堪重负，海瑞到任以后，便决心要改变这种局面。

一次，浙江总督胡宗宪之子路过淳安，这是一个典型的花花公子，他来到这里，由于当地没有送给他什么供奉，便故意找茬。在他住进驿站之后，嫌侍候不周，马匹供应不及时，竟将驿站的官吏倒挂在树上毒打。当时，围观的人很多，但由于畏惧他父亲的权势，都是敢怒而不敢言，没有一人敢出来劝解。

有人将此事报告了海瑞，海瑞闻讯，火速赶来，见此情景，怒火中烧。当即就想发作，但他知道浙江总督胡宗宪是当朝权相严嵩的党羽，炙手可热，弄不好自己丢官倒是小事，牵连了地方官可就过意不去了。他是个很有谋略的人，立即便想出一个既使胡宗宪有苦说不出，又能惩治这个恶少的办法来。

海瑞当时分开众人，径直走进驿站。还没有等胡公子开口，海瑞便指着他厉声喝道："哪里来的刁顽之徒，胆敢在此地撒野？"旁边站立的公人怕他惹祸，连忙好心地小声提醒他说："这是总督胡大人的公子。"海瑞故意装出吃惊的样子说："胡说！这怎么可能呢？此人哪会是胡大人的公子？胡大人一向勤政爱民，教子有方，怎会纵容这种无赖之徒骚扰地方。分明是一泼皮无赖，假冒胡公子之名，来此行凶作乱，还不将他拿下！"左右差役正巴不得海瑞这样做，便不由分说，把胡宗宪之子和他的一行人扣押了起来。

海瑞把驿吏放了下来，又指着胡公子所携带的大小几十个箱子，当众说道："胡总督是个清正廉洁的好官，以前他到所辖之地巡察时，都曾明令地方属下不要铺张接待，更不许行贿送礼。而眼前这个人带了这么多行囊，肯定是搜刮了民脂民膏，还打着胡公子的旗号，这种行事哪有胡大人样子呢？打开箱子查验，便可分出真假。"

箱子被打开之后，果然装的都是白银。海瑞大怒道："这恶棍真是胆大包天，竟敢冒充总督之子，大肆行骗勒索，败坏胡大人的清名。对这假冒之徒，一定要奏明胡大人，严加惩办！"说完，海瑞根本就不听胡公子的分辩就下令将其拉出痛打一顿，并把他勒索来的银两全部没收充公。

事后，海瑞修书一封，立即派人送交胡宗宪，信中把当时的情况说了一遍，说他查扣一名冒名的刁民，获取大量赃物证据，为正大人的清名，已当众将其治办，并请胡大人示下。

胡宗宪接到奏报，真是有苦难言，无法明着怪罪海瑞，只好一面嘉许海瑞奉公执法，一面要求将"假冒"之人押解到总督府，由自己来查明处理。海瑞正打算由此脱身，马上派人将他的公子送还。

海瑞的故事听起来好像很有传奇小说的味道，如果稍一加工，就可以当作小说话本来播讲了，但当时可是需要有很大的勇气才敢这样做的。海瑞虽然有超乎一般人的智慧，但他为国为民，决不阿附权贵，是不会为污浊的封建官场所容的，他被罢官实在是历史的必然。然而，所幸的是，尽管如此，海瑞的结局似乎还不是那么悲惨，最终还是告老还乡，得到了善终，且青史留名。

4

康熙有三个"了不起的地方"

> 康熙皇帝的头一个伟大贡献是打下了今天我们国家所拥有的这块领土。我们今天继承的这大块版图基本上是康熙皇帝时牢固地确定了的。他三征噶尔丹，团结众蒙古部，把新疆牢牢地守住。他进兵西藏，振兴黄教，尊崇达赖喇嘛，护送六世达赖进藏，打败准噶尔人，为维护西南边疆的统一，迈进了关键性的一步。

在中国漫长的历史中，在如云烟过客般的芸芸帝王中，惟有秦皇汉武、唐宗宋祖等几个封建皇帝还常常被后人提起。这四位皇帝，文治武功，各有所长，往往被看作封建帝王的代表。

秦皇是指秦始皇，他统一全国，建立了完整的封建国家，其开创之功不容埋没；汉武指汉武帝，他雄才大略，也好大喜功，把中国的封建社会推向了一个发展的高峰。唐宗指唐太宗李世民，他勇武仁爱，善于纳谏，被看作是理想明君的象征。宋祖指宋太祖赵匡胤，他统一中国，加强文治，在中国的政治史上也算是个划时代的人物。

但是，毛泽东具体分析最多的帝王却不是上述的四人，而是清朝的康熙皇帝。毛泽东指出，满族是个了不起的民族，对中华民族大家庭作出过伟大贡献。清朝开始的几位皇帝都很有本事的，尤其是康熙皇帝。康熙皇帝的头一个伟大贡献是打下了今天我们国家所拥有的这块领土。我们今天继承的这大块版图基本上是康熙皇帝时牢固地确定了的。他三征噶尔丹，团结众蒙古部，把新疆牢牢地守住。他进兵西藏，振兴黄教，尊崇达赖喇嘛，护送六世达赖进藏，打败准噶尔人，为维护西南边疆的统一，迈进了关键性的一步。他进剿台湾，在澎湖激战，完成统一台湾的大业。他在东北收复雅克萨，组织东北各族人民进行抗俄斗争，和沙俄签订《中俄尼布楚条约》，保证我永戍黑龙江，取得了独立自主外交的胜利，为巩固东北边疆作出了重大贡献。康熙皇帝的第二个伟大贡献是他的统一战线政策。满族进关时兵力只有五万多，加上家属也不过二十万。以这样少的人口去统治那么一个大国，占领那么大领土，管理那么多人口，矛盾非常突出，康熙皇帝便发明了一个统一战线，先团结蒙古族和其他少数民族，后来又团结了汉族的上层人士，他还全面学习和继承了当时比满文化要先进得多的汉文化，他尊孔崇儒。在官吏的设置上，凡高级官吏都是一满一汉，大学士、尚书、侍郎、军机大臣都是如此。这样，康熙便非常成功地克服了满族官员少的困难，真正达到了以一顶百的神奇效果。康熙皇帝的第三个了不起的地方是他有奖罚分明的用人制度。皇子打了败仗，回来不敢进德胜门，照样要蹲在城外，听候处罚。他的这套办法既能调动部下的积极性，奋勇向前，义无反顾，又能组织起一支有严明纪律的队伍，所向披靡。他不光有雄才大略，而且勤奋好学。他除了会几种民族语言之外，还会好几种外语，包括希腊文。他既是军事家、政治家，又是大文人，精通诗词歌赋，会琴棋书画。康熙皇帝是最早懂得向西方资本主义先进知识学习的开明君主。康熙喜欢研究自然科学。对数学、天文、地理、医学、生物学、解剖学、农艺学和工程技术有浓厚兴趣，还亲自主持编辑科技书籍。[1]

毛泽东的这些评价可谓准确、深刻而又全面。历史上的康熙的确如此，是一位杰出的封建帝王。毛泽东评价的是成年以后的康熙，其实，青少年时期的康熙就已经显露出了其不凡的才华。

顺治十八年（1661 年）二月五日，顺治帝福临病死，他的第三子玄烨即位，是为康熙皇帝。

康熙即位之时，刚刚七岁零九个月，年龄很小，顺治便把索尼、苏克萨哈、遏必隆和鳌拜四人接来，让他们做顾命大臣，这四个人也在顺治帝前宣誓，表示"协忠诚、共生死、辅佐政务"，"不计私怨，不听旁人及兄弟侄教唆之言，不求无义之富贵。"但是

---

① 武在平：《巨人的情怀——毛泽东与中国作家》，中共中央党校出版社 1995 年版，第 38 页。

不久，这四位大臣就忘记了他们的誓言。

摆在康熙面前的形势是十分严峻的。就朝廷以外的情况来说，满清入关不到 20 年，人心并未归附，前明之思还在人们心中隐藏着，尤其是镇守云南的平西王吴三桂、镇守福建的靖南王耿精忠、镇守广东的平南王尚可喜三藩，势力十分强大，多年来一直准备造反。台湾岛上郑成功的后代也虎视眈眈，窥视清朝的东南沿海一带，寻找时机，准备反攻。

东北方有俄国军队不断骚扰边境，侵吞土地，掠夺人口财富。西边的西藏也很不安定，西北部的准噶尔部更是气焰熏天，不断向东进扰，北方还有诸蒙古部落，也伺机南下。

朝廷内部的局势就更令人忧虑了，在四个顾命大臣当中，索尼因年纪大了病死，遏必隆勾结鳌拜，惟鳌拜之命是从，而苏克萨哈则是鳌拜的对头，不久，苏克萨哈就被鳌拜陷害致死。这样，朝廷之上就只有鳌拜一党了。鳌拜是"巴图鲁"（满族语勇士）出身，号称"满洲第一勇士"，性格强暴，为人武勇，极难制服。在他把持了朝廷大权以后，大肆捕杀异己，曾矫诏杀死了山东、河南的巡抚和总督。他在朝廷之上专横跋扈、盛气凌人，根本无一点人臣之礼。他对康熙视若无物，经常当众与康熙大声争论乃至训斥康熙，直到康熙让步为止。在处置苏克萨哈时，鳌拜要将他凌迟处死，康熙认为他无罪，鳌拜就大声争执，康熙仍是不许，鳌拜竟捋起衣袖，上前要打康熙，康熙害怕，只得同意鳌拜把苏克萨哈处以绞刑。朝廷内的形势，竟至于此。

面对这种内忧外困的局面，康熙如果想开创一个太平兴盛的朝代，必然要有非凡的谋略和气魄。

少年的康熙就表现出他不同于一般人的胆识。首先，他决定除掉鳌拜，掌握实权，然后再作他图。

康熙除掉鳌拜的方式极具少年的心性特点。当时，鳌拜掌握军权，如果直接下令捉拿，必定会引起叛乱，那时不仅鳌拜捉拿不到，连康熙自己也将危险，朝中的正直大臣，甚至太后都对此一筹莫展。一次，鳌拜称病不朝，康熙亲自去看望他，鳌拜躺在床上，卫士见他的声色有异。急忙向前检查，揭开被子，发现鳌拜的身下藏着一把极其锋利的匕首，鳌拜当时极为紧张，卫士也不知如何处置，康熙却突然插话道："随人携刀是满族人的风俗，不必大惊小怪。"康熙在不动声色之中稳住了鳌拜。

1667年，康熙十四岁，按照当时的规定，他可以亲政（即亲自处理政事）了，但有鳌拜专权，他无论如何是亲不了政的，除掉鳌拜，就成了当务之急。那么，明捉不行。用什么办法才好呢？康熙终于想出一计，不动声色地干了起来。

满族人喜欢摔跤，康熙就挑选了一些身体强壮的贵族少年子弟，到宫中练习摔跤，练了一年有余，技艺大为长进，康熙也不时到摔跤房去练习，居然也窥得了门径。宫廷中的王公大臣以及后妃太监尽知此事，但都觉得是少年心性，十分自然，没有任何人怀疑康熙有什么其他的动机。在不知不觉之中，康熙的这支"娃娃兵"就练好了。

在这期间，康熙还依照中国传统的"将欲夺之，必先予之"的做法，连连给鳌拜升官，鳌拜父子先后被升为"一等公"和"二等公"，再先后加上"太师"和"少师"的封号。不仅稳住了鳌拜，还使他放松了戒备。

在康熙十六岁的那一年，一切终于准备就绪了，他先把"娃娃兵"布置在书房内，等鳌拜单独进见奏事时，康熙一声令下，"娃娃兵"一齐拥上，登时把鳌拜掀翻在地。死命按住，康熙又让"娃娃兵"把鳌拜捆绑牢靠，投入了监狱。这群"娃娃兵"做完了一件大事，尚且蒙在鼓中，还以为是小皇帝爱胡闹，让他们捉鳌拜考较功夫呢！也只有这样，才能守得住秘密，否则，鳌拜的耳目极其众多，只怕要"出师未捷身先死"了！

在捉住鳌拜之后，康熙立即宣布了他的十三大罪状，并组织人审判鳌拜，把鳌拜集团的首恶分子也一网打尽。不久，鳌拜死于狱中。此后，康熙又为受鳌拜迫害和打击的人平反昭雪，放还了被鳌拜霸占的民田，又限制了奴仆制度，改革了政府机构。康熙真是"三年不鸣，一鸣惊人"，他这些雷厉风行的重大举措，使得一些反应慢的大臣简直有目瞪口呆之感，但他们很快就缓过神来，觉得康熙实在是一位英明的君主。康熙也从此集中了权力，建立了威信。

康熙在从七岁到十六岁这段时间中虽然因鳌拜专权而备受牵制和压抑，但他的少年生活基本上还是自由和正常的。也许是满族人刚刚入关的缘故，他们还没有汉人皇族那样严格的礼教观念，也不按汉人那样严格地照规矩去生活，所以，康熙在少年时代还可以像一般人家的子弟一样在身心两方面得到较为正常的发展，而不像以前的许多皇帝在童年、少年时代就造成了有一定畸形倾向的性格。据说，努尔哈赤及其许多儿子都目不识丁，只有第八子皇太极略通文墨，可见，满族人重武轻文，到康熙这一代，仍无多少礼教观念，然而，康熙毕竟生活在汉人地区。汉族的文化开始浸透到满族的贵族之中，再加上满族人从皇太极开始就十分重视汉族的文化，因此，康熙自幼年起就开始大量接触中国的文化典籍了。

这里必须指出的是，康熙本人是一个爱读书、爱思考型的人，对于中国传统文化的学习，他是发自内心，是主动的，而不是像前代的许多皇帝那样成天被人"谆谆教诲"被动地接受的，因此，康熙的努力学习，并未对他健全的性格产生不良的影响，相反，增长了他的见识，开阔了他的视野，他是一个真正善于读书而又能用书的人。甚至可以这样说，康熙之所以成为一位英明的君主，其根本原因就在于他能活学活用中国的传统文化。

在铲除鳌拜之后，康熙又面临着一个十分棘手的问题——历法之争。

在顺治时期，西方的传教士就进入了中国，汤若望等一批人还受到了特殊的优待。在这一时期，汤若望用西方较为先进的算法推算出了一部天文历法，顺治把他任命为"通玄法师"，并任钦天监监正（国家天文台台长）。这套历法在当时是较为准确的，但有一个叫杨光先的人投靠鳌拜，上书清廷，说汤若望在《时宪历》的封面上印上了"依西洋新法"字样，是要清朝屈服西方，是"阴行邪教"，如果废了黄帝以来的中国天文历法，那就要把尧舜以来的礼仪制度都要废掉。杨光先的理论在今天看来十分荒唐可笑，不会有人理他，但在当时却是一种很厉害的理论。在鳌拜的支持下，杨光先出任钦天监监正，朝廷的许多大臣也都主张废除洋法，用中国的旧历法。礼部、刑部还作出了决定，杀了一批主张用洋历法的大臣。亏了太后的保护，汤若望才免于一死。但从此朝廷形成了两个历法派。

康熙本人对历法了无研究，不能作出决断，但他知道不能用祖宗的规矩来压制西洋历法。在铲除鳌拜以后，康熙想实事求是地解决这一问题。于是，他一边派传教士南怀仁去推算比较两种历法，一边自己刻苦学习，了解了历法的大概。经过研究和使用，杨光先的历法屡屡出错，因此，康熙废了旧历法，推行新历法，并以实事求是的态度来同大臣们讲明道理，较好地解决了新旧历法之争，也显示出了康熙认真求实的态度，为他进一步赢得了威信，群臣都不敢把他当小孩子对待了。

当时最棘手的问题是平定"三藩"，尤其是吴三桂，勾结朝臣，收买心腹，对朝廷的钱粮大肆挥霍挪用，在云南招兵买马，积极备战，那是早晚必反的。康熙的态度极为明确，那就是坚决削藩，不能姑息养奸。不过，康熙也有自己的打算，他想，叛乱晚发生一天，就对自己有利一分，因为从年龄来讲，自己会一天天地长大，而吴三桂会一天天地老下去，自己会准备得越来越充分，而吴三桂则只会越来越不得人心。

康熙十二年（1673年），尚可喜年老多病，把藩事交予其子尚之信代理，尚之信掌权以后，残忍好杀而又多行不义，尚可喜受不了其子的挟持，便上书请求撤藩，要求告老还乡，并让其子袭爵。这一年，康熙十九岁，许多大臣都认为不宜撤藩，但康熙认为这是撤藩的大好时机，当即允许。

当时，吴三桂的儿子吴应熊在北京，听到这一消息后，立即飞马报告了云南的吴三桂，吴三桂又告知了福建的耿精忠，两人均感惊慌，因为他们害怕撤藩，在幕僚的劝说之下，吴三桂与耿精忠均于这年的10月上书，上书请求撤藩，说了一些"仰恳皇仁、撤回安藩"之类的话，其实际用意是在试探朝廷的态度，这一点，清廷大臣们一眼就看出来了。

围绕着是否撤藩这一问题，清廷展开了激烈的争论。绝大多数大臣找出种种理由来推搪，认为不可撤藩，其实只有一个原因，就是害怕吴三桂等人造反。只有兵部尚书明珠、刑部尚书莫洛等几个大臣主张撤藩。几次讨论，都未取得共识。这时，康熙十分果断地指出："三藩久握重兵，蓄谋已久，今撤也反，不撤也反，与其晚撤，不如早撤。只是一边撤藩，一边准备应战罢了。"于是，康熙派出使者，催促三藩快撤。

接到允许撤藩的诏书以后，吴三桂等人知道弄巧成拙，只好阳为恭顺，敷衍清廷使者，暗地里加紧反叛的准备工作，清廷的使者见吴三桂一味迁延时日，不愿离开云南，就要回去报告。吴三桂见已无法可想，就杀掉了使者和云南的行政长官巡抚朱国治，于1673年11月悍然举行叛乱。

吴三桂自称"天下都招讨兵马大元帅"，尚之信、耿精忠也随之造反。叛乱的形势正如康熙当初估计的一样，一开始气势是很凶的，很快就打入了湖南，四川、广西一带的文、武官员也附和响应，半个中国都燃起了叛乱的战火。这吓坏了清廷的一些官员，他们主张向吴三桂等叛军屈服。甚至割长江以南给叛军，还有的人要求杀了当初主张撤藩的人。在这种情况下，康熙果断地作出了决定，下令处死了吴三桂留在北京做人质的儿子吴应熊、孙子吴世霖。这样，朝廷官员知道，朝廷再也没有退路，只有同吴三桂等叛军决一死战，清廷因此统一了思想，坚定了信念。而吴三桂等叛军也知道对清廷的要挟已失去了作用，只能死拼到底。但大部分将领也因此开始离心了。

康熙面对"三藩"之乱并不惊慌，而是首先确定正确策略，认为"三藩"之乱以吴三桂为首，其余多是胁从，若能击败吴三桂，其余叛军不难攻破或是收服。这样，康熙就调兵遣将，重点向吴三桂进攻，对川、陕一带的胁从叛军，反复进行说服争取工作。康熙的这一招十分奏效，在不长的时间里，吴三桂就被分化瓦解，阻困在了湖南。

1678年，康熙收复了浏阳等湘地的许多城池，吴三桂知形势不好，赶快过一过皇帝瘾，撕下了"复明"的假面目，于3月23日在衡山祭天，自称皇帝，改元昭武，改衡州为定天府。同年8月，吴三桂病死。吴三桂死后，其孙吴世璠即位，退踞云南，后昆阳城破，吴世璠服毒自杀。吴世璠被断头送京，吴三桂被掘坟折骨。耿精忠、尚可信等人也早已被杀，川陕等地也已平定。至1681年，乱了八年之久，折腾了十多个省份的"三藩"之乱终于被彻底平定了。

在平乱之中，康熙的英雄睿智表现在三个方面，一是坚决平叛，临乱不惊；二是方针正确，先攻吴三桂，分化收服其余；三是调兵遣将，指挥得当。平叛过后，这位少年天子已经二十八岁了，到这时，他已成为一位较为成熟的政治家。

康熙于六十八岁去世，在他后来的四十年里，更立下了不朽的功勋。

康熙在统一中国，使台湾回归方面也作出了杰出的贡献。郑成功从荷兰人的手里夺回了台湾，本想把它作为抗清的海外基地，但壮志未酬，于三十九岁（1662年，康熙元年）去世，其后，郑氏子孙和部将互相争斗，一直未能振作。1683年，康熙派施琅攻入台湾，并及时制定政策，让施和平解决台湾问题。在康熙的正确指导下，郑成功的部将投降。康熙在台湾设置一府三县，并让郑成功归葬南京。

对于西北部的准噶尔部的叛乱侵扰，康熙数次亲往征讨。经过艰苦的奋战，终于平定了中国的大西北。

在抗击沙俄侵略的卫国战争中，康熙的决策也很正确，他指挥大军赶走了沙俄侵略军，并订立了《中俄尼布楚条约》。这一条约划清了中俄的国界，为中国争取了大片的领土。

另外，康熙本人在科学方面还有一定的贡献，少年时期就学习天文历法，后来还倡议学习数学，设立"算学馆"，培养了一批数学人才。在医学方面，他以权力推广中国古老的种痘免疫法，收到了良好的效果，并尊重由西方传来的用金鸡纳治疟疾的方法。在地理学上，他还花费心血测绘中国地图，在农学方面，他也能亲自培育出一个新的品种。

康熙大帝不论从哪个方面来看，都是中国历史上十分优秀的皇帝，不仅在成年以后作出了突出的贡献，就是在少年时期所做的除鳌拜，解决新、旧历法之争，平定"三藩"之乱三件事，也足以证明他是一位非凡的人物了。

平心而论，除掉近代史上的几十年，清朝在中国历史上并不是一个很坏的朝代，起码要比明朝好得多，清朝的前几位皇帝，的确还都是很有作为的，尤其是康熙大帝，在中国历史上恐怕很难找出几个这样的皇帝来。为什么会出现这种情况呢？别的原因先不说，也许与满清入主中原以后，总是担心自己的统治能力有关，在这种担忧之下，比起以前的朝代来，多少增加了一些兢兢业业的精神。

应该说，毛泽东所说的康熙的三个"了不起的地方"准确地指出了康熙为什么取得那样大成就的根本原因。统一祖国，统一战线政策，赏罚分明的用人制度，是康熙的"三大法宝"，康熙就是依靠这"三大法宝"，才成为中国历史上少有的杰出的帝王。毛泽东正是从这些优秀的历史人物身上汲取了智慧，为成就伟大的革命事业提供了十分有益的借鉴。

5

"愚于近人，独服曾文正"

"打倒太平天国出力最多的是曾国藩，他当时是地主阶级的领袖。曾国藩是练团练出身，团练即是地主阶级压迫农民的武力，他们见洪秀全领导一班农民革命，于他们不利，遂出死力来打倒他。故太平天国之事，不是满汉的战争，实是农民和地主的阶级斗争。"

在毛泽东早期的论述中，评价较多的历史人物是曾国藩。这当然与曾国藩是毛泽东的乡贤有关，但更重要的是曾国藩身上有着政治家、军事家、学者乃至领袖的性格特征，这与毛泽东的性格特征有诸多的吻合之处。因此，毛泽东喜欢曾国藩，就成了情理中事。

纵观毛泽东对曾国藩的诸多评价，在各个历史时期是不一样的。我们按照由浅入深的顺序，选取数则较有代表性的评价加以简略的分析。

涤生日记，言士要转移世风，当重两义：曰厚曰实。厚者勿忌人；实者不说大话，不好虚名，不行架空之事，不谈过高之理，……心知不能行，谈之不过动听，不如默尔为愈。[1]

曾国藩历来主张脚踏实地的作风，不尚空谈，有墨家遗风。毛泽东早年也向颜李学派的颜元学习，奠定了其务实的性格特点。所以，毛泽东在这一点上看出了曾国藩的长

---

[1] 中共中央文献研究室、中共湖南省委《毛泽东早期文稿》编写组编：《毛泽东早期文稿（1912—1920）》，湖南人民出版社2013年版，第525页。

处。毛泽东评点曾国藩性格时说：

"从前种种譬如昨日死，以后种种譬如今日生，不悔之谓也，进步之谓也。"① 做人应以懦弱无刚四字为大耻，故男儿应必须有倔强之气。"刚字立身之本，有嗜欲者不能刚。"②

这是曾国藩的性格。那种无欲则刚，正气凛然的性格特点，应该说毛泽东从先贤中得益良多。在体格锻炼方面，毛泽东也有师法曾国藩之处。1917 年 4 月，他在《新青年》杂志第 3 卷第 2 号上发表的《体育之研究》一文中谈到，体育运动一事："不重言谈，重在实行，苟能实行，得一道半法已足。曾文正行临睡洗脚、食后千步之法，得益不少。"③ 说明毛泽东对曾氏的把握很细致和全面。

毛泽东早年十分重视体育锻炼，主张"文明其精神，野蛮其体魄"④，后来又说"自信人生二百年，会当水击三千里"，⑤ 都表现了毛泽东主张全面发展的思想。

对于曾国藩的政治思想，毛泽东的认识是有一个发展过程的。在毛泽东成为一个马克思主义者以后，看到了曾国藩的地主阶级的特点。1926 年，他在广州第六届农民运动讲习所讲课时说："洪秀全起兵时，反对孔教提倡天主教，不迎合中国人的心理，曾国藩即利用这种手段，扑灭了他。这是洪秀全的手段错了。"⑥ 这时他是站在同情太平天国革命的立场上，为太平天国总结历史教训的。直到晚年，毛泽东还说过："曾国藩是地主阶级中很厉害的人物"。⑦ 对于这一点，在后来的某些论述中就表现得更为明确：

---

① 中共中央文献研究室、中共湖南省委《毛泽东早期文稿》编写组编：《毛泽东早期文稿（1912—1920）》，湖南人民出版社 2013 年版，第 541 页。

② 中共中央文献研究室、中共湖南省委《毛泽东早期文稿》编写组编：《毛泽东早期文稿（1912—1920）》，湖南人民出版社 2013 年版，第 533 页。

③ 中共中央文献研究室、中共湖南省委《毛泽东早期文稿》编写组编：《毛泽东早期文稿（1912—1920）》，湖南人民出版社 2013 年版，第 63 页。

④ 中共中央文献研究室、中共湖南省委《毛泽东早期文稿》编写组编：《毛泽东早期文稿（1912—1920）》，湖南人民出版社 2013 年版，第 60 页。

⑤ 《毛泽东诗词集》，中央文献出版社 1996 年版，第 251 页。

⑥ 许全兴：《毛泽东与孔夫子》，人民出版社 2020 年版，第 173 页。

⑦ 陈晋编：《书山有路：毛泽东的学用之道》，广西人民出版社 2022 年版，第 346 页。

打倒太平天国出力最多的是曾国藩，他当时是地主阶级的领袖。曾国藩是练团练出身，团练即是地主阶级压迫农民的武力，他们见洪秀全领导一班农民革命，于他们不利，遂出死力来打倒他。故太平天国之事，不是满汉的战争，实是农民和地主的阶级斗争。①

所以说，毛泽东对曾国藩的阶级立场是有着十分清楚的认识的。

毛泽东对于曾国藩的军事思想也很重视。1911 年，著名将领蔡锷曾编有一本《曾胡治兵语录》，毛泽东曾认真研读过这本军事理论书，吸取其精华，如爱民、爱兵、重视思想政治工作（即精神教育）等等。例如，曾国藩曾作有《爱民歌》："三军个个仔细听，行军先要爱百姓。第一扎营不贪懒，莫走人家取门板。莫拆民房搬砖头，莫蹋禾苗坏田产。莫打民间鸡和鸭，莫借民间锅和碗。莫派民夫来挖壤，莫到民家去打饭。筑墙莫拦街前路，砍材莫砍坟上树。挑水莫挑有鱼塘，凡事都要让一步。……军士与民如一家，千记不可欺侮他。日日熟唱爱民歌，天和地和又人和。"后来，毛泽东为红军制定的《三大纪律八项注意》以及建国后制定的《党政干部三大纪律八项注意》，应该说从中不难看出借鉴的痕迹。

毛泽东也曾评点过《曾文正公家书》。这部家书是曾国藩在道光二十年至同治十年前后三十年中所写的一千多封致亲属的家信集，内容极为广泛，大到经邦纬国、进德为宦，朝政军务，治学修身；小到家庭生计、人际琐事、养生之道，事无巨细，无不涉足。家书的各种刻本在旧社会辗转流传颇具影响。在韶山的毛泽东纪念馆里，至今收藏着他读过的四卷《曾文正公家书》。每卷扉页上均有毛泽东手书的"咏芝珍藏"的正楷。毛泽东当年读过的《家书》，系光绪己卯传忠书局的木刻本。延安时期，毛泽东也曾建议党的高级干部阅读《曾文正公家书》。

毛泽东为什么这样重视曾国藩呢？我们来看看曾国藩的主要事迹和他的性格特点。

曾国藩生于 1811 年（清嘉庆十六年），卒于 1872 年（清同治十一年）。湖南湘乡人。曾国藩曾多次以"耕读传家"引为骄傲，可见，曾国藩的家庭既非地主，也非书香门第，乃是中国传统的理想家庭模式：多有田亩，衣食丰足，又能读书著文、咏诗作赋。先不

---

① 《毛泽东文集》第 1 卷，人民出版社 1993 年版，第 35 页。

说这种家庭理想体现了中国文化中什么样的精神，但它把种地之实与读书之虚这两件事结合得很好，则是确实无疑的，这种虚、实结合的家庭结构，对于培养出曾国藩虚、实结合的人生品格，恐怕发生了重大的影响。

曾国藩六岁入塾读书，八岁学"五经"，读八股；十四岁赴长沙应童子试，成绩一等；二十二岁中秀才，两年后就学于中国著名的学府岳麓书院，同年曾入京会试未中，后刻苦攻读经史；至二十八岁再次入京会试，中进士，从此官运亨通。

曾国藩兢兢业业，获得了清廷的赏识，连连升官，至三十七岁升为二品官，他曾十分自负地说过："湖南37岁至二品者，本朝尚无一人。"可见，曾国藩还是把做官当作人生第一要义的。在这期间，他历任工、刑、吏部的侍郎，可谓是春风得意。

公元1851年，中国历史上最后一次大规模的农民起义爆发了。

随着形势的迅猛发展，清政府感到没有力量组织军队、调集兵力围攻起义军了，只好像东汉末年朝廷镇压黄巾起义一样，让各地自己建立地主武装，称为团练。这些武装力量由当地的官僚和地主联合组建，具体指挥权属于组建者。咸丰皇帝于1853年下令长江南北的在籍官绅组建团练，曾国藩因家在湖南的湘乡，就积极响应咸丰，于这一年回到家乡，协同湖南巡抚张亮基办理团练。从此，曾国藩开始了他的"元凶"生涯。

曾国藩在同乡儒生罗泽南的帮助下，先建立起了一支数千人的队伍，然后逐渐扩大。曾国藩十分了解清朝八旗兵、绿营兵的腐败，因此，他在组建队伍时，首先注意了从平民当中招募士兵，决不引进官僚子弟，其次他十分注意宗族关系，把军队组建成一个血缘家庭性质的组织，以增强战斗力。

曾国藩的军队与清军和其他团练武装相比，有如下明显的特点：

一、士兵均来自质朴壮健的湖南乡民，既易于训练，又勇悍善战，坚决拒收城镇油滑市民和老兵油子，以免带坏了队伍。军官则多来自他的亲友中的读书人，要求肯为"卫道"、"忠君"而献身，不能急功近利，坚决杜绝清廷八旗贵族军官的争权夺利倾向。

二、把父子、兄弟以及有其他血缘亲属关系的士兵编在同一组织内，利用宗族亲缘关系维系士兵；使士兵打仗时能互相救助，且只能胜利，不能失败。一旦失败，全宗族就会遭到灭族之祸。曾国藩的这一招的确十分有效，把一支国家的军队变成了宗族军队，所谓"打仗还是亲兄弟，上阵还是父子兵"，果然大大地提高了战斗力。曾国藩的这一创举，也开了中国近代军阀的先河。

三、在组织上，曾国藩规定，每营士兵只服从营官一人，全军只服从曾国藩一人。这样既提高了组织指挥的战斗力，也为曾国藩建立了一支私人的军队。

曾国藩虽然坚决反对满族人担任一般的军官，以免影响战斗力，但为了取得满族人的信任，他特别推荐了满族人塔齐布为湘军大将，荐举多隆阿为湖北将军，在一切准备完成后，曾国藩的这支湘军开始开出湖南省，准备同太平军作战了。

1854年（咸丰四年）5月，曾国藩率湘军出战，在岳州与太平军接触，没想到一战即溃。曾国藩出省时共有湘军一万，水、陆军各五千，连其他人等共一万五千多人。岳州一战，水师被彻底击垮，几乎全军覆没。曾国藩可能是从未受过失败的滋味，经受不住这种打击，便投水自杀。他的部下当然不能眼睁睁地看着这位湘军统帅死去，赶忙把他救了出来。曾国藩羞愤交加，下大力气整顿湘军，过了3个月，再战岳州，于6月份攻陷。同年10月，曾国藩督战，经过激烈的争夺，又攻下了武汉。曾国藩这时总算报了岳州之败的仇，情绪高涨起来，叫嚣道："肃清江面，直捣金陵。"

1855年（咸丰五年），曾国藩进逼九江。这时，太平天国起义军开始认真对付曾国藩了，派石达开为统帅，大举向西增援。石达开是一位智勇双全的著名将领，他设计把曾国藩的水师诱入鄱阳湖，再堵住湖口，打败了敌军，焚烧了战船。曾国藩看到自己苦心经营的水军又一次化为泡影，连自己的座船都被烧掉了，自己只身逃走，更是羞愤交加，再次投水而死。这次投水幸亏被部下拉住，免受了入水之惊。曾国藩两次投水，未得其死，也许仅是做做样子，并未真的想死，只是收拢人心而已。

石达开打败了曾国藩这支在当时看来生气勃勃的军队，太平军又打破了清军的江南大营和江北大营，军事上威震全国，大有夺取全国之势。可就在此时，太平军内部发生了严重的分裂，为争权夺利相互残杀，杨秀清、韦昌辉、秦日纲等著名将领先后被杀，两万多精锐死于内乱，石达开又带十万精兵出走。太平天国军从军事上的全盛时期走向了军事上的下坡路。

此时，曾国藩趁机再夺武汉，并在与陈玉成激战后夺得了安庆。1860 年（咸丰十一年）8 月，曾国藩受命为两江总督，督办江南军务，有了更大的指挥权，派三路军马进攻：李鸿章自己率淮军保上海进攻苏南，曾国荃率主力进攻天京，左宗棠进攻浙江。由于太平军士气低落，战斗力大大下降，所以连吃败仗。再加上英国"常胜军"的支持，无锡、常州、苏州等地连续失陷。1864 年（同治三年）6 月 3 日，洪秀全在绝望中死去。

曾国藩的湘军人天京后，见人即杀，见屋即烧，以至"秦淮河尸首如麻"。湘军见物即抢，"子女玉帛悉数扫入湘军"。曾国藩完成了他率湘军攻灭太平天国起义军的"元凶"的使命，由于他善于玩弄权术，又一步步地登上了"圣相"的位置。

关于曾国藩的评议应该分两个方面进行，一是曾国藩是如何成功的，二是人们为什么如此关注曾国藩。曾国藩成功的"秘诀"，可以归纳为如下几条：

（一）刚毅坚韧

曾国藩在攻打太平军十二年的历程中并非一帆风顺，他数次战败，两次投水自杀，还有一次因害怕李秀成的大军袭来而数日悬刀在手，准备一旦兵败，即行自杀。尽管有着如此多的磨难，他始终没有灰心，而是以刚毅坚韧而又庄敬虔诚的态度来对待成功与失败。通过多年坚持不懈的努力，终于取得了成功。

（二）善于把握时机，该进则进，该退则退

在封建官场上，如果没有做官的艺术，仅凭执着认真和一往无前的精神是远远不够的，还必须学会审时度势，与上司讨价还价。曾国藩在取得了一定的胜利之后，知道会遭人疑忌，便借回家守父丧之机，带着两个弟弟（也是湘军重要将领）回家，辞去一切军事职务。过了近一年，太平军进攻盛产稻米和布帛的浙江，清廷恐慌，又请他出山，并授他兵部尚书头衔，有了军政实权。不久，慈禧太后专权，认为满人无能，又重用汉人，曾国藩从此掌握了大权。1862 年（咸丰十二年），曾国藩被授予两江总督节制四省军政的权力，巡抚提督以下均须听命，不久又赐予太子太保头衔，兼协办大学士。自此以后，曾国藩在清廷中有了举足轻重的位置。

（三）善于韬光养晦

韬光养晦是封建官场中极为重要的策略，如果不懂得这一点，只凭一股血气之勇，锋芒外露，多半不能成功，甚至因遭受疑忌而招致杀身之祸。他虽然忠心耿耿，还是屡遭疑忌。在第一次攻陷武汉之后，捷报传到北京，咸丰帝大为高兴，赞扬了曾国藩几句，但咸丰身边的近臣说："如此一个白面书生，竟能一呼百应，攻克武汉，并不一定是国家之福。"咸丰听了，默然不语。曾国藩深谙此道，在攻陷太平军的都城天京之后，由于曾国藩的湘军抢劫吞没了很多太平军的财物，使得"金银如海、百货充盈"的天京人财一空，朝野官员议论纷纷，左宗棠等人还上书弹劾，曾国藩既不想退出财物，也不能退出财物，在进京之后，忙做了四件事：第一，因怕权大压主而退出了一部分权力；第二，因怕湘军太多引起疑忌而裁减了四万湘军；第三，因怕清廷怀疑南京的防务而建造旗兵营房，请旗兵驻防南京，并发全饷；第四，盖贡院，提拔江南士人。这四策一出，朝廷上下果然交口称誉，再加上他有大功，清廷也不好再追究什么，反而显示出了他的恭谨态度，更加取得了清廷的信任，清廷又加恩赏以太子太保衔，赏双眼花翎，赐为一等侯爵，子孙相袭，代代不绝。至此，曾国藩荣宠一时。

在曾国藩的一生中，还有一件大事人们并不熟悉，就是不做皇帝。

中国最后一位帝王之学的积极推行者王闿运却是纵横乏术，他始终未能说动曾国藩。

王闿运（1833—1916年），字壬秋，号湘绮，湖南湘潭人，咸丰五年（1855年）中进士，曾为曾国藩嘉宾，两度游说曾国藩自立不成，后专门从事教育，先去成都尊经书院，后到江西主办高等学堂，最后到湖南在湘绮楼讲学，门生众多，遍布天下。民国以后，历任清史馆馆长、参议院议员等职。著书立说讲究经世致用，著作多种，后被门人辑为《湘绮楼全集》。

王闿运著有《春秋注解》，明显地受到了今文学派的影响。

他认为《春秋》一书就是经世致用的，其效用是拨乱反正，在乱世中开出一片新的天地来。为人要看准时机，在乱世时要积极进取，成就霸王之业，在治世时要清静寡欲，禅悟人生。因此，王闿运在太平天国起义的时候，就积极主张曾国藩趁势自立，建立一个不同于清朝和太平天国的新的世界。

太平天国的起义军进入湖南，曾国藩按照朝廷的命令自办团练保卫家乡，王闿运觉得自己施展抱负的机会来了，就积极地投书给曾国藩，要求加入曾国藩的军队。但由于曾国藩募兵有规定，即独子不得参军，王闿运因是独子而未能如愿。虽然如此，由于王闿运多次写信给曾国藩提建议，就给曾国藩留下了深刻的印象，以后二人的关系就密切起来。

王闿运其人博闻强记，满腹经纶，善辨时势，自视甚高，常以王霸之材自诩。据王闿运晚年的弟子杨度回忆，王闿运曾经游说曾国藩、胡林翼和太平天国连横反清，这当然没有成功。1855 年，他来到了曾国藩幕下，游说曾国藩自立，认为曾国藩当时的地位，很像楚汉相争时韩信的情况。韩信当年没有自立，成功后终于为刘氏政权杀害。王闿运认为，曾国藩的才能不是韩信所能比的，自立当得到天下人的支持，况且当时的清朝已经十分腐败，更无法与当年的刘邦政权相比，如果一味保清，即使消灭了太平天国，清朝也未必就能保得住。再者，王闿运认为太平天国内部分裂，难成大事，早晚灭亡。如果不趁势自立，在与太平天国的军事斗争中发展自己，等太平天国灭亡了，不仅失去了自立的借口，也失去了发展的机会，到时候恐怕后悔莫及。

现在看来，王闿运的这一番分析不仅是有道理的，而且是极其可能的。后来的历史证明有一多半是按照王闿运的预测发展的，只是曾国藩本人善于安排后路，才没有落个韩信的下场。但是，至于曾国藩为什么没有接受王闿运的建议，那就不得而知了。也许，曾国藩本来就是个"相材"，他就是按照自己的才能来设计自己的。

1866 年，王闿运再次来到了曾国藩的府上，仍是游说曾国藩自立，认为时机已经完全成熟，如果再等下去，时机稍纵即逝，千载不复。他在桌子这边不停地说，曾国藩则一声不吭，在桌子的那边用手指蘸水画字。画完后起身而去，王闿运不解，凑到跟前一看，原来依稀是个"妄"字。王闿运失去了信心。然而，作为一代才子，王闿运是不会轻易罢休的。

几年后，曾国藩北上剿捻，王闿运再次来见。这次他学了乖，不再开门见山地游说他自立，而是先从曾国藩的文章说起。他说："您的文章是从韩愈学起，然后学习西汉的风格，这样从下而上地学，是选择了一条难走的途径。如果从曹操学起，然后再学东汉的文风，就容易了。"文章之道的确是这样，但曾国藩听出王闿运谈的不仅仅是文章之道，而是要他作代汉自立的曹操。曾国藩便给王闿运来了个佯装不知。王闿运是什么人，他知道自己三次纵横无功，已经不可能再有机会了，况且曾国藩自立的大好时机已经过去，即使以后曾国藩试图自立，也已经无此可能了。

其实，早在曾国藩攻破南京的时候，曾国藩的部下出于各种各样的考虑，曾经在深夜闹哄哄地聚集到曾国藩的大堂里，但大家心照不宣，没有一个人说出自立的话，曾国藩也佯装不知，在无声无息中化解了这场自立骚乱，也保全了他的部下。

此后，据说王闿运对曾国藩的看法大为改变，认为他不是一个敢作敢为的人。直到晚年，王闿运已经历了清亡、袁世凯复辟又旋即败亡等重大的历史变故以后，才对曾国藩当初不自立为帝的看法有所改变，当然，曾国藩是否曾预料得如此深远，是不得而知的。

据说曾国藩当年为平息别人劝他自立而写过一副"倚天照海花无数，流水高山心自知！"的对联，王闿运一直不信。民国以后，珍藏着这副对联的朱老夫子曾专门去拜访了王闿运，并拿出这副对联求王闿运写跋语。王闿运大为吃惊地说："难道真有这个联吗？涤生襟怀，今日以前，我只知一半，今而后，乃全知。吾老矣，如果不是您相示，儿不知文正之所以为文正，左老三（指左宗棠）之所以为左老三。"沉思片刻，写下了这样一副对联："花鸟总知春浩荡，江山为助意纵横。"然后对朱老夫子说："吾不敢著墨文正联上，以重污文正。另书此，纪文正之大，且以志吾过。"

（四）善于搜罗人才

曾国藩十分讲求用人之道。他创造性地提出了一整套较为系统的人才理论，还从自己的政治、军事实践中总结出发现、培养、使用人才的方法。第一，他强调人才的互相吸引性。他在写给友人的一封信中说："求人之道，……又如蚨之有母，雉之有媒，以类相求，以气相引，遮九得一而可得其余。"意思是说，访求人才要像青蚨的母子不离开一样，要像家雉招致野雉那样，注重人才的相互吸引，使其能够结伴而来。这里面有一个典故，据说，青蚨是传说中的一种能飞的小虫，在草叶上繁殖，青蚨的一个重要习性就是母子相依为生。如果得到其子，其母一定会找来。曾国藩的这一比喻是有实际意义的。所谓物以类聚，人以群分，人才也是如此。如果招揽了其中的一个，通常会取得接踵而至的效果。

就是用这种方法，曾国藩在招揽了李鸿章后，又把他的兄弟李瀚章、李鹄章招揽到自己门下。湖南名士罗泽南具有学术精神，也很有治才，曾经长期为师授徒，弟子门生很多。曾国藩招揽他以后，他的弟子来了很多，其中有名的就有李续宾、李续宜、玉鑫、蒋益礼、易良干、钟近衡、王开仍、刘腾鸿等。他们有的成为湘军的骨干，如李续宾，就是一员猛将，后来在安徽失败，被陈玉成杀死。徐寿是中国近代史上著名的科学家，我们都耳熟能详，他在投奔曾国藩之后，又将著名的科学家华蘅芳介绍过来。

利用乡籍关系招揽人才也是曾国藩的重要招才方法。对湖南人才，他当然是不遗余力地罗织，除此之外，还招揽了左宗棠、王闿运、李元度、郭嵩焘、刘蓉、彭玉麟、罗泽南等人，这些人在后来几乎都成为名震一时的人物，其中的封疆大吏和外交家就有很多，更不用说学界名流了。

李鸿章、左宗棠都是清末的栋梁，这样的人物都云集在曾国藩的麾下，本身就说明了问题。王闿运屡次游说曾国藩自立为帝，曾国藩没有动心，不是曾国藩的条件不成熟，而是曾国藩不想引起军阀混战。观后来的袁世凯窃国，方知曾国藩的英明。也许，曾国藩没有想到的是，他不为，有人为。也许，曾国藩早就想到了，只是但求无愧于心而已。

当时，曾国藩的幕府几乎成了清政府高级人才的大本营，据说军事人才聚于曾文正之大营者，不下二百人，聚于幕府者也有百人。其中不仅有所谓传统的人才，还有新型的机器、法律、算学、天文等人才。

人们之所以关注曾国藩，大概出于以下的原因。

1. 曾国藩是所谓的学者兼圣相的典型。曾国藩之所以成为所谓的"圣相"，"圣"就"圣"在他是封建道学的理论家和实践家。曾国藩极为推崇程朱理学，并且深入研究，提出新的理论，认为做学问就是为了恢复人性，就是恢复天地间的"理"和"气"，使人这一正气的凝结物载以封建道德的灵魂。这一点，与程朱理学的思想脉络是完全一致的，都是维护封建道德的。他还特别推崇先秦时期的"内圣外王"的理论，即在思想品德上要加强修养，向圣人靠拢，在实际能力上要有王者风范，能匡时济世。的确，曾国藩确实身体力行了这一理论，算得上言行一致。他在训诂学等方面也很有成就。他在学术上的造诣和他的权位结合起来，在当时产生了很大的影响，再加上他亲手培养了许多学生，提拔了很多士子，因而，他在学术界产生了相当的影响，当时就有许多人把他吹捧成所谓的"圣相"。曾国藩还亲自实行他的理论，在未回乡组织团练以前，在京中做官就十分注意修身养性，特别是在"静"字上下功夫。他的生活起居极有规律：早起、静坐、养气、保身、读书、写字等，每日坚持记日记。他的这套做法，连他的老师都很器重，当朝皇帝也多有嘉评。也许正是因为他作出了一副"正人君子"的模样吧，才官运亨通。在曾国藩的晚年，甚至在军旅之中，也未忘记修身，强调立志、求知、敬恕、忠信、反省、慎独、谨言、有恒、勤俭、谦虚等。中国的读书人的理想是所谓的"内圣外王"，希望"始于修身，终于济世"，而不愿抛弃"内圣"去做纯粹的官僚。因此，曾国藩便成了中国读书人的楷模。

2. 曾国藩是一个活生生的可以模仿的人。二程、朱熹可以当圣人来供奉，但可望而不可及，无人去同他们攀比模仿，就像皇帝也从不同孔子争高低一样；诸葛亮那样的贤相也可供奉在庙里，享受烟火祭祀，当作神来膜拜。可曾国藩不同，他既不可当作圣贤来敬，也不可当作神佛来供，他是一个人，一个世俗中的人，是一个集世俗的名、利于一身的人，是一个可供效尤的集世俗的名、利于一身的真实的人！

3. 曾国藩"功名利禄"的一生有很多值得借鉴和模仿的地方。例如他的刚毅的性格，他的坚持不懈的修身，他的善于运用权谋策略等等。总之，曾国藩是一部极其具有实用价值的教材，而不是像孔孟那样仅可作为顶礼膜拜的对象。

曾国藩已经成为历史人物了，但曾国藩的人生模式却给我们留下了无尽的思考，在一定意义上讲，曾国藩作为一个"学者与贤相"的"典范"继续影响着我们民族的人格！

毛泽东说："愚于近人，独服曾文正。"①这并不是说毛泽东同意曾国藩的政治观点，而是对于曾国藩了解中国的国情和文化，善于根据实际情况处理政治与军事等事务，在学识和人格修养上达到了一定境界等方面表示赞扬和钦佩。实际上，曾国藩在现代也继续产生着很大的影响，其实，这种现象是值得我们研究的。

---

① 中共中央文献研究室、中共湖南省委《毛泽东早期文稿》编辑组编：《毛泽东早期文稿（1912—1920）》，湖南人民出版社 2013 年版，第 73 页。

6

"《甲申三百年祭》，我们把它当作
整风文件看待"

> "我党历史上曾经有过几次表现了大的骄傲，都是吃了亏的……全党同志对于这几次骄傲，几次错误，都要引为鉴戒。近日我们印了郭沫若论李自成的文章，也是叫同志们引为鉴戒，不要重犯胜利时骄傲的错误。"

《甲申三百年祭》是一篇十分著名的史学论文，是郭沫若 1944 年为纪念明末李自成领导农民起义 300 周年而写。在这一论著中，他用马列主义观点，实事求是地写了起义军进入北京后，因若干首领生活腐化，导致发生宗派斗争，致使起义军失败的过程，并客观地论述了其成败的经验教训。

《甲申三百年祭》最初于 1944 年 3 月 10 日脱稿，从 3 月 19 日开始，重庆《新华日报》分四次连载。文章一发表就引起了强烈反响，国民党方面也立即有人出来干预，说这篇东西是"影射当局"，攻击国民政府，并在国民党的《中央日报》上专门发表社论，对之进行所谓的反击。不久，这篇史论传到了延安。其时延安正在党的高级干部中进行关于党的历史讨论，4 月 12 日，毛泽东作《学习和时局》的报告，他说：

我党历史上曾经有过几次表现了大的骄傲，都是吃了亏的……全党同志对于这几次骄傲，几次错误，都要引为鉴戒。近日我们印了郭沫若论李自成的文章，也是叫同志们引为鉴戒，不要重犯胜利时骄傲的错误。①

此后不久，林伯渠由延安飞抵重庆，专门将党中央和毛泽东决定把《甲申三百年祭》作为整风文件，供党内学习的消息亲自告诉了郭沫若，并说已经在延安和各解放区普遍印发。

李自成是明末农民起义的领袖，他领导的农民起义军攻陷了北京城后，采取了不正确的措施，没收了明朝山海关总兵吴三桂的家产，也抢走了他的爱妾陈圆圆。吴三桂知道后，十分愤怒，拒不投降李自成，大诗人吴梅村在《圆圆曲》中写道："全家白骨成灰土，一代红妆照汗青"；"恸哭六军俱缟素，冲冠一怒为红颜"。吴三桂跑到清军多尔衮的军中，剪发宣誓，正式做了满清军队的马前卒。这时，李自成的军队也来到山海关前的一片石，列阵于山、海之间，准备与吴三桂决战，多尔衮让吴三桂打头阵，自己立马观看。吴三桂亲自上阵，与李自成的军队打了十多个回合，被裹在了军中。正在这时，一阵狂风忽起，多尔衮眼见吴三桂要失败，便催动数万铁骑从两侧冲来。李自成大惊，他根本没有想到满清军队会参战，慌了手脚，走下指挥台，先行撤退。李自成的军队大败，在吴三桂的勾引下，满清军队正式入关，定都北京。顺治是满族人入关以后的第一个皇帝。

据说，李自成犯了字讳，"闯"字是"马"入"门"中，只是过客，不能做主人，所以李自成只能进北京，却不能主宰北京。其实，看看李自成进京后的所作所为，才知他不是犯了字讳，而是犯了世讳。

1944 年 11 月 21 日，毛泽东给郭沫若写信说："你的《甲申三百年祭》，我们把它当作整风文件看待。小胜即骄傲，大胜更骄傲，一次又一次吃亏，如何避免此种毛病，实在值得注意。"毛泽东还在信中鼓励郭沫若"继续努力"，并希望郭沫若能写太平军的经验。信中说："倘能经过大手笔写一篇太平军经验，会是很有益的；但不敢作正式提议，恐怕太累你。"②

---

① 《毛泽东选集》第 3 卷，人民出版社 1991 年版，第 947—948 页。
② 《毛泽东书信选集》，中央文献出版社 2003 年版，第 217 页。

"太平军"是晚清洪秀全等建立的农民革命武装，是中国历史上具有新的意义的最后一次大规模的农民起义。他们从广西金田村举行起义，先后转战于贵州、湖南、湖北、江西、安徽、江苏、浙江等十余省，历时十四年，有力地打击了清朝封建统治者和外国资本主义的侵略势力。

太平军的全盛时期是石达开打败了曾国藩的军队，打破了清军的江南大营和江北大营，军事上威震全国，大有夺取全国之势，使得清政府惶惶不可终日。可就在此时，太平军不能正确地面对胜利，内部发生了严重的分裂，为争权夺利，发生了相互残杀的惨剧，杨秀清、韦昌辉、秦日纲等著名将领先后被杀，极大地削弱了领导力量，其间，两万多精锐死于内乱，石达开又带十万精兵出走。太平天国军从军事上的全盛时期走向了军事上的下坡路，最终导致起义失败。毛泽东对中国近代历史上这次轰轰烈烈的农民起义的经验教训，一直十分重视。

在毛泽东的热情关怀和鼓励下，郭沫若搜集积累了有关太平军的许多资料，可惜，却因工作繁忙等原因，未来得及动笔，就于1978年6月因病与世长辞。

我们不妨重温毛泽东读史的经验，对洪秀全及太平天国失败原因作一次具体总结，我们下面是对他的业绩与错误的分析：

1. 1843年创立"拜上帝会"，对动员群众推翻清朝统治的斗争起了重要的宣传和组织作用；其后写的《原道救世训》《原道醒世训》《原道觉世训》等著作，为太平天国起义做好了思想舆论准备。经数年努力，洪秀全在杰出的农民领袖冯云山的帮助下，拜上帝会得以迅速发展，为金田起义奠定了基础。

2. 从1851年1月11日金田起义到1864年天京陷落前夕，洪秀全领导了这场农民战争的全过程，历时十四年，势力发展到十八省，先后攻占六百多座城市，给了中外反动势力以沉重打击。

3. 两次建立领导核心。前期，在永安建制分封诸王，使太平天国初具规模，加强了领导力量，提高了太平军战斗力，为太平天国的迅猛发展打下了基础；后期，在"国中无人，朝中无将"的局面上，洪秀全选拔了陈玉成、李秀成等青年将领主持军事，任命洪仁玕打理天朝政务，形成了一个新的领导班子，使太平天国能继续坚持斗争。

4.颁布革命纲领。1853年冬，颁布了《天朝田亩制度》，提出改变土地制度和其他改革社会的措施。其内容表现了农民反封建的要求和解决土地问题的强烈愿望。纲领内容的完备性和深刻性，使太平天国革命达到了中国历代农民革命所能达到的最高思想境界。

1859年颁布了洪仁玕为仿效西方资本主义国家而写的《资政新篇》一书。这是后期太平天国的重要政纲，说明他在对待资本主义的态度上，较同时代的地主统治阶级思想开明，眼界开阔。

太平天国运动，之所以能成为几千年来中国农民战争的最高峰，是与他的巨大贡献分不开的。乃至中国民主革命先驱孙中山愿作洪秀全第二，即可见其对后世的深远影响。太平天国是在中外反动势力联合绞杀之下失败的。但作为太平天国运动的最高领导人，洪秀全的严重错误也是不可忽视的。洪秀全的错误主要在于：

1.定都天京后，封建意识与日俱增，等级观念、享乐思想尤其突出。洪秀全在天王府深居简出，严重脱离将士群众。在太平天国革命政权向一个新的封建王朝政权蜕变的过程中，洪秀全起了特别恶劣的带头作用。思想作风上的质变，使其愈往后，则更多地像一个封建帝王。天京内讧就是领导集团内部这种封建思想发展的必然结果。

2.太平天国后期，为防大权旁落，洪秀全一反前期用人路线而"用人唯亲"，形成一个排斥异姓的洪氏集团，使得后期政治日益腐败，给太平天国内部带来致命危机。石达开是太平军最优秀的统帅，所部又是太平军精锐。他德才兼备，深得全体军民拥戴，天京内讧之后，他是唯一能团结群众辅佐洪秀全重振国势的人选。然而，洪秀全猜忌他，用安、福二王钳制和排挤他。因此，石达开出走，致使太平天国出现分裂局面。其后，陈玉成、李秀成打破江北大营、江南大营，京围一解，洪秀全立刻大封王爵，根本不问才德、功劳、亲戚、广东同乡或捐有钱粮者，都可以封王。封王人数竟达到2700人以上。造成后期天国朝政混乱、吏治败坏、军事削弱的局面。

3.洪秀全晚年，不仅思想狭隘保守，而且陷入了宗教迷信的可悲泥潭。

1864年3月，天京合围后，城内断粮。洪秀全带头吃"甜露"（草团）充饥。残酷的斗争和饥饿使太平天国领袖洪秀全卧病不起。1864年6月1日，洪秀全病逝南京。

"不要重犯胜利时骄傲的错误"，这是毛泽东对全党的谆谆教导，也是对历史经验的深刻总结。

对于个人来讲，胜不骄败不馁，也是极为重要的。太平军失败了，而镇压太平军的"刽子手"曾国藩却在一定意义上"成功"了。

中国社会每到末世，总是群雄争霸，诸侯蜂起，清末也是如此。每逢此时，"帝王之学"总是最为走俏。然而，中国最后一位帝王之学的积极推行者王闿运却是纵横乏术，始终未能说动曾国藩。